C·H·Beck
PAPERBACK

W0353879

Seit einigen Jahren liegen uns die Briefe vor, die der Widerstandskämpfer und Theologe Dietrich Bonhoeffer aus der Haft mit seiner 18 Jahre jüngeren Braut Maria von Wedemeyer wechselte. Die ungewöhnliche Verlobungszeit, die erst in der Haft beginnt, endet mit der Hinrichtung Bonhoeffers auf persönlichen Befehl Hitlers noch am 9. April 1945. Die Briefe zeigen, wie sich über die räumliche Trennung hinweg, trotz Briefzensur, Unterschied von Alter und Herkunft, eine Liebe von verwandelnder Intensität entwikkelte. – Eines der großen Zeugnisse aus dem deutschen Widerstand.

Die Herausgeber
Ruth-Alice von Bismarck (1920–2013) war die Schwester Maria von Wedemeyers. Ulrich Kabitz, geb. 1920, studierte Geschichte und Germanistik. Bis 1984 Lektor im Chr. Kaiser Verlag München, Mitarbeit an der neuen Edition der «Dietrich Bonhoeffer Werke».

Brautbriefe Zelle 92

Dietrich Bonhoeffer
Maria von Wedemeyer
1943–1945

Herausgegeben von
Ruth-Alice von Bismarck
und
Ulrich Kabitz

Mit einem Nachwort von
Eberhard Bethge

Verlag C.H.Beck

Mit 30 Abbildungen

Dieses Buch erschien von 1992 bis 2001 in einer Gesamtauflage von 48 000 Exemplaren in Leinen gebunden im Verlag C.H.Beck.
1., überarbeitete Auflage in der Beck'schen Reihe. 1999
2. Auflage in der Beck'schen Reihe. 2000
3. Auflage in der Beck'schen Reihe. 2001
4., durchgesehene Auflage in der Beck'schen Reihe. 2004
5. Auflage in der Beck'schen Reihe. 2006
Gebundene Sonderausgabe dieser Auflage. 2006
6. Auflage in der Beck'schen Reihe. 2010

7. Auflage in C.H.Beck Paperback. 2016

Satz, Druck u. Bindung: Druckerei C.H.Beck, Nördlingen
Umschlagbilder: Maria von Wedemeyer in Pätzig (Privatbesitz),
Dietrich Bonhoeffer im Tegeler Gefängnishof 1944 (Chr. Kaiser Verlag),
Bonhoeffers Zelle in Tegel (Pilgrim Press, Philadelphia)
Printed in Germany
ISBN 978 3 406 68518 7

www.chbeck.de

Inhalt

Einleitung

«Ich werde nicht älter als 39 Jahre werden», hat Dietrich Bonhoeffer einmal einem Studenten gegenüber geäußert. In seinem 37. Jahr aber begegnet er seiner Frau.

In den drei Jahren, die nun folgen, vollenden sich sein Werk und sein Leben. Welchen Anteil hat daran das Mädchen, das sich für ihn entscheidet?

Im Jahre 1942 ist dem Pfarrer Dietrich Bonhoeffer – wegen seiner Aktivitäten in der «Bekennenden Kirche» und der Ökumene – schon seit zwei Jahren die Ausübung seiner kirchlichen Ämter verboten, und er ist im Widerstand tätig. Offiziell arbeitet er als ziviler V-Mann des militärischen Abschirmdienstes. Tatsächlich unterstützt er seinen Schwager Hans von Dohnanyi, der mit seinem Chef, Oberst Oster, ein Widerstandszentrum gegen Hitler aufbaut. Dietrich Bonhoeffer nutzt auf Auslandsreisen als Agent des Geheimdienstes seine alten ökumenischen Kontakte für die Konspiration.

Als er im Juni 1942 Maria von Wedemeyer begegnet, kommt er gerade aus Schweden zurück, wo er seinen väterlichen Freund, den Bischof von Chichester, getroffen hat, um ihn über konkrete Umsturzpläne in Deutschland zu informieren.

Bei der Rückreise hat er in Berlin erfahren, daß die Gestapo auf seine Freunde im Amt Canaris und damit auch auf ihn aufmerksam zu werden beginnt.

Maria von Wedemeyer ist 18 Jahre alt und hat soeben ihr Abitur gemacht, als sie Dietrich Bonhoeffer bei ihrer Großmutter wiedertrifft. Sie kennt ihn als «Pastor Bonhoeffer». Die Großmutter hat ihn in seiner Bedeutung früh erkannt und ist ihm Bundesgenossin im Kirchenkampf und mütterliche Freundin geworden. In ihrem Hause schrieb Bonhoeffer unter anderem an seinem damals bekanntesten Werk «Nachfolge».

Trotz der bedrohten Verhältnisse wächst in beiden der Entschluß zu einem gemeinsamen Anfang. Am 5. April 1943 aber wird Dietrich Bonhoeffer verhaftet und in das Militärgefängnis in Berlin-Tegel eingeliefert. Maria erhält die Nachricht erst am 18. April in ihrem Elternhaus in Pätzig. Zur selben Zeit beginnt der folgende Briefwechsel. Die beiden werden einander nicht mehr in Freiheit sehen.

Dietrich Bonhoeffer

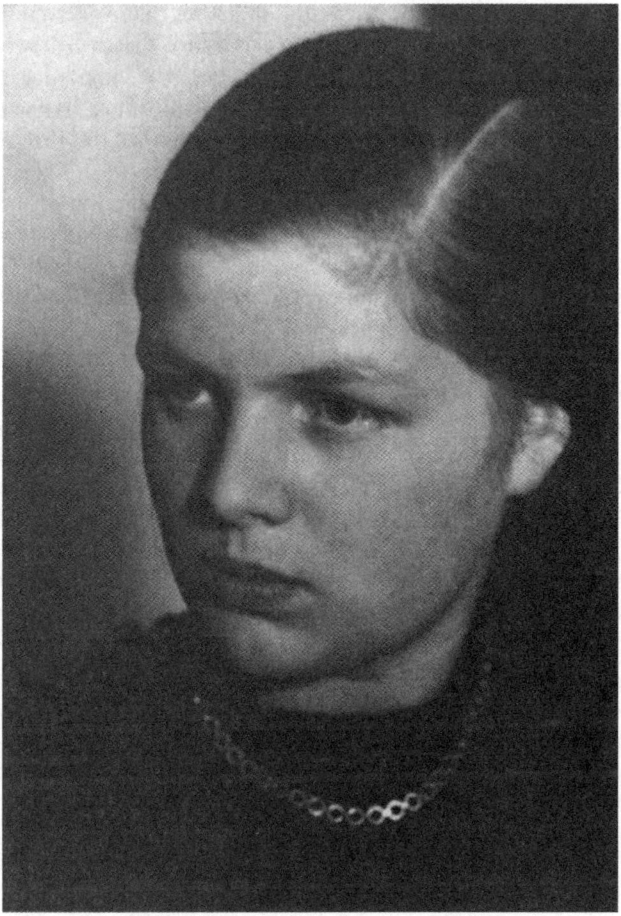

Maria von Wedemeyer

Im Herbst 1977, kurz vor ihrem Tod in Boston, USA, vertraute mir meine Schwester, Maria von Wedemeyer-Weller, diesen Briefwechsel an. Im Laufe der Jahre war sie immer wieder gebeten worden, Bonhoeffers Anteil an den Briefen für eine Veröffentlichung freizugeben. Sie konnte sich jedoch nicht entschließen, die Einheit des Briefwechsels aufzulösen.

Maria war vier Jahre jünger als ich. Als Kinder wegen unserer Unterschiedlichkeit oft in Konkurrenz, waren wir später Freunde geworden. Ich glaube, es geschah, als sie im Sommer 1945 die Nachricht von Dietrichs Tod bekam. Als einziges der lebenden Geschwister hatte ich ihn noch wirklich gekannt.

Seit 1948 lebte Maria in Amerika. Schon 1967 hatte sie dort unter dem Titel «The Other Letters From Prison» in der theologischen Zeitschrift *Union Seminary Quarterly Review* einen Artikel mit Ausschnitten aus Dietrichs Briefen veröffentlicht, der überraschend große Beachtung fand. Knapp zehn Jahre später, zur Feier von Dietrich Bonhoeffers 70. Geburtstag am 4. Februar 1976, wurde in Genf ein «Internationales Bonhoeffer-Symposion» veranstaltet. Maria wurde eingeladen und begegnete Theologen aus vielen Ländern und Kontinenten, die sich als «Dietrich Bonhoeffers geistliche Familie» bezeichneten. Maria wurde – zu ihrer eigenen Überraschung – in diesem Kreis als zu Dietrich gehörig aufgenommen und erlebt. An einem der Abende dieser Tagung sprachen Maria und ich auch zum letzten Mal über eine mögliche Herausgabe der Briefe. «Man müßte wohl einen guten Kommentar schreiben, der die sehr speziellen und schwierigen Begleitumstände dieses Briefwechsels beleuchtet», überlegte sie. Und dann, wohl ermutigt durch die Erfahrung dieses Festes: «Ich war ja damals so sehr jung. Ich möchte eigentlich gern auch als der Mensch, der ich jetzt bin, neben Dietrich stehen.»

Schon im Jahr darauf wurde ihre schwere Krebserkrankung erkannt, und sie rief mich herüber nach Boston. Als ich ankam, lagen die Briefe von Dietrich offen und frisch gelesen auf ihrem Nachttisch. Ich konnte wochenlang an ihrer Seite sein. Die Zeit jedoch, über eine Veröffentlichung zu sprechen, war vorüber.

Kurz vor ihrem Tod am 16. November 1977 teilte sie unseren beiden jüngeren Schwestern und ihren Söhnen den Entschluß mit, mir den Briefwechsel anzuvertrauen. Darüber sind fast fünfzehn Jahre vergangen.

Nun darf ich endlich mit großer Dankbarkeit und Freude dies Vermächtnis der Öffentlichkeit übergeben.

Es ist mir in diesen Jahren immer kostbarer geworden. Und immer weniger schien es mir nötig, diesen Briefen noch etwas anzufügen. Aber um Marias Gedanken gerecht zu werden, haben wir in den «Notizen» die Vorgeschichte beider Briefpartner, die Verlobungsgeschichte sowie einen kurzen späteren Lebenslauf von Maria angefügt. Dabei hielten wir es für vertretbar, Maria vergleichsweise mehr Raum zu geben, weil es über Dietrich Bonhoeffer schon zahlreiche Veröffentlichungen gibt. Es kam die Überlegung hinzu, daß das Versinken einer Welt nur faßbar wird im ganz speziellen Detail. Deswegen haben wir versucht, den Lebenshintergrund der beiden Briefpartner hier noch einmal etwas ausführlicher mit Kontur und Farbe zu versehen.

Zwischentexte und Fußnoten, die den biographischen und zeitgeschichtlichen Hintergrund des Briefwechsels einbeziehen, hat zu meiner Freude Ulrich Kabitz verantwortet. Dank langjähriger Lektoratsarbeit, die immer wieder auf die Bonhoeffersche Literatur konzentriert war, konnte er hierfür seine Kenntnisse und sein Einfühlungsvermögen einsetzen.

Meine Schwiegertochter, Dr. Gerti von Bismarck, war mir unentbehrlich, um Abstand zur Vergangenheit, die zum großen Teil auch meine eigene ist, zu gewinnen. Aus der Signierung ist ersichtlich, wie vieles in enger Zusammenarbeit entstanden ist. Diese Texte tragen also unterschiedliche Handschriften.

Mein besonderer Dank gilt Anne von Moltke. Sie hat das Abenteuer dieser Herausgabe mit mir gewagt, alle Dokumente geordnet und Grundlagenarbeit an Text und Kommentar geleistet.

Minna Issler, Tel Aviv, hat Marias Tagebücher besser verstanden als ich und mir bei der Auswahl der Zitate sehr geholfen.

Eberhard und Renate Bethge haben durch ihre unermüdliche Bereitschaft zu Hilfe und Informationen vieles erst ermöglicht.

Tiefe Dankbarkeit verbindet mich mit Marias Söhnen, Christopher und Paul Schniewind-Weller, die mir stellvertretend für ihre Mutter ihr Vertrauen schenken.

Ruth-Alice von Bismarck

Zu dieser Ausgabe

Diese Ausgabe beschränkt sich, wie schon der Titel des Buches zu verstehen gibt, auf den Briefwechsel Maria von Wedemeyers mit dem Häftling Dietrich Bonhoeffer. Indessen umfaßt ihr Nachlaß beträchtlich mehr an Korrespondenzen und anderen Aufzeichnungen, die zum Umkreis der Gefängnispost gehören. Dazu zählen als erstes die Dokumente zur dramatischen Vorgeschichte, die in den nachfolgenden «Notizen» dargestellt wird. Aus der Zeit der Haft sind weitere Briefschaften vorhanden, so etwa die der Mutter Ruth von Wedemeyer, an Bonhoeffer gerichtet, oder andere Briefe von Maria von Wedemeyer, z. B. an Hedwig von Truchseß. Wir haben davon ausnahmsweise zwei Stücke aufgenommen, weil sie sich bei gewissen Lücken im Jahre 1944 einfügen ließen. Und so haben wir es auch zum Ende hin gehalten, wo Bonhoeffers Stimme verstummt ist, mit der letzten Botschaft der Mutter von Wedemeyer aus Pätzig und der Postkarte ihrer Tochter, unterwegs auf der Suche nach ihm.

Ein besonderes Umfeld stellen freilich die in «Widerstand und Ergebung» zusammengefaßten Korrespondenzen Bonhoeffers mit seinen Eltern und seinem Freund Eberhard Bethge dar. Die Zusammenhänge zwischen hier und dort sind so zahlreich und erheblich, daß sie von uns auch in entsprechender Weise kenntlich zu machen waren. Das geschieht auf unterschiedliche Weise: durch Zitate in Zwischentexten und Fußnoten sowie innerhalb der «Notizen», andererseits durch einfache Verweise auf die betreffenden Seiten in «Widerstand und Ergebung». Da wir keine kompakte wissenschaftliche Edition anstrebten, haben wir uns dabei auf die wesentlichen Berührungspunkte beschränkt. Im übrigen wurde mit wenigen Ausnahmen auf Abdrucke von dort verzichtet, um damit nicht den Charakter der Sammlung von Brautbriefen zu beeinträchtigen. Die Wiedergabe aus Briefen an die Eltern zu Beginn und zum Ende hin entspricht der damaligen Situation, da Bonhoeffer nur auf diesem Wege seiner Braut etwas mitteilen konnte.

Die Daten der *Sprecherlaubnisse* sind hier eigens festgehalten. Sie stellten die einzige Gelegenheit eines knappen Wiedersehens dar. Sie fanden zunächst, solange die Vernehmungen liefen, im Reichskriegsgericht statt, dann in einem Raum des Tegeler Gefängnisses, jedesmal unter Aufsicht. Diese Daten sind nicht zuletzt auch Orientierungspunkte, da in den Briefen mehrfach auf sie Bezug genommen wird.

Die *Zwischentexte* sollen über Vorgänge informieren, die den Hintergrund der Briefe bilden. Selbstverständlich wurden von beiden Brautleuten die Rückzüge an den Fronten, die Erschwernisse des Kriegsalltags und die Zugriffe der Gestapo im Umkreis der Verwandten und Freunde betroffen miterlebt. Aber davon konnte mit Rücksicht auf die Zensur so gut wie gar nicht die Rede sein. Zur Lektüre der Briefe erschienen uns jedenfalls da und dort solche Erklärungen vonnöten, so knapp wie möglich, da wir an diesen Stellen keine Biographie oder zeitgeschichtliche Darstellung ersetzen wollten.

Die *Anmerkungen* mögen manchen Lesern zu umfangreich, anderen zu sparsam erscheinen. Tatsächlich lag uns an einer gewissen Mitte, wir wollten ohne wissenschaftliche Überfrachtung doch zu einzelnen Namen, Vorgängen und Zusammenhängen die angemessene Aufklärung bieten. So geben beispielsweise die Fußnoten zu Büchern und Autoren, die in den Briefen erwähnt werden, Aufschlüsse über die Lesekultur zu jener Zeit und in diesen Kreisen, weit abseits vom Literaturbetrieb des NS-Staates.

Was die Zwischentexte und Anmerkungen etwa an Aufschlüssen über den familiären und zeitgeschichtlichen Hintergrund vermissen lassen, sollen die abschließenden *Notizen* bieten. Sie möchten den Leser über Herkunft, Umgebung und Lebensweg der Brautleute ins Bild setzen und den geschichtlichen Hintergrund dieser Korrespondenz beleuchten.

Dem schriftlichen Nachlaß Maria von Wedemeyers entstammen ihre Originalbriefe sowie Ablichtungen von Bonhoeffers Briefen, die sie der Bibliothek der Harvard University übergeben hat. Während sich die Korrespondenz bis in die erste Jahreshälfte 1944 verhältnismäßig dicht ausnimmt, fallen für die anschließende Zeit gewisse Lücken auf; offensichtlich sind Briefe von ihr nicht mehr vorhanden und von seiner Seite in einigen Fällen nur auszugsweise in Abschriften erhalten. Was diese Lücken verursacht hat, läßt sich nicht mehr ergründen. Demgegenüber schien es uns von mehr Belang, daß die vorhandenen Stücke durch die katastrophalen Verhältnisse gegen Kriegsende hindurch gerettet worden sind. Maria von Wedemeyer hatte seine Briefe in ihrem spärlichen Fluchtgepäck verwahrt, mit dem sie am 26. Januar das geliebte Pätzig verließ, während ihre Briefe, die Bonhoeffer in seiner Tegeler Zelle empfangen hatte, offenbar vollzählig in sein Elternhaus (und von dort später wieder in ihre Hände) gelangten, noch zur rechten Zeit, ehe man ihn Anfang Oktober 1944 in den Gestapo-Keller der Prinz-Albrecht-Straße verbrachte. Sicher hat er auch dort noch Briefe von ihr erhalten, so wie er es am 13. Januar 1945 bestätigt hat, fand jedoch keine Möglichkeit mehr, dergleichen durch einen gefälligen Wächter hinausschmuggeln zu lassen. So sind diese wie alle sonstigen Aufzeichnungen aus jener letzten Zeit verschollen.

Die vorliegende Sammlung umfaßt den gesamten Briefbestand und gibt ihn ohne Kürzungen wieder. Bei der Dokumentation zur Geschichte der Verlobung in den «Notizen» sahen wir uns dagegen zu einer Auswahl von Tagebucheintragungen und Briefen sowie zu gewissen Textraffungen genötigt. Eigentümlichkeiten der Schreibweise (bei Maria von Wedemeyer etwa: HansWerner, bischen, Sopha, Cigaretten) sowie der Interpunktion wurden belassen und nur offensichtliche Verschreibungen korrigiert.

Auf gewisse Eigenarten bei Bonhoeffers Briefen aus der Haft sei noch eigens hingewiesen. Er hat, um den Raum auszunutzen, Absätze mit Hilfe von Gedankenstrichen eingespart, wir dagegen haben sie um der besseren Lesbarkeit willen oft als Absätze sichtbar gemacht. Auch wurden Kürzel (u. statt und, d. statt der) aufgelöst.

Ganz selbstverständlich werden in den Briefen Geschwister, Verwandte und Freunde bloß mit Vornamen genannt. Der Orientierung halber sind in eckiger Klammer die betreffenden Familiennamen hinzugesetzt worden. Nur bei den Geschwistern der Braut wurde darauf verzichtet, da man beim Lesen schnell mit ihnen bekannt wird. Im übrigen geben die «Notizen» im Anhang hierzu genügend Aufschluß.

Ulrich Kabitz

Die Briefe

Ist wieder etwas Schlimmes geschehen? Ich fürchte, daß es etwas sehr Schlimmes ist!

Aus Marias Tagebuch, 5. IV. 43

«Das weißt Du ja aus dem Wenigen, was wir miteinander gesprochen haben, daß es nicht nur draußen, sondern auch hier drin Gefahr gibt, mal etwas weniger, mal etwas mehr. Welcher Mann dürfte dem heute aus dem Weg gehen und dürfte sich davor fürchten? Und welche Frau müßte das heute nicht mittragen, auch wenn der Mann noch so gern diese Last von ihr nähme?»

Dies schrieb Dietrich Bonhoeffer am 9. März 1943 an seine Braut Maria von Wedemeyer. Als sie seinen Brief erhielt, konnte ihr nicht klar sein, daß diesmal «etwas mehr» Gefahr drohte. Immerhin ahnte sie, daß er sich an einer «anderen Front» einsetzte als ihr Vater, ihr Bruder und ihre Vettern, die als Offiziere in Rußland kämpften und starben. Indessen sollte in Kürze zum Ernstfall werden, was mit diesen Worten angedeutet worden war: Am 5. April wurde Bonhoeffer verhaftet.

Sicher hatte es schon entsprechende Warnungen gegeben, seitdem Mitarbeiter der Münchener Abwehrstelle, der er selber zugeordnet war, in eine Devisenaffäre verwickelt schienen. Im Laufe der Vernehmungen hatten sie der Gestapo ihre Kenntnisse von konspirativen Unternehmungen innerhalb der Berliner Zentrale preisgegeben. Das betraf vor allem Generalmajor Hans Oster und Sonderführer Hans von Dohnanyi, die dort den militärischen Mittelpunkt der Planungen für einen Umsturz und für Auslandskontakte im Hinblick auf etwaige Friedensverhandlungen bildeten. Bonhoeffer, Dohnanyis Schwager, hatte sich gerade mit dem oben erwähnten Brief vor einer Reise nach Rom zu geheimen Besprechungen im Vatikan verabschiedet. Dem kam der Oberstkriegsgerichtsrat Dr. Roeder, begleitet von dem Gestapo-Kommissar Sonderegger, mit einem Schlag zuvor, als sie überraschend im Amt Canaris erschienen, um Dohnanyi zu verhaften. Bei der Durchsuchung seines Dienstraumes waren es ausgerechnet auf Bonhoeffer bezogene Papiere, die ihnen in die Hände fielen und die den Verdacht auf konspirative Handlungen bestärkten.

Innerhalb weniger Stunden wurden außer Hans von Dohnanyi auch seine Frau und Dietrich Bonhoeffer, ferner in München der Kontaktmann zum Vatikan Josef Müller samt dessen Frau und Sekretärin inhaftiert.

Der Häftling in der Militärstrafanstalt Berlin-Tegel durfte zunächst keinerlei Besuche empfangen und bis Ende Juli nur alle zehn Tage einen Brief an die Eltern schreiben. Von den quälenden Verhören, denen er über lange Wochen ausgesetzt war, konnte darin angesichts der Zensur nicht die Rede sein. Die Braut mußte warten, bis wieder eine Abschrift aus dem Bonhoefferschen Hause mit den ihr geltenden Zeilen an sie gelangte.

Dietrich Bonhoeffer an seine Eltern

[Tegel] 14. IV. 43

[...] Nun könnt Ihr Euch denken, daß mir meine Braut in dieser Zeit ganz besonders leid tut. Es ist viel für sie, nachdem sie Vater und Bruder erst kürzlich im Osten verloren hat. Als Offizierstochter wird sie vielleicht besonders schwer an einer Verhaftung tragen. Wenn ich ihr doch ein paar gute Worte sagen könnte. Nun werdet Ihr es tun, und vielleicht kommt sie mal zu Euch nach Berlin, es wäre schön. [...]

25. IV. 43

[...] Am Karfreitag war Marias Geburtstag.[1] Wenn ich nicht wüßte, mit wie festem Herzen sie im vorigen Jahr den Tod ihres Vaters, ihres Bruders und zweier besonders geliebter Vettern[2] getragen hat, dann wäre mir wirklich bange um sie. Nun wird Ostern sie trösten, ihre große Familie wird ihr sehr beistehen und ihre Arbeit im Roten Kreuz[3] beansprucht sie ganz. Grüßt sie sehr, sagt ihr, daß ich mich sehr nach ihr sehne, daß sie aber nicht traurig, sondern tapfer sein soll wie bisher. Sie ist eben noch so sehr jung, da ist das schwer.

[...] Übrigens wüßte ich gern, wie es Marias Großmutter[4] geht. Bitte verheimlicht mir nicht, wenn sie gestorben ist. Maria und ich haben beide sehr an ihr gehangen. [...]

Es wäre doch eine große Beruhigung für mich, wenn Maria einmal einen Tag in aller Ruhe bei Euch wäre. Laßt sie und auch Renate[5] diesen Brief doch lesen! [...]

5. 5. 43

[...] Daß Maria Euch so tapfer und voll Vertrauen geschrieben hat, beglückt mich sehr. [...]

Daß ich dabei ganz im Stillen darauf hoffe, daß wir alle zusammen auch einmal meinen und Maria's Freudentag feiern werden – wann? –

kommt mir zwar im Augenblick phantastisch vor, aber die Hoffnung ist schön und groß. [...]

Von der Verlobung wissen nun wohl alle? Aber es bleibt doch in der Familie? da allerdings nach meiner Zählung «die engste Familie» auf beiden Seiten zusammen über 80 Menschen sind, wird es wohl nicht lange verborgen bleiben. Ich hätte nur den Wunsch von Maria's Mutter gern eingehalten.[6] Dankt Maria doch besonders für ihre Grüße! Wie schön, daß es der Großmutter besser geht, sie hat auch eine große Last zu tragen mit ihren fünf gefallenen und noch sieben draußenstehenden Enkeln und Söhnen. Grüßt sie sehr, ich bin ihres Gedenkens gewiß! [...]

1 23. April. 2 Die Brüder Hans Friedrich und Jürgen Christoph v. Kleist-Retzow in Kieckow. 3 Maria war seit Anfang April 1943 als Schwesternschülerin im Clementinenhaus in Hannover tätig. 4 Ruth v. Kleist-Retzow in Klein-Krössin; vgl. hierzu in den «Notizen» S. 241–244. 5 Renate Schleicher; sie heiratete am 15. Mai 1943 Eberhard Bethge. «Renate» war Chiffre für ihn, da sein Name bei der Briefzensur keinen Verdacht erregen sollte. 6 Hier ist das «Wartejahr» gemeint.

Lieber, geliebter Dietrich! – [Hannover] 7. V. 43

Deine Mutter hat mir Bilder von Dir geschenkt, acht kleine Bilder. Die stehen jetzt vor mir, ich sehe sie an und es ist alles so greifbar nah, Du und Deine Gedanken, die Tage, in denen wir zusammen waren und die in denen wir es sein werden. –

Sei nicht traurig, Dietrich, auch nicht, wenn Du an mich denkst. Glaub mir, daß ich sehr tapfer sein will. – Manchmal denke ich, ich könnte ja gar nicht traurig sein, weil Deine Gedanken, die bei mir sind, es einfach nicht zulassen, und weil das, was Du mir damit schenkst, ja so unendlich viel größer ist. – Nein, Du sollst Dich nicht sorgen um mich; Du sollst wissen, daß wenn es Dir gut geht, ich nur froh und dankbar bin, aber daß mir Deine Traurigkeit sehr weh tut. – –

Es gibt wohl keine Stunde am Tag in der meine Gedanken Dich nicht suchten. Wenn ich morgens um 6 Uhr durch den Garten gehe, um zum Krankenhaus zu kommen, dann weiß ich, daß Du nun auch wach bist und vielleicht grade dann auf den gleichen Himmel schaust, wie ich. Den 4 kleinen Kindern, (½–1jährig) die ich versorge, erzähle ich beim Zurechtmachen viele und lange Geschichten vom «Onkel Dietrich». Wenn ich scheuere und putze, so denke ich im Takt dazu: Dietrich, Dietrich. Und wenn ich mich mit meinem Frauensaal über Vornamen unterhalte, so kannst Du sicher sein, daß nachher einstimmig «Dietrich» als der schönste erklärt wird.

Jeden Abend nehme ich Dein Bild in die Hand und dann erzähle ich Dir viel, von «weißt Du noch» und von «später», so viel daß ich es schließlich selbst glauben muß, daß der Schritt zu beidem über das zeitlich Näherliegende *klein* ist. Ich sage Dir dann all das, was sich nicht schreiben läßt – schon gar nicht, wenn andere Leute den Brief auch noch lesen müssen – aber was Du ja weißt, auch ohne daß ich es schreibe.

Deine Mutter schrieb mir einen so lieben Brief, der mich glücklich machte und ich danke Dir dafür, daß Du sie darum batest. Ich werde sie am Sonntag den 16. besuchen, mit Mutter zusammen, und Du bist dann bei mir, nicht wahr! In Dein Zimmer werde ich auch gehen, darauf freue ich mich am allermeisten. Mutter war einige Tage hier bei mir. Sie hat Dich – seit Du bei ihr warst – sehr sehr gern und grüßt Dich von Herzen.

Ich danke Dir so, daß Du mir in diesen Tagen geholfen hast und wünschte wohl, Dir mit meinem Bitten auch ein wenig helfen zu können, doch weiß ich mich so arm mit meinen Gaben und allem, was Dir gehört, gegenüber dem Maß, das Du mir gabst und geben willst. – So wenig kann ich das begreifen, was Du mir in Deinen letzten Briefen schriebst. Schreib es mir immer wieder, damit ich es glauben kann. –

Ich bleibe immer

Deine Maria

Wenn ich aus Berlin zurückkomme werde ich Dir bald wiederschreiben. –

Dietrich Bonhoeffer an seine Eltern

[Tegel] 15. V. 43

[...] Daß Maria's Mutter bei Euch war, freut mich ganz besonders. Weiß man schon irgendetwas über Konstantin [v. Kleist-Retzow] aus Tunis? Das geht mir in Gedanken an Maria und die ganze Familie sehr durch den Kopf. Wenn es doch nicht allzulange dauerte, bis ich Maria wiedersehen und wir Hochzeit halten könnten! Sie braucht nun wirklich bald einmal ein Zur Ruhe kommen, und man hat eben doch auch noch allerlei irdische Wünsche! [...]

Hoffentlich kommt Maria bald zu Euch.

Die Eltern Bonhoeffer an ihren Sohn

[Berlin] 25. 5. 43

[...] Indessen haben wir die Freude gehabt, Sonntag[1] Deine Verlobte und ihre Mutter bei uns zu haben. Mama wird Dir darüber Näheres schreiben. Deine Braut kannte ich ja schon. Sie ist ein sympathisches, kluges Mädchen, die uns wieder gut gefallen hat. Die Mutter erinnerte mich im Augenschnitt und Ausdruck oft an ihren Großvater[2] unseren alten schlesischen Oberpräsidenten, der eine so ungewöhnlich sympathische Erscheinung war. Sie hat auch von ihm anscheinend die Gabe, gut erzählen zu können. [...]

[...] Ich will Dir nun heute doch gern von Marias Besuch erzählen. Sie war Sonnabend abends hierher gereist und kam dann mit ihrer Mutter um 11 Uhr zu uns, mit wundervollen roten Rosen aus dem heimatlichen Garten. Sie ist wohl etwas schmaler geworden, sieht aber trotz der wirklich recht harten Ausbildungszeit (sie will das aber nicht wahr haben) doch gut und gesund aus. – Wir haben dann im Garten gesessen bei einem Gläschen Tokayer und nach einer Stunde fanden sich Karl Friedrich,[3] Rüdiger und Ursel[4] auch dazu. Dann sind wir ins Haus gegangen und haben die Bilder besonders die Portraits betrachtet, aber Maria wollte dann auch Photos von der ganzen Familie sehen und hat die Namen unserer 18 Enkel schnellstens auswendig gelernt. Dann bin ich noch vor Tisch mit ihr hinauf in Dein Zimmer gegangen. Ich hatte natürlich doch ein bischen aufgeräumt, aber nicht so sehr, damit sie auch sieht was ihr später mal bevorsteht, sie fand es aber fabelhaft ordentlich. Mütter sind scheints doch kritischer als Bräute und das ist auch gut so. Sie hat sich all die kleinen Dinge und Erinnerungen von Deinen Reisen ausführlich betrachtet und fand es gemütlich oben bei Dir, daß sie gar nicht herunter wollte zum Essen. Ich hatte mir auch entsprechende Mühe mit dem Essen gegeben. [...] Dann tranken wir den Kaffee im Garten und um 3 Uhr mußten sie wieder fort. Karl-Friedrich brachte sie dann an die Bahn. [...] Nun, wie Papa schon schrieb, der Besuch war uns eine rechte Freude und wir danken es Dir, daß Du uns eine so liebe Schwiegertochter ins Haus bringst. Wenn sie auch noch sehr jung ist, so spricht aus ihrem ganzen Wesen doch schon jetzt eine große Zuverlässigkeit, Tüchtigkeit und Warmherzigkeit. Ihre Mutter, die noch in diesem Jahr so viel Schweres erlebt hat, ist ja zu bewundern, wie sie eigentlich nur ihre von ihr nun allein zu erfüllende Aufgabe an Haus und Kindern sieht und mit ihrem Kummer um Mann und Sohn dadurch mit sich fertig wird. –

Natürlich interessierte sich Maria auch für Deine Bücher und Mappen, aber dazu war die Zeit zu kurz. – Ich denke, sie kommt bald mal über den Sonntag wieder. Ich sagte ihr, daß Du so sehr angetan von den Gotthelfschen Sachen[5] bist. Sie kommt ja wohl leider jetzt garnicht zum lesen; und ich sagte ihr auch, sie solle jetzt lieber in ihrer freien Zeit schlafen, Du hättest dann später die Freude, es mit ihr zu lesen. [...]

1 Am 23. Mai 1943. 2 Robert Graf v. Zedlitz und Trützschler (1837–1914), Oberpräsident von Schlesien, Posen und Hessen sowie Preußischer Kultusminister. 3 Karl-Friedrich Bonhoeffer, Dietrichs ältester Bruder, Professor für physikalische Chemie in Leipzig, später Berlin und Göttingen. 4 Rüdiger Schleicher, Ministerialrat im Reichsluftfahrtministerium, und seine Frau Ursula, Dietrichs älteste Schwester, wohnten im Haus neben den Eltern Bonhoeffer in der Marienburger Allee. 5 Dietrich an seine Eltern, 5. April 1943: «Besondere Freude hatte ich wieder an Jer. Gotthelf in seiner klaren, gesunden, stillen Art» (DBW 8,56).

Mein lieber, lieber Dietrich! [Hannover] 24. Mai 43

Du hast gestern an mich gedacht, nicht wahr? Ich hab es gespürt, wie Du ständig bei mir warst, wie Du mit mir gingst durch all die fremden Räume zu all den Menschen und wie mir dadurch plötzlich alles vertraut, heimatlich und sehr lieb wurde. Dietrich, Du, ich bin so glücklich über diesen Tag in Berlin. So unsagbar glücklich und dankbar Dir und Deinen Eltern. Weißt Du, ich glaube das Glück sitzt tief und fest innen drin, soweit kann das Leid einfach gar nicht reichen, auch wenn das manchmal übergroß erscheint.

Ich hab Deine Eltern lieb. Schon als mich Deine Mutter begrüßte, da wußte ich, daß es gar nicht anders ging und daß Du mich noch ungleich mehr beschenkst, als ich es ahnte. – Ach, alles habe ich lieb gewonnen. Euer Haus, den Garten und am meisten Dein Zimmer. Ich weiß nicht, was ich darum gäbe jetzt wieder da sitzen zu können vielleicht nur, um die Tintenklexe auf Deiner Schreibunterlage anzugucken. – Es ist alles so wirklich und klar geworden, seit ich Dir gestern in Deinem Elternhaus begegnete. Dein Schreibtisch an dem Du Deine Bücher und die Briefe an mich schriebst, Dein Sessel und der Aschenbecher, Deine Schuhe im Bord und die Bilder, die Du gern magst. Alles das war ein Teil von Dir. Nur das Lachen von Karl Friedrich [Bonhoeffer] und der Mund Deines Vaters haben mich traurig gemacht; doch ist es schön, Dich nah zu fühlen, auch wenn es so weh tut. – – Ich glaubte nicht, daß meine Hoffnung und Sehnsucht noch anwachsen könnte, aber seit gestern ist sie sicher doppelt so groß geworden. – Du hast Recht, was eine Hochzeit bedeutet, das kann man sich einfach nicht denken,[1] auch wenn man immerzu versucht mitzuleben. Das was ich selbst erlebte und richtig nachfühlen kann, das völlige Alleinsein mit dem inneren Erleben und das Spüren und Begreifen der Machtlosigkeit der Gedanken ist ja nur ein so geringer Teil all Deiner Nöte. Könnte ich doch *einmal* kurz bei Dir sein!

Mein liebster Dietrich, jeden Morgen um 6, wenn wir gemeinsam die Hände falten, dann wissen wir, daß wir großes Vertrauen haben dürfen, zueinander und noch weit, weit darüber hinaus. Nicht wahr, und dann kannst auch Du nicht mehr traurig sein. –

Bald schreibe ich Dir wieder. –

Mit allem Denken und Tun bleibe ich nur immer

Deine Maria

1 Vgl. Dietrichs Brief an seine Eltern vom 5. April 1943 (DBW 8,57).

Karl-Friedrich Bonhoeffer an Dietrich Bonhoeffer

Leipzig, d. 30. 5. 43

[...] Ich hatte es insofern besonders nett getroffen, als gerade Deine Braut mit ihrer Mutter sich bei den Eltern für diesen Tag angesagt hatte; so habe ich sie eher kennen gelernt, als ich gedacht hatte. Für Dich muß es sehr merkwürdig sein, daß sie nun in der Familie bekannt wird, ohne daß Du dabei bist. Es sind eben etwas verrückte Zeiten. Daß sie uns allen sehr gefallen hat, wirst Du Dir ja denken können. Sie hat allerhand von ihrer Tätigkeit in Hannover erzählt. Anscheinend gehört sie auch zu denen, die sich überall den schwersten und anstrengendsten Dienst aussuchen und die auf sich selbst überhaupt keine Rücksicht nehmen. Die Selbstverständlichkeit und Bescheidenheit dabei hat mir großen Eindruck gemacht. Ich habe sie sehr beschimpft, daß sie sich für Dich ihre Wochenration Butter abgespart hat und die paar Kaffeebohnen, die sie von einer Patientin geschenkt bekommen hatte, nicht für ihre Nachtwachen aufgespart hat. Ich denke, ich habe da in Deinem Namen gehandelt. Auch ihre Mutter ist anscheinend eine besondere Frau. Ich habe sie in der Stadt auf einigen Wegen begleitet, wo wir uns ein bißchen von den beiden Familien unterhalten haben.

Jedenfalls kann ich Dir, nachdem ich nun den Kreis kenne, in den Du hineingekommen ist, noch einmal besonders Glück dazu wünschen. Übrigens weiß außer der Familie, soweit ich orientiert bin, noch niemand davon. [...]

Mein liebster Dietrich! [Hannover] 30. V. 43

Heut hab ich den ganzen Tag Zeit für Dich gehabt. Meine Füße, denen ich schon lange übel nehme, daß sie meinen Gedanken auf ihren täglichen Spaziergängen nicht einfach folgen können, streiken nun auch schon auf den Wegen hier. Sie haben mir darum einen ganzen Tag Zimmerarrest verschafft und das versöhnt mich auch wieder mit ihnen. So hab' ich heute einen richtigen Traumsonntag. Ich kann, was ich mir schon lange ersehnte, auch einmal richtig träumen. Ob schlafend oder wachend ist da ziemlich egal, es dreht sich doch alles um den gleichen Gegenstand und um die gleiche Richtung in der die Träume fliegen. Eigentlich paßt solch ein Stück Briefpapier gar nicht dazwischen. Jedenfalls fürchte ich bei meiner miserablen Ausdrucksweise immer, das Papier schief zu halten, so daß alle Gedanken anders reflektiert werden, als ich sie losschickte. – Du mußt mir das Briefschreiben erst mal beibringen! –

Deine Mutter sagte mir, Du wolltest von meiner Arbeit hier wissen. Eigentlich ist solch ein Brief viel zu schade, um davon zu erzählen; aber was soll ich Dir schreiben? Die andern Leute, die den Brief ja notgedrungen lesen müssen, brauchen gar nicht so unbedingt zu wissen ob ich Dich lieb hab' und wie groß meine Sehnsucht ist. Das schreib ich überhaupt nicht gern, das sag' ich Dir lieber. – –

Die Arbeit mit den Patienten macht mir wirklich große Freude und auch das Verhältnis zu den Lehrschwestern fängt jetzt an – nach anfänglichem Ach und Krach – sich ein bischen zu glätten. So ein bischen Rekrutenzeit à la Hans Walter [Schleicher] gehört auch hier dazu, weißt Du: da ist es dann ganz egal ob man Lottchen Schulz oder Emilie Müller ist, ob man bis 3 zählen kann oder noch ein bischen weiter. Und Stationsschwestern haben einfach die moralische Verpflichtung Drachen zu sein. Aber das Pflegen der Kranken machte gleich Spaß. Augenblicklich habe ich einen 3. Klasse Frauensaal und 2 2. Klasse Zimmer zu versorgen. Als erstes lernt man, daß die gebildete, reiche Rasse eine ganz greuliche Bande ist, während man die einfachen Frauchen gleich gern haben muß. –

Am liebsten würde ich sie Dir alle mal vorstellen. Besonders meine Stammpatientin, eine Kellnerfrau, die mich unbedingt verheiraten möchte, sich nur durchaus nicht entschließen kann mit welchem ihrer 3 Söhne in Rußland. –

Eine dicke Freundschaft hab ich auch mit einem «Opa», der mir immer seine angebißnen Butterbrote zustecken möchte und es jeden Sonnabend neu versucht mir eine Mark Trinkgeld für die Woche zu geben. Nebenbei lerne ich Hambörsch Platt und errege sehr das Mißfallen meiner Patienten, wenn ich doch immer wieder ins Pommersche komme. –

Abends lese ich dann immer ein bischen in Deinen Büchern. Manches verstehe ich nicht, und ich freue mich darauf, es Dich endlich einmal fragen zu können. Am meisten liebe ich «Schöpfung und Fall».[1] Großmutter sagte, wenn Du es heute noch einmal schriebest, so würde es sehr anders werden. Aber ich mag es nicht anders, ich mag es nur so wie es ist, obgleich ich auch da vieles nicht verstehen kann. –

– Ich muß Dir gestehen, daß mich oft der Anfang eines Satzes noch sehr interessiert und ich über dem Schluß schon eingeschlafen bin, und am nächsten Tag muß ich dann noch mal anfangen, weil ich gar nicht mehr Bescheid weiß und dann geht es nicht anders. Und doch freue ich mich den ganzen Tag darauf die Worte abends von Dir zu lesen. (Deine Briefe kann ich nämlich schon alle auswendig.)

Großmutter schrieb mir, daß es der 2.–5. Juni war, an dem ich im vorigen Jahr in Klein Krössin war.[2] Nun ist es also wirklich schon ein Jahr her. Denk, es ist mir fast unbegreiflich, daß Du der Herr bist, den ich damals kennen lernte und mit dem ich mich über Vornamen, Lili-Marlen,[3] Margeritten und anderes unterhalten habe. Großmutter erzählte mir, was Du davon behieltest und ich wurde noch nachträglich rot vor Entsetzen, was für einen Unsinn ich sagte. Ich glaube, Du, ich bin sehr anders geworden seit der Zeit. Es ist so schrecklich viel passiert seither. Aber eins bleibt bestimmt immer gleich, das weißt Du ja! –

In der nächsten Woche schreib ich Dir wieder und bis dahin hoffe ich auf jede Post und bei jedem Telefonklingeln und höre einfach nicht auf, auch wenn sie mich alle auslachen. –

Immer Deine Maria

Das nächste Mal will ich versuchen Dir einen weniger oberflächlichen Brief zu schreiben. Doch ahnst Du ja gar nicht, wie sehr ich es bin. –

1 Dietrich Bonhoeffer, Schöpfung und Fall. Theologische Auslegung von Genesis 1–3; ursprünglich Vorlesung an der Berliner Universität; Buchausgabe 1933 beim Chr. Kaiser Verlag München (jetzt DBW 3). 2 Wohnsitz der Großmutter Ruth v. Kleist-Retzow. 3 Beliebt aufgrund des damals populären Liedes «Lili Marlen», das vom Soldatensender Belgrad allabendlich zum Sendeschluß übertragen wurde.

Dietrich Bonhoeffer an seine Eltern

[Tegel] 4. 6. 43

[...] Ich hatte Euch schon einen langen Brief geschrieben, da bringt mir eben die Post die Briefe von Maria und meiner Schwiegermutter[1] und damit ein ganz unbeschreibliches Glück in meine Zelle; nun muß ich den Brief nochmal anfangen und Euch vor allem bitten, beiden gleich zu schreiben und zu danken! Wie mir zumute ist, daß ich es selbst nicht tun kann, werdet Ihr Euch vorstellen. Maria schreibt so froh über den Tag bei Euch, und wie schwer muß es trotz aller Liebe, die Ihr ihr gezeigt habt, für sie gewesen sein; es ist ein Wunder, wie sie das alles durchsteht und für mich ein Glück und Vorbild sondergleichen. Das Gefühl, ihr garnicht beistehen zu können, wäre oft kaum zu verwinden, wenn ich nicht wüßte, daß ich im Gedanken an sie wirklich ruhig sein darf. Ich wünsche es wirklich vielmehr noch um ihret- als um meinetwillen, daß diese harte Zeit nicht allzulange dauert. Daß aber gerade diese Monate einmal für unsere Ehe unendlich wichtig sein werden, ist mir gewiß und dafür bin ich dankbar. Wie sehr mich der Brief meiner Schwiegermutter bewegt hat, vermag ich kaum zu sagen. Daß ich ihr zu all dem Schmerz des vergangenen Jahres noch einen solchen Kummer hinzufügen mußte, hat mich seit dem ersten Tag meiner Festnahme gequält, und nun hat sie gerade diese über uns gekommene Not zum Anlaß genommen, die Frist des Wartens abzukürzen und mich dadurch glücklich zu machen. Vor diesem großen Vertrauen, dieser Güte und Größe des Herzens stehe ich wirklich sehr beschämt und dankbar da, und ich werde ihr das niemals vergessen. Im Grunde ist das der Geist, den ich in all den Häusern dieser Familie immer gespürt habe, und der mich so berührt hat, längst ehe ich etwas von meinem künftigen Glück ahnte. Und nun weiß ich auch aus Euren und Karl-Friedrich's Briefen, daß Ihr Maria gern habt; es konnte ja auch nicht anders sein. Ja, sie wird Euch eine sehr gute Schwiegertochter sein und sich sicher in unserer Familie bald ebenso zu Hause fühlen, wie ich mich seit Jahren ihrer großen Familie zugehörig gefühlt habe. Daß Karl-Friedrich meine Schwiegermutter in die Stadt begleitet hat und sie sich so etwas kennen lernten, freut mich sehr, auch daß er Maria in meiner Stellvertretung ins Gewissen geredet hat, sich ihre Rationen nicht abzusparen, die sie bei ihrem schweren Dienst wirklich selbst braucht, ist sehr nett von ihm. [...]

Fast täglich lese ich etwas Stifter: das geborgene und verborgene Leben seiner Gestalten – er ist ja so altmodisch nur sympathische Menschen zu schildern – hat in dieser Atmosphäre hier etwas sehr Wohltuendes und lenkt die Gedanken auf die wesentlichen Lebensinhalte. Überhaupt wird man hier in der Zelle äußerlich und innerlich auf die einfachsten Dinge des Lebens zurückgeführt; so konnte ich z. B. mit Rilke garnichts anfangen. Aber vielleicht leidet auch der Verstand etwas unter der Enge, in der man lebt? [...]

Schreibt doch immer alles, was Ihr von Maria wißt. Schön, daß Karl-Friedrich und Schleicher's neulich dabei waren; Schleicher's kennen ja auch die ältere Schwester [Ruth-Alice] Bismarck und Ihr erinnert Euch vielleicht noch an den gefallenen Bruder Max, meinen Konfirmanden aus Stettin? Grüßt auch die Großmutter immer sehr! [...]

1 Marias Brief vom 24. Mai 1943 und erster Brief der Schwiegermutter vom 27. Mai 1943.

Liebster Dietrich! [Hannover] 9. VI. 43

Du hast wieder einen so schönen Brief an Deine Eltern geschrieben. – Allein die Tatsache, daß ich nach 10 Tagen immer wieder auf solch einen Brief warten kann, bedeutet schon unbeschreiblich gute Laune für mich. Wenn ich ihn dann aber lese, überfreue ich mich fast, und meine plötzlich, ich müßte doch nun endlich einmal aus diesem Traum aufwachen, begreifen, daß alles nicht wahr ist und mich selbst auslachen, daß ich mir solch ein Glück überhaupt anzumaßen wagte. Sieh, so viel größer ist immer noch mein Glück, als meine Traurigkeit, das mußt Du mir ganz bestimmt glauben. – Es wird nicht mehr lange dauern, bis wir uns wiedersehen, das glaube ich ganz sicher. Und ich sage es Dir und mir jeden Morgen und jeden Abend. Lieber, armer Dietrich, wenn es wirklich so ist, daß da, wo ich mich von etwas für mein Leben Wesentlichem getrennt fühle, ich mich auch gefangen fühlen muß, dann bin ich es, nicht weniger als Du äußerlich. Ich bin es vielleicht immer gewesen, habe es nur jetzt erst richtig gespürt. –

Du möchtest gern Heiratspläne hören?[1] Ich habe mehr als genug. Wenn wir zusammen sind, müssen wir uns ja nun erst einmal öffentlich verloben. In meiner Familie wissen bisher davon nur die Allerwenigsten, von meinen Geschwistern nur herunter bis zu den halbwegs vernünftigen. Um das Verlobungfeiern kommst Du auch nicht herum. Aber dann heiraten wir bald. Ich wünsche mir im Sommer, da ist es in Pätzig am schönsten. Wie sehr habe ich mich immer darauf gefreut Dir Pätzig grade im August zeigen zu können. Das was Du bisher kennst, gilt ja gar nicht. Bis in jede Einzelheit hatte ich mir den August ausgemalt. Wie ich Dich von der Bahn abholen würde, wie ich mit Dir spazieren ginge und Dir all meine lieben Plätze, Blicke, Bäume und Tiere zeigte, wie Du sie auch gern haben würdest und wir dann ein gemeinsames Zuhause dort hätten. Sei nicht traurig und betrübt. Denke daran, wie froh wir später sein werden und daß dies vielleicht alles so kommen mußte, damit wir begreifen, wie schön wir es haben werden und wie dankbar wir dafür sein müssen. –

Warum ist die Trauung eine der fragwürdigsten Handlungen der Kirche?[2] Das mußt Du mir bitte erklären! Die Lieder und den Text mußt Du Dir nun schon einmal heraussuchen. Ich wünsche mir «Sollt ich meinem Gott nicht singen» und den 103. Psalm. Das mußt Du bitte gleich mit einbauen. Zu allem übrigen will ich mich gern bekehren und überreden lassen. – – Du kennst ja die Pätziger Kirche. Es wird sehr, sehr schön werden dort, mit Vater und Max. Ich denke oft daran, wenn es auch unvorstellbar und märchenhaft ist.

Eine Hochzeitsreise machen wir auch! Wohin? Und was kommt dann? Dann kommt vor allem, daß wir beide glücklich sind – alles andere ist doch dann ziemlich egal, nicht wahr? –

Ich hab darum gebeten, daß ich in das Augustahospital nach Berlin versetzt werde und warte nun darauf, daß ich abkommandiert werde. Es kann in wenigen Tagen geschehen. In Deine Nähe zu kommen, wäre doch so sehr sehr viel schöner, und ich freue mich darauf, dann auch öfter bei Deinen Eltern sein zu können. Denk nur, wie werden wir es gut haben, wenn Du erst wieder frei bist. –

Mein lieber Dietrich, könnte ich Dir doch nur einen kleinen Teil abnehmen. Ich weiß nicht, was ich drum gäbe es zu können. Ich bin immerzu nur bei Dir und doch so schrecklich weit entfernt und sehne mich so unbeschreiblich danach endlich einmal wirklich bei Dir zu sein. Du weißt es ja, ich bin immer

Deine Maria

10. VI. 43

Grade als ich den Brief einstecken wollte, kam die Abschrift Deines Briefes vom 4. 6. – Du konntest mich zu Pfingsten nicht mehr beglükken, als grade mit diesem Brief, und nun muß ich Dir einfach anschließend noch darauf antworten. Ich bin heut abend in einem Bachorgelkonzert gewesen, habe es sehr genossen und dann war ich schließlich doch so traurig, daß ich allein da war und bin herausgegangen, weil es so einsam gar nicht mehr zum Aushalten war. Nun hab ich hier immer wieder Deinen Brief gelesen, hab an die vergangene Zeit mit Dir zusammen und an den Tag in Berlin gedacht und bin wieder froh daran geworden. Sieh, Du allein hilfst mir ja immer wieder und ich bin ganz beschämt, daß es immer wieder so ist, da es doch genau umgekehrt sein müßte. Ich danke Dir auch für das, was Du an Mutter in Deinem Brief schreibst. Es wird ihr sehr gut tun und sie freuen. Sie hat Dich so gern und freut sich mit uns beiden, auf all das, was kommen soll. –

Hier im Krankenhaus denke ich so oft an die Zeit im Franziskuskrankenhaus[3] und träume immer davon, daß es dann plötzlich einmal an der äußeren und dann an der inneren Tür klopft (so höflich ist übrigens keiner von allen Besuchern) und daß Du dann plötzlich da bist. Weißt Du noch, wie wir auf dem Flur spazieren gingen und uns über verkalkte Lehrer unterhielten und weißt Du noch, wie glücklich ich war, daß Du absolut gegen eine Auswanderung warst? Da hab ich etwas gemerkt, aber ich habe es nicht geglaubt und nicht glauben wollen. Und weißt Du noch, wie wir zusammen im Eilmarsch die Treppe in der Brandenburgischenstr.[4] herunterliefen und uns über den verbotenen Musikabend bei Schleichers[5] ärgerten. Ich hab neulich mein Tagebuch aus der Zeit gelesen. Es steht wenig darüber drin, nur weiß ich jetzt, daß ich damals sehr glücklich war. Und das bin ich noch, mehr als ich Dir beschreiben kann.

Deine Maria

1 Maria bezieht sich hier vermutlich auf Dietrichs Brief vom 5. Mai 1943. 2 Sie meint hier eine Stelle in «Schöpfung und Fall», a.a.O. 94. 3 Maria betreute dort im Oktober 1942 ihre Großmutter v. Kleist-Retzow nach einer Augenopera-

tion. 4 Dort wohnte Spes Stahlberg, geb. v. Kleist-Retzow, eine Schwester von Marias Mutter, die sie für diese Zeit bei sich aufgenommen hatte. 5 Eine Einladung im Hause Schleicher im Oktober 1942; vgl. S. 273.

Dietrich Bonhoeffer an seine Eltern

[Tegel] Pfingsten 1943. 14. VI.

[...] Von Maria hatte ich wieder einen lieben Brief.[1] Die Arme muß nun immer schreiben, ohne ein direktes Echo von mir zu bekommen; das muß schwer sein, aber ich freue mich über jedes Wort von ihr und jede Kleinigkeit interessiert mich, weil sie das Miterleben erleichtert. Ich danke ihr sehr dafür. In kühnen Träumen male ich mir manchmal schon unsere künftige Wohnung aus. [...]

Grüßt Maria und die Geschwister!

1 Wohl vom 30. Mai 1943.

Mein liebster Dietrich! Berlin, den 20. VI. 43

Nun bin ich schon 5 Tage in Berlin. Du wirst das von Deiner Mutter gehört haben, aber wie sehr ich mich darüber gefreut habe, muß ich Dir erst noch erzählen. Es kam alles so plötzlich. Erst die Versetzung und dann der Bescheid vom Arzt, daß ich bis zum 1. Juli nicht wieder in die Arbeit soll, um meine Füße erst mal auszukurieren. Es ist übrigens gar nicht weiter schlimm und ich habe eigentlich schon ein recht schlechtes Gewissen, daß ich hier so tatenlos herumsitze bezw. liege. Nur muß ich täglich zur Masseuse und zum Orthopäden, so daß ich leider nicht nach Hause kann. Aber ich bin oft bei Deinen Eltern und sie sind reizend und lieb zu mir. Am liebsten würde ich sicher die ganze Zeit allein in Deinem Zimmer sitzen. Jedes Stück daraus mag ich gern und ist mir bekannt. Jedes Buch erzählt mir ein bischen von Dir und sehnt sich mit mir danach Dich wiederzusehen. – Ich habe um die Erlaubnis gebeten, Dich sehen zu dürfen. Ach, ich hoffe so sehr, sehr, daß es mir erlaubt wird, denn ich hab so große Sehnsucht danach, Dich einmal – und wenn es auch nur kurz ist – wiederzusehen. –

Daß Du nicht ganz gesund bist, ist schauderhaft.[1] Morgen vormittag werde ich nach Tegel fahren und Dir all die gewünschten Sachen bringen. Wie beneide ich all diese Sachen, daß sie so einfach zu Dir kommen können und bei Dir sein dürfen. Das kleine geschnitzte Figürchen[2] schenkte mir Vater einmal vor vielen Jahren und seither habe ich es immer auf meinem Nachttisch stehen. Es wurde in den Dolomiten von einem alten frommen Bauern geschnitzt, der auch unsere Krippenfiguren arbeitete. – Vielleicht freut es Dich ein bischen.

Daß Dir Rilke augenblicklich so gar nichts sein kann, hat mir erst einen Schlag versetzt.[3] Er ist vielleicht der einzige Dichter für den ich mich ganz vorbehaltlos begeistern kann. Was liest Du von ihm? Grade klaute ich mir aus Deinem Bücherbord die Duineser Elegien und freue mich so sehr daran. Aber Du magst Recht haben, daß sie Deinem Erleben dort nicht standhalten, sich nicht anverwandeln können. – Wenn wir zusammen in Pätzig sind, werde ich Dir die «frühen Gedichte» geben, und dann wirst Du sie auch gern haben. – Wir fahren bald nach Pätzig, wenn Du wieder da bist, nicht wahr? Bis zum 1. Juli habe ich noch Erholungsurlaub, später wird sich wohl auch mal ein Wochenende freimachen lassen. –

Lieber Dietrich, könnte ich Dich doch nur kurz einmal sehen! Jetzt, wo ich so tatenlos herumsitze, merke ich erst, wie groß eine Sehnsucht werden kann. Könnte ich Dir doch irgendwie helfen! –

Ich bin ständig in Gedanken bei Dir,

Deine Maria

1 Dietrich litt seit Mai bis in den Winter an Rheumatismus; vgl. DBW 8,181. 2 Eine Madonnenfigur; vgl. Dietrichs Brief vom Heiligen Abend 1943. 3 Maria bezieht sich hier auf Dietrichs Brief vom 4. Juni 1943, S. 13.

24. Juni 1943 Sprecherlaubnis

Dietrich Bonhoeffer an seine Eltern

[Tegel] 24. VI. 43

[...] In der Woche nach Pfingsten habe ich viele Briefe bekommen, die mich sehr gefreut haben. Zuerst die Euren, die mir immer wieder so eine große Beruhigung sind, obwohl ich doch nicht darüber hinwegkomme, daß Ihr unter meinem Mißgeschick nun schon so lange mitleiden müßt; dann Marias Brief,[1] der mich mit den märchenhaften Zukunftsträumen richtig vergnügt gemacht hat; [...]

Herrlich waren Maria's und Mutter's Zigaretten. [...]

Eben komme ich zurück und habe Maria gesehen[2] – eine unbeschreibliche Überraschung und Freude! Nur eine Minute vorher hatte ich es erfahren. Es ist mir noch wie ein Traum – wirklich eine fast unbegreifliche Situation, – wie werden wir später einmal daran zurückdenken! Was man in einem solchen Augenblick sagen kann, ist ja so belanglos, aber das ist ja auch nicht die Hauptsache. Es war so tapfer von ihr, zu kommen; ich habe es ihr garnicht zuzumuten gewagt; denn es ist ja doch für sie viel schwerer noch als für mich; ich weiß woran ich bin, für sie ist alles unvorstellbar, rätselhaft, schrecklich. Wie wird es sein, wenn dieser böse Alpdruck einmal vorüber ist! Und nun ist eben auch noch Maria's und Mutter's Brief gekommen, um die Freude voll zu machen und als Nachklang von heute morgen. Wie gut geht es mir doch immer noch! Sagt es ihnen doch, daß ich mir das täglich sage.

Wir dürfen uns voraussichtlich nächste Woche sehen! Darauf freue ich mich sehr. Maria ist so gern bei Euch und erzählte so froh von Schleicher's. Dafür bin ich sehr dankbar. [...]

1 Gemeint ist wohl der Brief vom 9./10. Juni 1943. 2 «Our first meeting ... took place in the Reichskriegsgericht and I found myself being used as a tool by the prosecutor Roeder. I was brought into the room with practically no forewarning, and Dietrich was visibly shaken. He first reacted with silence, but then carried on a normal conversation; his emotions showed only in the pressure with which he held my hand» (The Other Letters, 25).

Lieber, sehr lieber Dietrich! Pätzig, 26. VI. 43

Ununterbrochen sind meine Gedanken bei Dir, glücklich und traurig und dankbar und alles durcheinander. – 2 Tage ist es her, seit ich Dich sah, doch mir erscheint es schon viel, viel länger, so viele ganz neue Gedanken, sehnsüchtige und überfrohe, liegen dazwischen. Es könnte alles wie ein Traum sein. Mitten herausgerissen aus den schönen oder quälenden Träumen, ohne Wirklichkeit, wenn nicht etwas bei mir geblieben wäre, ein Stückchen Du. Ganz spürbar ist es da. Wie sollte ich durch diese Tage finden, wenn es nicht da wäre? – Und von mir ist ein Teil meines Herzens an Dir hängen geblieben; wie mit einem unsichtbaren Gummifaden bin ich mit ihm verknüpft und je weiter ich von Dir fortfuhr, um so mehr zog es mich zurück, so daß es jetzt schon fast nicht mehr zum Aushalten hier ist. – Wenn ich doch mal mit Dir tauschen könnte! Dann wäre es wenigstens ein bischen gerechter verteilt. – Ich mag mich über nichts mehr freuen. Alles in Pätzig ist wie verändert. Fast ist es schön, daß ewig so schlechtes Wetter ist. Draußen bei Sonnenschein wäre meine Sehnsucht vielleicht noch viel größer. –

Die Eltern werden Dir erzählt haben, daß der böse Onkel Doktor mir ein ganzes Vierteljahr Erholungszeit verschrieben hat. Deine Profezeihungen waren also sehr richtig. Aber ich war sehr böse; hatte erst Deinen Vater im Verdacht, daß er ein Komplott geschlossen habe. Papa wehrt sich aber energisch gegen diesen Verdacht und mir bleibt nichts anderes übrig, als mich dem Willen von Schöne[1] und Mutter zu fügen. – Und ich sehne mich schon jetzt so unbeschreiblich wieder nach einer ausfüllenden Arbeit, auch wenn ich genau weiß, daß das eigentlich ein Ausreißen ist. – Natürlich habe ich schon viele Pläne gemacht, um die Zeit hier genügend auszufüllen. – Wir bemühen uns sehr eine Geigenlehrerin zu finden; doch bitte ich Dich, versprich Dir nichts davon. Als Gegenmittel gegen meine derzeitigen Geigenkünste hilft nur noch Oropax! – Und ich kann mir nicht denken, wie das so schnell geändert werden kann. Außerdem ist eine Näherin bestellt und ich soll an meiner Aussteuerwäsche (!) nähen lernen. – Eine Masseuse hat Mutter auch schon in Aussicht, die mich bearbeiten wird.

Natürlich muß ich die meiste Zeit liegen, doch ist das eine herrliche Gelegenheit einmal wieder zum Lesen zu kommen. Täglich genau eine Stunde fresse ich mich mit erheblichem Ach und Krach durch «Something of myself» von Kipling,[2] um meine sehr mangelhaften Kenntnisse in dieser Sprache wieder etwas aufzufrischen, sonst lese ich von Löscher «Alles Getrennte findet sich wieder».[3] Ein tröstlicher Titel, nicht wahr? Natürlich reite ich auch, schwimme manchmal, gebe Christine Mathematikstunden und stelle Blumenvasen für das Haus ein. – Du siehst, im Grunde ist mein Tag völlig ausgefüllt und trotzdem ist es so leer und fremd und unerträglich. – Mutter ist übrigens gar nicht von dem Plan mit dem Gleich Heiraten entzückt. Das hab ich mir gleich gedacht. Aber glaub mir, ein Verlobungsfest wird auch sehr nett. Auf anliegendem Zettel[4] habe ich Dir die meisten Möbel meines Zimmers, die mir schon jetzt gehören, aufgezeichnet. Meine Zeichenbegabung ist sehr bescheiden und die Dinge sind noch bedeutend hübscher als sie so aussehen.

Eine Kommode gehört noch dazu und ein Bücherbord bekomme ich noch von unserm Stellmacher gezimmert. Dann fehlen nur noch Sessel und ein Zimmer ist fertig. Ich schicke Dir auch eine Postkarte mit,[5] von dem Engel, den ich als größeres Bild besitze und der über meinem Bett hängt. Außerdem hab ich noch einen sehr hübschen Blumenstrauß von Breugel und einen Grünewaldaltar. Nun bin ich sehr dabei mir einen Tischler anzulachen, der mir ein Schlafzimmer macht. Mein Grinsen scheint aber nicht ganz zu genügen, da ist es schwierig. Für den Fall daß ich wirklich keins bekomme, gibt mir Mutter eins ihrer Fremdenzimmer. Schlimm ist es mit dem Eßzimmer. Ein Büfett finde ich scheußlich und ein wirklich anständiger Schrank ist ja gar nicht zu bekommen und auch nicht hier bei uns als entbehrlich aufzutreiben. Aber vielleicht finden wir bei einem Althändler etwas. Wegen eines Küchenschrankes müssen wir uns mal mit Großmutter gut stellen. Der aus Stettin müßte doch nun eigentlich übrig sein. Einen kleinen Teppich haben wir schon von da geerbt. – Dir müssen wir ja noch irgendwie einen Schreibtisch andichten. Das ist auch nicht leicht. – Wenn ich Dir das jetzt so erzähle, werde ich selbst ganz froh und glücklich daran. Vielleicht wirst Du es auch etwas? Etwas Schöneres kannst Du mir gar nicht schenken, als daß Du froh bist. –

Morgen kommt meine beste Freundin Doris Fahle her. Sie würde Dir gefallen, wenn Du sie kennen lerntest. Sie ist Baltin, ein feines, kluges Mädchen, das schon viel Schweres durchmachte besonders durch das Verlassen ihrer Heimat bei der Umsiedlung.[6] Sie bleibt einige Tage. Anschließend fahre ich dann wieder nach Berlin. Dort ist eine Berneuchner Tagung[7] zu der Mutter mich gern mitnehmen möchte. Vielleicht, vielleicht .... aber das denke ich gar nicht zu Ende. –

Mein Hund Harro – Du hast ihn doch sicher hier kennen gelernt – ist krank. Er wird immer dünner und macht mir Sorge. Magst Du eigentlich Hunde auch gern, oder kannst Du sie nicht leiden? –

Alle haben sich so sehr über Deine Grüße gefreut, am allermeisten Mutter und Großmutter. Mutter erwartete mich, als ich herunterkam[8] und das war schön. Den ganzen Vormittag hab ich mich weiter unterhalten mit Dir und eigentlich tue ich es auch jetzt immer nur noch. Abends war ich bei den Eltern und hab ihnen von Dir erzählt. Das hat sie gefreut. –

Wir sahen uns auch in Berlin noch das Gemälde von Vater an.[9] Mutter fand es recht schön, ich fand es entsetzlich. Ich hab jede kleinste Fotographie noch ungleich lieber, als dies Bild es ist richtig quälend es ansehn zu müssen.

Entschuldige bitte das scheußliche Papier. –

Ich danke Dir so für diese eine Stunde bei Dir. Nie werde ich sie vergessen können.

Deine Maria

1 Dr. Georg Schöne, Chirurg an der Landhausklinik in Berlin; mit Bonhoeffers und Schleichers befreundet. 2 Rudyard Kipling, Something of Myself, for My Friends Known and Unknown, London 1937. 3 Roman von Hans Löscher aus dem Jahr 1937. 4 Die Zeichnung ist nicht mehr vorhanden. 5 Die Postkarte fehlt. 6 Im Rahmen einer großräumigen Aktion wurden 1940 Volksdeutsche aus dem Baltikum in die neugeschaffenen Reichsgaue «Danzig-Westpreußen» und «Wartheland» umgesiedelt. 7 Vgl. in den «Notizen» S. 246ff. 8 Nach der Sprecherlaubnis. 9 Bei einem Berliner Kunstmaler, der anhand einer Fotografie ein Porträt des Vaters angefertigt hatte.

Dietrich Bonhoeffer an seine Eltern

[Tegel] Sonntag, den 3.7.43

[...] Maria hat mir über Ausstattungsfragen geschrieben, das hat mich ungeheuer gefreut.[1] Die Skizzen von den Möbeln ihres Zimmers finde ich wunderhübsch. Daß sie jetzt eine Weile zu Haus sein kann, freut mich für sie alle. Aber hoffentlich kommt die Sache mit den Füßen bald in Ordnung. Ich lasse sie fragen, ob sie es nicht statt der Geige mit der Laute versuchen will, wenn sie sich wirklich von der Geige nichts verspricht. Ich habe die Laute auch sehr gern, nur muß man gleichzeitig dann etwas Harmonielehre treiben. Es wäre wirklich hübsch, wenn so etwas noch möglich wäre. Es gibt auch allerlei gute Lautenmusik. Eine Gambe, die auch einfacher ist als Geige, ist jetzt so schwer aufzutreiben. Das wäre natürlich ganz besonders schön! Ich hatte immer Lust es noch zu lernen. Vielleicht kann Renate [Bethge] da bei der Beschaffung etwas helfen! Da gibt es ja sehr viel schöne Literatur! Ich lasse ihr sehr für ihren Brief und auch die Bilder danken. Sehr gern hätte ich eine Vergrößerung ihres Bildes auf dem Hochzeitszug von Ruth-Alice Bismarck, das ist so sehr hübsch; auch das Kleid finde ich besonders schön. – Sie hat mir übrigens einen so märchenhaften Kuchen gebacken, daß mir schon beim Ansehen und erst recht nachher Herz und Magen gelacht hat und daß ich nur bedauerte, Dir Mama, nicht davon anbieten zu können! [...]

1 Vgl. ihren Brief vom 26. Juni 1943.

Lieber Dietrich! Pätzig, den 6. VII. 43

Eben sprach ich telefonisch mit der Mama, die mir von Euerm Zusammensein erzählte.[1] Es wird schön für Dich gewesen sein, die Eltern zu sehen. Ich hab mich mit Euch gefreut und an Euch gedacht und trotzdem die Eltern um den Platz auf dem roten Sopha beneidet. – Für Deinen letzten Brief und jeden Satz, den Du darin an mich schriebst, danke ich Dir sehr.[2] Ich habe ihn entwendet und mitgenommen. Nun ist er meine ständige Abendlektüre. – Du darfst bitte nicht vergessen in Deinen Briefen zu schreiben, wie es mit Deinem Reißen geht. Ich fürchte es ist schlimmer geworden. Als ich am Sonnabend die Sachen nach Tegel brachte, war Dein Fenster als fast einzigstes geschlossen. – Wenn Du erst wieder bei uns bist, pflege ich Dich ganz gesund; das ist doch mein Spezialgebiet. –

Du mußt Dir nun schon genau ausmalen, wie es sein wird und was wir tun werden, wenn Du freigelassen wirst. Ersteinmal feiern wir ein großes Fest, vor Freude, und damit alle andern auch etwas von Dir haben. Aber dann fange ich an, unbescheiden und egoistisch zu werden und beanspruche Dich ganz allein für mich. Du brauchst nicht zu denken, daß ich unbedingt und nur nach Pätzig fahren will. Ich sehne mich überall dahin mit, wo Du Dich hinsehnst; wohin, das ist mir egal, nur nach Berlin mußt Du Dich möglichst nicht sehnen. – Hier in Pätzig wären wir auch übrigens ganz allein. Außer zum Mittagessen können wir bei allen Mahlzeiten privatim in meinem Zimmer sein. Sonst fahren wir mit dem Wagen durch den Wald oder gehen spazieren, (oder klauen im Gemüsegarten Himbeeren) oder sitzen völlig ungestört in meinem Wohnzimmer. Kein Mensch hat mehr Verständnis dafür, als Mutter. Die Beamten sind während der Sommerferien zum größten Teil im Urlaub und die enorme Kinderkrabbelei stört uns doch nicht. –

Jetzt sehe ich auch schon für das Schnell-Heiraten wieder sehr viel rosiger. Mutter war selbst nur 1 Monat lang verlobt, das ist doch ein großes Plus für uns. Wir sind es doch nun immerhin schon 5 Monate und 22 Tage. –

In Berlin sah ich Großmutter. Sie fühlt sich so wohl, wie seit 3 Jahren nicht und kann wirklich besser sehen. Das war so schön zu merken. Denk, sie schenkt uns ihr blaues Sopha mit Sesseln und Tisch aus Stettin. Wenn ich ganz ehrlich bin, habe ich es nie sehr hübsch gefunden, aber es hängen so viele liebe Erinnerungen daran und deshalb hab ich es gern. Dir wird es genau so gehen. – Ich habe übrigens keine Ahnung, was für einen Geschmack Du hast. Vielleicht findest Du alles, was ich schön finde, häßlich wie die Nacht; und wir kriegen uns noch einmal das sehr erhebliche Zanken über unsere Wohnung. Ach, wenn wir doch nur erst einmal in einer richtigen Wohnung zusammen wohnten. Ich glaube schon gar nicht mehr daran, daß es so sein wird.

Jetzt las ich «Das Wunschkind» von Ina Seidel. «Lennacker» kennst Du doch sicher von ihr.[3] Ich habe das Buch nie sehr gemocht. Selbst weiß ich nicht warum. Aber «Das Wunschkind» hat mich sehr in seinen Bann gezogen und ich liebe dies Buch. Später will ich Dir alles erzählen, was ich bei diesem Buch empfinde. – «Die Brüder Karamasow» wollte ich lesen, weil mich «Der Großinquisitor» einmal so interessiert hatte, aber dann habe ich sie wieder fortgelegt, weil ich sie nur als übersteigert und quälend empfand.[4] Mir sind alle russischen Schriftsteller fremd. Sie haben gradezu eine tierische Freude am Schrecklichen. –

Aus Deinem Bücherbord habe ich mir «In der Finsternis wohnen die Adler» gestohlen.[5] Es war so ungefähr das einzigste Buch dessen Titel ich wenigstens schon einmal gehört hatte. Aber das lese ich erst später. –

Die Sonne ist hier eine astronomische Seltenheit geworden. Das Heu ist immer noch nicht drinnen, sondern regnet, grade eben getrocknet, bestimmt immer wieder patschnaß; das ist nicht schön, aber komisch! Harro macht mich und mein Zimmer vor Freude über seine wiedererlangte Gesundheit dreckig im Superlativ. HansWerner ist von morgens bis abends im Wald hinter den Böcken her, Ina ist in Mathematik reichlich dämlich, Lala nimmt ihrer älteren Schwester die Reitpferde weg (Du wirst Dich noch über Deine Schwäger und Schwägerinnen sehr wundern). Klaus und Ruth-Alice [v. Bismarck] besuchten uns und lassen Dich sehr grüßen und ich hab den ganzen Tag nur Sehnsucht nach Dir und außerdem die feste Hoffnung, daß nun bald alles vorbei ist und ich bei Dir sein darf.

Immer bleibe ich

Deine Maria

1 Am 3. Juli. 2 Gemeint ist der Brief vom 24. Juni 1943. 3 Ina Seidel, Das Wunschkind, 1930; dies., Lennacker. Das Buch einer Heimkehr, 1938. 4 Fjodor Dostojewskij, Die Brüder Karamasow; die darin enthaltene «Legende vom Großinquisitor» war zu der Zeit in mehreren Ausgaben als Broschüre verbreitet. 5 Andreas Markusson, In der Finsternis wohnen die Adler, Berlin o. J. Marias Großmutter äußerte sich in einem Brief an Dietrich vom 15. Februar 1941 sehr kritisch über dieses Buch.

Mein liebster Dietrich! Seefeld, den 13. VII. 43

Heute sind wir genau ein halbes Jahr verlobt. Ein bischen komisch ist das doch, nicht wahr! Jedenfalls haben wir uns beide das Verloben anders vorgestellt. Bei mir geht die Rechnung nun allerdings ziemlich glatt auf. Dafür, daß ich eine ungewöhnliche Verlobungsgeschichte habe, bekomme ich auch einen ganz ungewöhnlich guten Mann. Bei Dir ist das anders. Erstmal bekommst Du Durchschnitt und außerdem hat dies Wesen Dir die ganze Suppe so eingebrockt und verlangte noch dazu, daß Du sie mit auslöffeltest. Mir wird jetzt noch heiß und kalt, wenn ich an die Tage im November und Dezember[1] denke. Ich weiß nicht, wie ich Dir das jemals erklären soll. Es war eben beide Male stärker, als ich selber; und soetwas hatte ich noch nie erlebt und fand mich einfach darin nicht zurecht. Aber nun ist seit dem 13. Januar – es war Max's Geburtstag – alles immer nur noch klarer, sicherer und unwandelbarer geworden. Manchmal meine ich, ich müßte Dich um Entschuldigung bitten, daß ich den Brief damals schrieb.[2] Aber so ist es nicht, nicht wahr! Ich glaube einfach nicht daran. – Das ist so schön, daß man manchen Dingen einfach glauben und vertrauen kann, auch wenn alle verstandesmäßigen Überlegungen dagegen sprechen. – Es war mir selbst unerklärlich, wie es möglich war, daß ich gleich nach unserm ersten Sehen in Klein Krössin solch ein Vertrauen zu Dir hatte. Ich nahm es damals als Hinweis, mich mit Deinen Büchern zu beschäftigen und mir daraus manche Fragen und Unklarheiten beantworten zu lassen. Es ist mir damals schlecht gelungen. Vielleicht konnte ich schon damals den Buchinhalt und den Verfasser nicht ganz trennen. *Mir* sind die Bücher *mit* Verfasser doch noch bedeutend lieber! – – Und nun geht mein ganzes Sehnen, Tun und Denken nur immer auf den einen Tag hin, an dem ich wieder mit Dir zusammen sein werde. Immer danke ich Dir dafür, daß Du durch Dein Bei-mir-sein mir dazu hilfst, nicht am Augenblick zu verzagen, sondern mich weiterzufreuen und zu hoffen auf den Tag, der ja nun kommen *muß*. Ob Du wohl auch ein bischen fühlst, wie ich ständig an Dich denke? –

Ich bin hier in einen ganz komischen Apperat verschlagen. Eine Tante von mir – mein 3. oder 4. Vormund übrigens – ist eine landwirtschaftliche Größe und leitet diesen Gutsbetrieb als das anerkannte Musterstück Pommerns.[3] Außerdem hat sie sich mal für eine Atemschule begeistert und diesen ganzen Betrieb auf ihren Boden herverpflanzt. Es nennt sich Atem- Sprech- und Gesangschule, man lernt aber außerdem noch gehen, lesen, schreiben, essen, husten, niesen und lachen. D. h. ich lernte bisher nur, daß ich keins von diesen Dingen bisher konnte. Alles ist eine sehr mystische Angelegenheit und außerdem kriegswichtig!! Ich bin natürlich zur Hauptsache für Massage und Heilgymnastik hier, mache aber das andere, so weit es mir Spaß macht, lustig mit. – Der Hauptvorzug des ganzen Unternehmens ist der, daß ich in 2½ Stunden bei Dir sein kann, und ich warte ständig auf einen Anlaß, dies ausführen zu können. –

Meine kleinen Geschwister, HansWerner und Christine, lassen Dich sehr grüßen. Sie haben mir so entzückende Briefe zur Verlobung geschrieben. Ich freue mich darauf, sie Dir zeigen zu können.

Ein bischen seltsam erscheint es ihnen doch. Christine fragte mich ganz schüchtern, ob ich nun gar nicht mehr «Räuber und Prinzessin» mitspielen würde, und HansWerner meint, meine Lektüre dürfe nun nur noch aus entweder theologischen Abhandlungen oder Kochbüchern bestehen. Aber sie sind reizend zu mir. Ina häkelt mir gleich ein Paar Topflappen, trennt sich von einem geliebten Sahnekännchen, und HansWerner schickt mir mit dem Kutscher einen riesigen Rosenstrauß an die Bahn und bemüht sich nun weiter mir einen Quirl zu schnitzen. Du kannst übrigens froh darüber sein, daß Du mich nicht zur Schwägerin bekommst. Ich war, als Ruth-Alice sich verlobte, empört, daß es einem andern Menschen einfiel, mit in unsere Familie gehören zu wollen und hab den Klaus [v. Bismarck] nur aus diesem Vorurteil lange nicht gemocht.

Vielleicht sehe ich Dich eher wieder, als Du diesen Brief bekommst. Es wäre unvorstellbar schön. – Mit lieben Gedanken bin ich

Deine Maria

1 Vgl. in den «Notizen» S. 274 ff. 2 Siehe Marias Brief vom 13. Januar 1943, S. 278. 3 Maria Gräfin von Bredow auf Gut Seefeld. Näheres über sie berichtet Alexander Stahlberg, Die verdammte Pflicht. Erinnerungen 1932–1945, 1987, S. 25 f.

Mein herzliebster Dietrich! Seefeld, den 21. VII. 43

Heute ist ein froher Tag. Die Mama schickte mir Deinen Brief vom 3. 7. und der hat mich wieder ganz glücklich und dankbar gemacht. Ein großartiger Plan ist Dein Gedanke mit einer Laute oder Gambe. An sich finde ich das schon schön; da Du es Dir nun wünschst, mag ich es noch doppelt so gern. Gleich will ich versuchen, mir den dazugehörigen Apperat + Stunden und Noten zu beschaffen. Darüber schreibe ich Dir dann. – Auch mit der Vergrößerung der Hochzeitsbilder will ich mein Möglichstes versuchen. Nur mußt Du etwas Geduld haben, bitte, denn ich weiß den Photographen nicht mehr und das Negativ ist nach nun 4 Jahren vielleicht schon vernichtet. – Daß Du anfängst mir Komplimente über meine Kleider zu machen, finde ich ganz goldig. Ganz so eitel bin ich aber nun wieder auch nicht, daß Du es mußt!? – – Denke übrigens nicht, daß Du mit Deinem Reißen vor Deiner Braut etwas voraus hast. Ich habe heute einen Muskelkater, der mich nicht mehr grade auf dem Stuhl sitzen läßt. Wie schön, daß ich Dir mal nachfühlen kann, wie das so ungefähr ist. – Übers Wochenende besuchte ich Klaus [v. Bismarck] und wir haben ganz wild zusammen getobt. Er hat einen fabelhaften Sprunggarten und noch nettere Pferde. Obgleich er behauptete, aus Angst vor Dir am Vortage schon alle Hindernisse um ein Erhebliches tiefer gemacht zu haben, reichten sie doch noch aus, um mir diesen Muskelkater in die Knochen zu jagen. Schade, daß Du Klaus gar nicht kennst. Eigentlich habt Ihr weder gleiche Interessen, noch weiß ich sonst ein Gebiet auf dem Ihr Euch finden könntet; trotzdem kann ich es mir gar nicht anders denken, als daß Ihr Euch gut versteht. Ich habe Klaus schon prophezeit, daß, wenn er Dich erst kennen lernte, er seine Hindernisse für mich noch leichter machen würde!! – Wenn Du es nicht magst, daß ich reite, so sei sicher, daß ich es sofort lassen werde. Es ist mir gar kein Opfer. Einmal finde ich es doch dann nachher langweilig, allein zu reiten; außerdem habe ich nicht einmal eine besondere Begabung dafür. Es war nur so schön, auf diese Art mit Vater und Max zusammen sein zu können. Aber die Freude an schönen Formen und Bewegungen, die wir – glaube ich – gemeinsam haben, wirst Du auch bei edlen Pferden mit mir empfinden. – Wenn wir zusammen in Pätzig sind, werden wir immer mit «Hannibal» und der «Spinne» fahren.[1] Und damit mir dann nicht beide Hände durch das Kutschieren gebunden sind, machen wir kriegsmäßige Arbeitsteilung und jeder bekommt einen Zügel. Genügt das auch noch nicht, dann binden wir das Pferd an den nächsten Baum und gehn eben spazieren! – Neulich wehte mir der Zufall eine kleine Photographie von Dir auf Skiern[2] in die Hände. Das Bild fand ich allerdings weniger schön (verzeih, aber Du darfst meine Bilder auch scheußlich finden), aber die Tatsache, daß Du skiläufst, ist herrlich. Da mußt Du mir nämlich allerhand beibringen. Ich laufe selbst sehr gern, war aber erst 2 mal in den Bergen und hab das dort Gelernte wahrscheinlich längst wieder vergessen. Kann man nicht auch in Friedrichsbrunn[3] laufen? In Pätzig haben wir sogar auch recht beachtliche Hügel, aber entweder saust man unten in einen Stacheldrahtzaun, oder man kommt wegen mangelnden Schnees eher zu blauen Flecken, als zu seinem Vergnügen. Ich hab das nach allen Richtungen hin ausprobiert. – Vergib das schreckliche Papier. «Zälagähr»[4] sagt HansWerner dazu. Beim nächsten Mal nehme ich besseres. – – Dein Buch «In der Finsternis wohnen die Adler» les ich hier. Am Anfang hätte ich es am liebsten wieder aus der Hand gelegt, weil es mich so abstieß und auch der Schluß mit der Beschreibung der «Erweckten» befremdete mich noch etwas. Aber das Eigentliche des Buches steht so hoch über diesen doch nur Äußerlichkeiten, kann vielleicht in seiner Wahrhaftigkeit und kraftvollen Tiefe erst in diesem Gegensatz zu seiner Höhe gelangen. Mir ist das Buch wertvoll geworden und ich wünsche mir, daß Du es nicht nur ablehnst. – Du schriebst einmal, daß es schwer wäre für mich, so ohne Echo zu schreiben. – Das war es am Anfang wohl, aber es wird – vielleicht ohne daß Du es meinen Briefen so anmerkst – immer leichter. Als ich Dich sah, hast Du mir so lieb dazu geholfen. Dafür bin ich Dir jedes Mal neu dankbar. Du brauchst mir gar nicht über die Eltern zu antworten. Ich meine, eine Verbindung ist doch schon viel direkter da. Nur wenn Du nicht einverstanden bist mit dem, was ich schreibe, dann mußt Du es gleich sagen, denn ein Verschweigen dessen würde mich nur traurig machen. –

Wie schön, daß Du Dich so energisch gegen das bei Alarmen Obenbleiben der Eltern wendest.[5] Ich fand den Gedanken auch scheußlich, war aber viel zu schüchtern um etwas Deutliches zu sagen. (Das kannst Du Dir kaum denken, nicht wahr?)

Ich nehme an, daß ich trotz Onkel Doktor und Mutter im August wieder mit meiner Arbeit anfangen werde. Weißt Du, sonst werde ich so faul, daß Du mich nicht mehr heiraten magst und davor habe ich eine ganz wahnsinnige Angst!!! Außerdem ist solch ein Herumsitzen, wenn man es nicht unbedingt muß, auf die Dauer unschön. – – Hier fülle ich nun die Zeit in der Hauptsache mit Bücherlesen. Mutter und Großmutter waren der Ansicht, ich müßte mich nun ein bischen theologisch bilden. Aber, sei mir nicht bös, ich finde die Bücher, wenn sie nicht von Dir geschrieben sind, meist sehr langweilig und außerdem hasse ich das Bücherlesen, nur um sich zu bilden, besonders, wenn es so viele Bücher gibt, die einen wirklich interessieren. Wenn Du erst einmal wieder bei mir bist, wer weiß, vielleicht interessiere ich mich dann plötzlich glühend für Teologie [!]. – Jetzt lese ich «Wöldermanns Park» von Zinn[6], das Vater so liebte und dann kommen «Die Barrings».[7] – Neulich lernte ich den Dichter Gerhard Ringeling – er schrieb «Seefahrendes Volk» und «Karges Land» – kennen. Ein typisches Beispiel dafür, daß man den Verfasser eines Buches besser nicht kennen lernt. Vielleicht lag es aber auch an meiner Dummheit, daß er sich nur über Marmeladenrezepte – von denen ich noch dazu keine Ahnung hatte – unterhalten konnte. – Am 31.7. ist Vaters Geburtstag, da werde ich mit Ruth-Alice und Klaus [v. Bismarck] zusammen in Pätzig sein. Nun laß es Dir gut gehen. Werde Dein Reißen recht, recht bald los – Ich danke Dir so für Deine täglichen Gedanken und Dein ständiges Bei mir sein. Tausend Grüße von Deiner Dir in großer Liebe verbundenen

Maria

1 Hannibal war ein Pferd. Spinne wurde der Einspänner genannt, ein Wagen für zwei Personen. 2 Aufnahme aus Ettal/Obb., Anfang Januar 1941; vgl. Abbildung in: Eberhard Bethge, DB, gegenüber S. 689. 3 Feriensitz der Familie Bonhoeffer im Harz. 4 C'est la guerre. 5 In Dietrichs Brief an seine Eltern vom 3. Juli 1943 (DBW 8,110). 6 Adelbert Alexander Zinn, Wöldermanns Park. Roman, 1935. Der Autor gehörte ebenfalls der Berneuchener Bewegung an. 7 William v. Simpson, Die Barrings, 1937.

Du, mein liebster Dietrich! Seefeld, den 25. VII. 43

In dem hintersten Winkel des Gartens, wo mich niemand sieht, habe ich mich mit meinem Brief an Dich geflüchtet. Viele bunte Blumen lachen um mich her, die Sonne strahlt und lauter Gold hängt an den Bäumen. Ich brauchte nur Dich, um es herunterzupflücken. – Hier läßt es sich so schön glücklich an Zukunftsträumen werden. In gar nicht ferner Zeit werden wir zusammen so sitzen und uns viel – unendlich viel zu sagen haben. Nun kommt bald der August, den wir uns früher so herbeigesehnt haben.[1] Soll ich Dir erzählen, daß Anfang April Klaus [v. Bismarck] schon auf unserer Seite und Mutter fast umgestimmt war? Vielleicht sollten wir aber doch, und darum grade auf diese Weise das halbe Jahr bis August einhalten. –

Aber wir wollten uns ja beide mit unsern Hoffnungen nicht auf einen bestimmten Tag festlegen. Nun bin ich jeden Abend immer dankbar, daß wieder ein Tag der Wartezeit herum ist, daß ich nun wieder um 24 Stunden dem Wiedersehen näher gerückt bin. Heut hab ich nun extra dies Briefpapier genommen, in der Hoffnung, daß wenn ich es schnell verschreibe ich es auch bald gar nicht mehr gebrauchen kann.[2] –

Mein Versuch am Anfang August wieder in die Arbeit zu kommen, ist natürlich doch an Mutter gescheitert. Sie kam vor Schreck gleich angereist und glaubte sehr in Deinem Sinne zu handeln mich bis Ende

August hier ganz fest anzuketten. Anschließend hat mich Klaus schon für die Brunftzeit nach Klein Reetz[3] gepachtet.

Gegen diese höheren Gewalten ist gar nichts mehr zu machen, es sei denn, daß Du als höchste erscheinst. – Wir haben uns auch des längeren über unsere Hochzeit unterhalten. Im engsten Kreis wird es schon ein recht erheblich großes Fest. Mutter bekommt schon jetzt Angstzustände und ich – wünschte es wäre schon morgen! Die Frage des Pfarrers wird noch ein ganz großes Problem zwischen Mutter und Dir. – Ich habe übrigens im September in mein Tagebuch geschrieben, ich wollte mich einmal von Dir trauen lassen. Ewig schade, daß das nicht möglich ist!!!

Du brauchst aber in diesem Punkt keine Angst zu haben, denn Du weißt ja, wie leicht ich mich von Dir überzeugen lasse. Oder weißt Du es nicht? –

Eine Laute habe ich mir von einem Mädel hier geborgt. Sie versuchte auch zuerst mir Stunden zu geben, das gelang aber so total daneben, daß ich nun mit einer Lautenschule mein Glück privat versuche. Bisher kriegen sich aber Laute und Geige noch sehr das Zanken, und es ist garnicht einfach seine Finger da dazwischen zu haben. Immerhin kann ich schon spielen: «Ein Vogel wollte Hochzeit machen» und bin enorm eingebildet darauf! Ist nicht die Laute eigentlich so ein bischen ein Jodlerinstrument. Ich habe sie jedenfalls bisher nur von Wandervögeln und in Skihütten gehört. Aber vielleicht haben wir später mal Gelegenheit sie auf eine von beiden Arten anzuwenden. – HansWerner, der mich hier besuchte, meinte, wenn ich Laute spielen könnte, würde er eifersüchtig auf Dich. Er macht jetzt zum Abschluß seiner letzten Ferien noch eine Verwandtenreise, hat große jagdliche Erfolge und sieht aus, wie eine Niveareklame. Er macht sich auch schon viele Gedanken über unsere Hochzeit, möchte so gern Brautführer sein und eine sehr nette Brautjungfer haben. Ich hab ihm – wenn Du nichts dagegen hast – (ohne diesen Vorbehalt sage ich jetzt schon gar nichts mehr) Dorothee [Schleicher] versprochen und ich glaube, obgleich er sie ja gar nicht kennt, so ein bischen verliebt ist er jetzt schon in sie. – Schade, daß Du ihn nicht kennst. Papa sah ihn in Berlin ganz kurz und es freute mich so, daß er ihm gefiel. Aber, weißt Du, ihm fehlt, ohne daß er es weiß Vater doch sehr. Darin haben es die Geschwister schwer, daß sie noch so klein waren, als sie ihn zum letzten Mal richtig erlebten. Sie werden in Dir einen sehr guten großen Bruder bekommen. –

Als Du im November in Pätzig warst, hast Du ihnen einen großen

Eindruck gemacht.[4] Sie sprachen nicht darüber, aber in ihrem Abendgebet nannten sie unter ihren Lieben und Freunden plötzlich auch Dich. Das war sehr beweglich für mich, als ich es hörte. Und denk Dir, als ich Max's Sachen, die aus dem Feld zurückkamen auspackte, war das erste, was mir in die Hände fiel, weil es ganz oben auf lag, Dein Brief. Seither habe ich ihn immer bei mir und ich lieb ihn sehr.[5]

Es ist so heißes Wetter, ich mag es gar nicht leiden, weil es für Dich scheußlich ist. Vielleicht nur hilft die Hitze ein wenig Dein Reißen zu vertreiben. – Hier beginnt man nun schon den Roggen einzufahren. Das Schneiden des Korns ist immer der Anfang des Herbstes, der Beginn des Abschiednehmens. Auch die Herbstblumen fangen nun an zu blühen. Ich möchte Dir so gern davon einen ganz großen Arm voll in Deine Zelle bringen. Vielleicht tue ich es bald. – Ach, das Warten ist manchmal schlimm für ein Herz, das sich so nach Dir sehnt. Aber es ist auch dankbar, daß es sich so sehnen darf. Nun wird es ja nicht mehr lange dauern.

In starker Liebe bleibe ich

Deine Maria

1 Das Ende der von der Mutter erbetenen Wartezeit. 2 Briefpapier mit dem Wappen der Familie v. Wedemeyer. 3 Ein Gut im Kreis Rummelsburg (Pommern), das Marias Vater hinzuerworben hatte. 4 Siehe Dietrichs Brief vom 27. November 1942, S. 275 f. 5 Dietrichs Brief an Max v. Wedemeyer vom 24. August 1942 (DBW 15,349 f).

Dietrich Bonhoeffer an seine Eltern

[Tegel] Sonntag 25.7.43

[...] Zwei schöne Briefe von Maria und einen von der Schwiegermutter – übrigens vom 27. VI! der ist wohl irgendwo liegen geblieben? – haben mir große Freude gemacht. Maria soll reiten, so viel sie will, ich freue mich darüber und beneide sie nur darum; da sie allerdings auf meinen Vorschlag, mir Reitstunden zu geben, nicht eingeht, nehme ich an, daß sie mich für einen hoffnungslosen Fall ansieht – aber vielleicht täuscht sie sich darin sogar!? Sollte sie jedoch meinen, Reiten schicke sich nicht für einen Pfarrer, so wäre ich darüber anderer Ansicht! Schön, daß ihr der Musikvorschlag einleuchtet. Wenn sie eine Gambe auftreiben könnte, wäre es herrlich. Beibringen kann man sich es zur Not selbst, Renate's Mann[1] ist darin ja groß. Aber ich hoffe ja, wir können es zusammen lernen. Daß Maria gegen den Willen des Arztes ihre Ruhezeit abbricht, kommt doch wohl ernstlich nicht in Frage? Abgesehen von allem anderen braucht sie später auch als Pfarrfrau gesunde Füße und da wird es allerdings mit dem Reitpferd wohl nichts werden! Schön, daß sie viel zum Lesen kommt. [...]

1 Eberhard Bethge.

Am 30. Juli erfuhr der Häftling auf dem Reichskriegsgericht, daß die strafrechtlichen Ermittlungen ihren einstweiligen Abschluß gefunden hatten und Dr. Roeder, der diese leitete, nunmehr die Anklageerhebung vorbereitete. Ihm wurde anheimgestellt, sich um einen Anwalt zu bemühen; außerdem erhielt er erweiterte Schreiberlaubnis: er durfte von nun an alle vier Tage einen Brief abschicken und endlich auch an seine Braut schreiben. Freilich ging auch weiterhin diese Post durch die Zensur und war somit manchmal mehr als zehn Tage unterwegs.

30. Juli 1943 *Sprecherlaubnis*[1]

1 Tagebuch-Eintragung Marias am 30. 7. 43 nach der Sprecherlaubnis: «[...] Ich saß auf dem roten Samtsopha, da kamst Du herein. Ich hätte Dich fast ‹Sie› nennen können, als ich Dich so sah. Ein dunkler gutsitzender Anzug, eine konventionelle Verbeugung zum Oberstgerichtsrat – – – seltsam fremd.

Aber als ich in Deine Augen schaute, da sah ich lieben dunklen Glanz darin und als Du mich küßtest, da wußte ich, daß ich Dich wiedergefunden hatte, mehr wiedergefunden, als ich Dich jevorher besessen hatte.

Es war alles so anders als beim ersten Mal. Du warst gelöster, ruhiger. Aber auch zuversichtlicher. Gerade das spürte ich am meisten und gerade dies legte sich auf mein trauriges, mutloses Herz und machte mich fröhlich und glücklich. Ja, Du, was redet man alles in solch einem Augenblick. Von Vornamen (das alte Thema) von Autofahren, vom Wetter und Familie. Und doch bedeutet es so viel und ist mehr, als ein Monat Alleinsein, der dazwischen liegt. – – Einmal faßtest Du mich an. Obgleich ich doch innerlich so ruhig war, frohr ich doch. Und sie tat so gut, Deine warme Hand, ich wünschte, daß Du sie liegen ließest, obgleich von ihr ein Strom auf mich überging, der mich ganz füllte, ohne Raum für Gedanken zu lassen. Aber Du nahmst sie fort. Du liebst es nicht, romantisch zu sein?

Deine Augen waren bei mir...»

Meine liebste, gute Maria! [Tegel] 30. VII. 43

Ist das nicht herrlich, daß ich Dir nun auch selbst schreiben kann? Wie habe ich mich nach diesem Augenblick gesehnt! Alle 4 Tage darf ich schreiben und ich werde also zwischen Dir und den Eltern abwechseln. Der heutige Tag war so voller schöner und auch ernster Eindrücke, daß ich noch nicht ganz wieder zur Ruhe gekommen bin, und doch kann ich es nicht lassen, Dir sofort heute noch zu schreiben. Wie soll ich Dir danken für Deine Liebe und Deine Treue und für Deine Tapferkeit, mit der Du alles trägst und mit der Du auch den für Dich doch schrecklichen Gang ins Reichskriegsgericht wieder unternommen hast. Es war heut so unbeschreiblich schön mit Dir zusammen, noch schöner als das letzte Mal – und wie wird es erst sein, wenn wir einmal ganz ohne andere Menschen zusammensein werden. Ich weiß, ich bin schrecklich ungeschickt bei diesen Sprecherlaubnissen Dir etwas zu sagen, was Dich freut und tröstet und Dir zu zeigen, wie lieb ich Dich habe; ich bin nicht fröhlich und selbstlos genug – daran ist eben das gräßliche Gefängnis schuld; aber das weißt Du ja alles und wenn ich zuviel von mir selbst rede, so mußt Du doch wissen, daß Du da in mein Ich immer ganz miteingeschlossen bist. Ich bin nicht mehr ohne Dich, das ist mir in den letzten Monaten noch viel deutlicher geworden, als es mir schon war. –

Nun kam eben auch Dein guter, guter Brief![1] und morgen werdet Ihr also an Vater's Geburtstag zusammensein und ich werde an Euch denken. Es hat mich wirklich sehr gerührt, was Du von den kleinen Geschwistern und ihrem An-mich-Denken schreibst. Ja, ich will mir die Mühe geben, ihnen ein guter großer Bruder zu sein. Zu Haus war ich fast der Jüngste und das Glück nun noch einmal eine Schar jüngerer Geschwister zu bekommen, ist für mich unbeschreiblich groß. Möchte doch alles gelingen, wie wir es erhoffen und erbitten und möchte ich für das, was ich von Eurer Familie empfange, Euch auch irgendetwas bringen können, was Euch freut. Die Vorfreude auf den ersten Tag in Pätzig überwindet immer wieder allen Kummer in mir. – Daß Du mit der Geige ernst machst, finde ich herrlich. Aber die Laute darfst Du mir nicht schlecht machen! Sie ist ein sehr ernsthaftes Instrument und Du darfst sie nicht mit der Mandoline verwechseln. Wir müssen später mal ein gutes Lautenkonzert zusammen hören. In Mexiko habe ich eine unvergeßliche Sommernacht mit einem großen Lautenspieler verbracht. –

Eben läutet es zum Schlafengehen, morgen früh geht der Brief ab. Es steht nicht viel drin, Gedanken habe ich heute nicht mehr viel, aber das

Herz voll großer Liebe, das ist auch ohne viele Gedanken immer da und immer bei Dir. Leb' wohl, meine liebste Maria. Sei weiter fröhlich, geduldig und tapfer und vergiß mich nicht, wie ich Dich nie vergesse, vom Morgen bis zum Abend und in der Nacht, wenn ich aufwache. Grüße die Mutter dankbar und herzlich von mir, auch die Großmutter, und jedem der Geschwister einen besonderen Gruß! Dich umarmt und liebt

Dein Dietrich

1 Offenbar ist Marias Brief vom 25. Juli gemeint.

Mein lieber, lieber Dietrich! Seefeld, den 2. Aug. 43

Seit sich die Tür hinter Dir schloß und ich allein die Treppe hinunter ging, suchen Dich meine Gedanken, und ich glaube immer wieder Deine Stimme zu hören. Durch die Worte der andern höre ich sie, so wie sie zu mir gesprochen hat. –

Du, ich danke Dir, daß Du mich an Deinen Gedanken und Hoffnungen teilnehmen ließt; ich danke Dir, daß Du mich sehr glücklich, froh und hoffnungsvoll machtest und daß ich nun wieder ganz neu und stark an Dich denken darf. Nicht wahr, Gedanken sind so kurz nach einem Wiedersehen nicht kraftlos, und wenn sie so ständig auf dem Weg zu Dir sind, können sie vielleicht doch ein wenig von dem zu Dir bringen, was sich so nicht sagen läßt – und schreiben noch viel weniger. – Ich hab ein ganz ruhiges Wissen, es wird nun alles gut, wenn auch anders, wie wir es uns beide früher dachten. Glaub das bitte auch. –

Zum Mittagessen bin ich dann bei den Eltern gewesen. Die Mama sah wohl angestrengt aus, behauptete aber, es käme nur von der Hitze. Meinen Vorschlag, sie sollten bei ernstlicher Fliegergefahr nach Pätzig kommen, nahmen sie – trotz aller meiner Bemühungen – nur lächelnd hin. Aber, sei sicher, wenn es wirklich so weit ist, werden wir mit Hilfe der Geschwister schon alles erreichen. Die Bestellungen machte ich alle. Hoffentlich bist Du mit Deinem Paket zufrieden gewesen. – Auf der Fahrt nach Haus mußte ich nicht weniger als 4 Bekannte treffen, darunter einen Onkel Tresckow[1], der mich daran erinnerte, daß ich ihn mit 12 Jahren mal zu meiner Hochzeit eingeladen habe und der, gar nichts ahnend, doch nicht gewillt ist, darauf zu verzichten. Wir unterhielten uns von Wetter und Käse und ich war wirklich böse, nicht meinen eigenen Gedanken nachhängen zu können. – Ich muß mich nämlich immer hinterher mit Dir noch weiter unterhalten. Es gibt so viel was noch dazugehört. – Bei den Eltern las ich Deinen Brief vom 24.[2] und auf den muß ich doch nun – besonders auf die spitze Bemerkung wegen Reiten – noch eingehen. Unpastörlich finde ich Reiten in keinster Weise. Mein Pferdefreund, der Kutscher aus Königsfeld, behauptete immer, das Reiten wäre eine engelshafte und himmlische Kunst, man müsse nicht etwa sitzen, sondern fliegen können! Und für solche überirdischen Dinge sind doch eigentlich Pastoren die nächsten!! – Aber es gibt noch einen Reiterspruch, der heißt: «Das ist kein Reiter gewesen, der nie die Erde geküßt.» Mir schadet das Runterfallen nichts. Ich bin noch mit 15 Jahren von einem jungen Pferd an einem Tag 4 Mal runtergefallen, weil ich mich dumm anstellte. Aber das Kullern von andern mach' ich nicht mit; von Dir schon gar nicht. –

Das blaue Sofa paßt doch besser in Dein Zimmer. Bist Du dagegen? Darauf – finde ich – gehören theologische Gespräche (mit G[roßmutter]), das verlangt die Tradition. Außerdem passen grade Bücherborde dazu und auch ein bischen Zigarettenqualm. –

Dein Flügel kommt ins Wohnzimmer. Wie ich mich darauf freue, daß Du dort spielen wirst. Nein, nicht wahr, Du machst Dir nicht zu viel Hoffnungen auf mein Geigespielen! – – Ich habe mit Mutter über den Pfarrer, der uns trauen soll, gesprochen. Sie wünscht sich wohl sehr, daß es kein Fremder ist. Ich glaube, wir müssen dann eine von unsern Spazierfahrten opfern und unsern Pastor mit aufladen, dann wird er schon verstehen, was wir uns wünschen. Weißt Du, sich den Trautext nach dem Pastor auszusuchen, finde ich auch wieder nicht schön.

In Pätzig haben sich alle über Deine Grüße gefreut. Besonders natürlich Mutter. Alle lassen sie Dich wiedergrüßen. Klaus [v. Bismarck] wurde von seiner Ernte abgehalten zu kommen. Sonst waren alle Geschwister da.[3] Wir hatten eine sehr schöne Morgenandacht in der Kirche mit vielen Blumen und frohen Liedern. Ich bewundere es sehr, wie Mutter das kann. Ich glaube, ich könnte es nicht. – Nicht wahr, Du hast doch Vater auch gekannt. Später werde ich Dir viel von ihm erzählen. – Wir machten gemeinsam eine Fahrt durch die Felder und Wälder, aber ich mochte ihnen gar nicht in die Augen sehn, denn ich hatte ein schlechtes Gewissen, weil ich ihnen versprochen hatte, Dich diesmal schon mitzubringen. Auch Harro machte ein böses Gesicht und verließ mich mit verächtlich wippendem Schwanz. So einsam war ich noch nie zu Haus. – Und hier in Seefeld hab ich nun sehr dreieckige Sehnsucht nach Dir und nach Pätzig den ganzen Tag. – Ich warte und hoffe mit Dir. Das Ziel ist so sicher, nur der Weg dahin ist noch ungewiß. Alles braucht seine Zeit zum Wachsen, weil es erst eins werden muß mit dem, was vorher in uns war. Das verstehst Du, nicht wahr. Und Du fühlst auch ein wenig warum.

Gott behüte Dich, mein Dietrich, und führe uns bald zusammen.

Deine Maria

Die Kartoffeln und Rüben gehen bei der Hitze drauf, und ich in Gedanken an Dich erst recht. –

1 Gerd v. Tresckow auf Gut Wartenberg, nicht weit von Pätzig, und dessen Bruder Henning, der während der folgenden Zeit im politischen Widerstand eine besondere Rolle spielen sollte, waren Neffen der Großmutter Ruth v. Kleist-Retzow. 2 Gemeint ist Dietrichs Brief vom 25. Juli 1943 an seine Eltern (DBW 8,115 ff). 3 Zum Geburtstag des Vaters am 31. Juli.

Dietrich Bonhoeffer an seine Eltern

[Tegel] 7. 8. 43

Liebe Eltern! Dieser Brief geht nun doch wieder an Euch statt, wie eigentlich geplant, an Maria. Ich weiß nämlich nicht, ob es richtig ist, ihr Briefe mit meiner gegenwärtigen Anschrift auf dem Umschlag zu schicken. Auf dem Dorf schwatzt sich alles gleich herum, und es könnte doch einer da sein, der weiß, was Tegel, Seidelstr. 39, bedeutet; und das würde ich Maria gern ersparen. Außerdem ist sie jetzt nicht einmal zu Haus, und da möchte ich erst recht vorsichtig sein, um sie nicht in eine Lage zu bringen, die ich von hier aus nicht übersehen kann. Sie hat schon genug durchzumachen. So warte ich also, bis ich von ihr höre, wie sie sich das denkt. Dieses in allen Dingen Angewiesensein aufs Warten ist ja überhaupt das Kennzeichen meines gegenwärtigen Zustandes, und je näher man dem Ziel zu kommen hofft, desto schwieriger ist es, sich in Geduld zu fassen.

[...]

Der Sonntag ist inzwischen auch fast vorüber und ich gehe der neuen Woche mit großer Erwartung entgegen.[1] Hoffentlich kommt auch bald wieder Post von Euch und von Maria. Ich glaube ich habe bisher noch nicht erzählt, daß ich täglich, wenn ich nicht mehr lesen und schreiben kann, etwas Schachtheorie treibe; das macht mir viel Spaß.

[...]

Würdet Ihr mit Maria bitte besprechen, wie sie es sich mit der Post denkt, und grüßt sie dabei bitte sehr! [...]

1 In der Hoffnung auf einen nahen Prozeßtermin.

Mein sehr lieber Dietrich! Pätzig, den 9. Aug. 43

Endlich ist es still geworden im Haus. Ich habe die Fenster geöffnet und die tiefe, blaue Nacht zu mir hereinströmen lassen. Alle meine Gedanken wandern nun ungehindert zu Dir. Vielleicht erzählen sie Dir einen schönen Traum, vielleicht streicheln sie Dir auch nur leise die Hände und sagen Dir damit mehr, als Worte sagen können. –

Ich glaubte zu träumen, als ich den Brief[1] von Deiner Handschrift heute in Händen hatte. Nie in den vergangenen Monaten habe ich einen Brief bekommen, ohne ganz leise zu hoffen, daß er doch von Dir wäre. Aber als nun ein Brief, ein wirklicher, richtiger Brief von Dir vor mir lag, da habe ich mich einfach überfreut. Du kannst ja nicht wissen, wie oft und wie sehr ich mich nach einem Brief von Dir gesehnt habe; so kannst Du auch nicht ermessen, wie unbeschreiblich groß meine Freude und meine Dankbarkeit dafür ist. Ach, Du, daß ich nun wirklich alle Woche einen Brief bekommen soll, kommt mir beinah wie im Märchen vor. – Ich danke Dir so, daß Du mir schreiben willst und bitte Dich: laß es Dir nicht schwer werden, mir zu schreiben. Ich liebe jedes Wort von Dir, jeden Buchstaben, weil es ja doch nichts anderes sein kann, als ein Stück von Dir. – Nein, Du mußt nicht sagen, daß Du zu viel von Dir selbst redest. Grade das freut mich ja am allermeisten, grade das möchte ich so glühend gerne wissen – und ich bin Dir so dankbar für all das, was Du mir von Dir sagen magst. –

Du hast Recht, diesmal war unser Zusammensein[2] noch schöner; – und es wird immer schöner werden. Das glaubst Du doch auch! – Du mußt auch bitte nicht denken, daß mein Weg zum Kriegsgericht schrecklich gewesen wäre. Zu Dir und mit Dir ist jeder Weg schön, wohin es auch gehen mag. Und von Dir fort ist jeder Weg traurig und regnerisch. Aber es ist auch schön, daß es so ist. – Geduldig und tapfer werde ich sein und sehr glücklich noch dazu, das kann ich gar nicht anders mehr nach Deinem Brief. Als ich im Zug nach Pätzig fuhr, da nahm ein Soldat, der nach Rußland mußte, von seinen Eltern Abschied und sagte ganz einfach: «Wenn ick noch enmoal wedderkomm dan, denn achter'n Jahr!» Das hat mich sehr bewegt. – Aber weißt Du, mit dem Vergleichen ist es immer eine schiefe Sache. Es macht die eigene Situation doch nicht leichter und verbaut immer die Beziehung zu andern Menschen. –

Hier in Pätzig sind ganz große Änderungen vor sich gegangen. Mutter hat nicht weniger als 15 bombenflüchtige Bekannte aus Berlin hier aufgenommen. – Wir baten die Eltern sehr, doch zu kommen. Aber sie mochten nicht. Und ich kann das auch verstehen, weil ich selbst so viel lieber in Berlin wäre. Auch die Geschwister + Kinder mögen nicht fort bzw. sind schon woanders. Nun mußte Mutter ausgerechnet in diesen Tagen Ina nach Altenburg bringen, so daß ich nun hierher kam, um sie zu vertreten und die mir völlig unbekannten Berliner zu empfangen, unterzubringen, zu versorgen und zu unterhalten. Es ist zwar sehr komisch und lehrreich, aber zwischendurch bin ich doch manchmal ganz froh, daß ich später einmal einen kleinen Haushalt haben werde und mich nicht mit unverschämten Wachleuten, zänkischen Mädchen und überzuckerten Gästen herumärgern muß. –

Die arme kleine Ina wird wahrscheinlich schreckliches Heimweh in Altenburg bekommen. Auf dem Rückweg von unserer Hochzeitsreise – oder wenn wir uns zwischendurch mal sehr langweilen (!) – besuchen wir sie mal, ja? –

Denk Dir, der sehr nette Mann unserer Hauslehrerin[3] ist leider auch gefallen. Das ist sehr, sehr traurig. –

Und nun muß ich Dir noch einmal und immer noch mehr danken für Deinen Brief. Ich habe noch keinen Brief bekommen, der mir so inhaltsreich war, wie dieser; und ich werde ihn immer jetzt bei mir behalten. Es ist so schön zu denken, daß er grade noch bei Dir war. – Ach, könnte ich mich doch auch einmal als Brief verschicken lassen! Aber ich bin ja auch so bei Dir, nicht nur mit meinen Gedanken, sondern mit meinem ganzen Herzen.

Ich hab Dich lieb, Deine Maria

Meine bösen Behauptungen über die Laute nehme ich alle zurück! Das Gegenteil behaupte ich aber erst nach dem Lautenkonzert!!

1 Brief vom 30. Juli 1943. 2 Sprecherlaubnis am 30. Juli 1943. 3 Wilhelm (Will) Lütgert, Sohn des Berliner Theologen Wilhelm Lütgert, Pfarrer zuletzt in Dechsel (Neumark), verh. mit Christa geb. Mumm, die zu dieser Zeit als Hauslehrerin in Pätzig tätig war.

Meine liebste Maria! [Tegel] 12. VIII. 43

Als ich den letzten Brief an Dich abgeschickt hatte, bekam ich plötzlich einen Schrecken, Dir könnte vielleicht meine Tegeler Adresse auf dem Umschlag im Dorf Unannehmlichkeiten machen. Und wenn ich auch förmlich zu hören glaube, wie Du darüber laut lachst – ich freue mich über dieses Lachen –, so meine ich, man soll solche Dinge doch nicht leichtfertig behandeln; es ist wirklich nicht nötig, daß Du einen Dorfklatsch über Deinen Bräutigam über Dich ergehen lassen mußt. Um auch jede Möglichkeit in dieser Hinsicht auszuschließen, habe ich Dir also nicht wieder geschrieben, sondern zu Haus angefragt, wie Du darüber denkst. Nun kam aber heute Dein lieber Brief; daraufhin kann ich nun einfach nicht stumm bleiben. Aber bitte schreibe mir das nächste Mal, wie ich künftig an Dich schreiben soll; vorher schreibe ich jetzt nicht wieder. –

Und nun also zu Deinem Brief. Du kannst es garnicht ermessen, was es für mich in meiner jetzigen Lage bedeutet, Dich zu haben. Es ist mir gewiß, daß hier eine besondere Führung Gottes über mir waltet. Die Art, wie wir uns gefunden haben, und der Zeitpunkt so kurz vor meiner Verhaftung sind mir zu deutliche Zeichen dafür; es ging wieder einmal ‹hominum confusione et dei providentia›.[1] Täglich überwältigt es mich aufs neue, wie unverdient ich solches Glück erfuhr, und täglich bewegt es mich tief, in eine wie harte Schule Gott Dich im letzten Jahr genommen hat, und wie es offenbar sein Wille ist, daß ich Dir, kaum daß wir uns kennen, Leid und Kummer zufügen muß, damit unsere Liebe zueinander den rechten Grund und die rechte Tragkraft bekommt. Wenn ich dazu die Lage der Welt, die völlige Dunkelheit über unserem persönlichen Schicksal und meine gegenwärtige Gefangenschaft bedenke, dann kann unser Bund – wenn er nicht Leichtsinn war und das war er bestimmt nicht, – nur ein Zeichen der Gnade und Güte Gottes sein, die uns zum Glauben ruft. Wir müßten blind sein, wenn wir das nicht sähen. Bei Jeremia heißt es in der größten Not seines Volkes ‹noch soll man Häuser und Äcker kaufen in diesem Lande› als Zeichen des Vertrauens auf die Zukunft.[2] Dazu gehört Glaube; Gott schenke ihn uns täglich; ich meine nicht den Glauben, der aus der Welt flieht, sondern der in der Welt aushält und die Erde trotz aller Not, die sie uns bringt, liebt und ihr treu bleibt. Unsere Ehe soll ein Ja zu Gottes Erde sein[3], sie soll uns den Mut, auf der Erde etwas zu schaffen und zu wirken, stärken. Ich fürchte, daß die Christen, die nur mit einem Bein auf der Erde zu stehen wagen, auch nur mit einem Bein im Himmel stehen. – –

Übrigens bin ich durchaus der Meinung, daß Euer Pastor uns trauen soll. Ich finde, man soll in solchen Dingen immer das Nächstliegende tun; das ist wichtiger als irgend ein persönlicher Wunsch. – Und nun habt Ihr also das Haus voller Leute. Wie gern würde ich Dich in diesen Tagen das Hausregiment führen gesehen haben! Die Mutter hat mir wieder so einen sehr schönen Brief geschrieben und mir darin mancherlei erzählt; sag ihr doch bitte vielen Dank dafür; ich weiß, wie sehr sie sich die Zeit absparen muß, um mir zu schreiben. Aber es gibt hier auch keine größere Freude als Briefe zu bekommen. Man liest sie ungezählte Male, um mitleben zu können. – –

Draußen ist ein trüber Regentag, der so recht zu dem vergeblichen Warten auf Klärung und Aufhellung paßt. Aber wir wollen keinen Augenblick vergessen, für wie vieles wir dankbar sein müssen und wieviel Gutes wir immer noch erfahren; ich brauche dabei nur an Dich zu denken und jede kleine Trübung der Seele wird wieder hell. Und nun wollen wir für den Rest der Zeit, der uns noch auferlegt ist, wirklich geduldig bleiben, keine Stunde mit Murren und Hadern vergeuden: diese Wartezeit ist – von Gott her gesehen – eine ungeheuer kostbare Zeit; es liegt viel daran, *wie* wir sie bestehen und daß wir uns später nicht schämen müssen, daß wir das Geschenk, das Gott uns mit diesen Monaten der Bewährung gegeben hat, nicht erkannt haben. Ich bin gewiß, aus dieser Prüfungszeit wird unsere Liebe und unsere Ehe für immer Kraft ziehen. So laß uns miteinander und aufeinander warten bis zu unserem Freudentag. Es wird nicht mehr lange dauern, liebe, liebe Maria! –

Grüße bitte die Mutter und die Geschwister. Ist es Lütgert[4], der gefallen ist? Das wird Euch alle sehr betrüben. Bitte grüße seine Frau! – Leb wohl, liebste Maria, Gott behüte uns und die unseren.

Dich umarmt Dein Dietrich, der sich von einem Brief auf den anderen freut!

1 Lateinisch: «nach der Menschen Verwirrung und Gottes Vorsehung». 2 Jeremia 32,15. 3 Das «Ja zu Gottes Erde» war von früh an ein wesentliches Element in Bonhoeffers Theologie; vgl. etwa seine Meditation zu «Ich bin ein Gast auf Erden» (DBW 8,529 f), aber auch mehrere Stellen in seinen Tegeler Briefen an Eberhard Bethge. 4 Siehe Marias vorangegangenen Brief.

Mein liebster Dietrich! – Seefeld, den 15. VIII. 43

Heut schickte mir Papa Deinen Brief vom 7. 8. Es ist sehr lieb von Dir, daß Du so besorgt bist, mir keine Unannehmlichkeiten zu machen, und ich danke Dir von Herzen für Deine Fürsorglichkeit. Aber ich glaube, da brauchst Du Dir keine Gedanken zu machen. Ersteinmal mußt Du Dir nicht einbilden, daß die Pätziger Eingeborenen Deine Handschrift lesen können, dann geht der einmal wöchentliche Brief in den vielen, die ich bekomme, ohne weiteres unter und außerdem wenn überhaupt, so ist Hans Walters [Schleicher] Feldpostbrief ein sehr viel gefundeneres Fressen, als der Deine, der, besonders wenn Du den Vornamen fortließest, mit seinen Stempeln sehr prosaisch geschäftlich aussieht. – Laß also alle Bedenken fort und schreib mir recht bald, ich hab schon wieder große Sehnsucht danach, einen Brief von Dir zu bekommen. – Dein letzter war so schön, daß ich mich immer noch weiter an ihm freue, jedesmal wenn ich ihn lese oder überhaupt an ihn denke – und das tue ich immerzu.

Ich habe zur Abwechslung mal wieder eine Migräne gehabt, aber nun ist es fast vorbei. Dein Gruß im Brief an die Eltern war eine gute Medizin. Sag mir, ist es wirklich wahr, daß Du damals von München aus nur wegen meiner Migräne anriefst.[1] Großmutter behauptet es und ich glaube es immer noch nicht. – Du mußt mir bitte schreiben ob Du mir noch böse bist, wegen all der Dummheiten, die ich damals machte. Sieh, ich habe wirklich keine mit bösen Absichten oder Gedanken getan. Es wurde nur alles von allein so schrecklich und dann doch zu meiner Schuld. Großmutter kann mir das nie recht verzeihen, ich spüre es immer wieder aus ihren Worten und Briefen, obgleich ich weiß daß sie mir ja nicht weh tun will. Ich glaube Du hast mich neuerdings doch ein bischen aus ihrem Herzen verdrängt und Dich allein drin breit gemacht. Aber ich freue mich ja so über jeden Menschen, der Dich lieb hat und muß allein darum ihn auch wieder lieb haben. – – Aber schreib mir bitte, daß Du nun nicht mehr böse oder betrübt daran zurück denkst. –

Dodo und Tine [Schleicher] kommen vielleicht zu uns. Das freut mich sehr, ich mag beide gern. Hoffentlich werden sie sich in unserer schon 10 köpfigen Kinderschar wohlfühlen. –

Mutter hat mir übrigens versprochen, daß zu unserer Hochzeit alle Bombengäste fortfahren sollen. Wir haben ja so viele nette Nachbarn dafür bei uns in der Nähe. – Du mußt Dich auch bitte nicht fürchten vor den vielen Menschen, die nun in Pätzig sind. Sie werden uns sehr egal sein. Das eigentliche Zuhause ist doch im Wald und auf den

Feldern und im Park – und mein kleines Wohnzimmer bleibt doch immer für uns beide allein. Außerdem gibt es ja immer noch Klein Reetz.

Du spielst nun also Schach![2] Großartig, Max spielte es auch so gern. Du mußt nur bitte nicht verlangen, daß ich mal später mit Dir spiele. Ich spiele alle diese Dinge immer mit zu viel Passion und zu wenig Klugheit und das geht regelmäßig schief. Max hatte es auch schon aufgegeben mit mir zu spielen. – Aber Tischtennis werden wir spielen. Ich besitze eine richtige Platte und zu der mir noch fehlenden Geschicklichkeit verhilfst Du mir dann vielleicht.

Am Sonnabend den 21. fahre ich nun – hurra – endgültig nach Haus. Es gibt dort so viel zu tun und besonders Mutter zu helfen. Außerdem muß ich meiner Aussteuer mal wieder weiterhelfen. Weißt Du, so heimlich ist das doch unerhört schwer. – Mir hat Tante Anne Klitzing[3] – die Schwester meines Vaters – einen wunderbaren Brautkleidstoff geschenkt. Das ist doch entzückend von ihr! Hoffentlich kann ich es nur recht bald gebrauchen. – – Ich habe einen neuen Hund. Ein sehr niedliches 6 Wochen altes weißes Wollknäul das sich aller Voraussicht nach später mal zu einem typischen Bettvorleger entwickelt. Er heißt Lumpl, ist sehr anhänglich nur noch nicht ganz salonfähig und zieht daher den Zorn der Mädchen auf sich und mich. Harro ist schrecklich eifersüchtig und hat auch Grund dazu.

Sei bitte nicht enttäuscht wegen meines geistlosen Briefes, so im Liegen und mit Kopfschmerzen schreibt es sich so schlecht. – Du sollst ja auch nur schnell wissen, daß Du mir recht, recht bald schreiben sollst, daß ich schreckliche Sehnsucht danach habe und daß ich jeden Tag wieder neu an ein Wunder glaube, das uns beide ganz plötzlich zusammenführt. So doll wie ich mich darauf freue, kannst Du Dich gar nicht freuen. Aber wenn Du es halb so sehr tust, bin ich schon überglücklich. Ja, schreib mir bald.

In sehnsüchtiger Liebe

Deine Maria

1 Während Maria ihre Großmutter im Berliner Franziskuskrankenhaus betreute, befand sich Dietrich vom 3. bis 13. Oktober 1942 in München. Eine damals vom Amt Ausland/Abwehr im OKW geplante Balkanreise mußte aufgrund von Warnungen aufgegeben werden. 2 Siehe Dietrichs Brief an die Eltern vom 7. August 1943. 3 Anne v. Klitzing, geb. v. Wedemeyer, lebte in Charlottenhof bei Vietz (Neumark).

Meine liebste Maria! [Tegel] 20. August 43

Durch eine gute hilfreiche Idee[1] ist nun, wie Du siehst, die Möglichkeit geschaffen, Dir ohne Absender zu schreiben. Nun sehen für Dich meine Briefe doch äußerlich wenigstens schon so aus, als kämen sie aus der Freiheit. Besser noch wäre es, wenn es mir gelänge, Dir jetzt schon so zu schreiben, daß nur die Dankbarkeit, die Freude, das Glück, Dich zu haben, laut würde und nichts von dem Druck und der Ungeduld dieses langen Zellendaseins mit durchklänge. Aber es wäre nicht ganz echt und das käme mir Dir gegenüber wie ein Unrecht vor. Du mußt schon wissen, wie es mir wirklich zumute ist und mich nicht für einen geborenen Säulenheiligen halten. Ich kann mir übrigens auch nicht vorstellen, daß Du Dich mit einem solchen verheiraten möchtest – und ich würde es nach meinen kirchengeschichtlichen Kenntnissen auch nicht empfehlen. Also, damit Du Dir ein Bild machst: ich sitze bei 30° mit aufgekrempelten Hemdsärmeln und offenem Kragen nach eben zum Abendbrot genossener heißer Mehlsuppe am Schreibtisch und denke sehnsüchtig an Dich, möchte mit Dir durch den Wald und ans Wasser fahren, möchte schwimmen und dann mit Dir irgendwo im Schatten liegen und von Dir hören, vieles hören und selbst nichts erzählen. Es sind also, wie Du siehst, sehr irdische und greifbare Wünsche, die ich habe, und es ist dementsprechend ein sehr irdischer und lebhafter Widerwille gegen meinen derzeitigen Zustand, dem ich eine Zeitlang durchaus sein Recht einräume. Die Sonne hat es mir von jeher angetan und mich oft genug daran erinnert, daß der Mensch von der Erde genommen ist und nicht aus Luft und Gedanken besteht. Das ging soweit, daß ich einmal, als ich an Weihnachten nach Cuba kam, um dort zu predigen,[2] und aus dem Eis Nordamerika's in die blühende tropische Vegetation gelangte, fast dem Sonnenkult erlegen wäre und kaum wußte, was ich eigentlich predigen sollte. Es war eine richtige Krise; und etwas davon überfällt mich in jedem Sommer, wenn ich die Sonne zu spüren bekomme. Die Sonne ist für mich nicht eine astronomische Größe, sondern so etwas wie eine lebendige Macht, die ich liebe und auch fürchte. Ich finde es so feige, an diesen Realitäten rationalistisch vorbeizusehen. Verstehst Du das? Und so muß eben die Geduld und die Freude und die Dankbarkeit und die Gelassenheit und die Vergebung sich immer wieder neu gegen allerlei Widerstände durchkämpfen und das, wie es im Psalm[3] heißt, ‹Gott Sonne und Schild ist›, das wirklich zu erkennen und zu erfahren und zu glauben, das ist eine Sache hoher begnadigter Augenblicke, aber keine Alltagsweisheit. –

Ihr werdet nun übermorgen an Vaters Todestag zusammensein. Ich werde die Nachmittagsstunde nicht vergessen als mir die Großmutter am Telephon die Nachricht sagte; wir saßen mit den Eltern gerade draußen im Garten beim Tee; und ich glaubte in dem Augenblick von ferne zu ahnen, was Du verloren hattest; und habe damals, glaube ich, wirklich selbstlos an Dich denken und an Deiner Trauer teilnehmen können. Liebste Maria, auch bei Dir geht der Glaube und das Vertrauen nur durch Widerstände hindurch. ‹Den Abend lang währt das Weinen, aber des Morgens ist Freude›, dieser Vers des 30. Psalms[4] ist mir seit einer Abendmahlsfeier besonders lieb. Auch Ihr werdet übermorgen so Eure Abendmahlsfeier halten. Später mußt Du mir einmal viel von Vater und vom 22. August[5] erzählen, wenn Du magst. Vielleicht schweigst Du auch lieber darüber. Über manches kann man nicht reden. –

Ich sehe, daß der Bogen sich schon wieder zu seinem Ende neigt. Und wie wenig habe ich Dir sagen können von dem, was mich bewegt, wenn ich an Dich denke. Nun mußt Du immer noch warten und ich kann Dir immer noch keine gewisse und frohe Nachricht geben. Dies ist sehr hart. Nachts, wenn die Sirenen gehen, bin ich froh, Dich nicht in Berlin zu wissen. Glaube übrigens bitte nicht, daß ich mich irgendwie beunruhige. Es ist merkwürdig, aber ich denke manchmal, ich bin vielleicht stumpf, daß ich mich so garnicht aufregen kann. Wenn nur die Eltern bald aus Berlin herauskönnten; sie sind zwar auch bei Alarmen völlig ruhig, aber die gestörten Nächte sind doch sehr anstrengend. –

Im letzten Paket war eine herrliche Erdbeermarmelade und Anisplätzchen. Stammen sie von Dir oder von der Großmutter? Wenn Du kannst, backe mir nur mal wieder etwas Schönes, nicht nur weil es gut schmeckt, sondern weil ich so gern dabei an Dich denke! Grüße die Mutter herzlich und dankbar. Leb wohl, Du liebe gute Maria, warte noch ein bißchen und dann wird es schön werden! Es wartet mit Dir

immer Dein Dietrich

Viele Grüße auch an die Großmutter! Mir fehlen richtig ihre Briefe!

1 Zeitweise wurden diese Briefe zur Weitergabe an die Eltern geschickt; vgl. Dietrichs Brief an Maria vom 9. September 1943, Anm. 2. 2 Im Dezember 1930 war Dietrich zusammen mit dem Schweizer Erwin Sutz von New York aus, wo er sich zu einem Studienaufenthalt am Union Theological Seminary befand, nach Kuba gefahren. Am 4. Advent hielt er in der dortigen deutschen Gemeinde

eine Predigt. Zum Thema Sonne vgl. auch seinen Brief an Eberhard Bethge vom 30. Juni 1944 (DBW 8,501). 3 Psalm 84,12. 4 Psalm 30,6; vgl. auch DBW 8,435. 5 Der Todestag des Vaters.

Mein geliebtes Du! Pätzig, den 23. Aug. 43

Ob Du heute an mich schreibst? – Als säße ich neben Dir, so genau meine ich Dich zu sehen. Die ganze Umgebung, Deine Bewegungen, Deine Hände und Deine Augen. Du wirst mir einen sehr lieben Brief schreiben, er wird mir – wie er auch sein mag – einen Sonnentag schenken. Nein, nicht nur einen Tag. Er wird mir ein Stücken[1] von dem Sonnengold mitbringen, das man tief in sich hineinfallen lassen kann, das so allen Regen und Sturm überdauert und doch bis ins kleinste Glied hinein wärmt, strahlt und leuchtet. – Ich möchte Dir jetzt schon danken und eigentlich immer nur dafür daß Du mir schreiben willst.

Du wußtest ja, daß gestern Vaters Todestag war. Um 3 h früh wurde er verwundet und um 6 starb er. Ich machte einen Gang in der Zeit durch den Wald und das war schön. – Glaubst Du auch, daß es Unrecht ist, nach einem «Warum» zu fragen? Unrecht ist es doch nur dann, wenn man es mit einem Vorwurf fragt, ohne die wirkliche Bitte um Antwort. Jedes «warum» hat eine Antwort, ich glaube, auch schon hier auf Erden. Wir fühlen sie nur nicht und können sie darum nicht begreifen. Aber ist die Antwort nicht eigentlich schon dann in uns, wenn wir nicht ständig mehr fragen müssen? – Sag' bitte nicht, wie die andern, daß ich eine romantische Ader hab – aber, weißt Du, ich weiß doch sehr genau, daß Vater noch da ist – nicht in irgendeiner schwächer werdenden Erinnerung, sondern noch ganz spürbar bleibend. Sonst wäre diese Zeit des Traurigseins sehr anders gewesen, für uns alle. Ich glaube, daß Vater Dich sehr lieb hat – er hat mich immer besser verstanden, als alle andern.

Sieh, und nun bist Du zu mir gekommen und ich hab Dich sehr lieb und hab nur immer den Wunsch, Dir eine rechte Gehilfin sein zu können und Dich glücklich zu machen. Ich weiß nicht, wie ich das können soll und ich wage es auch nur zu wünschen, weil Du es von mir glaubst. Aber bitte hilf mir dabei. –

Ich danke Dir für das, was Du mir bist

Deine Maria

1 Heimische Mundart. Marias Großvater schrieb von einer Jagd in Pätzig: «Herr v. Schuckmann-Rohrbeck hat 4 Stücken Rothwild geschossen ...»

Mein liebster Dietrich! Pätzig, den 27. August 43

Nun sitze ich wieder an meinem Schreibtisch, alles ist genau wie vorher und doch liegt so viel dazwischen. – Ach, der Gedanke, daß Du krank warst und hohes Fieber hattest und ich es nicht wußte, ist mir jetzt noch scheußlich. Wenn es Dir doch nur erst wieder besser ginge. – Dabei hier zu sitzen und gar nichts tun zu können, ist beinah unerträglich. Wenn ich doch wenigstens auch krank wäre! Aber ich bin schauderhaft prosaisch gesund und habe, glaube ich, noch nie so darunter gelitten, daß es mir gut geht. – Von Berlin mußte ich mich richtig losreißen, so liebend gern wäre ich noch länger dort geblieben. Doch Mutter war hier schon sehr besorgt und ließ sich nur durch Deine Grüße wieder aussöhnen. –

Wie werden wir später an diese Sprecherlaubnisse zurückdenken? Ich bitte Dich, laß Dich von nichts in Gedanken an diese Stunden quälen. Es wird so sehr anders werden, wenn wir allein beieinander sind. Vielleicht werden wir dann lachen über uns und die ganzen Gegebenheiten. Es ist doch immer ein bischen so als säße man auf einer Bühne und spielte einen schlechten Roman. Für unser beider Kitschbedürfnis reicht es nun, glaube ich. Aber der Weihnachtsbaumfeldwebel fand es anscheinend noch sehr interessant. Wenn ich nicht sicher glaubte, daß dies das letzte Mal war, würde ich mir für das nächste Sprechen doch lieber wieder einen taktvollen Herrn wünschen. Vergib meinen Spott und glaub mir, daß ich trotzdem unendlich froh bin, Dich wiedergesehen zu haben. Aber wie ich Dich sah, das ist mir unvergeßlich. Wenn ich nicht wüßte, daß Du von allein sehr vernünftig und bedacht bist, würde ich Dir lange Verhaltungsmaßregeln schreiben – mutmaßlich mit dem alleinigen Erfolg mich selbst damit zu beruhigen.

Aber nun denke ich nur ständig, daß Du Dich elend fühlst und traurig bist. Mein guter, armer Dietrich! Wenn ich Dir irgendwie helfen könnte. Es ist zu grausam, wenn einem ein Mensch, an den man sich einbildet schon ein Anrecht zu haben, einfach weggenommen wird und man machtlos daneben stehen muß. Ich wünschte wir lebten in «Tausend und eine Nacht», dann hätte ich mir längst den Geist mit der Wunderlampe angelacht. – Aber man wird beängstigend anspruchslos und freut sich fast ein Bein aus über eine Sprecherlaubnis im

Gefängnis, ja, glaubt sich im siebenten Himmel, weil man vor einem Monat einen Brief bekam und auf einen weiteren hofft. Daß andere Verlobte sich täglich endlose Briefe schreiben, geht doch eigentlich haarscharf zu weit! –

Vor allem ist übrigens wichtig – nach Seefeld – daß Du nach dem Herunterschlucken eines jeden Bissens erst ganz ausatmest. Das soll durchschlagende Erfolge haben. Mir war es immer zu mühsam, aber Du bist wahrscheinlich gewissenhaft genug dazu und Dein kranker Magen wird es Dir sehr danken.

Nun fängt es grade an noch kälter zu werden. Ob man Dir eine warme Decke schicken kann? Du mußt bitte noch viel unbescheidener mit Deinen Wünschen sein. Schreibe mir doch, was Du den Eltern nicht aufladen magst.

Mutter tritt nun sehr energisch auf und befielt mich ins Bett. – Gute Nacht, Du! Ich schreib Dir bald wieder und hoffentlich vernünftiger. Bis dahin mußt Du ganz sicher glauben, daß ich Dich lieb habe und daß ich nur auf ein Wiedersehen mit Dir hinlebe

Deine Maria

Mehr Briefumschläge brauchst Du hoffentlich nicht mehr!

Meine liebste Maria! [Tegel] 27. VIII. 43

Wie soll ich Dir beschreiben, was Deine Besuche für mich bedeuten? Sie vertreiben jeden Schatten und jeden Kummer und sind tagelang eine Quelle großen und ruhigen Glücks – wenn Du wüßtest, was das für einen Gefangenen heißt, dann wüßtest Du auch, daß es größeres nicht gibt. Daß ich mich in Gedanken an Dich nicht quälen muß, daß die Sehnsucht, bei Dir zu sein nichts aufreibendes zu haben braucht, sondern daß ich in ruhiger Zuversicht und Freude an Dich denken und mich nach Dir sehnen darf, – das habe ich Dir und Deinem tapferen guten Herzen und Deiner Liebe zu danken. Daß Du Dir die Sprecherlaubnis zu so ungewöhnlicher Stunde um meinetwillen erbeten hast und erbitten durftest, dafür bin ich sehr, sehr dankbar. Wenn ich nach unserem Zusammensein in meine Zelle komme, dann überwiegt nicht etwa, wie Du vielleicht denken könntest, das Gefühl der Verzweiflung über die Unfreiheit, sondern es überwältigt mich der Gedanke, daß Du mich genommen hast. Es hätte ja soviel so begreifliche Gründe gegeben, aus denen Du hättest Nein sagen können. Und gegen alle diese

Gründe hast Du Ja gesagt, und ich darf spüren, daß Du es immer freier und gewisser sagst. Vor dieser Wirklichkeit versinken alle Fenstergitter. Dann bist Du bei mir; was geht mich die verschlossene Tür an? Als ich neulich in einer Lebensbeschreibung von L. Pasteur[1] dessen Verlobungsgeschichte las, mußte ich lächeln und etwas an mich denken. Er schrieb an seine künftige Braut: «es gibt nichts an mir, was die Phantasie eines jungen Mädchens bezaubern könnte. Aber ich weiß, daß alle, die mich gut kennen gelernt haben, mich geliebt haben». Darauf nahm sie ihn. Auch ich kann auf nichts verweisen als auf eine Anzahl guter, treuer Freunde, die mich kennen und mir trotzdem treu geblieben sind und bleiben werden, und daß sich ihr Kreis auch in Eure engste Familie hineinerstreckt, wird wohl für Dich auch nicht ganz gleichgültig gewesen sein. Wenn bisher in Stunden unfruchtbarer Selbstkritik der Gedanke an die Treue und Liebe so vieler Freunde mir wieder Mut gegeben hat, so spüre ich nun mehr und mehr wie mir durch Dich, – dadurch, daß Du meine Frau werden willst, – ein ganz neues Vertrauen zum Leben gegeben wird, und wenn ich Dich wieder eine Stunde gesehen habe, dann denke ich, daß dieses Vertrauen garnicht mehr verloren gehen kann, und wie wird das erst sein, wenn wir ganz zusammen sind! –

Daß Du mit Großmutter nicht ganz in der alten Harmonie lebst, tut mir eigentlich sehr leid. Das dürft Ihr mir beide nicht antun! Ich weiß, es handelt sich ja bei Euch immer nur um ganz kleine Schwingungsdifferenzen, aber ich möchte gern, daß Ihr ganz aufeinander eingestimmt seid, und eigentlich kann es zwischen Euch doch auch garnicht anders sein. Die gute Großmutter tut mir mit ihrem – sicher viel zu großen – Kummer um meinen jetzigen Zustand so leid, und ich denke so oft und dankbar an sie. Was habe ich in Krössin für schöne Tage erlebt! Wir müssen unbedingt bald einmal zu ihr fahren. Ich freue mich immer wieder an dem Gedanken, daß sie uns ihre alten Trauringe schenken will. Weißt Du, die sind noch so hübsch altmodisch breit und dick und so ein schönes Gold. Ich habe ja noch auf einen besonderen Gegenstand ihres Hauses ein Auge geworfen. Den verrate ich aber noch nicht, und einstweilen bemühe ich mich, das 9. Gebot nicht zu übertreten. –

Wie Du hoffentlich aus dem Brief ersiehst, bin ich wieder ganz gesund. Dein Besuch hat mir den entscheidenden Stoß gegeben. Heute wurde rührenderweise eine warme Griessuppe und ein Rotweinsago für meinen Magen von Hause gebracht und nun ist alles wieder gut. Übrigens bin ich hier seit ein paar Tagen entschieden aufgerückt: ich kriege zu jeder Mahlzeit Messer und Gabel geliefert! Ich hatte es fast verlernt, damit zu essen. Es ist sehr komisch, wie gleichgültig man gegen derartige Dinge ist – d. h. vielleicht nicht jeder. – Ich versuche nun, mir das Gewusel in Eurem Hause vorzustellen; es ist doch vielleicht sehr nett und wenn man sich nach Belieben retirieren kann, dann habe ich auch gar keine Angst davor. Ob die Verpflanzungen vielleicht aufs Große gesehen den Sinn der Städter für das Land etwas öffnen und damit eine hoffentlich einmal eintretende Rückwärtsbewegung aufs Land vorbereiten helfen?[2] Was meinst Du? Das wäre in der Tat ein sehr großer Gewinn. –

Eigentlich sollte ich längst einmal der Mutter persönlich für ihre lieben Briefe gedankt haben, die mich immer so sehr erfreuen. Aber ich denke dann immer, daß die gute Mutter es versteht, wenn ich keine Gelegenheit vorbeigehen lassen möchte, Dir zu schreiben. So ist es doch, nicht wahr? Schreib es mir bitte mal! Grüße sie bitte herzlich und dankbar. – Die kleine Christine tut mir leid.[3] Sie ist mir aus einigen Tagen bei der Großmutter in Stettin in eindrucksvoller Erinnerung. Grüße alle Geschwister.

Dich, liebste Maria umarmt

Dein Dietrich

Hab vielen Dank für alles Mitgebrachte und für den Kuchen, den Du der Mama gebacken hast.

1 Louis Pasteur, Geschichte eines Gelehrten, erzählt von einem Ungelehrten (aus dem Französischen von N. v. Mombert), Straßburg 1902. 2 Vgl. Dietrich Bonhoeffers «Gedanken zum Tauftag» mit seinen Überlegungen zum «großen Auszug aus den Städten» (DBW 8,431). 3 Der jüngeren Schwester Marias stand die Schulzeit im Altenburger Stift bevor.

Du, mein lieber Dietrich! Pätzig, den 2. Sept. 43[1]

Die Post behandelt mich schlecht. Sie bringt mir keinen Brief von meinem Dietrich und läßt meine Hoffnungen, die über Nacht immer wieder hohe Gipfel erklettern, täglich in einen tieferen Abgrund herunterplumpsen. Ich habe schon die bösesten Vermutungen angestellt. Vielleicht hat eine englische Bombe meinen Brief durchbohrt – es wäre schrecklich! Vielleicht ist aber auch der Postbote, der den Briefverkehr des RKG regelt, eingezogen worden – das wäre weniger schlimm, denn dann hab ich doch die Aussicht, den Brief wenigstens nach Kriegsende zu bekommen. Vielleicht bekomme ich den Brief aber auch schon morgen – das glaube ich schon wieder ganz sicher! –

Aber nun bekommst Du eben noch einmal einen Brief, der Dich langweilt, weil er den Deinen immer noch nicht beantworten kann. –

Was soll ich Dir schreiben? Es gibt eigentlich nur das Eine zu sagen: Ich hab Dich sehr lieb und ich gehöre Dir ganz mit allem meinem Tun und Denken und Fühlen. Ich leide unter dieser Zeit, das weißt Du, weil es für Dich so schwer ist und weil Du leidest – aber ich bin doch getrost, denn ich habe unerschütterlich großes Vertrauen zu Dir – ich habe es, seit ich Dich zum ersten Mal in Klein Krössin sah und es ist immer nur größer geworden.

Als Max in Rußland war, da machten wir immer genau Tag, Stunde und Minuten aus, in denen wir aneinander denken wollten. Wir haben es beide nie vergessen und es war oft so schön, als wären wir ein bischen zusammen gewesen. – Soll ich Dir einmal schreiben wie und wann ich ganz fest an Dich denke?

Wenn ich morgens um 6 aufwache, ist mein erster Griff in die Nachttischschublade nach Deinem Bild. Dann stelle ich es auf die Bettdecke und sage: «Guten Morgen, Dietrich, hast Du gut geschlafen? Machst Du ein fröhliches Gesicht? Denkst Du an mich? Hast Du mich noch lieb? Freust Du Dich auf später?» und noch viel mehr. Will ich mir dann meine eigenen Antworten nicht mehr glauben, brauche ich nur einen kleinen braunen geschnitzten Kasten aufschließen, da habe ich es – glücklicherweise – alles schriftlich. – Ob Du wohl morgens als Erstes auch Deine Losungen liest? Die gleiche Losung, die wir auch schon morgens lesen steht in Mutters Bibellese und wird um ½ 9 zur gemeinsamen Andacht gelesen. Es ist doch etwas ganz Wunderbares, daß man so viele liebe Menschen weiß, die ihren Tag nun unter das gleiche Wort stellen und deren Gedanken gemeinsam in einer Richtung gehen. – Ich muß Dich so viel fragen und bitten mir zu sagen, wenn wir wieder zusammen sind. –

Die Zeit nach dem Essen – also von 2–4 gehört Dir ganz. Erst übe ich Geige und bin leider mit meinen Gedanken doch nicht dabei. Du brauchst mich nicht zu ermahnen. Wenn ich nicht Dein enttäuschtes Lächeln über meine Geigenkünste fürchtete, würde ich wahrscheinlich längst wieder in der Zeit mit baumelnden Beinen auf meinem Lieblingsast sitzen und ins Blaue starren. Das mußt Du mir schon erlauben, daß ich unsere Wünsche und Interessen ein bischen zusammenkoche. Der erste Erfolg meines Geigenspielens ist übrigens, daß es unsern Gast – einen alten Geheimrat – zu einem fluchtartigen Spaziergang veranlaßt. Einen begeisterten Zuhörer habe ich aber in dem kleinen Will Lütgert, 2½ Jahre alt, der – obgleich sonst sehr quecksilbrig – mucksmäuschenstill auf meinem Sessel endlos sitzt. Nur bin ich mir nicht ganz im klaren, ob man davon auf Musikalität oder das Gegenteil schließen muß. – – Danach reite ich, oder gehe spazieren oder ich sitze bei Hans Werner vorn auf dem Gummiwagen und wir unterhalten uns rollend über Dich. –

Hans Werner meinte übrigens Du hättest bestimmt zu wenig Karl May Bücher gelesen, sonst hättet Du sicher schon nach einem sehr gerissenen Plan Reißaus genommen! Daß Du Karl Maybücher nicht leiden kannst, hab ich wohlweislich verschwiegen, um nicht unüberbrückbare Vorurteile bei Hans Werner zu schaffen. Er erkundigte sich auch danach, ob Du reiten könntest. Und als ich darauf nur sagte, ob er sich etwa denken könnte, daß ich einen Mann heiratete, der nicht ritte, meinte er, nein, das wäre wirklich unmöglich! Hält man mich eigentlich nur für so oberflächlich oder bin ich es wirklich? – Und dabei reite ich gar nicht gut! – –

Am schönsten ist es abends, wenn ich mit Harro durch den Wald gehe, wenn ich mich da auf einen Baumstumpf setze und träume. Dann schreibe ich Dir lange Briefe in Gedanken. Das sind solche, die man nicht aufschreiben kann die aber alle im Herzen stehen und sich nach Dir sehnen.

Ich hab die Mama ganz unhöflich oft angerufen und heute konnte sie mir endlich sagen, daß Du gesundheitlich wieder ganz in Ordnung bist. Stimmt das auch?

Und nun bleibe bitte ganz gesund das ist die Hauptsache.

Einen innigen Gruß Dir

von Deiner Maria

1 Dieser Brief erreichte Dietrich erst einen Monat später. An seine Eltern schrieb er am 4. Oktober 1943: «Habt vielen Dank für Euren Brief vom 20. 9., der hier gleichzeitig mit einem von Maria vom 2. 9. ... vor 3 Tagen eintraf!» (DBW 8,570).

Mein geliebter Dietrich! Pätzig, den 5. IX. 43

Heut kam Dein Brief. Endlich, endlich Dein Brief vom 12. 8. – wie soll ich Dir sagen, was es mir bedeutet? Alles in meinem Herzen ist bewegt und stürmisch, aber es spürt die Verbindung zu Dir so stark, daß es froh daran ist. Froh vor allem, weil ich so bei Dir sein kann, ohne mich von der Unvollkommenheit unserer Beziehung zueinander quälen lassen zu müssen. Wie sehr wirst Du manchmal darunter leiden? Es tut weh, Dir nicht einen solchen Brief schreiben zu können – wie Du ihn mir schriebst – um Dir zu helfen. Es ist so vieles Unbegreifliche da. Die Dinge, mit denen Du Dich täglich herumschlagen mußt, sind mir alle völlig unbekannt. Obgleich ich Dich in mir drin ganz sicher und genau zu kennen glaube, liegen doch so viele äußere Dinge darum herum, durch die ich manchmal nicht durchzustoßen vermag.

Aber ich bin Dir dankbar, daß ich Dir mit meinem bloßen Dasein schon etwas bedeuten kann. Manchmal denke ich, es müsse Dich Kraft kosten. Kraft, die Du für Dich brauchst, damit sie Dich Deine Lage ertragen und erleichtern hilft und die Du nun mir gibst, weil Du Dich von dem Gedanken an mich bedrücken läßt. Ich fühle mich so machtlos und klein all dem gegenüber. – Aber daß Du mir so schriebst, danke ich Dir sehr.

Ja, es ist wahr, daß Zeiten der Bewährung ein Geschenk sind. Man nimmt sie so leicht immer nur als Last, bis man dann plötzlich zurückschauend erkennt, wie man beschenkt wurde. Es ist ein so verlockender Fehler in die Zukunft zu träumen, sich ein Ziel zu ersehnen, darauf hin zu leben und zu leiden. Aber die kleinen Steinchen, aus denen sich der Hintergrund, die Umrahmung und Schattierung eines Lebensbildes zusammensetzen, bleiben dann liegen und es sind schließlich nur kalte Umrisse da. Nur wenn man ganz den Augenblick lebt, kann man sich wohl offen halten für das, was kommen wird und kommen muß. Ohne dies, das merke ich immer wieder, verliere ich den Dank für die Vergangenheit und den Mut für die Gegenwart. – Ich weiß wohl, daß ich eine Bewährungszeit brauche. Ich wußte es schon in Groß Tychow, weil ich – lach bitte nicht – Dich nicht mit mir betrügen wollte und konnte. Aber warum *Du* grade dafür im Gefängnis sein mußt, das ist mir unerfindlich und nicht als gerecht anzuerkennen. «Bewährungszeit» ist eigentlich ein ganz falscher Ausdruck. Das klingt, als bilde man sich ein, dadurch besser werden zu können. – Nein, aber aus Deinem Brief weiß ich, daß wir beide das Gleiche meinen.

«Unsere Ehe soll ein Ja zu Gottes Erde sein.»[1] – Das hast Du schön gesagt, Dietrich, und ich danke Dir! – (auch dafür, daß Du mich damit für meine schnoddrige Redensart ein bischen ausgeschimpft hast.) –

Ich herrsche wieder einmal souverän, weil Mutter für einige Tage nach Kniephof[2] fuhr. Es ist gut, daß sie bald ganz dort hin fährt; sie ist sehr am Ende, aber die Einzige, die es nicht glaubt. Nun wird auch unser Pastor hier eingezogen, das war ein harter Schlag für sie.

Am Montag war ich übrigens in Berlin, um die Sachen von Tante Spes [Stahlberg], die bombenbeschädigt ist, zu holen. Da war ich natürlich auch bei den Eltern. Fast ist es schon unhöflich, wie oft und plötzlich ich ihnen ins Haus falle. Aber ich fahre so gern dahin. Es ist schön, ein bischen Deine Heimatluft zu atmen und Mama ist immer so lieb und gut zu mir – ich muß Dir eigentlich mal einen ganzen Brief lang davon schreiben.

Ich habe schon als Kind die Märchen, in denen böse Schwiegermütter vorkommen, nicht geliebt und auch nicht geglaubt. Aber nun ist es mir doch völlig unbegreiflich, wie man so rührend lieb und gütig zu seiner Schwiegertochter, die es doch wahrhaftig nicht verdient hat, sein kann. Und Papa – weißt Du, ich glaube ich könnte Dich schon allein darum heiraten, weil Du ein Sohn von Papa bist…

Bärbel [v. Dohnanyi], Dodo und Christine [Schleicher] wollen mich vielleicht mal über ein Wochenende besuchen. Sie scheinen alle drei ein bischen Angst davor zu haben. Das hängt wahrscheinlich mit meiner neuen Tantenwürde zusammen. Ich hab in ihrem Ansehn ein bischen von Dir abgefärbt. Frag mich nicht, wie lange es dauert. – Mit einer Nachbarstochter und einem Freund von Max habe ich gestern ein Telemanntrio gespielt. Es war leicht, trotzdem bin ich sehr stolz, daß ich es spielen konnte. Vor dem Augenblick, daß ich Dir mal vorspielen soll, hab ich jetzt schon Angst. – –

Nun bleib gesund, werd' mir nicht wieder krank. Du bist so weit fort und doch bin ich Dir sehr nah. Bleib Du bei mir. Ich bleibe immer bei Dir

Deine Maria

1 Vgl. Dietrichs Brief vom 12. August 1943. 2 Zu ihrer Tochter Ruth-Alice v. Bismarck. Kniephof, im Kreis Naugard (Pommern) gelegen, war Gut der Familie v. Bismarck, auf dem Fürst Otto v. Bismarck bis zum Erwerb von Varzin ansässig war.

Meine liebste Maria! [Tegel] 9. 9. 43

Also seit einem Monat wartest Du auf einen Brief von mir? Das ist allerdings schauderhaft und mir ganz unverständlich. Pünktlich alle 4 Tage ist ein Brief abwechselnd an Dich und die Eltern abgegangen. Mit Ausnahme vom 5. 9., als ich nach dem Alarm an die Eltern schrieb! Aber auch mir ist es ähnlich gegangen. Der von Dir neulich bei der Sprecherlaubnis angekündigte Brief ist bis heute nicht gekommen, statt dessen kam gestern der vom 27. 8. Von den Eltern und Geschwistern fehlt alle Post zwischen dem 11. und 30. 8.! Ich nehme an, daß in dem Umzugstrubel des RKG[1] einiges vorübergehend untergetaucht ist. Hier kam auch plötzlich ein nicht ganz verständlicher Anruf des RKG, ich möchte künftig meine Briefe an Dich *doch* über die Eltern schicken.[2] Kurz, ein kleines Durcheinander, das uns beide vermutlich etwas in Unruhe gebracht hat. Es ist wunderlich, einerseits lernt man ja in der Zelle das Rechnen mit langen Zeiträumen; aber wenn etwas, worauf man bestimmt gerechnet hat, also ein Brief oder das Paket auch nur um wenige Zeit später kommt, wird man kribblig und macht sich dumme Gedanken, und sagt sich dabei doch immerfort, daß es nur dumme Gedanken sind; so ist man eben, wenn man kein Stoiker ist; und das bin ich nicht und will es auch garnicht sein. –

Und nun muß ich Dich zunächst mal ausschimpfen, daß Du Dir immer noch über meine Gesundheit Gedanken machst! Wenn ich nach 3 Tagen Fasten und Fieber mal etwas mäßig aussehe, so ist das doch kein Wunder. Inzwischen geht es mir wieder so gut wie vorher. Ich finde, wir müssen das so halten: wenn wir krank sind, sagen wir das ruhig; aber wenn wir sagen, daß wir wieder gesund sind, müssen wir uns das auch glauben! Sonst sind wir nämlich später beide dauernd krank, jedenfalls jeder in den Augen des anderen, wie das in manchen Ehen ist; und dafür bin ich garnicht! Also, ich bin gesund und habe das Fasten mit Hilfe Eures Pakets längst wieder aufgeholt! Alles übrigens ohne ‹Atemkünste› – wie ich Dir (– ich lache natürlich nicht! Du doch auch nicht!?) gestehen muß! –

Ich bin so froh, daß Du jetzt *nicht* in Berlin bist. Das macht mir die Alarmnächte leichter, und Euer 34köpfiger Haushalt wird Dir reichlich zu tun geben. Außerdem ist es ein sehr beruhigender Gedanke, Dich mit der Aussteuer beschäftigt zu wissen. Ich male mir das in jeder Richtung und in allen Farben aus und freue mich daran; es ist so ein Bild der Ruhe, der Zuversicht und des Glücks. Wann werde ich all die Dinge sehen, bewundern und mich daran freuen können? Und wann werden wir sie gemeinsam im täglichen Leben gebrauchen und uns dabei an die seltsame Zeit ihrer Entstehung erinnern? Es kann nun nicht mehr sehr lange sein; aber wir wollen auch bis zum letzten Tag geduldig sein und auch diese schwere Wartezeit für Gottes Weg mit uns halten, bis wir vielleicht eines Tages besser verstehen, wozu er uns gut war. Meine liebste Maria, Du kannst es nicht ermessen, was es für mich bedeutet, darin mit Dir eins zu sein. Wie wunderlich muß Dir Dein Lebensweg jetzt oft vorkommen. Aber auf einen Berg steigt man ja auch im Zick-Zackweg, sonst käme man garnicht herauf und von oben sieht man oft ganz gut, warum man so gehen mußte. Lies doch mal das Lied von Gottfr. Arnold, das die meisten Leute nicht kennen und das ich ganz besonders liebe; es ist schwer nach Inhalt und Melodie, fast zu schwer für ein Gemeindelied, aber man gewinnt es immer lieber; es beginnt ‹So führst Du doch ...› und steht im Gesangbuch.[3] – Denke Dir, eben kommt Dein Brief vom 23.8., dem Tage nach Vaters Todestag. Nicht wahr, Du erwartest nicht, daß ich Dir darauf antworte; das kann man nicht im Brief. Nur danken kann ich Dir, daß und wie Du mir schriebst. Ach, es wird wirklich Zeit, daß wir uns allein sehen und sprechen und miteinander in Pätzig durch den Wald gehen können! –

Grüße die Mutter sehr! auch die Geschwister! Leb wohl, meine gute Maria. Du begleitest mich vom Morgen bis zum Abend durch den ganzen Tag. Gott behüte Dich und uns alle!

Von ganzem Herzen

Dein Dietrich

1 Wegen der zunehmenden Bombenangriffe auf Berlin wurden beträchtliche Teile des Reichskriegsgerichts nach Torgau verlegt, wo von nun an die Postzensur vorgenommen wurde und Sprecherlaubnisse eingeholt werden mußten. 2 Vgl. hierzu Dietrichs Brief vom 20. August 1943, Anm. 1. 3 «So führst du doch recht selig, Herr, die Deinen», Evangelisches Gesangbuch für Brandenburg und Pommern, 1931, 230; auch EKG 472.

Liebster Dietrich! [Stargard] 13. IX. 43

Wartesaal in Stargard. Das denkbar ungeeigenste Milieu um Dir einen Brief zu schreiben. Aber Ina hat Dir schon so schön geschrieben, da komme ich sowieso nicht gegen an. Und wenn ich die Gelegenheit Dir diesmal schreiben zu dürfen nicht vorbeigehn lassen will, so muß ich mich beeilen.

Trotz allen Flunscheziehens und gegen alle triftigen Einwände meinerseits hat nun doch der Familienrat beschlossen mich für 8 Tage nach Klein Reetz zur «Erholung» (!) und zum Amüsement von Klaus [v. Bismarck] zu schicken. Ich habe mich der höheren Gewalt gefügt, aber nicht ohne vorher auszuprobieren, daß ein Blitzgespräch nach Klein Reetz von Pätzig ¾ Stunde dauert. Die Reise nach Berlin braucht grade so viel Zeit, wie ein Telefongespräch von Kl. Reetz nach dort, um Dir meine Ankunft mitzuteilen, damit Du mich von der Bahn abholen kannst. An uns beiden soll die Herausschiebung eines Wiedersehens jedenfalls nicht liegen. –

Am Sonntag war ich in Schönrade zum Gedenkgottesdienst. Mein Vetter – Max Georg – der älteste Sohn dort ist gefallen. Das ist sehr, sehr traurig. Es ist erschütternd, daß es grade hier in Pommern und in der Neumark wirklich fast keine Familie mehr gibt, die nicht einen Sohn verloren hat. Täglich bekommen wir Gefallenenanzeigen und von den 3 Vettern in Italien ist natürlich auch noch keinerlei Nachricht.

Nach Schönrade werden wir später auch einmal fahren. Es ist Vaters Heimat[1] und ich kann Dir fast von jeder Stelle dort eine hübsche Geschichte aus Vaters Jugend, die er mir erzählte, sagen. Ich liebe es so, weil Vaters ganzes Herz daran hing und wir beide immer ein heimliches «Herzensfest» feierten, wenn wir kurz einmal dort waren.

Manchmal überkommt mich eine Angst, wie Du meine große Familie ertragen sollst. Sie ist so sehr anders und erschreckend sehr festgelegt. Und ich bin doch ganz unbedingt ein Teil davon. Es wird Dir schwer werden, Dich da hineinzufinden und wohl zu fühlen. Aber ich bin ja immer dabei und werde Dir helfen so gut ich es kann.

Ina war so entzückend beglückt als ich sie um einen Brief an Dich bat und nun sagt sie wenn sie mit mir spricht nie mehr «Dein Dietrich», sondern immer «unser Dietrich». HansWerner erklärte gleich, Dir auch schreiben zu wollen. Aber er will sich vor seinem Schwager mit seinem Brief auch nicht blamieren und so fürchte ich, es wird aus seinem Brief bei der augenblicklichen anstrengenden Arbeit nichts werden. –

Ich habe wieder eine Sprecherlaubnis beantragt. Mutter will unbedingt wissen, was ich nun in nächster Zeit zu tun gedenke. Und ich habe zu meinem eigenen Entsetzen gemerkt, daß ich nicht mehr in der Lage bin, einen alleinigen Entschluß über mich selbst zu fassen. –

Die Ärzte raten davon ab, daß ich noch einmal beim DRK[2] anfange. Es könne gut gehen, aber wahrscheinlich wäre doch, daß alles wie vorher würde. – Nun müßte ich ja eigentlich kochen lernen, damit Du später wenigstens nur einmal in der Woche angebranntes und versalzenes Essen bekommst. Ich könnte aber auch einen anderen Beruf ergreifen, könnte studieren. Das müßte man aber besprechen. – Jedenfalls will ich nun endlich wieder etwas Vernünftiges machen und bin glücklich, daß Mutter zustimmt. –

Wartesaal Belgard – noch mal ein kurzer Aufenthalt. – Jetzt fahre ich gleich an Groß Tychow vorbei.[3] Ich habe an nichts so schlechte Erinnerungen, als an dort. Aber allein um des einen Abendspaziergangs willen, bei dem ich ganz plötzlich meinen Weg vor mir liegen sah, bin ich sehr dankbar für diese Zeit und möcht sie nie vertauschen. Nein, Leichtsinn ist es nicht von mir gewesen, das ganz sicher nicht. Aber was es war, das kannst Du wahrscheinlich besser beantworten, als ich.

Mein Zug geht. Von Klein Reetz aus schreibe ich Dir einen besseren Brief. Doch wenn Du es auch meinen Briefen nicht anmerken kannst, – ich denke ständig an Dich und bin froh und zuversichtlich, wenn ich Deinen Brief lese. Bitte sei es auch, dann wird alles gut. –

Deine Maria

1 Vgl. in den «Notizen» S. 225f. 2 Deutsches Rotes Kreuz. 3 Die Gutsherrin von Groß Tychow, Frfr. v. Kleist, bescheinigte ihr am 24. Januar 1943, daß sie «bis zum 31. Dezember 1942 hier in Haushalt und Küche als Pflichtjahrmädel tätig» war. Zu den Belastungen in jener Zeit s. die «Notizen» S. 274.

Liebste Maria! [Tegel] 20.9.43

Morgen fängt nun der Herbst an. Als in den letzten Wochen die Leute schon dann und wann vom frühen Herbst sprachen, mochte ich dieses Wort garnicht hören. Der Wechsel der Jahreszeiten wird einem hier schwerer als draußen. Ihr werdet jetzt in den späten Abendstunden und wieder vor Tagesanbruch viel im Walde auf den Wildkanzeln sein. Ich liebe die Herbstmorgen mit ihren Nebeln und dem langsamen Durchbrechen der Sonne so sehr. Aber ich weiß, wo Du jetzt auch sein magst, Du wartest jeden Tag und jede Stunde mit mir. Es wird allmählich ein Warten, dessen äußeren Sinn ich nicht begreife; den inneren Sinn muß man täglich neu finden. Es ist uns beiden durch die vergangenen Monate unendlich viel genommen worden; Zeit ist heute das kostbarste Gut; denn wer weiß, wieviel Zeit ihm noch geschenkt ist. Und doch weigere ich mich zu denken, daß es verlorene Zeit war und ist, in der wir getrennt sind, weder für jeden einzelnen von uns noch für uns beide zusammen. Wir sind in anderer Weise zusammengewachsen als wir es wohl gedacht und gewünscht haben, aber es sind auch andere Zeiten und werden wohl noch lange solche Zeiten bleiben, in denen alles darauf ankommt, daß man im Letzten eins ist und zueinander steht. Dein Leben wäre sehr anders geworden, leichter, übersichtlicher, einfacher, wenn unsere Wege sich nicht vor einem Jahr gekreuzt hätten. Aber es sind eigentlich nur kurze Augenblicke, in denen mir dieser Gedanke zu schaffen macht. Ich glaube, daß nicht nur ich, sondern auch Du in Deinem Leben an den Punkt gekommen bist, an dem wir uns begegnen mußten. Nach einem leichten Leben hatten wir imgrunde beide kein Verlangen, so sehr wir uns gewiß beide an den schönen und frohen Stunden des Lebens freuen können und heute wohl auch eine große Sehnsucht nach solchen Stunden haben. Aber das Glück liegt, glaube ich, für uns beide an einer anderen, verborgeneren Stelle, die manchem unverständlich ist und bleiben wird. Imgrunde suchen wir beide Aufgaben, bisher jeder für sich, von nun an aber gemeinsame Aufgaben. In denen werden wir erst ganz zusammenwachsen – wenn Gott uns die Zeit dazu schenkt. –

Ich warte wieder sehr auf Post von Dir. Es ist alles jetzt so unregelmäßig. Im letzten Paket fand ich Plätzchen, die ich Dir zugeschrieben habe. Sie erfreuen und erinnern mich jeden Nachmittag. Hab vielen Dank für alles! Sag es bitte auch der Mutter. – Ich habe wieder viel gelesen und geschrieben.[1] Aber das Leben geht eben darin – für mich jedenfalls – nicht auf. Später werde ich Dir aus dem Geschriebenen vorlesen und Du wirst meinen Stil glätten und manchen Gedanken klären helfen! – Was wißt Ihr von Konstantin [v. Kleist-Retzow][2] aus Sardinien? Mein Vetter Hans Christoph v. Hase war zuletzt Divisionspfarrer in Calabrien. Er hat 5 kleine Kinder. Wie mag es ihm gehen? Hast Du Deinem gefallenen Schönrader Vetter[3] nahegestanden? Wie ist Eure Familie getroffen! – Nun leb wohl, meine liebste Maria, warte noch ein bißchen! Es ist gut zu wissen, daß Du mitwartest! Grüße die Mutter und die Geschwister. Bald wird es soweit sein, daß ich bei Euch sein kann! Es kann nicht mehr lange dauern! Bis dahin Geduld und guten Mut! Von ganzem Herzen

Dein Dietrich

1 Hiermit sind offenbar Dietrichs literarische Versuche gemeint, Fragmente eines Dramas und eines Romans, wobei letzterer deutlich Bezüge zu seiner Braut und deren Umkreis erkennen läßt; vgl. Dietrich Bonhoeffer, Fragmente aus Tegel, DBW 7, 128 f u. ö. 2 Am 10. Juli waren die Alliierten auf Sizilien gelandet; am 25. Juli war der Sturz Mussolinis erfolgt und der Waffenstillstand zwischen Italien und den Alliierten geschlossen, schließlich seit 9. September die Operation «Overlord» in Süditalien in Gang gekommen, welche die dortigen deutschen Truppen zu fortlaufenden Rückzügen zwang. 3 Vgl. Marias Brief vom 13. September 1943.

Am 21. September erhielt Bonhoeffer – mit erneutem Haftbefehl – die Anklageverfügung des Reichskriegsgerichts ausgehändigt. Den dortigen wohlgesonnenen Juristen wie Generalrichter Dr. Sack und Ober-

reichskriegsanwalt Dr. Kraell war es gelungen, den Untersuchungsführer Dr. Roeder von der Beschuldigung des Hoch- und Landesverrats abzubringen und ihn selbst durch Beförderung zum Chefrichter der Luftflotte IV nach Lemberg zu entfernen. Aber die Anklage wegen «Wehrkraftzersetzung» war ehrverletzend und bedrohlich genug. Sicher schon vorher davon in Kenntnis gesetzt, hatte er am 20. September ein Testament verfaßt.

Pätzig, den 21. IX. 43

Hurra, Hurra, Hurra, Hoch, Vivat und Halleluja! Ich hab einen Brief von meinem Dietrich bekommen und bin sehr glücklich darüber.

Mein liebster Dietrich, was kannst Du für schöne Briefe schreiben! Ich bin verliebt in jeden einzelnen Satz, in jedes Wort, in jeden Kringel Deiner Schrift. Ich lese immer und immer wieder. Es unterhält sich so schön mit Dir, wenn man einen Brief dazu in Händen hat. Er ist vom 9.9. und mit vielen Kreuzchen, Punkten und Strichen habe ich in meinem Kalender ausgerechnet, daß noch 2 Briefe dazwischen liegen müssen (der letzte war vom 12. 8.). Herrlich zu wissen, daß diese Briefe wirklich existieren und auf dem Weg zu mir sind. Aber erst einmal freue ich mich nur und ganz über diesen Brief; und ich kann es unmöglich länger erwarten Dir darauf zu antworten.

Wunderbar, daß Du mich ausschimpfst! Das mag ich gern und hab es Dir gar nicht zugetraut! Traust Du mir zu, daß ich dagegenschimpfe? Na, das machen wir später!?!

Heut acceptiere und unterzeichne ich Deinen Vertrag in Bezug auf Krankheit gestehen und Gesundheit glauben. Wer den Vertrag bricht wird schwer bestraft. Ich weiß schon wie! –

Daß ich an meiner Aussteuer nähe, hast Du entweder geträumt oder ich hab es gelogen. Zugunsten der Wäsche tue ich es nicht. Die Näherin, die kommen sollte, hat abgesagt. Aber Du brauchst keine Angst zu haben, das schaffen wir schon. – Augenblicklich habe ich noch Möbelsorgen. Wenn Du Dir das in blühendsten Farben ausmalst, so male mal recht häßliche Sessel zu meinem Sopha passend. Ich hab mir zwar sowohl einen Tischler, der die Rahmen macht, wie einen Sattler, der diese polstert, wie auch einen Innenarchitekten der mich in beidem berät, angelacht, aber der Bezugsstoff ist ziemlich häßlich und noch dazu wollen mich alle Leute immer dazu veranlassen, eine Lobeshymne zu singen, daß ich ihn überhaupt bekam. Der bombengeflüchtete Innenarchitekt ist übrigens ein feiner Mann. Er hat zwar einen schlechten Geschmack, weiß aber doch was zusammengehört und kann mir auch praktische Ratschläge für die Verarbeitung des Materials geben. – Ganz vielleicht bekomme ich auch ein Schlafzimmer hier beim Tischler gemacht. Kannst Du nicht ein bischen zeichnen? Male mir doch mal auf, was Du schön findest! Es gibt aber auch große Probleme. Z. B. Gardinen, Lampen und Geschirr. – Blumenvasen brauche ich auch unbedingt, damit es bei uns hübsch wird. –

Ich spiele mal wieder Hausfrau. Mutter ist in Jarchlin[1] und bleibt wahrscheinlich einen Monat lang dort. Es macht großen Spaß hier, aber manchmal ist es auch nicht einfach. Heute wollte mir der Offizier von der Pferdemusterung einen Anstandsbesuch machen und ich stand grade mit aufgekrempelten Ärmeln und Schmierstiefeln im Zwinger um den kranken Harro zu behandeln. Gestern kamen zwei Arbeiterfrauen, die sich gezankt hatten, weil die eine glaubte, die andere verhexte ihre Ferkel, daß sie nicht mehr gediehen, und ich sollte nun den Streit schlichten. Abends wurde ich zu dem kranken Baby einer Polenfamilie gerufen; es war nicht weiter schlimm, aber ich habe selten einen solchen Schmutz gesehen. Ein Lappen wurde immer abwechselnd als Abwaschtuch, Kinderwindel und Taschentuch benutzt. Und meinem Versuch das zu ändern, wurde energischer Widerstand entgegengesetzt. –

Heute nacht bin ich bei sternklarem Himmel zwei Stunden mit Hannibal und Harro geritten. Es war wunderschön. – Und es ist doch ein schöner Gedanke, daß Du einmal mitreiten könntest. Die wenigsten Menschen wissen, wie schön es ist, nachts zu reiten. Nur Mutter liebt es nicht, weil sie Angst vor entlaufenen Russen hat, darum muß mich Erich[2] immer begleiten. Als wir klein waren sangen wir oft einen Kanon, der hieß: «Im Tal, da liegt der Nebel; auf den Höhen, da ist's klar; und was die Leute von uns reden, das ist alles nicht wahr!» Wenn wir zusammen wären, würde ich ihn Dir beibringen und wir würden ihn so oft und so schön singen, daß die Leute das schließlich auch erkennen müßten![3]

Am 28. werde ich Christine nach Altenburg bringen und fahre auf dem Rückweg bei der Mama vorbei. Vielleicht hat sie einen neuen Brief von Dir. –

Und ich schreib Dir bald wieder, und ich denke an Dich. Solange man noch etwas zum Drauf-freuen hat, muß man auch immer dankbar bleiben. –

Der letzte Angriff ging mir sehr erheblich gegen den Spaß. Ich glaube, ich stelle einen Antrag, daß Du hier her umgelegt wirst. Ich gäbe einen ausgezeichneten Gefängniswärter ab und hätte noch dazu eine Gelegenheit, mir einen Orden zu verdienen. –

Deine Grüße bestelle ich immer alle ganz genau. HansWerner legt großen Wert darauf, auch bei jedem Brief einen Gruß zu bekommen! –

Alle meine Grüße gehen zu Dir und bleiben bei Dir.

D. Maria

1 Zu Kniephof gehöriges Nebengut. 2 Erich Liese war Kutscher und Chauffeur in Pätzig. 3 Der Kanon war gegen Klatsch und Gerede gerichtet, das etwa im Zusammenhang mit der Verlobung und Dietrichs Verhaftung im Dorf aufkam.

Mein liebster Dietrich! Pätzig, den 25.9.43

Jetzt wird es wirklich Herbst. Das Laub färbt sich und es ist kalt. Wir müssen ein bischen umdenken in unseren Zukunftsträumen. – Wenn Du her kommst werden wir zusammen auf den dicken persischen Kissen vorm Kaminfeuer sitzen, wir werden Bratäpfel bekommen und am liebsten schnurren vor Gemütlichkeit. Es gibt keinen Ort, wo es sich so schön erzählt, als auf Vaters Kissen abends, wenn es draußen schon kalt ist. Was wirst Du mir alles erzählen können, und wieviel werde ich Dir erzählen! Manchmal bekomme ich Angst ich könne eins von den vielen Dingen vergessen, aber wenn ich bei Dir bin, weiß ich sie alle! –

Am 4. Oktober wird es ein halbes Jahr, daß Du nun im Gefängnis sein mußt. Eine entsetzlich lange Zeit – und mir erscheint sie noch viel, viel länger! Aber nun ist es auch schön zu wissen, daß diese lange, lange Zeit hinter Dir liegt und vor uns nur noch eine sehr kurze. – Und dann ist es auch genau ein Jahr her, daß ich Dich in Berlin wiedersah! Weißt Du es noch, wie wir am ersten Tage zusammensaßen? Du mußtest irgendwohin verreisen und machtest Großmutter Deinen Abschiedsbesuch.[1] Wir unterhielten uns über das Begräbnis von Tante Knienchen[2] und ich war Dir so dankbar für Dein gütiges Urteil. Ich hatte geglaubt, Du müßtest nur entsetzt sein. Und daß Du nicht erbarmungslos ablehntest, obgleich Du doch das volle Recht dazu hattest, war so gut. Da hatte ich Dich – glaube ich – zum ersten Mal gern, aber ich wußte es noch nicht. Verzeih mir, aber das was Du sagtest, und wie Du es sagtest erinnerte mich an Vater. –

Als Du fort warst, besuchte ich zum ersten Mal die Eltern. D. h. ich war bei Schleichers, und HansWalter mit Renate zeigten mir den Garten. Wir gingen auch in den Garten der Eltern und da die Weintrauben grade reif waren, ließen wir sie uns gut schmecken. Da guckte Papa zum Fenster heraus! Ich bekomme noch heute einen roten Kopf, wenn ich daran denke, daß mich mein Schwiegervater weinklauender Weise kennen gelernt hat. – Abends unterhielten wir uns im Herrenzimmer. In starker Erinnerung blieb mir nur das Bild von Deinem Bruder Walter. Ich mußte es immerzu ansehn und ich dachte an Max. Aber damals glaubte ich noch, daß er wiederkäme. Ich konnte es gar nicht anders denken. – Du mußt mir später auch von Walter erzählen, wenn Du noch etwas von ihm weißt. Du warst doch noch klein, als er fiel. – Wenn ich jetzt bei den Eltern bin gehe ich immer einmal zu seinem Bild, ich hab es sehr lieb gewonnen. –

Heut war ich bei dem Gedenkgottesdienst eines Nachbarsohnes – des Bruders von Marli Hülst.[3] Wir sangen «Ein feste Burg ist unser Gott» und «Christ ist erstanden»; und die ganze Feier war ein Loben und Danken. Ich habe das noch nie so stark empfunden, aber jetzt weiß ich auch, daß es so sein muß. Trotzdem ist es schwer den letzten Vers von «Ein feste Burg» ehrlich zu singen; jetzt schwerer, denn je![4] –

Schreib mir bitte, was Du Dir wünscht, daß ich Dir schicken oder schenken soll. Ihr habt die schreckliche Eigenschaft alle nicht unbescheiden wünschen zu können, und so weiß ich nie, was ich Dir schicken soll und ob ich Dir mit dem was ich schicke wirklich eine Freude mache. Gehörst Du auch zu den Menschen, die, so wie Max, trotz einer Stunde angestrengten Nachdenkens nicht mehr als 4 Wünsche auf ihren Wunschzettel schreiben konnten? Ich war immer nach einer halben Stunde schon bei Nr. 30 angelangt! – Mache mich doch mal nach!

Unsere Pferde werden nach und nach alle eingezogen. Ich bin sehr böse darüber, weil ich doch mit Dir reiten will! – Aber im Winter ist es kein Vergnügen, da friert man mehr als man reitet. –

Anliegendes Bild brauchst Du nicht schön zu finden! Ich tue es auch nicht!

Nimm viele Grüße und alles Liebe

von Deiner Maria

1 Vgl. Marias Brief vom 15. August 1943, Anm. 1. 2 Fräulein Klara Ninow, genannt Tante Knienchen, war eine Freundin von Spes Stahlberg. Als Atheistin hatte sie kein kirchliches Begräbnis erhalten. 3 Marie-Luise v. Hülst und ihr Bruder Friedrich waren auf dem Nachbargut Rohrbeck daheim; sie hatte 1941 als Pensionsgast bei der Großmutter Ruth v. Kleist-Retzow gewohnt. 4 Mit den letzten Zeilen: «Nehmen sie den Leib,/ Gut, Ehr, Kind und Weib,/ laß fahren dahin,/ sie haben kein' Gewinn,/ das Reich muß uns doch bleiben.»

Mein inniggeliebter Dietrich! Pätzig, den 29.9.43

Heut kam Bärbel [v. Dohnanyi] her, um mich zu besuchen. Das ist hübsch. Ich habe mich richtig doll auf sie gefreut. Sie ist mir wie ein Gruß von Euch allen und von Dir, und ich finde, daß sie gut nach Pätzig paßt. Ina meinte, wenn alle Deine Verwandten so nett wären, dann hätte ich wirklich schlau getan, mich mit Dir zu verloben. – Und ich freue mich wenigstens einem Deiner Familie einmal Pätzig zeigen zu können! Aber die Sehnsucht nach Dir wird dabei doppelt groß. Wie wird es erst sein, wenn ich Dich einmal an der Hand nehmen darf und mit Dir durch die Felder und den Wald gehe. Oft bei meinen einsamen Spaziergängen träume ich davon. Es wird zum ersten Mal frei und klar und schön zwischen uns werden, so wie ich es mir immer ersehnte – seit ich Dich kenne. Alle großen Fragen und Grübeleien werden fort sein und es bleibt nur ein einfaches und doch übergroßes «Du-bist-bei-mir!»

Werde nicht müde und traurig, mein liebster Dietrich, es dauert ja nicht mehr lange. Es *kann* ja gar nicht mehr lange dauern und dann sind wir beieinander. Es wird so schön sein, wie wir es in kühnsten Träumen jetzt nicht ausmalen können; und wir werden glücklicher sein, als wir sonst je geworden wären. – Ja, das Lied von Gottfr. Arnold[1] lese ich oft und werde dankbar daran. Ich lese auch den 103. Psalm und denke daran, daß wir ihn in gar nicht langer Zeit gemeinsam hören werden. – Du mußt Dich mit mir darauf freuen, sehr, sehr freuen. Du mußt nicht traurig werden, wenn Du an mich denkst. Du sollst froh sein und wissen, daß ich auch froh bin bei jedem Gedanken an Dich, Dietrich. Froh, daß ich Dich habe in dieser Zeit, daß ich Deine Nähe spüren kann, daß ich Dich lieb haben darf und daß ich Dir ein wenig dadurch helfen kann. Wir beide wollen immer «mit fröhlichem Herzen Gott die Ehre geben» und wollen nie vergessen, was er uns Gutes getan hat.

Ich bleibe immer nur Deine Maria

Zwei sehr schöne Dinge muß ich Dir noch erzählen: Ruth-Alice hat einen kleinen Jungen bekommen und Konstantin ist in Oberitalien gelandet! –

1 Vgl. Dietrichs Brief vom 9. September 1943, Anm. 3.

Liebste Maria! [Tegel] 30.9.43

Gestern bekam ich nach schon etwas ungeduldigem Warten Deinen lieben Brief vom 13.9., den Du auf der Fahrt nach Klein-Reetz geschrieben hast. Ich bin sehr froh, daß die Familie Dich dorthin kommandiert hatte; denn ich weiß, Du bist gern dort und wärest nur um der Hoffnung auf meine Entlassung willen nicht gefahren. Ich kann Dir garnicht beschreiben, wie es mich in Gedanken an Dich bekümmert, daß wir noch immer im Ungewissen sind. Für mich ist dieser Zustand ja gewissermaßen die Hauptaufgabe, mit der ich fertig zu werden habe, Dich aber hemmt und unterbricht der Gedanke der Ungewißheit immer wieder in Deiner Arbeit und Deinen Plänen. Ja, wenn ich Dir selbst irgendeinen Rat geben könnte für das, was Du tun sollst. Ist denn die Arbeit bei Euch zu Hause wirklich für Dich so wenig ausfüllend? Ganz kann ich es eigentlich nicht verstehen. Es ist eben doch so, daß wir erst einen gemeinsamen Plan machen können, wenn die Dinge hier klar sind. Endlos kann es ja nicht mehr dauern. Andrerseits will ich natürlich nicht, daß Du Dich um meinetwillen noch länger mit einer unbefriedigenden Tätigkeit herumquälst. Im Grunde hängt eben alles davon ab, wann wir heiraten können und gerade das läßt sich einfach heute noch nicht sagen. Wenn Dir die weitere Wartezeit jetzt wirklich als verlorene Zeit erscheint, dann mußt Du natürlich irgendetwas anderes ergreifen. Aber wirst Du nicht doch später einmal jeden Tag bereuen, den Du nicht noch zu Hause gewesen bist, und an Aufgaben kann es doch bei Eurem Betrieb garnicht fehlen? Du mußt mir Deine Überlegungen und Gründe möglichst doch noch genauer schreiben. Weißt Du, es ist wirklich gräßlich, daß man nicht einfach zusammensein und alles beraten kann. Bei so einer Sprecherlaubnis kommt ja doch auch nicht alles heraus. Und das letzte Mal hat Dich die Umgebung noch so gestört! Ich spüre das schon garnicht mehr, so abgestumpft ist man dagegen. Du mußt das verzeihen! –

Hast Du eigentlich alle meine Briefe gekriegt? Bis auf *einmal* jeden achten Tag! – Die kleine Ina hat mir so einen reizenden Brief geschrieben. Sag ihr doch bitte, wie sehr ich mich darüber gefreut habe. Übrigens, vor Deiner großen Familie brauchst Du Dich für mich, glaube ich, nicht zu fürchten. Die mütterliche Seite kenne ich ja gut genug; außerdem, weißt Du, habe ich ja schon eine ganze Menge sehr verschiedenartiger Menschen – auch ‹schrecklich festgelegte›, wie Du Dich ausdrückst – kennengelernt, und gegebenenfalls kann ich, – was Du wohl noch nicht erlebt hast, – auch ‹schrecklich festgelegt› sein! Im übrigen ist die Zeit, in der wir leben, eigentlich für ‹Festgelegtheiten› nicht sehr geeignet, sondern jeder muß versuchen, den anderen Menschen zu nehmen und zu verbrauchen wie er ist; dabei kommt immer am meisten für alle Teile heraus. –

Nun leb wohl, meine liebste Maria, am besten wäre es doch, Du hättest noch etwas Geduld, finde ich! Es kann ja auch alles ganz schnell gehen, daß wir uns wiedersehen!! Das sage ich nicht nur so hin, sondern weil ich es im Grunde glaube und erwarte. – Gott behüte Dich und uns alle, bis wir uns wiedersehen.

Immer Dein Dietrich

Liebste Maria, wir wollen doch bei allem täglichen Hoffen und Bitten um ein baldiges Wiedersehen und Zusammensein keinen Tag vergessen, Gott für das unendlich Viele zu danken, das er gegeben hat und noch täglich gibt. Dann werden alle unsere Gedanken und Pläne klarer und ruhiger werden und wir werden unser persönliches Schicksal leicht und willig auf uns nehmen. Das Evangelium dieser Woche[1] – von der Dankbarkeit – ist mir eines der allerliebsten und wichtigsten.

1 Text zum 14. Sonntag nach Trinitatis, Lukas 17,11–17.

7. Oktober 1943 Sprecherlaubnis

Mein sehr lieber, geliebter Dietrich! Pätzig, den 8. Okt. 43

Drei Briefe[1] und eine Sprecherlaubnis[2] auf einmal, das ist ein bischen viel für ein übervolles Herz, wie das meine. Wie soll ich Dir in einem so dummen, lächerlichen Brief davon sprechen? – Wenn ein Brief von Dir kommt und ich lese ihn, dann ist es, als säßest Du neben mir und sprächest zu mir, so, wie wir noch nie zusammen sprachen, wie wir aber sprechen werden, wenn wir allein sind. Ich möchte immer nur zuhören, wenn Du so zu mir sprichst. Es ist, als wäre es Musik und nicht einfach Worte. Mit Worten redet man sich so leicht auseinander, aber in der Musik fühlt man sich zusammen. So sind alle Deine Worte, die Du schreibst. Wie eine offene Hand, die ich anfassen kann, die ich lieb habe und an der ich mich festhalten will. – Es ist so gut, daß Du schreibst was Dich traurig macht, wann Du dankbar und froh bist und wie Du an mich denkst. Mein Unvermögen, Dich mit meinen Briefen und Besuchen froh zu machen, empfinde ich so quälend. Daß Du es trotzdem spürst was dahinter steht und was ich Dir sage ohne es auszusprechen oder zu schreiben, danke ich Dir. Wenn ich weiß, daß Du nach einem Wiedersehen froh bist, wie könnte ich dann traurig sein? – Sieh, Dietrich, es *muß* ja Stunden geben in denen man böse oder traurig oder verzweifelt ist. Aber sie sollen nicht größer werden als wir beide und unser Miteinander. Es ist mir immer unbegreiflich gewesen, daß sie nicht größer geworden sind. Es lag nicht an mir. Aber nun weiß ich auch, daß sie nicht über uns hinauswachsen können. Ich danke Dir dafür wie Du bist, wie Du alles trägst und was Du für mich tust. – Weißt Du, der Pasteur[3] hat doch einen kleinen Fehler in seinem Verlobungsbrief gemacht. Wenn ich Dein bester Freund sein will, was gehen mich dann die anderen Freunde an. Sie können Dich alle nicht so lieb haben, wie ich Dich liebe. Und soll ich Dich darum lieben, weil andere Leute Dich gern mögen? Ich will meinen Weg zu Dir nicht über andere finden, auch nicht, wenn sie aus meiner engsten Familie sind und mir sehr nah stehen. Ich sage mein Ja zu Dir, weil ich Dich lieb habe. Nicht, weil ich nach langem Überlegen vielleicht mehr Gründe dafür als dagegen fand, oder weil Andere mir Deine Vorzüge geschildert haben, oder weil ich vielleicht irgendetwas an Dir bezaubernd finde. – Das ist das Schönste an Deinen Briefen, daß ich eine Verbindung spüren darf, daß ich immer wieder ganz sichtbar erfahre, daß sie da ist. Das bloße Glauben dieses ganz direkten Zueinanders, ohne alle Zwischen- oder Nebenstellen ist manchmal so schwer. – Daß vor dem 13. Januar alles so leer war in Gedanken an Dich, tat sehr weh. Aber, Du, ich hatte mein Wort gegeben, Dir nicht zu schreiben. Und obgleich ich es doch oft getan habe, konnte ich den Brief nicht abschicken, weil ich kein Unrecht zwischen uns stellen wollte.[4] Verzeih mir, daß ich mein Wort gab. Ich nahm Dir damit viel. Es wäre manches leichter für Dich in dieser Zeit. – Du glaubst, daß mein Leben einfacher und leichter gewesen wäre, hätte ich Dich nie kennen gelernt. – Dietrich, keine Stunde seit ich Dich kenne möchte ich ungeschehen machen, kein Gedanke, keine Träne und kein glückliches Lachen. Soll ich Dir noch mehr schreiben? Soll ich Dir schreiben, daß ich, als ich die beiden liebsten Menschen, die ich besaß, verloren hatte, sehr verzweifelt war, daß es leer und einsam um mich war und daß ich unter der Last der Liebe, die ich in mir fühlte und doch nicht mehr verschenken konnte, schwer litt. Nein, Dietrich, einfach wäre mein Leben wohl nicht geworden, aber sinnlos und flach. Und dann kamst Du, dann erkannte ich, daß Du zu mir kamst; und Du wirst mir Vater und Bruder und mehr als alles, ja, Du bist es schon. – Ich bitte Dich, schreibe das nicht wieder. Ich gehöre schon so sehr zu Dir, daß ich solch einen Gedanken gar nicht denken möchte. –

Wie gern will ich Dir einmal von Vater erzählen. Wem sollte ich es erzählen, wenn nicht Dir? Ich kann ja gar nicht durch den Wald oder die Felder gehen ohne an jeder Stelle an Vater erinnert zu werden. Seit ich 8 Jahre wurde, ritt ich jeden Tag, den ich zu Haus war, durch die Felder mit ihm. Meist ritten wir schweigend, aber wir besprachen auch viele Dinge. Man sagt, daß ich Vater ähnlich bin. Das ist nur recht äußerlich gesehen, aber er verstand mich so gut und ich verstand ihn, auch wenn er nur wenig sagte. Er nannte mich sein «Allerdümmstes» und wenn ich einmal traurig war, so zog er mich am Zopf und sagte: «Halt die Ohren steif, Miesenmaus; und denk daran, daß Du Vaters Tochter bist.» Dann war auch das schlimmste Heimweh heruntergeschluckt. – Vater konnte so wunderbar erzählen aus seiner Kindheit und vom Krieg. Das war das Schönste was geschehen konnte, wenn uns Vater so erzählte. Dann saßen wir alle um ihn herum (jeder von uns wurde in seine Geschichten irgendwie mit einbezogen) und warteten gespannt auf den Augenblick, in dem wir vor Lachen durcheinanderkullern konnten. Viele Geschichten kannten wir schon fast auswendig und protestierten heftig, wenn eine neue Redewendung oder ein anderer Witz drin angebracht wurde. Es gab aber auch traurige Geschichten. Wenn Vater erzählte von dem gelähmten Großvater,[5] den keiner von uns mehr gesehn hat, den wir aber alle ganz genau bis in einzelste Gewohnheiten und Ansichten kennen, dann war es immer zum Heulen. Ich hab als kleines Kind abends immer gebetet, ich möchte einmal im Himmel neben Großvater sitzen, weil ich ihn so lieb hatte. –

Jetzt muß ich Schluß machen. Ich wünsche so, daß der Brief bald bei Dir ist und Dir ein wenig sagt, wie ich bei Dir bin. Alles, alles Liebe schicke ich mit ihm zu Dir und behalte Dich immer ganz fest in meinem Herzen

Deine Maria

1 Die Briefe vom 20. und 27. August sowie vom 20. September 1943. 2 Am 7. Oktober 1943. 3 Vgl. Dietrichs Brief vom 27. August 1943. 4 Maria hatte in jener Zeit fast täglich einen Brief an Dietrich in ihr Tagebuch geschrieben. 5 Vgl. in den «Notizen» S. 226.

Liebste Maria! [Tegel] 8. 10. 43

Gestern Dein Besuch und Dein Paket, heute Dein Brief vom 21. 9. – fast habe ich das Gefühl, als ob zu meinem Glück garnicht mehr viel fehlte! Der Besuch hatte nur den einen Fehler, daß er trotz langen Wartens so plötzlich kam – ich erfuhr es erst 2 Minuten vorher – daß die Vorfreude nicht zu ihrem Recht kam und daß mir nachher natürlich ungezählte Fragen einfielen, die ich vergessen hatte als wir zusammen waren; so nett es ist, daß man uns die scheußliche Atmosphäre der kleinen dunklen Sprechzellen erspart, so kommt man sich auf diesem Sofa doch immer etwas wie auf der ersten Bank in der Schule vor, wo man sich besonders brav betragen muß. Aber schön war es eben doch und ich danke Dir von ganzem Herzen, daß Du gekommen bist! Kamst Du eigentlich direkt aus Kl.-Reetz? und wie war es dort? –

Mit Deinem Paket hast Du meine Liebhabereien so getroffen als wären wir schon 10 Jahre verheiratet! Es war wirklich verblüffend und begeisternd zugleich. Sag bitte auch der Mutter vielen Dank dafür! Die Grüße von Ina fand ich ganz besonders hübsch! Den Vers aus dem Oktoberlied von Storm: ‹und geht es draußen noch so toll,/ unchristlich oder christlich,/ ist doch die Welt, die schöne Welt,/ so gänzlich unverwüstlich!›/ – diesen Vers, den ich noch nicht kannte, aber gleich gelernt habe, werde ich von nun an immer mit Ina's Gruß ins Gefängnis verbinden.[1] Und nun Dein Rilke![2] Ich danke Dir dafür, daß Du ihn mir geschickt hast. Ich kannte diese Briefe, aber habe sie in Gedanken an Dich neu und sehr gern gelesen. Aber Du weißt ja schon – ich bin irgendwie auf einen anderen Ton gestimmt und habe mich beim Lesen immer wieder gefragt, wie man sich wohl zu solchen Briefen, die ja ursprünglich rein persönlich gemeint sind (ich nehme das jedenfalls an und hoffe es!), stellen soll. Ich kann sie ja nicht einfach als mir geltend aufnehmen, und ich glaube, es wäre ein Fehler, wollte man sich durch die schönen Gedanken und Worte dazu verleiten lassen und gar dementsprechend sein Leben einrichten. An mich – und ich glaube auch an Dich – hätte Rilke sicher sehr anderes geschrieben (wobei ich überzeugt bin, daß er bei mir überhaupt darauf verzichtet hätte!). In einem musikalischen Vergleich gesagt, muß ich für mich Rilke immer von des-dur nach c-dur transponieren und sein pianissimo würde ich auch gelegentlich nicht einhalten – Du auch nicht! Verzeih, daß ich das alles so sage; aber ich spüre, daß mir das irgendwie mehr als eine literarische Wichtigkeit hat. Wir müssen da noch manchmal drüber sprechen.[3] Hab vielen vielen Dank! –

Dein Brief hat mich wieder ganz ungeheuer gefreut. Du hast gelegentlich gesagt, Du könntest keine Briefe schreiben. Erstens habe ich es nie geglaubt, zweitens war es von vornherein sehr unwahrscheinlich bei Dir als Enkelin Deiner Großmutter, drittens hast Du Dich nun oft genug so gründlich selbst widerlegt, daß ich garnichts hinzuzufügen brauche. Frauen schreiben überhaupt bessere Briefe als Männer, – und wenn Männer auch – glücklicherweise – wenigstens meist bessere Bücher schreiben, so ist das doch nicht halb so wichtig wie ein guter Brief! Und von Dir habe ich schon viele! Habe ich nicht allen Grund, auch wenn es nur ein entfernter Schimmer von dem Glück ist, das einmal über uns aufgehen soll –, schon dafür unendlich dankbar und glücklich darüber zu sein; ja, schon daß ich an Dich denken kann, wann ich will und sooft ich will und daß mir das kein Mensch nehmen kann, – ist das nicht ein unbeschreibliches Glück? –

Der Bogen ist zu Ende! Schon wieder eine Grenze! Daß Hans-Werner besondere Grüße von mir erwartet, ist wirklich sehr nett von ihm. Sag ihm, daß ich mich auf ihn freue, wie man sich eben auf den Bruder seiner Braut; der etwas von ihrem Wesen und ihren Zügen trägt, freut. Nein, sag ihm das nicht, denn das ist nichts für ihn, – sag ihm, daß ich mich auf ihn freue wie auf einen jüngeren Bruder, der einem unerwartet geschenkt wird, und daß ich wirklich gespannt darauf bin, ihn richtig kennenzulernen; denn das vor 5 Jahren gilt ja kaum. Ina habe ich bei der Großmutter kennen gelernt und sie braucht nur so geblieben zu sein wie sie damals war, – dann kann ich mir keine bessere Schwägerin wünschen. – Leb wohl, liebste Maria! Verlier nur nicht die Geduld!

Von ganzem Herzen Dein Dietrich

Bitte sag doch Bismarck's, wie sehr ich mich mit ihnen über den zweiten Jungen freue. Hoffentlich geht es Ruth-Alice bald wieder ganz gut und Mutter kann dort wirklich ein bißchen ausruhen. Ich wünschte es ihr sehr. Am 26. Oktober[4] werdet Ihr wohl wieder in Pätzig zusammen sein? – Das Reiterbuch habe ich noch nicht gelesen; ich freue mich darauf. – Mit wie seltsamen Empfindungen habe ich die Schachtel Zigaretten, die Max Dir noch geschenkt hat, geöffnet. –

1 Dietrich an seine Eltern am 13. Oktober 1943: «Vor mir steht der bunte Dahlienstrauß, den Ihr mir gestern gebracht habt, und erinnert mich an die schöne Stunde, die ich mit euch haben konnte und an den Garten und überhaupt daran, wie schön die Welt in diesen Herbsttagen sein kann. Ein Vers von Storm, den ich dieser Tage kennen lernte, gehört so ungefähr zu dieser Stimmung und geht mir immer wieder durch den Sinn, wie eine Melodie, die man nicht los wird» (DBW

8,172). 2 Gemeint ist: «Briefe an einen jungen Dichter», Einleitung von Franz Xaver Kappus, Insel-Bücherei 406, 1929. 3 Dietrich an E. Bethge am 28. November 1943: «Leider bin ich auf literarischem Gebiet mit Maria noch nicht konform. [...] Aber ich denke, es ist nur eine Sache der Zeit. Ich mag es garnicht, wenn Frauen und Männer verschiedener Meinung sind. Sie müssen zusammen wie ein uneinnehmbares Bollwerk dastehen. Findest Du das nicht auch? Oder gehört das etwa auch zu meiner ‹tyrannischen› Natur, die Du so genau kennst? dann mußt Du es mir sagen! Wahrscheinlich drückt sich in diesen literarischen Dingen auch der Altersunterschied aus. Die Generation von Maria und Renate ist eben leider mit einer sehr schlechten zeitgenössischen Literatur groß geworden und den Anschluß an das ältere Schrifttum finden sie viel schwerer als wir. Je mehr wir an die wirklich guten Sachen herangekommen sind, desto fader ist uns doch die dünne Limonade der neueren Produktion geworden, manchmal fast bis zum Übelwerden» (DBW 8,213 f). 4 Todestag des Bruders Max v. Wedemeyer.

Mein liebster Dietrich! Berlin, den 12. X. 43

Heut sitze ich an *Deinem* Schreibtisch, um Dir zu schreiben. Hier hast Du gesessen, als Du die ersten Briefe an mich schriebst, nicht wahr. Das ist ein hübscher Gedanke. Wie anders mag es da hier ausgesehen haben? Jetzt gähnt von den Bücherborden völlige Leere, die Bilder sind fort und alle Dinge vom Schreibtisch, die noch an Dein Arbeiten hier erinnerten. Meine Tinte würde sicher vor Schreck versagen, wenn sie wüßte, für was für geistvolle Dinge hier ihresgleichen geflossen ist. Mit der Bleistiftkauerei wird es wohl nie so schlimm gewesen sein und die Tatsache, daß auf Deiner Schreibunterlage kein bischen Gedankenmalerei zu finden ist, hat mir imponiert. Du solltest mal die meine sehen. Wenn ich noch viele Briefe so an Dich schreiben muß, wird Mutter ihrer letzten schönen Löschblattbogen beraubt. – Du mußt bitte mal mit den Eltern ein ernsthaftes Wort reden, daß sie mich nicht so verwöhnen sollen. Es geht nun wirklich schon zu weit. Wenn Du nichts dagegen tust hab ich nachher einen ganz verdorbenen Charakter und das fällt ja dann wieder auf Dich zurück. – –

Jetzt bringt mir Lotte[1] eben Deinen Brief vom 30. Hab Dank dafür, Du Guter, daß Du mir so lieb schriebst. Könnt ich Dir einmal recht schildern, was für ein Fest und Freudentag es ist, wenn ein Brief von Dir kommt. Fast ist es unvorstellbar, daß sich das noch steigern kann. Vielleicht ist es gut, daß das Glück, Dich zu haben, so langsam spürbar wird, ich könnte es sonst nicht ertragen.

Du meinst, ich solle noch länger zu Haus bleiben, wir müßten doch genug zu tun haben. Weißt Du, wenn man zu Haus ist, so ist das mit dem Arbeiten schon immer eine mulmige Sache. Und da wir außerdem noch 2 Haustöchter hier haben, können wir uns ohne weiteres gegenseitig entweder tottreten oder um die Arbeit in die Haare kriegen. Ich mag auch keine der Haustöchter verdrängen, denn wenn Du kommst will ich doch ganz frei und nicht mit irgendwelchen Pflichten gebunden sein. – Aber fürs erste gehe ich jetzt nach Kniephof. Dort ist die Sekretärin krank und ich will versuchen die Lücke etwas zu stopfen; und dann versuche ich es mal mit dem Englisch oder Französisch lernen. Wenn ich in der Stadt bin, kann ich auch endlich mal wieder Geigenstunden nehmen. So mit dem Alleinkratzen geht es doch unverhältnismäßig schlecht. –

Ich habe bei Mutter so ganz leise wegen dem Heiraten vorgefühlt und doch erstmal ein bischen auf Granit gebissen. Aber nun hat sie doch schon gesagt, ich solle ihr den Gefallen tun und nicht genau zu Weihnachten heiraten, mit Mitte Januar wäre sie schon einverstan*dener.* Das ist schon ein großer Sieg. Was meinst Du zu Epiphanias? Oder am 13. Januar? Dann sind wir genau ein Jahr verlobt! Mutter hat natürlich begreiflicherweise Angst davor. Aber das gehört dazu und nachher wird es doch sehr schön. Wenn Hans Werner ganz feierlich zu Mute ist, dann setzt er sich neben mich aufs Sofa und ich muß ihm von meiner Hochzeit erzählen. Du wirst lachen, wenn Du hörst, daß schon festliegt, welche Blumen auf dem Tisch stehen werden, in welchem Zimmer Du schläfst, welches Buch auf Deinem Nachttisch liegt und was für ein Bild darüber hängt, wie die Reihenfolge der Brautführerpaare ist und wer welche Rede halten muß. Es ist immer ein bischen, als erzählte ich aus einem Märchenbuch. Aber es gibt so viele Märchen, die wahr sind, warum sollte das unsere nicht auch wahr werden?

Grade komme ich aus Altenburg zurück, wohin ich Christine brachte. Leider traf ich die Eltern hier nicht mehr an, sie waren schon fort zu Dir. Dummerweise haben sie den Pelz mitgenommen. Das sollten sie gar nicht. Ich wollte ihn nur für solche Fälle und später hergebracht haben. Um so besser, wenn Du ihn gar nicht mehr brauchst. Nur wenn Du frierst, ist gleich etwas da. –

Nett ist, daß grade Karl Friedrich [Bonhoeffer] hier ist. Für den schwärme ich schon ganz leise und unmerklich. Aber Du brauchst keine Angst zu haben. Nur das liebe ich an ihm, was Dir ähnlich ist. – – Gestern wärst Du übrigens fast Deine Braut losgeworden. (Schade, daß Du das nicht glaubst!) In Altenburg wollte man mich unbedingt wieder als Betreuerin der kleinen Klassen haben. Und gereizt hat es mich mächtig. Es war eine ganz wunderbare Zeit, die ich damals in Altenburg erlebte. –

Was macht Dein scheußliches Reißen? Schreib mir mal, was Du liest. Wenn ich kann, lese ich dann das Gleiche. – Vielleicht ist dies nun der letzte Brief, der Dich erreicht. Er ist sehr dumm, aber es ist ja auch Deine Dummheit, wenn Du Dir eine so dumme Braut aussuchst! – Ich glaube, ich muß da noch mal ernsthaft mit Dir reden. –

Behalt mich aber trotz meiner Dummheit lieb, denn ich liebe Dich sehr

Deine Maria

1 Lotte Piefker, Dienstmädchen bei den Eltern Bonhoeffer.

Mein Dietrich! Pätzig, den 15. Okt. 43

Heut vor einem Jahr war der historische Musikabend. Ob Du wohl daran denkst? Nein, Du wirst das Datum nicht mehr so genau wissen. Ich weiß es ja auch nur durch mein Tagebuch.[1] – Heut wüßte ich so gern was Du damals gedacht hast. Es ist doch schade, daß Du mich damals nicht nach Haus brachtest. Ich hatte meinen Hausschlüssel vergessen, am Telefon meldete sich niemand, so saß ich 1½ Stunden auf der Steinstufe, bis ein Mädchen kam, das sich abends noch amüsiert hatte. Ich war mir wohl nie so unklar über mich selbst und hab mich nie so wenig selbst verstanden als in der Nacht, als ich da saß und in den Himmel starrte. – Ob Du noch weißt, was Du mir damals sagtest? Ich bin Dir noch heute dankbar für das, was Du sagtest. Was Du von Vater und HansFriedrich [v. Kleist-Retzow] glaubtest. Du hast mir damit mehr weitergeholfen als Du es selbst ahnen kannst. – Aber ich freue mich darauf das Gespräch einmal weiter und zuende führen zu können. – Ich bin Großmutter sehr dankbar für diese Berliner Zeit. Und wenn nachher alles so verworren und unschön wurde, so ist das sicher meine Schuld. Darum wirst Du begreifen, daß es mich jedesmal schmerzt, wenn ich wieder erfahre, daß sich solch eine Schuld nicht ausmerzen läßt. Ich hätte Dir das aber gar nicht erzählen sollen, es war dumm von mir. Mit Großmutter lebe ich wirklich in voller Harmonie, mehr denn je. Sie spürt das ja gar nicht, weißt Du, und ist sonst immer lieb und reizend zu mir, schreibt mir fast jeden Tag einen Brief und erzählt mir von Dir. Sie bietet mir die verschiedensten Gegenstände aus ihrem Haus an. Der rätselhafte Gegenstand ihres Hauses, den Du haben möchtest, ist Dir jetzt schon zugesprochen. Nur ist sie sehr gespannt, was es eigentlich ist. Willst Du es mir nicht mal verraten, auch wenn ich den Mund halte? Neulich meinte sie, das beste wäre wohl, sie stürbe. Damit sie uns ihr grünumrändertes Geschirr schenken könnte. Aber da protestierte ich erheblich und sagte lieber aus Blumenvasen Kaffetrinken zu wollen. – Das brauchen wir übrigens nicht einmal. Denk Dir, Vaters Freund und ein sehr geliebter Onkel von uns, Papen[2] – augenblicklich Botschafter in der Türkei – hat mir versprochen Geschirr zu besorgen. Er sagt, es wäre nur häßliches Einheitsgeschirr; aber ich glaube, Du bist auch damit glücklich.

Mutter freut sich immer sehr, wenn Du ihr mal ein persönliches Wort in die Briefe mit hineinschreibst. Aber schreiben sollst Du ihr nicht. Sie lachte sehr, als ich, der Antwort doch etwas ungewiß, aber ganz gehorsam Deine Anfrage vortrug. Aber ich darf ihr doch manchmal «2 b Stellen» aus Deinen Briefen vorlesen!?

Nun zerschlagen sich erst einmal wieder meine Zukunftspläne. In Kniephof ist die Sekretärin krank geworden und ich werde hinfahren um ihnen dort zu helfen. Anschließend möchte Ruth-Alice [v. Bismarck] so gern, daß ich zu ihr nach Jarchlin komme und meinen kleinen Patenjungen ein bischen betuen helfe. Aber das ist noch unsicher. Am 19. November zur Taufe bist Du doch schon da!? Ruth-Alice sagt, das wäre das allerschönste Taufgeschenk. – – Mama meint, ich könne nicht Abwaschen und Ausfegen und alle meine Einwände dagegen haben gar nichts geholfen. Anstatt, daß Du nun mal ein Machtwort sprichst, hast Du anscheinend auch noch Partei gegen mich ergriffen. Doll!! Es bleibt mir also nichts übrig, als die Fühler nach Sprachunterricht auszustrecken.

Solange Du übrigens noch nicht sagst, ich solle Deine Arbeiten auf Orthographie nachsehen, bin ich zu allen Schandtaten bereit. Aber Deine Ansinnen sind ähnlich! Lotte hat mir grade erzählt, Du könntest tadellos kochen. Schade, daß Du nicht Reit- oder Tanzlehrer bist, da könnten wir wenigstens mal tauschen. So wird es wohl doch so kommen, daß ich über Deiner Arbeit ehrfurchtsvoll verstumme, während Du über die meine Dir kaum das Naserümpfen verbeißen kannst.

Ob meine Briefe jetzt wohl etwas regelmäßiger zu Dir kommen? Hier scheint alles wieder richtig in Gang zu sein. Was gäbe ich darum Dir schönere Briefe schreiben zu können. Das Ganze ist ein unnormaler, dummer und verrückter Zustand und die Briefe passen eben dazu. Verzeih mir, und auch wenn ich in der letzten Sprecherlaubnis so ungeschickt war. –

HansWerner übt neben mir Waldhorn. Ich hab ihm gesagt, wenn

Du hier wärst, hättest Du ihn längst verhauen. Aber er lacht und meint Du müßtest ihm erst mal durch die Tat beweisen, daß Du das überhaupt könntest. –

«Vielleicht heute!» denke ich jeden Morgen. Das Leben geht weiter und man bekommt täglich neue Kräfte dafür. –

Du mein naher Dietrich. Ich denke an Dich und bleibe

Deine Maria

1 Vgl. in den «Notizen» S. 273. 2 Franz v. Papen (1879–1969), Zentrumspolitiker, 1932 Reichskanzler, 1933/34 Vizekanzler in Hitlers Kabinett, 1939–1944 deutscher Botschafter in Ankara, war im Ersten Weltkrieg Regimentskamerad von Hans v. Wedemeyer; einen Besuch von ihm zur Jagd in Pätzig schildert Alexander Stahlberg, Die verdammte Pflicht, a.a.O. 20ff.

Mein liebster Dietrich! Pätzig, den 19. X. 43

Heut ist Jagd hier. Ein ganz eigenartiges Fest im Krieg und ohne Vater. – Es sind eine Menge Gäste da, die es wunderbar finden einmal wieder Frack und Abendkleid ausmotten zu können, sich herrlich amüsieren und es genießen leichte Konversation zu machen. – Nur neben mir bleibt immer ein großes Loch. Und über solch ein Loch hinweg unterhält es sich so schlecht, da schreibt man besser hinein, auch wenn man sich ja nur einbildet, es damit ein wenig ausfüllen zu können. – Dein Brief vom 8. 10. kam heute früh. Ich hab ihn die ganze Jagd über in der Jackentasche getragen und mich ständig daran gefreut. – Was Du von der letzten Sprecherlaubnis schreibst, ist hübsch. Du mußt es mir immer schreiben, wenn Du Dich über eine Sprecherlaubnis gefreut hast. Sonst glaube ich es plötzlich nicht mehr und das wäre schlimm. – Das nächste Mal werden wir beide Buch führen über die Fragen und Dinge, die wir uns sagen wollen. Ich hab auch nicht die Hälfte von dem gesagt, was ich sagen wollte. Das «Ich bin bei Dir» ist stärker als alle Vorsätze, alle Gedanken und Worte. Was man redet ist oft so egal. Es ist ja doch nur irgendeine äußere Schale, die da so unbeweglich brav auf der ersten Schulbank sitzt. Die Gedanken und Gefühle sind dicht beieinander, nein, niemand kann es hindern oder sich dazwischen schieben. Aber die Sehnsucht wird mehr denn je bewußt und das Verlangen nach dem Alleinsein mit Dir wird überwältigend groß. – Kann sich das denn überhaupt noch steigern? Täglich meine ich auf dem Höhepunkt angelangt zu sein und immer wieder spüre ich ein «noch mehr». – Wie arm wäre mein Leben jetzt und in diesem ganzen

Jahr gewesen, wenn ich Dich nicht gehabt hätte. Ach Du, ich komme mir so schrecklich egoistisch vor, daß ich Dir «ja» sagte. Manchmal denke ich, hätte ich Dich wirklich lieb, so müßte ich Dich mit mir verschonen, ich hätte Dir begreiflich machen müssen, was Du tust. Ach, wärst Du da! – Aber ich bin geduldig, das mußt Du glauben. Nach jedem Deiner Briefe bin ich es wieder ganz neu und stark und ich danke Dir dafür, daß Du mir das schenkst. –

Erich [Liese], der natürlich längst gemerkt hat, daß ich mich drückte, und mich nun rührenderweise alle paar Minuten mit Bohle und Cigaretten (ich hab schon 4 für Dich gesammelt) versorgt, läßt Dich sehr grüßen. Onkel Franz-Just Wedemeyer[1] grüßt Dich auch; er erkundigt sich immer so nett nach Dir und ist schon sehr gespannt auf Dich. – Und nun hat mich Erich doch verraten und ich soll die geladene Jugend unterhalten. –

Das nächste Fest, das wir hier feiern, wird sehr schön werden! Und Du mußt Dich immer nur darauf freuen, dann bin ich auch glücklich über alles andere hinweg. Ich bin bei Dir und weiß Dich ständig um mich

Deine Maria

1 Ältester Bruder des Vaters in Schönrade.

Lieber, guter Dietrich! Kniephof, den 23. X. 43

Mich drängt es schon immer in diesen Tagen, Dir Deinen Brief[1] fertig zu beantworten. – Weißt Du, ich bin doch nicht ganz einverstanden mit dem, was Du über Rilke sagst. Vielleicht sehe ich da falsch, aber ich glaube, daß ein Künstler in seinen Briefen mehr sich selbst, als sich in Beziehung auf andere schreibt. Ich meine, daß Kappus mit seinen Briefen an eine Stelle bei Rilke rührte, die ihn nun so schreiben ließ. Er schrieb nicht, weil er nun dies grade das Richtigste für Kappus fand. – Aber das ist hier jetzt egal. – Doch meinst Du nicht auch, daß man eine Idee, einen Gedanken oder eine ganze Lebensauffassung nur aufnehmen kann, wenn sie schon irgendwie in einem begründet lag, so daß sie dann nur von außen geweckt und offenbar gemacht wurde. Alles andere geht doch früher oder später eindruckslos vorüber. – Ich möchte mein Leben gar nicht einrichten. Weder nach Rilke, noch so, wie mir Großmutter jetzt immer ganz genau eine Ehe mit Dir beschreibt. Ich hab' das feste Vertrauen, daß uns das *Wesentliche* geschenkt wird und daß wir uns darum jetzt keine Sorge machen sollen. – Aber, sieh, ich möchte auch nicht einseitig sein und möchte alles hören, was mir gesagt wird. Ja, und möchte mir das anverwandeln, transponieren und zu eigen machen. Muß man nicht alles, was man liest und hört erst immer in eine eigene Tonart transponieren? – Sag mir, ob Du verstehst, was ich meine, oder ob Du alles Unsinn findest. –

Ich bin jetzt für einige Zeit hier in Kniephof gelandet. Meine «Arbeit» besteht zum größten Teil aus Blumen einstellen, Telefonieren, Kranke unterhalten und kleine Kinder hüten. Die Hauptsache meines Hierseins ist eigentlich nur, daß ich überhaupt da bin. Mit der Arbeit ist es gar nicht so wild. – Heut abend war ein großes Konzert. Anne[2] spielte und ich höre sie ja gern. Das liegt vielleicht daran, daß ich unmusikalisch bin. Aber selbst dies Bewußtsein läßt mich solch ein Konzert sehr genießen. – Morgen – am Sonntag – werde ich den ganzen Tag bei Ruth-Alice [v. Bismarck] in Jarchlin sein. Ich werde meinen kleinen Patenjungen beäugen und Dir hinterher erzählen, wie er ist und ob ich ihn auch so fröhlich finde, wie alle andern Leute. – Mit Klaus [v. Bismarck] reite ich manchmal. Oft nimmt er mich auch hinten auf dem Soziussitz seines Motorrades mit durch die Felder. Aber ich habe einen Abscheu gegen alles, was mit Benzin zusammenhängt und wenn ich auch so eine Motorradfahrt sehr aufregend und spannend finde – besonders da die alten Damen hier soetwas shoking finden – so ist doch das Reiten hundert mal schöner. – – Zum 26. kann ich nicht zu Haus sein.[3] Ich mag auch nicht. Aber ich schreib Dir einen Brief und weiß ja, daß Deine Gedanken mich führen.

Ich hoffe Dich bald zu sehen und sehne mich nach Deinem nächsten Brief.

Deine Maria

1 Brief vom 8. Oktober 1943. 2 Jüngste Schwester von Klaus v. Bismarck, heiratete später den Komponisten Gottfried v. Einem. 3 Erster Todestag des Bruders Max.

Mein liebster Dietrich! Kniephof, den 26. X. 43

Auf der großen, breiten Kniephöfer Treppe sitzend und auf Knien schreibend, geht das Briefschreiben schlecht. Aber es ist der einzige Ort, wo ich Dir schreiben kann, denn ich hab heut eine Nachtwache bei der Großmutter von Klaus und bei ihr drinnen kann ich kein helles

Licht machen. – Ich bin froh, daß ich heut die ganze Nacht für Dich und mich und unsere Gedanken Zeit habe. Es war so schön zu wissen, daß Du an mich gedacht hast. Ein richtig guter Tag wurde es darum. – Ich hatte mir am Abend vorher meine Bilder vor's Bett gestellt, eine Kerze und ein Rosenstrauß standen auch dabei. Und als ich morgens aufwachte, als ich die Kerze anzündete und die wunderbar tröstliche Losung[1] las, da fühlte ich mich geborgen, wie in einem ganz großen Zuhause. In dem sie alle mit drin sind. Vater und Max, Mutter und die Geschwister und Du. – *Du* hast Max ja gut gekannt. Es gibt sehr wenig Leute, die ihn gut gekannt haben. Ich spüre das so oft, wenn sie von ihm sprechen. Darum mag ich auch gar nicht so reden und seine Bilder und Briefe zeigen. Aber Du hast ihn ja gekannt. Das weiß ich schon deshalb, weil er Dich sehr gern gehabt hat. Und das ist mir eine große Hilfe heut, daß Du ihn kennst, und daß Du mich kennst, und daß Du weißt, wie er ist. – Und nun mag ich nicht mehr davon schreiben. –

Jetzt will ich Dir mal schreiben, daß heut vor einem Jahr der Tag war, an dem wir zum letzten Mal beide *allein* zusammen waren.[2] Ich brachte Dich nach der Andacht zur Tür und wollte Dir so gern danken für Deine Worte, die mich sehr bewegt und innerlich berührt hatten, aber ich brachte es nicht über die Lippen. Ich weiß heute noch nicht warum. Aber es war alles irgendwie so, daß es nicht ging. Und dann gingst Du fort und ich blieb an der geschlossenen Tür stehen und ärgerte mich darüber, daß ich so egoistisch war. Da klingeltest Du noch einmal, weil Du Deine Losungen vergessen hattest. War das nicht ein deutlicher Fingerzeig? Und trotzdem hab ich es nicht geschafft. Denk, so bin ich. – Aber heut will ich Dir sagen, daß ich diesen Sonntag und alle Deine Worte nie vergessen werde. Ich wußte schon damals als ich sie hörte, daß ich sie nicht vergessen könnte. –

Leider geht es RuthAlice gar nicht sehr gut. Ich hab ihr darum versprochen, noch ein bischen zu ihr zu kommen, weil sie die Pflegerin grade in diesen Tagen verlassen muß. Eigentlich würde ich viel lieber nach Berlin fahren. Aber dies muß ja nun vorgehen. Das siehst Du ein, nicht wahr. –

Am 31. fahre ich zu einer Reitjagd. Ich freue mich sehr darauf, weil ich ein besonders nettes Pferd von Klaus dafür habe.

So, nun muß ich Schluß machen.

Es grüßt Dich von ganzem Herzen und ist täglich und stündlich bei Dir

Deine Maria

1 Losung für Dienstag, den 26. Oktober 1943: Der Herr wird die Tränen von allen Angesichtern abwischen (Jesaja 25,8). Ich war tot, und siehe ich bin lebendig von Ewigkeit zu Ewigkeit und habe die Schlüssel der Hölle und des Todes (Offenbarung 1,18). 2 Der letzte Tag ihres Berliner Aufenthalts im Oktober 1942, als sie ihre Großmutter im Franziskuskrankenhaus betreute.

10. November 1943 Sprecherlaubnis

Meine liebe, liebe Maria! [Tegel] 10. Nov. 43

Ich muß es wenigstens versuchen, den Brief, den ich Dir eigentlich erst in 3 Tagen schreiben darf, schon heute zu schreiben. Dafür muß ich dann allerdings 7 Tage warten, bis der ersehnte Nachmittag, an dem ich nicht nur in Gedanken, sondern auf dem Schreibpapier mit Dir sprechen kann, wieder herankommt. Trotzdem! Es war so gut, daß Du heute hier warst. Ich hatte es nach Deinem Brief über Ruth-Alice's Ergehen[1] diesmal nicht mehr zu hoffen gewagt und nun kamst Du doch. Es war viel zu kurz – natürlich, ich hatte all die Fragen und Bitten, die ich an Dich hatte, gestern und heute noch aufgeschrieben, um sie nicht zu vergessen – und habe natürlich doch alles vergessen. Es war aber auch ganz unwichtig gegenüber der einfachen Tatsache, daß Du eine Weile neben mir auf dem Sofa gesessen hast und bei mir warst. Da hast Du nun eine durchwachte Nacht gehabt, bist gereist und vom Bahnhof – wahrscheinlich ohne Mittagessen – direkt hierher gekommen und Du sagst natürlich nur: das ist doch selbstverständlich! Ja, Maria, – aber *daß* es selbstverständlich ist, das ist ja gerade das Wunder, das mir immer wieder unbegreifliche Glück, das so ganz und gar Unselbstverständliche! Vor mir hängt Dein Bild, mit dem ich mich wochenlang begnügen muß, aber nun höre ich wieder Deine Stimme. Dein Lachen – nicht wahr, auch wenn wir lachen, sind wir ein bißchen traurig? – ich sehe Deine Augen, ich spüre Deine Hand. Alles ist wieder ganz wirklich. Wie soll ich Dir für alles danken; ich kann es nicht, ich kann Dir nur sagen, daß alles gut ist, wenn Du bei mir bist. Und nun wollen wir einander helfen, auch den Rest dieser schweren Geduldsprobe in der rechten Weise dankbar und still durchzuhalten. Ist es wohl unerlaubt zu hoffen, daß nach der Last der vergangenen Monate ein umso strahlenderes Glück auf uns wartet, ja, daß wir einen Teil des Kreuzes, das auf jeder Ehe liegt, nun schon getragen haben?

Ich weiß es nicht, wir dürfen Gottes Wegen nicht vorgreifen, aber wir wissen doch jedenfalls, daß er uns auch in harten Zeiten nicht verläßt, sondern uns nur umso fester zusammenschließt – und darauf allein kommt es an. – Ich freue mich so, daß Du in den letzten Wochen auch ein paar frohe Tage hattest. Wie unendlich gern käme ich zur Taufe. Sage bitte Ruth-Alice und ihrem Mann vielen Dank für ihren Gruß und für das Buch. Ich habe den Volkmann-Leander[2] besonders gern. Und nun werde ich heute noch den ‹Fischer und syne Fru› lesen. Ja, wenn es nur wenigstens eine Fischerhütte wäre, in der wir zusammen sein könnten! Aber es wird alles kommen wie es gut ist und wir werden finden, daß es auch für uns gut ist. – Als ich in meine Zelle kam, fand ich Deinen Brief vom 23., den vom 26. hatte ich schon. Ich glaube, es ist alles ganz richtig, wie Du über Rilke schreibst.[3] Ich verstehe es genau und freue mich so, daß Du über das ‹Einrichten des Lebens› ebenso denkst wie ich auch. Nein, weder Rilke, noch sonst irgendeiner, noch auch die gute liebe Großmutter, sondern wir beide, so wie es uns geschieht und geschenkt wird. Darauf kommt es allein an. Nun leb wohl, liebste Maria. Gott behüte uns, bis wir in Freiheit zusammen sind. Grüße die Mutter besonders und die Geschwister und auch die Großmutter sehr. Vor allen aber laß Dich von Herzen grüßen und liebhaben von

Deinem Dietrich

Eben hatte ich noch zwei schöne Stunden beim Lesen Eurer Bücher. Wie besonders hübsch habt Ihr sie ausgesucht! Nun gehe ich schlafen. Gute Nacht!

1 Vgl. Marias Brief vom 26. Oktober 1943. 2 Richard Volkmann-Leander, Träumereien an französischen Kaminen, 1871, seinerzeit in mehreren volkstümlichen Ausgaben vorhanden. 3 Im Brief vom 23. Oktober 1943.

Liebster Dietrich! Jarchlin, den 12. XI. 43

Gottfriedchen [v. Bismarck] spielt neben mir und läßt mich absolut nicht in Ruhe, trotzdem muß ich Dir doch gleich schreiben. – Nicht wahr, Du bist mir nicht bös, daß ich nicht schrieb. Ich erzähl Dir später mal, warum es nicht ging. Und jetzt schreib' ich Dir wieder! –

Ich denke gern an die letzte Sprecherlaubnis[1] zurück, obgleich es mir scheint, als hätte ich noch dümmere Dinge gesagt, als sonst irgendwann. Aber das bleibt doch immer sehr nebensächlich, und später wird es sehr anders sein. So sehr anders, daß es sich gar nicht mit diesem vergleichen läßt. – Eigentlich sind wir ja noch nicht einmal richtig verlobt, nicht wahr. Das muß erst noch kommen – später! Ich denke – so ganz gleich wollen wir noch nicht heiraten, wir wollen auch noch ein bischen richtig verlobt sein. Ich hab Sehnsucht danach. Wollen wir nicht zusammen eine Erholungsskireise machen? Die Hauptsache ist, daß wir einmal wirklich allein sind. In Pätzig ist das wohl auch möglich, aber da muß ich Dich dann in der ganzen Bekanntschaft und Verwandschaft herumreichen, die Anstands- und Gegenbesuche häufen sich und das ist lästig. Ich bin dafür, wir fahren irgendwohin und währenddessen wird in Pätzig die Hochzeit vorbereitet. Was meinst Du dazu! – Großmutter, die ich grade telefonisch sprach, hat sich sehr über Deine Grüße gefreut. Sie fragte mich u. a., ob ich Dir gebeichtet habe, daß ich in einer Nacht getanzt habe. – Ich wußte nicht, daß ich Dir das *beichten* mußte; erzählt habe ich es ja, doch nicht mit der entsprechenden Sündermiene. Wenn Du befiehlst, mache ich sie noch nachträglich. Aber ich kann mir eigentlich nicht denken, daß Du etwas Ernstliches dagegen hast. Großmutter dachte natürlich gleich, ich habe mich in Friedrich Wilhelm [v. Diest] verguckt, weil ich sagte, er wäre Hans Friedrich [v. Kleist-Retzow] so ähnlich. – Bärbel [v. Dohnanyi] hat mir erzählt, Du könntest auch tanzen. Das finde ich großartig. –

Gottfriedchen fummelt mir mit einem Bauklotz vor den Augen herum und sagt: «Tante Miesenmaus, Goffi auch Onkel Dietrich schrieben!» So muß ich immer Pausen einlegen und ordentlich tantenhaft unpädagogisch sein. – Ich glaube, so vernarrt wie ich, ist noch keine Tante in ihren Neffen gewesen. Ich wünschte, ich könnte ihn Dir einmal mitbringen. –

Die Taufe ist nun doch schon am 17. weil dies der silberne Hochzeitstag der Eltern ist. Nun denkst Du natürlich falsch an uns. Aber die Hauptsache ist ja, daß Du überhaupt an uns denkst. Hab' ich Dir eigentlich geschrieben, daß der Kleine mein Patenjunge ist? – Ich hab mich ganz besonders darüber gefreut. Besonders, weil ich ja doch immer denke, daß er Hans oder Maximilian heißen wird. Es ist so schön, daß grade dies ein Junge wurde. – Es ist richtig kaltes häßliches Novemberwetter draußen. Ich hab hier gelernt, wie man einen Ofen heizt. Es ist ungeheuer schwierig und gibt unzählige Möglichkeiten etwas falsch zu machen, aber auch genau so viel Gelegenheiten nachher Gemütlichkeit und nette Menschen auf sein Konto zu buchen. – Vormittags gehe ich mit Gottfried spazieren und unterhalte mich lange mit ihm darüber, wie es nur möglich ist, daß ein Pferd fährt und ein

Schimmel doch nicht schimmelt. Jeder, der uns begegnet, wird angesprochen und in ein langes Gespräch verwickelt, jeder Stein muß aufgehoben und in die nächste Pfütze geworfen werden, jeder Hund wird gestreichelt und auf jedem Pferd einmal HopphoppReiter gemacht. Abends muß dann Tante Miesenmaus von jedem Ding, das wir sahen, ein Lied singen und wenn sie von «Klötzen» kein Lied weiß, dann muß es Vater nachher singen und der weiß es bestimmt. Am schönsten ist es, wenn ich von der Reise mit der «Piffpaffbahn» zu «Onkel Dietrich» und den vielen «Soldaten» erzähle, dann will das «und dann?» gar nicht mehr aufhören und halb eingeschlafen sagt er immer noch: «Tante Miesen, zählen – und dann?»

Mein Herz ist mal wieder völlig geteilt, wenn man nicht sagen will in Kleinholz zerstückelt. Sehr gern möchte ich hier bleiben, aber ebenso gern möchte ich auch nach Haus, oder nach Krössin, oder nach Berlin. Praktisch wird es wohl so, daß ich am 19. nach Haus fahre und etwa gegen den ersten Advent in Berlin sein werde. Zum 3. Advent werde ich ja wieder in Pätzig zum Krippenspiel sein. Aber da bist Du ja dann dabei! Ich kann mir gar nicht denken, wie ein Mensch schön Weihnachten feiern kann, wenn er Dich im Gefängnis weiß. –

Eine kleine Hoppeljagd (um nicht zu sagen Reitjagd) haben Hans-Werner und ich noch in Pätzig vor. Vielleicht auch nur zu dritt oder viert. Aber das ist besonders spaßig. Sag', bist Du eigentlich früher nie auf Jagd gegangen? Von Walter [Bonhoeffer] sah ich ein Bild in Jagddreß. Willst Du es nicht vielleicht noch lernen? Das ist leichter als Reiten und noch viel besser zu gebrauchen. Der Mann von Medinge[2] hat auch mit 40 Jahren seinen ersten Rehbock geschossen. Es wäre doch hübsch, wenn Du auf Pätziger Jagden mitmachen könntest! –

Ich glaube, es gibt in jedem einigermaßen vernünftigen Nest einen Küster, der Orgel spielen kann, sonst lernen wir einen an. – Meinst Du, ich will immer solche Angst vor dem Singen haben, daß ich bei dem Gottesdienst gar nicht aufpassen kann? Und dann sing ich doch so schrecklich gern selber mit. – Ich glaube, Deinen Plan müssen wir doch ein bischen umorganisieren. Wenn Du aber drauf bestehst, bin ich zu allen Schandtaten bereit. –

Von Ruth-Alice soll ich Dich sehr grüßen. Ißt Du ihre Wurst auch mit Andacht?

Es grüßt Dich sehr von Herzen

Deine Maria

1 Am 10. November 1943. 2 Werner Liebrecht, verheiratet mit Medinge geb. v. Bismarck.

Mein liebster, guter Dietrich! Pätzig, den 18. XI. 43

Nun bin ich wieder in Pätzig. Es schreibt sich so ungleich schöner an Dich, wenn man am eigenen Schreibtisch zwischen den wohlbekannten Dingen sitzt. Ich hab mich lange darauf gefreut, Dir wieder von hier schreiben zu können. – Dein Brief vom 4. XI.[1] liegt neben mir und ich danke Dir sehr dafür. – Daß die Großmutter-Jarchlin die Hauptschuldige an unserer Verlobung ist, wußte ich wirklich noch nicht; noch viel weniger aber ahnte ich, daß Du jemals etwas mit Mission zu tun gehabt hast. Die Jarchliner alljährlichen Missionsfeste sind mir in einer schrecklichen Erinnerung.[2] Wir 3 Geschwister waren wohl im Alter von 7–11 Jahren, als wir immer von Lasbeck aus dorthin mußten. In brütender Sonne stundenlang zu sitzen und von armen kleinen Negerjungen Geschichten zu hören, fanden wir greulich langweilig. Selbst die Berge von Kuchen, die es in den Pausen gab, konnten das nicht aufwiegen. – Und was ganz schlimm ist – ich bin mir nicht ganz im Klaren, ob ich es heute nicht noch genau so langweilig finden würde. Oder darf ich das nicht sagen? Mutter und Ruth-Alice sind sich darin einig, daß es ganz gut ist, wenn ich unter die Haube komme, weil Du mir dann vielleicht abgewöhnt kriegst, unmögliche Dinge zu tun und zu sagen. Ich freue mich jetzt schon auf den Augenblick, wenn sie Dir erzählen werden, daß Dein Einfluß auf mich großartig ist.

Übrigens hast entweder Du meinen Brief nicht ordentlich gelesen, oder ich hab schon wieder gelogen. Ich weiß nicht, was mir im Augenblick von beidem wünschenswerter ist. Jedenfalls bläst Hans-Werner in keiner Weise Waldhorn, sondern solch ein ganz simples Jagdhorn, das nur Dreiklangstöne hat und nur für Signale bei Reit- und Schießjagden zu verwenden ist.

Ich schick Dir noch ein paar Bilder von Pätzig – als Vorgeschmack. Aber jetzt ist ja alles kahl draußen. Ein bischen schade ist es doch, daß es zu unserer Hochzeit so öde ist. Liebst Du Blumen auch so sehr, wie ich? Max hat mir schon prophezeit, ich kriegte wegen meiner Blumenvernarrtheit beim jüngsten Gericht ein bischen ausgeschimpft. – Später machen wir beide einfach einen schönen Spaziergang zusammen, bis wir so weit aus der Stadt heraus sind, daß wir Blumen pflücken dürfen. Dann haben wir immer hübsche Blumen in unserer Wohnung. –

Gestern war die Taufe in Jarchlin. Es war ein wirklich wunderbarer Tag. Die Geschwister hatten alles mit so viel Liebe und Sorgfalt bis aufs Letzte vorbereitet, man *mußte* sich einfach wohl fühlen. – Die Kirche war mit rotem Laub geschmückt. Rote und weiße Chrisanthemen – die ich auch ganz besonders liebe – standen in großen Sträußen auf dem Altar. Die Auswahl der Lieder war schön. Und der Pfarrer sprach so ganz besonders beeindruckend über 1. Korinther 13. Der kleine Junge heißt «*Hans*, Maximilian, Günther» –

Abends sang Tante Maria (Lasbeck)[3] und Anne [v. Bismarck] spielte. Ich mag das Spiel von Anne doch gern, auch wenn Ihr es nicht mögt. Ich glaube, man muß sie einfach in ihrer Art kennen und verstehen um an ihrem Spiel Freude zu haben. Ich bin sicher, Du magst sie später auch gern.

Mit Peter und Lala[4] bin ich heut zurückgereist. Es war entzückend, wie Peter das ganze Abteil mit seiner Ahnungslosigkeit und mit seinem staunend offnen Mund amüsierte. In einer halben Stunde Aufenthalt sind wir wie die Wilden am Hafen entlanggetobt, weil Peter alle Schiffe gesehn haben wollte. Bei jedem Hafenarbeiter zog er ganz artig seine Mütze und sagte: Guten Tag, und ehe wir's uns versahen, war er mit einem Schiffer am verhandeln, ob dieser ihn nicht vielleicht einmal mitnehmen würde. Ich kannte meinen stillen verträumten Peter gar nicht wieder. – Hier angekommen fanden wir das ganze Dorf in Aufregung. In der Nacht waren Englische Flieger dagewesen und hatten irgendwo im Wald eine Bombe fallen lassen. Jedenfalls war in der Brennerei ein Fenster herausgeplatzt und bei einem Arbeiter war eine Tür von allein aufgegangen. – Ich glaube, unsere Leute fangen schon an, ihre Sachen in den Keller zu tragen!!! –

Am 25. fahre ich nach Berlin und bleibe bis Weihnachten da und dann fahren wir beide hier her zurück und feiern hier Weihnachten! Ja?

Ich muß Dir schon wieder unzählige Grüße bestellen. Von wem, das vergaß ich schon wieder. Dich grüßt aber, wie kein anderer

Deine Maria

Das Briefpapier[5] ist übrigens nicht meine Geschmacksverirrung, sondern irgend ein wohlmeinender Onkel schenkte es mir im Frieden.

1 Dieser Brief ist nicht mehr vorhanden. 2 Klaus v. Bismarcks Großmutter Hedwig v. Bismarck hatte diese jährlichen Missionsfeste in Kniephof veranstaltet. 3 Ältere Schwester von Marias Mutter, verh. mit dem Staatssekretär Herbert v. Bismarck auf Gut Lasbeck. 4 Marias jüngste Geschwister Peter (geb. 1936) und Werburg, gen. Lala (geb. 1932). 5 Hellgrünes Briefpapier.

Meine liebste Maria! [Tegel] 21. XI. 43

Es ist gut, daß gestern noch Dein und Deiner Mutter Brief[1] kam; es war schon etwas lang geworden! Hab vielen vielen Dank! – Heute ist Totensonntag, da seid Ihr zusammen in der Kirche und an den Kreuzen. Bei Stifter heißt es einmal sehr schön: ‹der Schmerz ist der heiligste Engel, der den Menschen Schätze zeigt, die sonst ewig in der Tiefe verborgen gewesen wären, durch ihn sind Menschen größer geworden als durch alle Freuden der Welt›.[2] Es ist wohl so – und ich sage es mir hier in meiner Lage auch immer wieder – der Schmerz des Entbehrens; der oft bis ins Physische hinein spürbar ist; soll da sein und wir sollen und brauchen ihn uns nicht wegzudisputieren, aber er will doch auch jedesmal wieder überwunden sein, und so gibt es doch noch einen heiligeren Engel als den Schmerz, das ist die Freude an Gott. Wenn Du den Brief kriegst, ist wohl schon der Advent da, eine Zeit, die ich besonders liebe. Weißt Du, so eine Gefängniszelle, in der man wacht, hofft, dies und jenes – letztlich Nebensächliche – tut, und in der man ganz darauf angewiesen ist, daß die Tür der Befreiung *von außen* aufgetan wird, ist garkein so schlechtes Bild für den Advent. Könnte ich doch in diesem Jahr bei Eurem Krippenspiel sein, von dem ich seit Jahren aus der Ferne höre und weiß! –

Dein Gedanke, miteinander irgendwo in den Schnee zu reisen, ist wunderbar.[3] Eigentlich wäre Friedrichsbrunn dafür das Gegebene, aber ich weiß nicht, ob dann die Leipziger[4] noch oben sind? Übrigens finde ich es doch auch sehr schön, mit Dir in den verschiedenen Familien zusammen zu sein und die Zeit zum Alleinsein wird uns gewiß niemand mißgönnen. Es geht zwar fast nichts über einen stillen Winterabend in den Bergen, und sobald es möglich ist, machen wir eine solche Reise bestimmt! Wünschen und erträumen wollen wir uns ruhig jetzt schon alles Erdenkliche, Pläne machen werden wir dann schnell genug – und auch mit dem nötigen Nachdruck! – wenn ich erst frei bin und wir alles übersehen. Was wird nun bis dahin aus Dir? Nach dem vorgestrigen Alarm bin ich nicht mehr ganz so begeistert über den Berliner Plan. Aber ich will Dich in bereits gefaßten Entschlüssen nicht mehr unsicher machen. –

Daß Du mit Hans Werner noch eine Reitjagd machst, finde ich sehr nett, wie ich mich überhaupt über jede Freude freue, die Du Dir gönnst. Beunruhigen würde mich nur alles, was Dir Kummer bereitet – zu all dem hinzu, was sowieso schon auf Dir lastet. Nein, denke Dir, ich bin früher nie auf Jagd gegangen. Ich sitze abends sehr gern auf einer Wildkanzel oder am Waldrand und freue mich – bis zum

Herzklopfen – die Tiere heraustreten zu sehen. Aber ich habe nie die geringste Lust verspürt, auf sie zu schießen. Warum auch, wenn es nicht sein muß? Ich glaube also, Eure Rehböcke werden auch künftig von mir nichts zu befürchten haben. Aber Reiten, das ist etwas ganz anderes, danach sehne ich mich! und zwar mit Dir zusammen durch den Wald und über Land und Felder! Weißt Du übrigens, daß Friedrich Wilhelm I jeden Pfarrer, den er traf, danach fragte, ob die Jagd eine Sünde sei – er war ein leidenschaftlicher Jäger –, und ich glaube, sie sind, einschließlich A. H. Franke, alle so vernünftig gewesen, es nicht für eine Sünde zu erklären. Trotzdem, es ist, wie so manches, nicht jedermanns Sache. Walter, dessen Bild Du gesehen hast, ging regelmäßig mit dem Förster aus und wäre am liebsten schon Förster geworden, aber ich glaube mich zu erinnern, daß der erste Bock, den er mit 15 oder 16 Jahren schoß, ihm ein ganz starkes Erlebnis gewesen ist.[5] – Du fragst, ob ich die Wurst von Bismarck's auch mit ‹Andacht› gegessen habe? Damit beschreibst Du den Vorgang richtiger als Du Dir wahrscheinlich selbst denken kannst. Alles ‹Materielle› was Ihr mir hierher schickt, verwandelt sich bei den Mahlzeiten zu Zeichen Eurer Gemeinschaft und Liebe und Treue. Das Unnatürliche, daß man hier das tägliche Brot nicht miteinander teilen kann, sondern für sich allein ißt, wird dadurch aufgehoben, daß ich mich als Gast an Euerm Tisch weiß und so esse ich wirklich ‹mit Andacht›, was von Euerm Tisch als gutes Zeichen in meine Zelle kommt. Die Tischgemeinschaft ist ja mehr als ‹gemeinsames Essen›. – Nun ist der Bogen zu Ende und ich habe der Mutter noch nicht für ihren Brief gedankt. Ich liebe ihre Erzählbriefe immer so sehr. Bis in jede Einzelheit versuche ich mit Euch mitzuleben, wenn ich diese Briefe lese. Danke ihr doch sehr! Es ist so sehr gut von ihr.

Leb wohl, liebste Maria! Hab Dank für alles, alles!
Nimm einen Kuß von Deinem

Dietrich

1 Hier ist Marias Brief vom 12. November 1943 gemeint. 2 Das wörtliche Zitat lautet: «Der Schmerz ist ein heiliger Engel, und durch ihn sind Menschen größer geworden als durch alle Freuden der Welt» (Stifter an Gustav Pechwill vom 3. Februar 1859). Dietrich hatte es in dem Band «Weisheit des Herzens. Gedanken und Betrachtungen von Adalbert Stifter. Ein Brevier», Berlin 1941, 107, entdeckt (vgl. hierzu DBW 8,182); die übrigen und abweichenden Textelemente gehören zu einem dort anschließenden Zitat. Dieser Band vermittelte übrigens bei der Rückgabe an die Eltern mittels punktierter Buchstaben eine chiffrierte Botschaft mit

Hinweis auf sein Testament (DBW 8,203). 3 Siehe Anm. 1. 4 Die Familie von Karl-Friedrich Bonhoeffer. 5 Vgl. hierzu das Dramenfragment in: Fragmente aus Tegel, 21 f.

Mein Dietrich! Pätzig, den 22. XI. 43

Dein Brief vom 10. XI. kam heut. Er hat sich ganz besonders beeilt, und mich ganz besonders gefreut. – Die Briefe nach einer Sprecherlaubnis sind immer die allerschönsten, die Du mir schreibst. Oft frage und quäle ich mich, ob ich Dir wirklich mit solch einem Wiedersehen wohl tun kann. Man stellt sich unter «Verlobtsein» landläufig doch sehr etwas anderes vor. Und wenn man dann so dasitzt und Konversation macht, die eigentlich nur oberflächlich und langweilig ist, obgleich man doch hundert, ja tausend Dinge weiß, die man sagen möchte und sagen muß, wenn man heulen möchte und doch nur kalbert und außerdem auch irgendwie noch froh und glücklich ist, dann kann ich mir einfach nicht vorstellen, daß dies Durcheinander von Gefühlen und Gedanken Dir ein ganz klein wenig helfen könnte. Nicht wahr, Du schreibst und sagst mir, wenn es Dich nicht freut, oder wenn Du wünscht, daß ich einmal nicht komme. –

Ja, es gibt wirklich unzählige Dinge, die ich Dir sagen und Dich fragen müßte. Es ist, als würde die Spannung täglich größer in mir, als drängte alles hin zu einer Entladung – meinem Empfinden nach *darf* es nun einfach nicht mehr länger dauern. – – (oder ich werde ein überspanntes Frauenzimmer) – Früher schrieb ich all meine Gedanken an Dich in mein Tagebuch. Aber das mag ich jetzt nicht mehr. Es teilt sich dann alles so stark. Dann denke ich einmal an einen Tagebuch-Dietrich, einmal an einen Brief-Dietrich und ein andermal an einen Sprecherlaubnis-Dietrich. Und das ist scheußlich. Ich möchte ja doch weder nur einen Teil von Dir, noch ein erdachtes Du. – Das verstehst Du doch! – Aber nun ist es auch wieder sinnlos, Dir dies zu schreiben, denn Du weißt ja, daß ich Sehnsucht nach Dir habe – warum soll ich es Dir schwer machen? – Sieh, so ist es immer, ein unentwirrbares Durcheinander. Und das nicht nur hier, sondern in allen meinen Gedanken. Als wäre ich in einen Irrgarten geraten und obgleich ich genau weiß, daß es einen ganz klaren graden Ausweg, eine Antwort gibt, kann ich sie doch nicht finden und stehe nur immer wieder vor hohen Hecken, deren jede einzelne unübersteigbar ist.

Ich möchte nur einmal neben Dir hier in meinem Zimmer sitzen und Dir das alles sagen können, so wie es ist. Erklären wollte ich Dir, – es gibt mehr zu klären, als Du vielleicht weißt. Ich möchte Dir erzählen können, daß es manchmal so schwierig ist, an Dich zu schreiben. Ich kenne Dich sehr wenig und kenne Dich doch auch sehr gut. Und das ist schon wieder ein neues Durcheinander, dem ich nicht gewachsen bin. Manchmal fürchte ich mich auch vor einer Sprecherlaubnis. Ich weiß nicht, wie es werden wird, ich fühle nur, daß so viel davon abhängt und daß es gut werden müßte, aber die Kraft dazu spüre ich nicht. – Sag mir, was quält Dich in Gedanken an mich? Quält es Dich, daß ich Dir fern bin, oder daß ich nicht ausreiche, Dir eine wirkliche «Gehilfin» zu sein. Oder bist Du nur traurig, weil ich betrübt bin. – Du sollst nicht traurig an mich denken. Du sollst wissen, daß ich immer Deine Maria bleibe und daß ich Dich lieb habe. –

Im November 1943 war Berlin schweren Luftangriffen ausgesetzt. Vom Einschlag einer Brandbombe in seiner Zelle erlitt Hans von Dohnanyi eine Gehirn-Embolie und wurde zu Prof. Sauerbruch in die Charité überführt. Am Tegeler Gefängnis waren fast alle Fenster zu Bruch gegangen. Im beschädigten Reichskriegsgericht verbrannten die Akten, die zur Vorbereitung des Prozesses nötig waren; Dr. Roeder wurde eigens von Lemberg zur Rekonstruktion des vernichteten Materials herbeigerufen. Das Pätziger Gutshaus war voll von Berliner «Bombenflüchtlingen». In diesen Tagen schrieb Bonhoeffer erneut ein Testament und verfaßte etwas später Gebete für Mitgefangene.

26. November 1943 Sprecherlaubnis zu fünft[1]

1 Angesichts der Zerstörungen nach den Luftangriffen wurde die Besuchserlaubnis lockerer gehandhabt; so konnte Dietrich mit einem Mal seine Eltern, seine Braut und Eberhard Bethge sehen, der als ‹Bombengeschädigter› von seiner Ausbildungskompanie in Lissa Urlaub bekommen hatte. Vgl. hierzu Dietrichs Schilderung in DBW 8,209.

Mein innig geliebter Dietrich! – Pätzig, den 27. XI. 43

Morgen ist Advent. – Alle Vorbereitungen sind getan. Wir haben mit Liedern zusammen gesessen und die Adventshäuschen geklebt, die Zweige mit Karten und Pfefferkuchen behängt, Adventsrosen gebastelt und die Kränze aufgehängt. Nun nahm ich 2 Kerzen mit in mein Zimmer, um an Dich schreiben zu können. –

Mit welchen Gedanken magst Du heute zur Ruhe gegangen sein? Ich wüßte es gern, weil ich auch so denken möchte, wie Du. – Morgen wirst Du meinen kleinen Adventskranz anzünden und wirst an viele Adventslieder denken. An «Macht hoch die Tür» und «Mit Ernst, oh Menschenkinder». Liebst Du den letzten Vers von diesem Lied auch so besonders?

Ach mache Du mich Armen
zu dieser heilgen Zeit
Aus Güte und Erbarmen
Herr Jesu selbst bereit
Zeuch in mein Herz hinein
vom Stall und von der Krippen
so werden Herz und Lippen
Dir allzeit dankbar sein.

Ja, und lies Epheser 3 vom 14. Vers an und 1. Korinther 13, weil das meine Lieblingsstelle ist, und den 90. Psalm. Das alles gehört bei mir zu Advent mit dazu. – Es ist schön, daß das neue Kirchenjahr mit einer Zeit des Wartens und Hoffens, des neu Ausrichtens beginnt. So, wie jeder Tag anfangen sollte. Für mich könnte das Jahr aber auch mit dem Totensonntag beginnen. Aber das verstehen die andern nicht. –

Ich denke an die Stunden in Berlin, und daß es schön war – und daß ich mich nun freue darauf, bald wieder eine Sprecherlaubnis zu bekommen. Ob man uns nicht vielleicht einmal eine Sprecherlaubnis allein bewilligt. Oder meinst Du, daß es unbescheiden ist, soetwas zu bitten. Ich bin zwar gar nicht so harmlos, wie alle Menschen auf den ersten Blick immer von mir denken, sonst aber viel zu dumm, um etwas zu sagen, was man mir verbieten müßte. Ich möchte ja nur einmal richtig allein mit Dir sein. Und ich finde, wenn man ein Jahr verlobt ist und dies noch nie war, so ist es eigentlich ein begreiflicher Wunsch.

– Vielleicht sind meine letzten Briefe in Berlin verbrannt. Ich bekomme jedenfalls gar keine mehr von Dir und das ist bitter. Ist doch mein erster Gedanke, wenn ich aufwache: Vielleicht bekomme ich heut einen Brief! Bis dann endlich die Post da ist, bin ich wirklich kaum zu gebrauchen; und wenn dann kein Brief dabei ist, erst recht nicht. Es ist ein hübscher Gedanke, daß solch ein Brief vor nicht langer Zeit bei Dir war, in Deiner Zelle, die ich doch so gern auch einmal sehen möchte, vor Dir auf Deinem Tisch lag und Dir gehörte. – Schade, daß Du Dich nicht selbst einfach einmal in einen Umschlag stecken kannst und herschicken. Nur würden sie Dich dann wahrscheinlich bei der Kontrolle doch herauswerfen. Ewig schade!

Auf meinen Spaziergängen rede ich oft und viel mit Dir. Ich hab mich selbst nie ganz begriffen, warum ich Dir – seit ich Dich kenne – alles sagen könnte. Bisher gab es nur einen Menschen und das war Vater. Aber Vertrauen und Liebhaben läßt sich eben nicht erklären. Du mußt mir nicht dafür danken; es ist mir selbst ja ein großes, unfaßbares Geschenk. Ich hab selbst nichts dazu getan. Es war da, als ich Dich kennen lernte – ohne daß ich es wußte, ohne daß ich es mir eingestanden hätte. Glaub, daß ich ehrlich gegen mich bin und doch hab ich lange das Gegenteil gedacht – bis ich versuchte Dich fortzudenken. Und nun weiß ich, daß es nicht mehr geht und daß ich mich dann immer gleich mitfortdenken muß. Anders will es mir nicht gelingen und soll es auch gar nicht gelingen. –

Ach, wärst Du erst aus diesem schrecklichen Berlin heraus. Meinetwegen irgend wohin, wo ich Dich auch nicht erreichen kann, wo nur Du es schön hast und wo keine Bomben fallen. Ich wäre wirklich dankbar. –

Leb wohl, Dietrich. Denke oft und viel an mich, weil ich Dich brauche und ich weiß, daß mir Dein Denken hilft.

Meine Gedanken suchen dich immer und bleiben bei Dir.

Deine Maria

Mein Liebster! Klein Krössin, 1. XII. 43

Der Brief an Dich ist grade erst abgegangen. Aber ich möchte Dir schon wieder schreiben. – Hier in Klein Krössin bist Du mir so nah, da kann ich mir ohne weiteres einbilden, Du säßest ja im Nebenzimmer und ich brauchte nur die Tür aufmachen, um bei Dir sein zu können. – Ich bin grade erst angekommen. Großmutter leidet wieder recht an Schlaflosigkeit und zog sich früh zurück. So sitze ich in Deiner «Zufriedenheit».[1] – Als ich vor einem Jahr im Sommer einmal zu Besuch hier her kam, mußte ein gewisser Jemand aus diesem Zimmer in die blaue Stube umziehen. Es roch schrecklich nach Zigaretten hier und ich träumte deshalb wilde Geschichten. Gestehe mal, was hast Du in der Zeit in dem bewußten Bett geträumt?

Du darfst nicht zu nette Dinge von mir träumen, nachher bist Du zu enttäuscht und das mag ich gar nicht. Wahrscheinlich weißt Du nette Dinge von mir überhaupt nur aus Deinen Träumen, denn wenn ich Du wäre, würde ich mich bestimmt nicht heiraten. Na, – dat will'n wi uns bedenken! – Man kann sich vielleicht in einer Ehe auch so ergänzen, daß der eine die guten und der andere die schlechten Eigenschaften hat. –

Nur erscheint es mir, daß es dann nicht recht von mir ist. – Ich bin in meinem ganzen Leben noch nie so egoistisch gewesen, wie in diesem letzten Jahr. Und – was noch schlimmer ist – obgleich ich es genau erkenne, kann ich es doch nicht lassen, sondern bin es immer weiter. – In diesen Tagen werden wir viel von Dir sprechen. Ich rede sonst mit keinem Menschen über Dich. Nur manchmal mit Hans Werner, der mir sehr lieb geworden ist. Aber eigentlich mag ich all das, was ich zu sagen habe nur Dir selbst sagen und sonst niemand. – Aber nun wird mir Großmutter hier von Dir erzählen. Sie spricht so gern von Dir und ich höre ihr gern zu. – Doch dann bin ich auch wieder egoistisch und behalte all das, was ich zu sagen habe, bei mir – für Dich und für mich. –

Weißt Du, wie es sein wird, wenn wir zusammen sind? Ich weiß es eigentlich gar nicht, weil ich es mir noch nicht vorstellen kann. Ich weiß nur, daß es sehr schön werden wird, und daß wir beide glücklich sein werden. Du sollst vor allem froh sein und ich möchte alles tun, daß Du es wirst. Du mußt mir helfen, daß ich weiß, was Dich glücklich macht, denn nur wenn Du es bist, kann ich es auch sein. –

Hier in Klein Krössin setze ich mich immer Probe auf «unser» blaues Sofa. Stell Dir vor, wenn wir später uns nach dem Mittagessen da zusammen setzen! Du rauchst dann Deine Zigarre und ich erzähle Dir etwas hübsches. Und es ist kein Mensch da, der uns stört oder angucken kann. – Ja, ich habe Gäste auch gern. Natürlich wollen wir oft Gäste haben. – Aber erst wollen wir einmal richtig allein sein. Da machen wir ein Schild an unsere Tür «verreist», und lassen niemand herein. – Ich freue mich schon darauf, wenn Du Klavier spielst. Du bist doch sehr musikalisch, nicht wahr! Kannst Du nicht mal etwas komponieren? Das spielst Du mir dann vor, oder schenkst es mir zum Geburtstag.

Meine Augenlider haben Dich nicht so lieb, wie ich, sonst würden sie jetzt nicht mit konstanter Bosheit zufallen. Sei nicht böse! Ich träume weiter an Dich. Und es ist kein Traum, daß ich Dich lieb habe und daß ich mich nach Dir sehne, mehr als ich es ausdrücken kann und daß ich auf Dich warte – täglich und stündlich.

Mein lieber, guter, tapferer Dietrich. Ich werde ja doch einmal

Deine Maria

Anliegende Bilder habe ich Großmutter geklaut! –

1 Diesen Namen hatte ein Dachzimmer in Klein-Krössin, in dem Dietrich im Juni 1942 an Manuskripten seiner «Ethik» arbeitete.

Meine liebste Maria! [Tegel] 1. Dez. 43

Durch die bösen Nächte der vergangenen Woche[1] ist, wie Du Dir hoffentlich schon gedacht hast, die Postbestellung eine Zeitlang hier nicht möglich gewesen. Du hast aber gewiß von den Eltern gehört, wie alles gegangen ist. Es ist über viele Menschen großes Unglück gekommen und wir anderen, die wir verschont geblieben sind, müssen die kleinen Entbehrungen, die uns getroffen haben, wirklich ohne Worte und selbstverständlich auf uns nehmen. Jedes Murren über zerbrochene Fensterscheiben, Kälte und etwas erschwerte Ernährungsverhältnisse kommt mir angesichts des Ganzen fast frevelhaft vor. Die einzige wirklich kaum zu ertragende Entbehrung ist die Unmöglichkeit, in diesen schweren Tagen anderen Menschen helfen zu können; jemand, der das nicht erlebt, kann sich diese Situation garnicht vorstellen; aber ich will auch darüber nicht viel Worte machen, es gibt so sehr viel Wichtigeres. –

Schlimmer als für mich müssen diese Tage für Dich gewesen sein. Aber nun ist ja hoffentlich wieder für eine Weile Ruhe; trotzdem ist es mir doch viel beruhigender, Du kommst jetzt nicht nach Berlin. Außerdem ist ja das Haus der Eltern kaum bewohnbar. Dein Adventskranz, den ich um das kleine Krippenbild an die Wand gehängt habe, und der warme Mantel, der mir ebenso wie Max' Shawl die Kälte vom Leibe hält, erinnert mich unaufhörlich an Dich und erfüllt mich mit immer neuer Dankbarkeit für alles, was Du für mich denkst, fühlst und tust. Es ist so wirklich ganz friedlich, still und adventlich bei mir in der Zelle und die unzähligen Advents- und Weihnachtslieder, die ich seit der Kindheit kenne, umgeben mich wie lauter gute Geister.[2] So darfst Du Dir um mich wirklich keine Sorgen machen, ebenso wie ich Dich in den Vorbereitungen Eures Krippenspiels und in der Fürsorge für Eure Bombenflüchtlinge gut aufgehoben weiß. Was wir entbehren und worunter wir leiden, wissen wir beide; aber es ist doch besser in Ruhe und Vertrauen aneinander zu denken als in Unruhe und Sorge. –

Ich glaube, wir gehen einem besonders schönen Weihnachten entgegen. Gerade weil sich alles äußere Sorgen diesmal von selbst verbietet, wird es sich herausstellen, ob wir am Wesentlichen allein genug haben. Ich habe früher furchtbar gern Geschenke bedacht und besorgt; aber wo wir nun nichts mehr zu schenken haben, strahlt das Geschenk, das Gott uns in der Geburt Christi gemacht hat, umso heller; je leerer unsere Hände sind, desto besser erkennen wir, was Luther mit seinem letzten Wort vor seinem Tod gemeint hat: ‹wir sind Bettler, das ist wahr›; je dürftiger unsere Beherbergung ist, desto besser verstehen wir, daß unser Herz Christi Herberge auf Erden sein soll. So wollen wir ohne jede Verzagtheit, viel mehr mit voller Zuversicht diesem Weihnachtsfest entgegengehen. Und wenn Gottes Freundlichkeit uns gar in diesen Tagen wieder zusammenführt, dann haben wir aneinander das schönste irdische Weihnachtsgeschenk! Und wie schön wäre es auch für unsere Familien! Du glaubst garnicht, wie ich mich nach jedem einzelnen sehne; nach so langen Monaten der Einsamkeit habe ich einen richtigen Hunger nach Menschen. Ich fürchte allerdings, daß ich am Anfang ein längeres Zusammensein mit vielen Menschen kaum werde bestehen können – schon früher konnte ich Familienfeste, die ich an sich sehr liebe, immer nur durchhalten, indem ich mich von Zeit zu Zeit auf eine halbe Stunde in mein Zimmer flüchtete.[3] Diesmal wirst Du dann hoffentlich mit mir flüchten! Du darfst mich deswegen nicht für menschenfeindlich halten; aber ich finde eben leider, daß Menschen ungeheuer anstrengend sind. Aber diese meine geselligen Laster und Tugenden wirst Du noch früh genug kennen lernen! Du brauchst keine Angst zu haben, Verstöße gegen Knigge lasse ich mir nicht zu schulden kommen! –

Nun wieder einmal Schluß. Es ist immer wieder ein kleiner Abschied, wenn der Brief wieder zu Ende ist. Nun wollen wir aber bald einmal nicht immerfort Abschied, sondern ein gründliches und langes, langes Wiedersehen feiern! Leb wohl, liebste Maria! Grüße Mutter, Großmutter und Geschwister! Und nimm einen Kuß von

Deinem Dietrich

1 Gemeint sind die nächtlichen Luftangriffe mit Flächenbombardierungen ganzer Stadtteile; vgl. hierzu oben S. 86. 2 Hier klingt bereits das Motiv der «guten Mächte» an; vgl. das Gedicht auf S. 209. 3 Vgl. Sabine Leibholz, Kindheit und Elternhaus, in: Begegnungen mit Bonhoeffer, 26; auch DBW 8,258.

Mein liebster Dietrich! Klein Krössin, den 6. 12. 43

Ich gucke aus dem Fenster und denke an Dich, ich kann nichts anderes und ich weiß auch nichts anderes. Einen Brief von Dir kann ich ja noch nicht haben. Post von Berlin kam bisher gar nicht durch. Und daß plötzlich die Tür aufgeht und Du vor mir stehst – ich male es mir ständig aus, wie es sein müßte – ist auch sehr unwahrscheinlich. Was soll ich da tun? Ich schreibe Dir einen Brief, der – auch wenn Du es bestreitest – doch schlecht wird, weil ich nicht das sagen kann, was ich möchte, und weil ich ja auch nicht einmal weiß, was ich eigentlich sagen möchte.

Draußen liegt eine dicke, weiße Schneedecke, die Bäume sind kahl und starr und es ist kalt geworden. Die nackten Zweige und Äste glitzern bis in die feinsten Spitzen, nur die dunklen Tannen sind warm und mütterlich. Still und unbeweglich schön ist es – kein Winterschlaf, nur wie ein Stillstehen und wunderbares Staunen. –

Wenn ich so durch den Wald gehe, dann ist es unbegreiflich, daß es soetwas geben muß wie Krieg, Gefängnis und zerstörte Städte. Und doch ist der Winter eigentlich der Traurigkeit und dem Tod am verwandtesten.

Ich mag an Vaters Grab am liebsten denken, wenn ich es mit Schnee zugedeckt weiß. Auch an Max denke ich viel in dieser Zeit. Es wird alles wach, – vor einem Jahr ging ich viele dieser Wege und dachte an sie. – Ich hatte wenig Gedanken damals, weißt Du, und es waren immer wieder dieselben, die sich nicht zuende und fort denken ließen. Aber sie verdrängten die Gedanken an Dich und an mich. Es war traurig – aber Du hast mir viel geholfen. Ich weiß nicht, woher Du die Kraft nahmst, mir zu helfen; ich hätte es nie gekonnt. Danken kann ich Dir dafür nicht, danken tut man für jedes höfliche Wort und hundert mal am Tag. Ich möchte viel mehr. Du weißt es! Mein Dietrich! Es ist mir ganz unklar, wie ich Weihnachten allein feiern soll. Das geht doch gar nicht! – Großmutter meint, ich solle Dir einen Weihnachtsbrief schreiben. Aber ich mag noch nicht, denn ich glaube ja immer noch daran, daß Du dann bei mir sein wirst. – Oder kannst Du es Dir anders vorstellen?

Es sind hübsche Tage, die ich hier in Klein Krössin verleben darf. Nur die Zeit in der Großmutter ruht, habe ich allein für mich – sonst handarbeiten wir und erzählen dabei – oder gehen spazieren, fahren mit dem kleinen Parkwagen oder machen sonst Weihnachtsvorbereitungen.

Manchmal lese ich Großmutter auch ein bischen aus Deiner «Nachfolge»[1] vor und sie erklärt mir, was ich nicht verstehe. – Weißt Du, ich bin ein bischen ausgehungert danach, mich zu unterhalten. In Pätzig bin ich immer allein, weil ich mich ja auch gar nicht unterhalten mag. Es gibt gar nichts zu reden, außer dem, was ich mit Dir reden müßte, was ich Dich fragen und Dir sagen möchte. Und darum gehe ich am liebsten allein spazieren oder bin in meinem Zimmer, in das sonst niemand kommt. – Aber jetzt erzählt mir Großmutter von Dir. Liebst Du es nicht, wenn sie das tut? Es ist so schön. Sie erzählt immer wieder das Gleiche – und ich höre es immer wieder neu gern. Großmutter kann überhaupt wunderbar erzählen, wie es früher war – so, daß man sich richtig einbilden kann, man wäre dabei gewesen. – Manchmal sind wir uns aber auch in keiner Weise einig. Es gibt da so bestimmte heikle Themen. Da denkt Großmutter dann immer im Stillen: «Na, Dietrich wird sie schon vom Gegenteil überzeugen!» Und ich denke: «Wenn der Dietrich erst da ist, dann glaubt sie schon, daß es so ist!»

Ich habe grade eben eine Sprecherlaubnis bekommen. Und nun freue ich mich sehr darauf Dich zu sehen und mit Dir zu sprechen. Es *muß* schön werden, es geht gar nicht anders! –

Großmutter läßt Dich sehr grüßen. Und von mir wandern viele Grüße zu Dir und flüstern Dir viele Worte ins Ohr, die sich nicht schreiben lassen. Behalte nur lieb

Deine Maria

1 Die «Nachfolge», Ende 1937 beim Chr. Kaiser Verlag in München erschienen (jetzt DBW 4), hat bereits zu D. Bonhoeffers Lebzeiten besondere Aufmerksamkeit gefunden und seinen Namen in weiteren Kreisen bekannt gemacht.

10. Dezember 1943 *Sprecherlaubnis*[1]

1 Vgl. hierzu Dietrichs Brief an Eberhard Bethge vom 15. Dezember 1943: «Nun sind wir fast 1 Jahr verlobt und haben uns noch nie 1 Stunde allein gesehen! Ist das nicht ein Wahnsinn? Alles, was sonst zur Verlobungszeit gehört, das sinnlich-erotische müssen wir bewußt verdrängen, unseren ersten Kuß haben wir uns vor Roeder's Augen geben müssen. Wir müssen uns über Dinge unterhalten und schreiben, die uns beiden imgrunde nicht die wichtigsten sind, wir sitzen alle Monate eine Stunde brav wie auf der Schulbank nebeneinander und werden wieder auseinandergerissen, wir wissen so gut wie nichts voneinander, haben nichts miteinander erlebt, denn auch diese Monate erleben wir ja getrennt. (...) Dabei hält sie mit einer großartigen Selbstverständlichkeit durch. Nur manchmal klingt etwas anders durch, so beim letzten Besuch, als ich ihr sagte, auch Weihnachten sei noch nicht gewiß, seufzte sie und sagte: ach, es wird mir zu lange! Dabei weiß ich genau, daß sie mich nicht im Stich läßt...» (DBW 8,236).

Mein Dietrich, mein alles! [Berlin] 10. XII. 43

Da sitze ich nun wieder vor einem Blatt Papier und möchte Dir schreiben – danken, und weiß doch Deine Nähe so viel stärker und unmittelbarer, als daß Worte und Briefe auf ihren Umwegen sie berühren könnten. Vor einigen Stunden saßen wir noch zusammen. Ich sehe Dich so deutlich vor mir und wiederhole mir viele Deiner Worte. Ein großes Glück erfüllt mich und ein Verwundern, weil es sich nie begreifen läßt – ja, nicht einmal glauben kann ich es ganz. – Alles was sonst weh tut ist fort, wenn ich neben Dir sitze, wenn ich Dich ansehn darf, und es bleibt nur ein großes, schönes «Du»! – Der Abschied von Dir war noch nie so schwer und die Tür noch nie so unerbittlich. Aber Du sollst keine traurigen Augen machen. Du sollst daran denken, daß ich ja bei dir bin, daß mein Herz mit Dir geht und daß ich, wollte ich nicht selbst ganz hinterher, leer und wesenlos bliebe. – Alles andere bleibt wie ein Traum und selbst in diesem Traum gibt es nichts was ich sehen oder hören könnte, ohne an Dich zu denken. Du hast mir meine Gedanken genommen und ich mag sie nicht mehr selbst besitzen, sie gehören alle Dir. – Es hat mich in der Nacht kaum schlafen lassen, Dein Buch.[1] Ich liebe es, obgleich ich kein Wort darin las. Es lag nur neben mir und ich freute mich einfach daran, daß es da war. Etwas von Dir für mich! Und ich muß deine Worte immer wieder lesen und froh daran werden. Ich danke Dir so, daß Du mich lieb hast. –

Und nun kommt Weihnachten und Du bist nicht da. Wir werden getrennt und doch sehr beieinander sein. Meine Gedanken sollen zu Dir kommen und mit Dir weitergehen. Wir werden gemeinsam das «Friede auf Erden» singen, beten und bitten. Aber noch mehr wollen wir loben «Ehre sei Gott in der Höhe!» Sieh, das ist es, was ich Dir und mir und uns allen erbitte, daß der Heiland uns den Himmel aufreißen möge, am Christabend in der dunkelsten Nacht, daß wir doch freudevoll sein können.

Es liebt Dich und küßt Dich

Deine Maria

1 Dietrich hatte seiner Braut während der letzten Sprecherlaubnis das Buch «Briefe der Liebe aus acht Jahrhunderten», hg. von Friedrich Percyval Reck-Malleczewen, mit einer Widmung geschenkt. Vgl. hierzu seinen Brief an die Eltern vom 31. Oktober 1943 (DBW 8,180).

Meine liebste Maria! [Tegel] 13.XII.43

Ohne schon die Hoffnung aufzugeben, daß sich die Dinge doch noch zu rechter Zeit zum Guten wenden,[1] muß ich Dir nun den Weihnachtsbrief schreiben. Sei mir zu lieb tapfer, liebste Maria, auch wenn Du in den Weihnachtstagen nur diesen Brief als Zeichen meiner Liebe haben solltest. Es wird uns beiden ein paar schwere Stunden kosten – warum sollten wir das voreinander verhehlen? Es wird uns die Unbegreiflichkeit dieser Schickung zu schaffen machen, wir werden von der Frage bedrängt werden, warum zu aller Dunkelheit, die sowieso schon auf den Menschen liegt, uns noch die bittere Qual dieser Trennung, die wir nicht zu verstehen vermögen, auferlegt ist. Wie schwer ist es, das innerlich zu bejahen, was sich dem Begreifen entzieht, wie groß die Gefahr, sich einem blinden Zufall ausgeliefert zu fühlen, wie unheimlich schleicht sich in solchen Zeiten Mißtrauen und Bitterkeit in unser Herz und wie leicht nimmt der kindische Gedanke von uns Besitz, als seien wir mit unserem Leben, unseren Wegen und Widerfahrnissen in den Händen von Menschen – und wenn das alles sich so an uns herandrängt, daß wir uns kaum mehr erwehren können, dann kommt zu rechter Zeit die Weihnachtsbotschaft und sagt uns, daß alle unsere Gedanken verkehrt sind und daß das, was uns böse und finster erscheint, in Wahrheit gut und licht ist, weil es von Gott kommt; unsere Augen sehen nur falsch; Gott ist in der Krippe, der Reichtum in der Armut,[2] das Licht in der Nacht, die Hilfe in der Verlassenheit; es widerfährt uns nichts böses; was Menschen uns auch zufügen, sie müssen in allem doch nur dem Gott dienen, der sich im Verborgenen als Liebe offenbart und die Welt und unser Leben regiert. Wir müssen es lernen zu sagen: ‹ich kann niedrig sein und kann hoch sein; ich kann satt sein und hungern, übrig haben und Mangel leiden. Ich vermag alles durch den, der mich mächtig macht, Christus› (Phil. 4.13) – und dieses Weihnachten kann uns dazu besonders helfen. Es ist nicht die stoische Unberührtheit von allen äußeren Geschehnissen, die hier gemeint ist, sondern ein wirkliches Erleiden und ein wirkliches Sich-freuen, weil wir wissen, daß Christus dabei ist.

Liebste Maria, laß uns Weihnachten so feiern. Sei mit den anderen zusammen, so froh, wie man es nur Weihnachten sein kann. Male Dir keine schrecklichen Bilder über mich in meiner Zelle aus, sondern denke nur daran, daß Christus auch durch die Gefängnisse geht und an mir nicht vorübergehen wird. Im übrigen hoffe ich für die Feiertage ein schönes Buch zu finden und darin in Ruhe zu lesen. Ich wünsche Dir das auch. So ein klein wenig Vergessen ist doch neben dem anderen auch erlaubt. Erst muß man einen Kummer ehrlich überwunden haben, dann muß man an ihm vorbeidenken lernen[3] und schließlich darf man ihn auch vergessen; aber die umgekehrte Reihenfolge wäre falsch und unfruchtbar. Liebste Maria, laß uns nicht von dem reden, was wir beide empfinden; wir wissen es und jedes Wort macht nur das Herz schwer. Vor allem wollen wir uns davor hüten, uns selbst zu bemitleiden; das wäre wirklich eine Lästerung Gottes, der es mit uns gut meint. Bei allem Schweren wollen wir mit Jesaja sagen: ‹verdirb es nicht; es ist ein Segen drin›[4] – auch in diesem Weihnachtsfest. –

Eben kamen Deine zwei Briefe vom 27. 11 und 1. 12. und der von Großmutter. Wenn Du so fröhlich schreibst, schlägst Du in mir eine Saite an, die noch lange nachklingt. Sehr respektlos, aber sehr nett finde ich Deine Randbemerkung ‹Unsinn!› zu Großmutter's Lob über Dein ‹Wachstum›! Ich bin übrigens auch kein Freund von solchen Konstatierungen; aber einer Großmutter steht das Recht darauf gewiß zu. Sag doch auch ihr vielen Dank für ihren lieben Brief. Ich glaube manchmal, viel viel später wirst Du einmal ähnliche Briefe schreiben, wie Du ihr ja überhaupt am ähnlichsten aus der ganzen Familie bist. Aber einstweilen freue ich mich, daß Du so schreibst wie Du schreibst! Denn in Deinen Briefen bist Du selbst wie Du bist und etwas anderes will ich nicht als dies eine, Dich so wie Du bist. Es wird nicht dieses oder jenes einzelne sein, was mich glücklich macht, sondern Du selbst wirst mich glücklich machen, das weiß ich. Erspare es mir, von mir selbst zu reden; ich weiß, daß ich Dir nichts bringen kann, was Deinem Leben Inhalt gibt als die eine Bitte bei mir zu bleiben, mit mir zu gehen, meine geliebte Frau und ‹Gehilfin› zu sein, wie ich Dein Mann sein will, der Dich liebhat. –

Nun tu mir die Liebe und sei froh in diesen Tagen und laß mich an allen Euren Freuden teilnehmen. Grüße die Mutter in großer Dankbarkeit von mir und die Geschwister mit geschwisterlichen Grüßen. Grüße die Großmutter, an der ich in unveränderlicher Treue hänge, grüße die Kieckower, mit denen mich so viele schöne und schwere unvergeßliche Erinnerungen verbinden; ich denke oft an Konstantin [v. Kleist-Retzow]; grüße bitte auch die Lasbecker und nun sei Du selbst, meine geliebte Maria, gegrüßt, umarmt und geküßt von

Deinem Dietrich

1 Vgl. hierzu unten Dietrichs Brief an Eberhard Bethge vom 22. Dezember 1943, S. 101. 2 So bereits im Brief an Pf. Boeckheler in London vom Advent 1938 (DBW 15,93). 3 In Erinnerung an seinen 1918 gefallenen Bruder Walter;

in dessen letztem Brief aus dem Lazarett heißt es: «Meine Technik, an den Schmerzen vorbei zu denken, muß auch hier vorhalten» (DB 50). 4 Jesaja 65,8.

Liebster Dietrich! Pätzig, den 15.12.43

Draußen hört man das Schießen von Berlin her ganz deutlich. Es ist scheußlich! – und ich kann nicht nach Berlin reisen. Ich wünschte, ich wäre jetzt doch in Berlin, dann wüßte ich jedenfalls, was los ist. So aber ist es schauderhaft, Dich allein da zu wissen. Gott behüte Dich jetzt und erhalte Dich mir. – Der Gedanke an das zerstörte Berlin läßt mich immer noch nicht los. Ist es nicht furchtbar, was Menschen sich gegenseitig antun können. Als ich durch die Straßen fuhr, dachte ich, – so eigenartig es klingen mag – es ist doch gut, daß die Menschen noch Kriege führen können und daß es noch etwas gibt, was ihnen mehr bedeutet, als das eigene Wohlergehen, ihr Geld und ihre Bequemlichkeit. Die Gleichmütigkeit, mit der der Berliner schon wieder darüber spricht, bewundere ich wohl sehr, aber sie ist mir fremd und unverständlich. Vielleicht ist es auch für sie die einzige Möglichkeit es zu tragen. Ich weiß es nicht, aber das wäre traurig. – Dazu hilft einem der Krieg, daß man seinen eigenen Reichtum erkennt, daß man dankbar sein kann, oder daß man einen versäumten Dank nachher noch abzutragen versteht. Denn ist der Dank nicht eins von den wenigen Dingen, wo man selbst etwas dazu tun kann? –

Mit der Post ist wieder ein schöner Brief von Dir gekommen.[1] Du schreibst so lieb. Und Du denkst in Deinen Briefen so gut an mich. Auch an das Krippenspiel hast Du gedacht. Wir arbeiten jetzt täglich daran und haben viel Freude. Aber Du müßtest dabei sein, Du fehlst mir ja immer, aber beim Krippenspiel ganz besonders. Weißt Du, es gehört bei uns zu Weihnachten einfach mit dazu und es ist zum Heulen und Heimweh kriegen, wenn man einmal nicht dabei sein kann. Wenn Du nun nicht da bist, dann ist es eben auch so.

Es ist so süß, wie entrüstet die beiden Kleinen sind, daß Du zu Weihnachten nicht hier bist. Ina fing fast an zu weinen, weil sie ein Geschenk für uns beide zusammen gemacht hat und weil sie nun gar nichts hat, womit sie Dir eine Freude im Gefängnis machen kann. Und Hans Werner hatte schon vor langer Zeit geäußert: «Nun hab ich doch wenigstens wieder einen Mann, der mir beim Krippenaufbau auf der Königsseite hilft!» Bei uns ist das Aufbauen der Krippe und das Schmücken des Weihnachtsbaumes immer eine sehr heilige Handlung.

Wer nicht mehr immer zu Haus ist, darf dabei helfen. Mutter macht den Krippenstall, die Männer die rechte Königsseite und die Mädchen die linke Hirtenseite. Und man muß sehr gewitzt und fix sein, um sich schnell die besten Kisten, Steine, Zweige und das schönste Moos zu organisieren. Da war Hans Werner uns Schwestern im letzten Jahr sehr unterlegen. Und das wird er nun diesmal sicher wieder, wenn ich nicht ein bischen Deine Vertretung mache. – Augenblicklich liegt er im Bett mit Gelbsucht, bastelt aber alle möglichen Sachen und schreit sehr, wenn ich hereinkomme. Schließlich beschwert sich dann die Haustochter, er habe ins Bettuch gesägt und mit dem Hammer die Kaffeetasse zerschlagen. Aber irgendetwas ganz romantisches, geheimnisvolles wird es auch für Dich.

Dann sitzen wir 4 Geschwister auch viel zusammen um einen Kanon einzuüben, den Mutter besonders liebt. Wir verziehn uns damit in ein ganz entlegenes Zimmer und Peter muß Schmiere stehen, damit Mutter ja nichts hört. Der Kanon ist sehr schwierig und er endet immer abwechselnd damit, daß wir uns gegenseitig um den Hals fallen, weil wir so begeistert von unserer Gesangeskunst sind, oder, daß wir uns allesamt in die Haare kriegen, weil jeder glaubt der andere sänge falsch. Es fragt sich nun bloß, welches Ende bei der Aufführung dran ist. –

Jeden Abend lese ich in Deinem Buch eine Brieffolge,[2] und ich hab schon viele Stellen gefunden, die ich abschreiben und Dir wiederschikken möchte. Aber das Schönste aus dem ganzen Buch bleiben doch *Deine* Worte. Sie lese ich immer zum Schluß.

Hab' Dank für alles, Dietrich, und nimm alle meine Gedanken und Grüße auf.

Deine Maria

Mutter freut sich so, wenn Du ihr mal ein persönliches Wort in meinen Briefen schreibst. Und Großmutter auch!

1 Offenbar ist Dietrichs Brief vom 1. Dezember 1943 gemeint. 2 Vgl. Anm. 1 zu Marias Brief vom 10. Dezember 1943.

Mein sehr geliebter Dietrich! Pätzig, den 19. XII. 43

Meine Finger sind noch mit Ölfarbe beschmiert, mit der ich das Häuserdorf für mein ältstes Patenkind bemalt habe. Im Zimmer liegen Bänder, Sternchen und Seidenpapier herum; es riecht nach Tannenzweigen und Pfefferkuchen und brennenden Lichten. Gestern bin ich in den Wald gegangen und hab mir einen Weihnachtsbaum für Dich ausgesucht. – Sieh – es weihnachtet sehr. –

Es ist jetzt schön mitten in all den Aufgaben zu stehen und viele Menschen zu haben, für die man sorgen darf. Und grade, daß es ein gut Teil Arbeit ist, ist schön und herzerfrischend.

Und doch ertappe ich mich immer wieder dabei, daß ich Sehnsucht habe, ein ganz kleines Kind zu sein und in der dunklen Stube auf Vaters Knie zu sitzen die immer heller werdenden Ritzen zur Weihnachtsstube hin anzustaunen und mit allen Fasern der Seele die große Freude zu erwarten. – Ja, nicht wahr, nicht das Freudemachen, sondern das Freuen ist das Wichtigste zu Weihnachten.

Das vergessen wir dummen, erwachsenen Menschen über der Hast und dem Eifer andere zu erfreuen immer. Sieh, so von ganzem Herzen sich freuen, wie die Kinder sich freuen können, das möchte ich. Warum kann ich es so schlecht? –

Ach, es sind wieder so traurige Nachrichten gekommen. Gute Bekannte fielen, Freunde verloren alles, was sie hatten. Muß einem da nicht alles vorweihnachtliche Tun fragwürdig und leer erscheinen? Muß da nicht wieder die Sehnsucht aufflammen – allein die Sehnsucht nach der heiligen Stille und dem großen Frieden. –

Als ich gestern mit meinem Bäumchen durch den Abend ging, mußte ich so denken. Es lag glitzernder Schnee und der tiefe Himmel mit den unzähligen Freudensternen spannte sich darüber. Alles Weihnachten beginnt im Himmel und kommt von da zu uns allen, zu Dir, wie zu mir und verbindet uns wieder miteinander, stärker, als wir es je aus eigener Kraft könnten.

«Oh, daß Du den Himmel zerrissest und führest herab, daß die Berge vor Dir zerflössen!» Wo steht das?[1]

Ist es nicht, als käme diesmal der Schrei aus unzähligen Menschenherzen. Ich denke so viel an all die Menschen, die alles verloren. Was für eine Sprache mag ihnen heute das heimatlose kleine Christkind reden. –

Dietrich, Du schriebst: «Es wird ein schönes Weihnachten werden.» Ich weiß nicht, woher Du den Mut nahmst, so zu schreiben. Aber ich danke Dir, grade für dieses Wort. Nein, es fällt nicht aus, unser Weihnachten. Und es soll sogar *schön* werden. Mit all meinen Gedanken will ich es Dir schön hindenken. Du mußt es spüren. –

Ach, Dietrich, ich bin traurig, daß ich keine ordentlichen Briefe schreiben kann. Weißt Du es auch so – ach, ja, Du mußt es wissen und spüren, wie nah wir einander sind, und daß es zwischen uns eigentlich keine Worte gibt und auch keiner bedarf, bis wir wieder beisammen sind.

Ich hab eine Sprecherlaubnis bekommen. Und die Welt sieht ganz anders aus, seit ich sie in Händen hab.

Ich freue mich auf Dich, auf meinen sehr lieben Dietrich.

Einen schlechten Weihnachtsbrief schrieb ich Dir zuletzt. Und dieser erreicht Dich sicher erst zu Epiphanias – zu *unserm* Fest! – Aber jetzt hab ich erst einmal Sprecherlaubnis und an etwas anderes denke ich gar nicht mehr. –

Sei mit vielen lieben Gedanken umgeben und sehr lieb gehabt

von Deiner Maria

1 Jesaja 64,1.

22. Dezember 1943 *Sprecherlaubnis*[1]

1 Vgl. Dietrichs Brief an seine Eltern vom 25. Dezember 1943: «Maria, die noch am 22. hier war...» (DBW 8,244). Hierzu gehört auch Marias Erinnerung: «The fact that I brought a sizable Christmas tree all the way from home created great hilarity with both the guards and Dietrich. He remarked that maybe if he moved his cot out of his cell and stood up for the Christmas season he could accomodate the tree comfortably. It ended up in the guards room where Bonhoeffer was invited to enjoy it. He teased me about it often and complained that I had not brought an Easter bunny for Easter. But he also wrote: ‹Isn't it so that even when we are laughing, we are a bit sad›» (The Other Letters, 27).

Am 18. November 1943 war Bonhoeffer vom Reichskriegsgericht mitgeteilt worden, daß die Hauptverhandlung gegen ihn am 17. Dezember stattfinden sollte. Er hatte damit gerechnet, als deren Ergebnis noch vor Weihnachten aus der Haft entlassen zu werden. Diese Hoffnung zerschlug sich jedoch mit der Verschiebung seines Prozesses auf einen späteren Zeitpunkt. Infolge der draußen gegebenen Übersicht arbeiteten Familie und Freunde darauf hin, Bonhoeffers Prozeß, wenn überhaupt, dann nur in Verbindung mit dem Hans von Dohnanyis zustande kommen zu lassen, weil man befürchtete, daß sich der Prozeß nicht auf die relativ harmlosen Anklagepunkte beschränken ließ. Wie Bonhoeffer zumute war, offenbart sein Brief an Eberhard Bethge vom 22. Dezember 1943:

«Nun scheint die Entscheidung gefallen zu sein, daß ich Weihnachten nicht bei Euch sein kann – aber keiner wagt es mir zu sagen. Warum eigentlich nicht? Traut man mir so wenig contenance zu oder hält man es für schonender, mich von Tag zu Tag in leeren Hoffnungen zu wiegen? Die arme Maria. Für sie wäre es auch leichter, wenn man ihr klaren Wein einschenkte. Die Engländer haben für diesen Zustand das treffende Wort ‹tantalisieren› geprägt. Aus lauter Mitleid hat man Maria und mich ein paar Wochen lang ‹tantalisiert›. [...] Macht Euch bitte keine Sorgen um mich, wenn etwas Schlimmeres geschieht. Das haben andere Brüder auch schon durchgemacht. Aber ein glaubensloses Hin- und Herschwanken, ein endloses Beraten ohne Handeln, ein Nichts-wagen-wollen, das ist eine wirkliche Gefahr. Ich muß die Gewißheit haben können, in Gottes Hand und nicht in Menschenhänden zu sein. Dann wird alles leicht, auch die härteste Entbehrung. [...] In dieser Richtung sind die Gegner viel weniger gefährlich als die guten Freunde. Und vermutlich bist Du der einzige, der das versteht. Ich glaube, daß auch Maria schon etwas davon spürt. Wenn Du in den nächsten Tagen und Wochen an mich denkst, so tue es bitte in diesem Sinne (Ps. 60,4 [‹Du hast die Erde bewegt und gespalten. Heile ihre Risse, daß sie nicht zerfalle.›]). [...]»

Mein liebster Dietrich! [Pätzig] 23. XII. 43

Eigentlich ist es schon Schlafenszeit, aber nun bin ich noch einmal aufgestanden, um an Dich zu schreiben. – Was denkst Du, wenn Du Dich an unser letztes Zusammensein erinnerst? Sag mir, hab' ich Dich mit einem Brief betrübt. Das wollte ich nicht, glaub es mir. Sieh, ich kann nur meine Briefe nicht immer mit einer Absicht schreiben. Ich hab große Sehnsucht danach, Dir einmal ganz einfach so zu schreiben, wie es im Augenblick kommt. Aber das kann ich nicht. Es würde ein krauses Durcheinander und Du könntest es gar nicht verstehen. – Wenn nun in meinen Briefen einmal ein Stück davon durchguckt, so mußt Du es nicht so ernst nehmen. Wohl ist es ein Stück von dem, was ich meine; aber eben nur ein Stück, es gehört noch sehr viel anderes dazu und wenn Du dies weißt, dann weiß ich auch, daß Du mich verstehen wirst. –

Schreib mir bitte, daß es nicht Einbildung ist, wenn ich diese letzte Sprecherlaubnis schön fand. Ich habe mich so auf Dich gefreut und konnte es kaum erwarten bis endlich wirklich die Tür aufging und Du hereinkamst. Das war nun eben schon *mein* Weihnachten und es war ein wirklich *schönes.* Ich werde immer dran denken in diesen Tagen und Deine Briefe will ich lesen und dann wird es gehen, glaub' das.

Wenn ich doch mit Dir tauschen könnte. Ich würde so glücklich sein, könnte ich Weihnachten in Deiner Zelle statt Deiner sitzen. Gab es nicht früher einmal soetwas? Die moderne Zeit ist vom Übel! – Wir machten heut den Krippenaufbau in der Weihnachtsstube und Du fehltest so. Mit jeder Figur, mit jeder neuen Idee wäre ich so gern erst zu Dir gekommen. Du hättest Dich ja freuen müssen und erst dann wäre ich auch froh geworden. – Aber unvorstellbar ist es doch, daß Du plötzlich da wärst und daß wir allein zusammen sein könnten und reden was wir wollten. Allein das träumen davon ist schon so überwältigend, daß ich manchmal an andere Dinge gewaltsam denken muß, weil es sich so nicht ertragen läßt. –

Ich hab eine unglückliche Liebe zu träumen. Vater konnte immer so schön träumen. Entweder man nahm es gar nicht ernst, oder es traf ein. – Aber ich nehme es immer ernst und es kommt dann doch jedesmal anders. – Vielleicht ist es doch nicht praktisch. Du!!!

Vielleicht müßte ich Dir jetzt einen geistreichen Brief schreiben. Aber das geht nicht. Dazu bin ich viel zu glücklich und traurig durcheinander. Ich kann Dir eigentlich nur immer wieder sagen, daß es schön ist, neben Dir zu sitzen, auch wenn es nur kurz ist und daß ich mich danach sehne jetzt bei Dir sein zu können. – Das sind nicht alte Kamellen, das ist jeden Tag wieder neu so und – wie mir scheint – nach jedem Wiedersehen sehr viel stärker. Ich glaube, ich komme in den Weihnachtstagen doch noch einmal herüber, weil Du gesagt hast, Du freutest Dich auch schon darüber, wenn man nur etwas für dich brächte. –

Und vielleicht kommt doch bald noch ein Brief von Dir. –

Von Herzen Deine Maria

Meine geliebte Maria! [Tegel] Heilig Abend, 1943

Dies ist ein Augenblick, in dem man so viel zu sagen hat, daß man eigentlich nur schweigen kann. Das Herz ist so voll von guten, friedlichen und dankbaren Gedanken und es weiß sich so geborgen vor allen Gefahren und Anfechtungen, daß es etwas abgeben möchte von dem, was es unverdient empfangen hat. Ich habe eben die Weihnachtsgeschichte gelesen, habe in Ruhe die Weihnachtsbilder aus Deinem schönen Buch betrachtet, habe ein paar Lieder mir still aufgesagt und bei all dem an Dich, an Euch alle, an die Brüder im Feld, an die Menschen in diesem Haus gedacht; vor mir steht, von Deinen Kerzen beleuchtet, die kleine Marienfigur,[1] die Du mir schenktest – ein Geschenk Deines Vaters –, dahinter stehen die aufgeschlagenen Losungen, links von ihnen die ‹betenden Hände›,[2] rechts das geöffnete Futteral mit Deinen Bildern, das Du mir selbst gearbeitet und geschenkt hast. Etwas oberhalb hängt noch Dein Adventskranz, hinter mir auf der Bettkante habe ich die Handschuhe, die Du mir genäht hast, die Bücher, die Du mir ausgesucht hast – dazu die von Mutter und Großmutter – und die Pfefferkuchen aufgestellt, an meinem Arm trage ich Vaters Uhr, die er trug als er fiel, und die Du mir geschenkt, gebracht und selbst an meinem Arm befestigt hast. Meine Maria, Du bist überall um mich, wo ich in meiner Zelle hinsehe, sehe ich Dich. Zwar bist Du weit weg; in dieser Stunde – es ist 5 Uhr – werdet Ihr wohl in der Kirche sein und Du wirst an mich denken und Gott für mich bitten, wie Du es täglich tust; es ist so schwer getrennt zu sein, wenn man sich liebhat; aber nicht wahr, wir sind in Wirklichkeit nie getrennt, nie, nie. Wie werde ich jemals in meinem Leben den Schmerz, den ich Dir in diesen vergangenen Monaten zugefügt habe – wahrhaftig ohne mein Wollen –, wieder gut machen können? Nicht anders und nie anders, liebste Maria, als indem ich Dich liebhabe, solange ich lebe und darüber hinaus, und daß ich Dich um Deine Liebe, die mir nur ein Wunder sein kann, bitte. Hab vielen Dank für Deinen so guten Weihnachtsbrief,[3] der gerade heute ankam. Jedes Wort war ein Weihnachtsgeschenk. –

Sag auch der Mutter und Großmutter, daß ich ihnen von Herzen für ihre Grüße danke. In was für einem Reichtum von menschlicher Liebe dürfen wir beide uns geborgen wissen, und indem ich an die vielen Glieder meiner und Eurer Familie denke, nehme ich unaufhörlich unsichtbare Grüße, Wünsche und Gebete, die uns beiden und unserer Zukunft gelten, in Empfang. Dazu darf ich wissen, daß in diesen heutigen Abendstunden eine große Zahl meiner ehemaligen Schüler von allen Fronten her an mich denken und die mehr als dreißig von ihnen, die gefallen sind und das ewige Weihnachten bei Gott feiern, sind über unser Erkennen und Verstehen hinaus mit uns und mit der ganzen Kirche Christi verbunden. –

Eben fällt mein Blick wieder auf Dein Paket. Wie festlich hast Du es mir zugerichtet. Ich erhielt es heute mittag als große Überraschung. Auch für den baumwollenen Sweater, der doch nur von Dir gestrickt sein kann, habe ich Dir noch nicht gedankt; ich habe ihn vor Freude gleich angezogen. Er ist herrlich warm und leicht zugleich. – Meine liebste Maria, im festen Glauben an Gottes Liebe, die uns zu Jesus Christus ruft, in unserer Liebe zueinander und getragen von der Liebe vieler Verwandter und Freunde wollen wir sehr getrost und zuversichtlich in das neue Jahr gehen.

Immer Dein Dietrich

Die Stifter'sche Weihnachtsgeschichte,[4] die ja eigentlich mehr eine Wintergeschichte ist, halte ich für eine seiner allerbesten Erzählungen und ich freue mich darauf, sie wieder zu lesen.

Hab vielen Dank!

1 Vgl. Marias Brief vom 20. Juni 1943. 2 Zeichnung von Albrecht Dürer. 3 Marias Brief vom 15. oder 19. Dezember 1943. 4 «Bergkristall», unter dem Titel «Der Heilige Abend» in der Insel-Bücherei Nr. 518 erschienen.

Mein einzig lieber Dietrich! – Pätzig, den 25. XII. 43

Wir haben lange unter dem Weihnachtsbaum gesessen und Lieder gesungen; haben in den Stall geschaut zu Maria und Joseph, zu Ochs und Esel und dem Kind in der Krippe und alle unsere Gedanken und Sorgen, unser ganzes Herz auf das Stroh vor die Krippe legen dürfen. Und es ist eine große Ruhe von da ausgegangen. Ich hab – als die andern ins Bett gegangen waren – einen Weg durch den Park gemacht und ruhig und dankbar an Dich denken können. Dank Dir immer, daß Du mir halfst. Könntest Du nur meine Kräfte und Gedanken auch in Dir gespürt haben! – – Es ist tiefe, dunkele Nacht und die Gedanken wandern weite Wege. Jetzt, da all der Jubel, die Freude, der Kerzenschein und auch die Unruhe und der Lärm des Tages vorbei sind und es still geworden ist, drinnen und draußen, da werden andere Stimmen wach. Stimmen und Klänge werden hörbar, die der Alltag Schweigen macht. Laute, die zu Dir gehen und solche, die von Dir kommen. Der kühle Nachtwind und das Geheimnis der Dunkelheit kann die Herzen öffnen und läßt Kräfte hervor, die unbegreifbar, aber gut und tröstend sind. – Und noch eins: weißt Du, daß die Toten die Nacht suchen, um zu den Lebenden zu sprechen. Weißt Du, daß sie wirklich Engel geworden sind, daß das gar kein Kleinkinderglaube ist; ich weiß es ganz sicher und Du mußt es auch wissen. – Glaubst Du, daß es eine andere Tageszeit gäbe, die besser für Zwiesprache geeignet wäre, als die Nacht. Sieh, darum hat auch Christus die Nacht gewählt um zu uns zu kommen – mit seinen Engeln. – Ja, und heute ist Weihnachten! Und ich bitte, daß Gott Deinem traurigen, leidüberladenen Herzen den rechten Weihnachtsfrieden schenkt. Den Frieden, der eben höher ist, denn alle Vernunft.

Mein liebster großer Dietrich-Bruder, weißt Du, ich bin doch sehr traurig – aber nicht verzweifelt. Ich bin traurig und ruhig und hab Dich sehr, sehr lieb. –

Möchtest Du wissen, was ich zu Weihnachten erhielt? Ich bekam etwas, das sich nicht so sichtbar auf den Gabentisch legen läßt und was doch größer und wahrer ist, als all der Flitterkram der jetzt da liegt. Etwas, wofür man auch nicht danken kann, weil das Freuen alles andere Denken und Tun einfach überdeckt und das ganze Herz ausfüllt.

Etwas, das nicht nur mein Glück, meine Freude, meine Hoffnung, mein Denken und Fühlen ist, sondern mein ganzes Leben, mein Alles. Spürst Du, was es ist? Und weißt Du, daß Du selbst es mir heute gabest. – Was tut es, daß ich unter vielen Menschen sehr einsam bin und weinen muß. Dietrich, Du, vergib mir. –

Soll ich Dir ein wenig erzählen, wie unser Weihnachten war? Am 23. abends bekamen wir noch plötzlich den Auftrag vom Arbeitsamt unsern ausländischen Arbeitern auch eine kleine Weihnachtsfeier zu machen. Das war in diesem Jahr ganz neu.[1] So fingen wir bald nach dem Mittagessen an, zu den 4 verschiedenen Arbeitergruppen zu gehen, die alle einzeln feiern mußten. Sie bekamen einen Weihnachtsbaum und jeder eine Menge Pfefferkuchen und Äpfel. Und es war hübsch, die Lichte in den strahlenden Augen der Kinder und Erwachsenen widerspiegeln zu sehn. – Um 4 begann die Bescherung der Schulkinder. Es gibt ja doch grade Weihnachten keinen Augenblick, an dem ich Vater nicht vor mir sehe, ihn höre und fühle. Viele liebe Worte, die er zu seinen Dorfkindern sagte sind dann wieder da, seine Stimme, die die Weihnachtsgeschichte vorliest und die die Kinder für ihre Verse lobt, seine Hand, die den Jungens über den Kopf strich und die sogar den kleinen niedlichen Mädels das alte Traditionsgeschenk, die Schürze, hinten zuband. – Diesmal bekamen die Kinder ja natürlich keine solchen Herrlichkeiten. Jedes erhielt ein kleines Büchlein und ein Pappspiel, das aber auch mit großem Jubel begrüßt wurde. Auch die Familien bekamen jeder etwas Nützliches. Es ist so hübsch, daß alle solche Geschenke wieder einen richtigen Wert bekommen und daß der Pfefferkuchenteller eben nicht einfach nur selbstverständlich – sondern für Kinder und Erwachsene ein richtiges Freudengeschenk wird. – Wir sind dann durchs Dorf gezogen und haben den alten Frauen und Männern und solchen, die einen besonderen Kummer hatten, Lieder gesungen und jedem ein Licht gebracht, damit die, die nicht mehr in die Kirche gehen konnten, auch ein Weihnachtsfest hatten. – Als es dann ganz dunkel war, gingen wir alle miteinander durch die große breite Kastanienallee zur Kirche. Ach, daß Du nicht dabei warst! Die Pätziger Christvesper lieben wir alle sehr. Sie ist eigentlich nur die Weihnachtsgeschichte und viele, viele Lieder dazwischen, von den Chorkindern und von der Gemeinde abwechselnd gesungen. Man wird mit hineingerissen in einen großen Strom des Lobens und Jubelns. Noch nie hab ich die wirkliche Gemeinde so gespürt, wie in diesen Stunden. Wenn die Orgel noch «o Du fröhliche» spielt, gehen wir fort und begleitet von den Klängen wandern wir durch den dunklen Garten. Ja, und Peter ist es unverständlich, wie Mutter so langsam gehen kann, ‹weil doch vielleicht wirklich der Weihnachtsbaum im Saal schon brennt› und die Geschenke auf ihn warten. Aber erst kommt noch eine lange Wartezeit in der dunklen Stube, bis endlich, endlich die Tür aufgeht, und der helle Baum selbst den letzten dunklen Winkel mit erstrahlen läßt. Wir gehen miteinander bis zur Krippe unterm Baum und knien davor und sind doch wieder, wie ganz kleine Kinder, die es nur schön finden, schön und hell und überwältigend. –

Du hättest den Jubel von Peter hören sollen über sein Jagdhorn und Max's Hirschfänger und über einen dicken, prallen Fußball. Hans-Werner wandelte, trotz eines sehr warmen Zimmers im Jagdpelz umher, stolz wie ein Finanzminister. Und die kleinen Mädchen lagen sofort mitten auf dem Teppich auf dem Bauch und verschlangen ihre Spyribücher.[2] – Ich bekam einen weißgemusterten Abendkleidstoff – Glasbatist, glaube ich – das ist herrlich, denn ich mache Gardinen daraus. Abendkleider hab ich ja noch und noch und was soll ich schließlich damit. Ein Tischtuch mit eingewebtem Wappen, eine sehr hübsche Kette von Mutter, viele Bücher und noch vieles andere. Aber das ist langweilig. – Am meisten habe ich mich, glaube ich, doch gefreut über die eine Kette von Mama, die Du einmal für sie aussuchtest und die ich jetzt schon sehr liebe. Es ist so lieb von der Mama gewesen, sie mir zu schenken. Sicher hat sie sich schwer getrennt, besonders, da sie von Dir kam. – Ach Du, von der Mama und von Papa, von Deinen Geschwistern und Eberhard müßte ich Dir noch viel erzählen. Aber ich glaube, man wird mir böse, weil der Brief schon so lang ist und Zeit zum korrigieren braucht. Und Anlaß zum Ärgern will ich doch wirklich *grade heute* nicht geben. –

Du mußt mich jetzt sehr lieb haben und sehr lieb behalten. Ich weiß, daß es sehr viel ist, was ich Dich bitte. Aber Du mußt auch wissen, daß ich Dich das ja nur so lange bitte, als Du es wirklich von allein kannst. Glaub mir, daß niemand Dich so gut verstehen könnte, wie ich, wenn Du es nicht mehr könntest. Laß uns immer sehr ehrlich zueinander sein. – Ich möchte Dir täglich versprechen, daß ich mich bemühen will, Deiner wert zu werden. Aber ich kenne mein Unvermögen so gut und bin auch darüber traurig. – –

Und nun kommt das neue Jahr und es wird «unser» Jahr werden. Wir wollen beide froh daran denken. Mehr lieb haben, als in diesem Jahr kann ich Dich nun aber nicht mehr, weil es seinen Höhepunkt eben schon erreicht hat. –

Ach, wärst Du hier – es wäre alles wieder gut und Dir gehörte eine sehr sehr glückliche

Maria

1 Eine Auswirkung der zunehmend ungünstigen Kriegslage, da eine freundliche Behandlung von Kriegsgefangenen und «Fremdarbeitern» bisher unerwünscht war. 2 Die beliebten Kinderbücher der Schweizer Erzählerin Johanna Spyri.

Mein einzig lieber Dietrich! Pätzig, den 31. 12. 43

Du hast einen netten Unteroffizier.[1] Als er mir gestern den Koffer wiederbrachte, schilderte er so nett, wie Du Dich gefreut habest, ganz von allein und ohne, daß ich ihn darum gebeten hatte. Ich glaube, die Leute in der Elektrischen haben mich nachher für leicht beschränkt gehalten, weil ich immer vor mich hinlachen und mich freuen mußte, nur weil Dein Unteroffizier gesagt hatte, Du habest Dich gefreut. Und dabei sind es ja doch so lächerliche Sachen nur, die ich Dir hereinschikken kann. – Sag, passen Dir die Handschuh wirklich, oder sind die Finger doch zu lang? Wenn es nicht ganz richtig ist, mußt Du sie mir wiederschicken. Als ich Vater Handarbeiten machte, bekam ich sie immer so oft zurück, bis sie ganz genau richtig waren und Vater hatte immer *viel* neue Ideen und Wünsche. Ich hab aber – glaub ich – nie ein Geschenk so gern gearbeitet, wie das für Vater, grade weil ich dann hinterher wußte, daß es wirklich paßte, praktisch und nützlich war. –

Später mache ich den Pullover auch noch einmal wieder auf, weil ein Fehler drin ist und der fort muß. Die andern Handschuhe waren übrigens noch halb von Vater. Er hat sie selbst mal besorgt. Und die andere Hälfte war von Mutter. Die Tafel Schokolade war diesmal von HansWerner. Er bekam sie von seinem Freund Klaus Doerr[2] und schenkte sie mir für Dich gleich weiter. Ich bin ihm vor Entzücken schon einmal dafür um den Hals gefallen, aber vielleicht kannst Du in einem Deiner Briefe auch noch mal einen Begeisterungsschrei ausstoßen, den lese ich ihm dann vor und er freut sich drüber. Er hat mir grade gestanden, er hätte schon 10 Blätter seines guten Briefpapiers mit Briefanfängen an Dich verschmiert, aber es wäre doch alles nicht richtig. Und schließlich wäre doch dieser Brief dann der erste Eindruck, den Du von ihm hättest und darum eben sehr wichtig! Schon allein seine Schrift findet er für diesen feierlichen Brief viel zu schlecht und unleserlich. Und obgleich ich ihn tröstete, Du könnest seine Briefe sicher viel besser lesen, als er die Deinen, fürchte ich doch, es wird zu dem Brief nicht kommen. –

1. 1. 44

Hier wurde ich gestern nachmittag unterbrochen. Tresckows aus Wartenberg riefen an, wir sollten doch schnell herüberkommen, es wäre so viel Jugend da. In Wartenberg bist Du doch früher auch gewesen, nicht wahr. Die Gesichter möchte ich sehen, wenn sie von unserer Verlobung erfahren. – Es war ein wildes Schneegestöber und obgleich wir uns im Zuwagen[3] fahren ließen, kamen wir blaugefroren an. Aber dann war es hübsch dort. Natürlich konnte ich nicht anders als auch einmal das Gespräch auf Dich zu bringen. Es war sehr komisch, später erzähle ich Dir davon. –

Ob Dich mein Neujahrsgruß wohl wirklich erreicht hat? Ich hab viel an Dich denken müssen, gestern den ganzen Abend. Wir saßen unter dem brennenden Weihnachtsbaum, sangen, und Helma[4] spielte mit Frau Lütgert zusammen gute Musik. Der langgeplante Neujahrsritt von HansWerner und mir von 12–1 fiel leider aus, weil Hannibal lahmt und Sieben trächtig ist. Dafür bin ich dann aber so lange spazierengegangen. Es ist jetzt schön zu wissen daß Du auch wach warst. Im nächsten Jahr gehn wir dann beide zusammen spazieren. Aber daran denke ich jetzt noch nicht, sondern nur daran will ich denken, daß ich dankbar sein muß und auch wirklich bin, daß ein Jahr vor mir liegt, das schöner sein wird, als alle vergangenen, daß ich zuversichtlich und sehr hoffnungsvoll sein darf, und vor allem dankbar dafür, daß ich Dich habe und daß ich Dir etwas bedeuten kann. –

Du wirst doch auch das Neujahrslied von Paul Gerhardt «Nun laßt uns gehn und treten» gelesen haben. Ich hab es oft am Abend gelesen, weil ich dachte, Du müßtest es auch lesen, denn ich hab es sehr gern. –

Am 5. fahre ich nun nach Altenburg, um dort die Erzieherin der Kleinen zu vertreten. Ich freue mich schon sehr darauf. Es sind so entzückende kleine Mädchen von 10–13 Jahren. Typisch vom Lande mit keiner Ahnung von allem was mit der Stadt zu tun [hat], sehr zutraulich und ohne jede Möglichkeit raffiniert oder häßlich sein zu können. Besonders lieb ist mir natürlich auch, daß ich dann mit Christine zusammen bin und ihr die Zeit da ein bischen erleichtern kann. Zu Deinem Geburtstag bin ich aber dann wieder in Berlin!

Ja, und nun bleib vor allem gesund im neuen Jahr. Und vergiß nicht, wie sehr lieb ich Dich hab

Maria

1 Vermutlich war Unteroffizier Engel gemeint, der Ende Januar 1944 bei einem Luftangriff ums Leben kam (vgl. DBW 8,30). 2 Klaus Doerr besuchte gemeinsam mit Hans-Werner v. Wedemeyer das Internat in Schondorf am Ammersee und heiratete 1956 Marias jüngste Schwester. 3 Geschlossenes Coupé. 4 Helma Bemmer, Berliner Cellistin, die u. a. auch Hans-Walter Schleicher Unterricht gab, gehörte zu den «Bombenflüchtlingen» in Pätzig.

Meine liebste Maria! [Tegel] 2. I. 44

Der Abschied vom vergangenen Jahr ist wohl keinem Menschen, der es ernsthaft miterlebt hat, schwer geworden; und doch wird es für unser Leben und für unsere Erinnerung eines der wichtigsten bleiben, und wie gut ist es, wenn wir wirklich ganz ohne Bitterkeit, ja mit einer ungeheuchelten Dankbarkeit daran zurückdenken können. Gewiß ist ein Jahr in einer Zeit wie der unseren, in der niemand weiß, wie lange er noch zu leben hat, sehr, sehr lang und vielleicht können wir jetzt noch garnicht ermessen, was uns durch diese vergangenen Monate der Haft genommen wurde; aber ebensowenig können wir jetzt schon ganz begreifen, was uns durch diese Erfahrung für unser künftiges Leben geschenkt worden ist und erst die kommenden Jahre werden es uns ganz zeigen. Du, liebste Maria, hast mir den Jahreswechsel noch besonders erfreulich gemacht dadurch, daß Du am 30. hier unten ein Paket für mich abgabst. Ich denke, Du kamst von Mama's Geburtstag und warst auf der Fahrt nach Hause. Ich fühlte mich durch dieses Paket an die Kinderzeit erinnert, in der der in den Weihnachtstagen zu Ende gegangene bunte Teller immer noch einmal gefüllt wurde. Aber was für ein herrlicher bunter Teller war es, den Du mir brachtest! Ich fürchte nur, Dein eigener ist auf diese Weise ganz leer geworden und der von Mutter und den Geschwistern hat sehr gerupft ausgesehen. Hab vielen, vielen Dank und sei gewiß, daß Du mir eine sehr große Freude gemacht hast. Daß Du Mama zu ihrem Geburtstag besucht hast, hat mich sehr gefreut und ich danke Dir auch dafür sehr. Ich weiß, daß Mama Dich sehr gern hat und ich bin froh, daß Ihr Euch so gut versteht. Ich kann es garnicht leiden, wenn, wie es so häufig ist, irgendwelche Spannungen zwischen Kindern und Schwiegereltern bestehen, und Du kannst ganz sicher sein, daß wir so etwas nie aufkommen lassen wollen. Schon der Gedanke daran scheint mir unmöglich; ich werde nie vergessen, Deiner Mutter für das dankbar zu sein, was sie in den vergangenen Monaten für mich getan hat, und das in einer Zeit, in der sie selbst den größten Schmerz ihres Lebens zu tragen und zu überwinden hatte. Wo zwei Häuser wie das Eure und das unsere so fest zusammenstehen, wie wir beide es gern möchten, dort können wir uns auch in harten Zeiten des Lebens ganz geborgen wissen. Wie in allen Euren Häusern, bei Euch, bei Kleist's, bei Bismarck's der Tod der nächsten Angehörigen getragen worden ist, das wird mir mein Leben lang ein Vorbild sein und ist es mir in dem eigenen geringfügigen Leiden des vergangenen Jahres immer wieder gewesen. In diesem Sinne denke ich auch mit besonderer Dankbarkeit an die Großmutter, mit der ich die Wochen der Trauer um Hans Friedrich und Jürgen Christoph [v. Kleist-Retzow] verbrachte.[1] – Hab ganz besonderen Dank für den Gedichtband, in dem ich vieles Schöne gefunden habe. Hat ihn Dir wohl Max einmal geschenkt? – Nun wird es nicht mehr lange dauern; bis wir uns nicht mehr schreiben müssen, sondern ganz beieinander sind.

Liebste Maria, laß uns diese letzten Wochen in der Freude darauf verbringen! Ich danke Dir für alles! Gott behüte uns alle!

Immer Dein Dietrich

1 Dietrich hatte sich nach seiner Lungenentzündung im Dezember 1941 zur Erholung in Kieckow bei Ruth v. Kleist-Retzow aufgehalten.

5. Januar 1944 Sprecherlaubnis

Mein liebster Dietrich! Altenburg, den 5. I. 44

Da sitze ich nun – kaum in Altenburg angekommen – schon im Keller[1] und Du bekommst mal ein richtig zünftiges Kellergeschmier, wie ich es sonst eigentlich nur Doris [Fahle] anzubieten wage. –

Es war doch kurz heut. Über das Fluchen hast Du ja wahrscheinlich ähnliche Ansichten, wie Mutter und Großmutter, aber trotzdem, zärtliche Ausdrücke für die Berliner S-Bahn kann ich wirklich nicht mehr finden! *Alles* vergaß ich, was ich sagen wollte. Zum Trost freue ich mich nun aber schon sehr auf den 4. II.[2]

Eigentlich ist es ganz unverständlich, wenn ich so neben Dir sitze, daß es nun nicht einfach so weitergehen kann, daß ich nicht Deine Hand fassen darf und mit Dir zusammen hinausgehen kann durch die 2 großen Türen auf die Straße und dann immer weiter nur noch mit Dir zusammen. Mit den 8 Stunden zusammen sein ist es eben doch nicht wahr. Eine solche Sprecherlaubnis ist mehr als eine abgerundet feststehende Zeit. Sie ist viel mehr; so wie ein geringer Ausschnitt von etwas großem Beständigen. Meinst Du das nicht auch? Aber es geht doch immer so unheimlich schnell. Eben sehne ich mich noch mit dem ganzen Herzen nach dem Wiedersehn mit Dir, kann es kaum erwarten, bis es endlich soweit ist; und dann sitze ich auf einmal schon wieder im Zug und fahre fort von Dir. Ich will aber gar nicht fortfahren. Mir ist ein bischen so zu mute, daß ich mit dem Fuß aufstampfen möchte und sagen: «Nun langt's mir aber!» Ich will Dich ja wirklich nicht für mich haben. Wenn Du eine weite Reise machen müßtest und ich könnte gar nicht bei Dir sein, Du könntest mir vielleicht nicht einmal Briefe schreiben, ich glaube, ich wäre sehr, sehr glücklich und dankbar. Aber solche Erwägungen sind eben sinnlos und ein Aufstampfen auch. –

Du, ich mag Dir gar keine traurigen Nachrichten bringen. Du mußt wissen, daß sie mir ja genauso weh tun, wie Dir. Aber sagen muß ich Dir doch alles, nicht wahr? – Ich bin so ungeschickt darin, ich weiß es. –

So, und nachdem ich all das ausgepackt habe, muß ich Dir nun sagen, daß es wunderschön bei Dir war. Es ging ja nicht anders, nach all den Weihnachts- und Festtagen mußte ich erst einmal zu Dir kommen. Und dann ist es doch gleich, wie lange es dauert, dann ist es nur wichtig, daß ich einmal wieder neben Dir gestanden habe. Ich danke Dir so, daß Du am Heiligabend an mich schriebst. Ich wollte Dir auch meinen Dank für Deinen Weihnachtsbrief mündlich sagen. Für *diesen* Brief kann man einfach keinen Dank auf das Papier schreiben. Aber man kann ihn auch nicht einmal sagen – nur tun. Später. Es ist der schönste Brief, den Du mir je geschrieben hast.

Hier haben mich alle so lieb empfangen. Vor allem natürlich Ku [Jutta v. Kuhlberg] eine sehr geliebte Lehrerin und Freundin von mir. Ich freue mich jetzt auf die Abende mit ihr zusammen. Sie ist sehr klug und sehr verschlossen, und doch spürt man eine so starke Herzenswärme und Güte, wie ich es selten erlebt habe. Hab' ich Dir eigentlich mal erzählt, daß sie, lang ehe sie wußte, daß ich Dich überhaupt kannte, mir mal erzählte, die «Nachfolge» sei ihr schönstes Weihnachtsgeschenk gewesen und ich müßte sie unbedingt lesen. – Außerdem, Du, liebt sie Rilke auch sehr! Allerdings noch mehr Ernst Jünger,[3] was ich wieder nicht so verstehen kann. – Glaub übrigens nicht, daß mich das sehr trifft, wenn Du Rilke nicht magst. Ich bin eigentlich über mich selber entsetzt, *wie* wenig mir das ausmacht. Ich bin überhaupt manchmal über mich selbst entsetzt, wie ich bin und was ich denke und tue. Aber, sieh, soetwas ist mir eben absolut noch nicht vorgekommen. –

Ich glaube, ich höre lieber auf, sonst denkst Du, ich sei nicht mehr bei Troste, weil ich solch ein Durcheinander verfasse. Ein kleines Mädchen neben mir baut sich heut schon einen Tagesfresser. Ich wünschte, ich könnte es auch. Aber erst einmal sind es nur noch 29 Tage, dann bin ich bei Dir. Ich denke an Dich, immerzu und bin in sehr sehnsüchtiger Liebe

Deine Maria

1 Während eines Fliegeralarms. 2 Dietrichs Geburtstag. 3 Ernst Jüngers Buch «Auf den Marmorklippen» (1939) wurde damals in diesen Kreisen als Widerstandsliteratur gelesen und als chiffrierte Demaskierung des NS-Regimes verstanden.

Mein liebster Dietrich! Altenburg, 7. I. 44[1]

Nun bekommst Du erst einmal einige Bilder, die Du Dir wünschtest. Das von Vater schicke ich Dir aus Pätzig, weil ich es hier nicht habe. Und dem von Max mußte ich noch ein anderes dazulegen. Sie sind nur 1½ Jahre auseinander und Du mußt bitte das 2. nicht gleich ablehnen. Viele tun es, sie finden es schick oder drahtig und das ist alles.[2] Aber ich hab es lieb, es ist das letzte Bild von ihm und er war damals so. Du brauchst auch nur länger die Augen ansehn, dann weißt Du, daß es noch ganz der alte Max ist. – Das Bild von Vaters Grab mußt Du mir bitte später wiedergeben, weil ich es, seit ich es aus Rußland bekam, immer bei mir habe.

Ich habe hier wieder «Jedermann» von Wiechert aufgestöbert.[3] Es ist ein wirklich wunderbares Buch. Für mich das Beste von Wiechert. Du müßtest es auch lesen. Aber laß es Dir bitte nicht hereinschicken! Ich möchte lieber dabei sein, wenn Du es scheußlich findest.

Und nun lese ich wirklich den Witiko.[4] Ich muß Dir ja gestehen, daß ich von Stifter bisher nur die Briefe und den heiligen Abend[5] kannte und daß meine Vorliebe für Rilke nicht etwa deshalb groß ist, weil ich ihn zwischen vielen andern Dichtern erkoren habe, sondern einfach, weil ich ihn las und Gewinn von ihm hatte. – Aber jetzt verstehe ich es noch besser, was Du über Stifter sagst. Und wenn es nur allein die Sprache wäre, so müßte man schon den Witiko als ein großes Kunstwerk gelten lassen. Man kann es ja aber auch nicht auseinander pflücken. Die Sprache ist so, wie das ganze Buch ist, klar, einfach, durchsichtig, kraftvoll und wahrhaftig. Ich bin erst zur Hälfte hindurch. Später schreib ich Dir noch einmal davon. –

Heut muß ich Dir erst einmal von hier erzählen! Du, ich habe es hier wirklich *zu* gut. Ich finde mich darin gar nicht zurecht. Soll ich Dir mal den Tageslauf beschreiben?

Morgens um ¾7 werfe ich meine Lütten aus dem Bett, stehe dann daneben, wenn sie sich waschen (aber bitte, die Fingernägel auch!) passe auf, daß niemand einen Strumpf mit Loch anzieht und helfe den ungeschicktesten Fingern beim Schleifenbinden. Gleich anschließend setze ich mein pädagogisch-strengstes Gesicht auf (schade, daß ich keine Brille trage, dann ginge es sicher doppelt so gut) und kelle jedem Kind erbarmungslos zwei Schöpfen entsetzlich schmeckender Mehlsuppe auf. Die Gesichter sind zum Steinerweichen, aber was soll man gegen die gestrenge Frau Pröpstin tun. Ich habe früher immer gewünscht, ich möchte an der Suppe mal ersticken, damit die Pröpstin merkt, wie schlecht sie schmeckt und ihre gerechte Strafe weg hat. Aber es kam leider nicht dazu und nun müssen eben Enkel und Urenkel sich mit der Suppe quälen.

Anschließend wird die ganze Horde in die Schule gejagt und ich hab herrlich ruhige Zeit, helfe wenn und wo es mir Spaß macht, oder handarbeite. Ich mache ein Geburtstagsgeschenk für Dich, das nicht schön, aber komisch wird. – Nach 3 Stunden kommen die Kleinsten wieder angetrottelt und dann gibt es endlose Geschichten anzuhören von einem «furchtbar gemeinen Diktat» und von Lieschen Grau, die – obgleich sie grad neben der Schule wohnt – nie ihre Aufgaben kann, und anderes mehr. Manchmal gibt es auch Tränen, weil mitten im Deutschen Aufsatz ein Tintenklex war, oder weil «ich es zu Haus ja noch gekonnt hatte!»

Nach dem Mittagessen kommt die Arbeitsstunde. Dann sitze ich auf dem Katheder in der Schulklasse und paß auf, daß niemand abschielt, oder flüstert. Und wer sich einen Bleistift anspitzen will, muß erst kommen und mich fragen!! Dann kommen natürlich viele kleine Dummerchen, die absolut nicht mehr weiter wissen. Es ist gar nicht so einfach, sich in solch ein kleines Mädchen hineinzuversetzen. Wußtest Du schon, daß man zum Beispiel 4×7 auf 4 verschiedene Arten rechnen kann?

1.) 4×7 2.) 7×4 3.) 4+4+4+4+4+4+4 4.) 7+7+7+7

Das Schlimme ist nur, daß in den meisten Fällen auch bei den 4 Methoden 4 verschiedene Sachen herauskommen können.

Herrlich war heut auch ein Aufsatz über den Januar: «Den Januar hat Cäsar erfunden! – Aber die richtigen Deutschen sagen «Hornung»!» – «Und was soll ich nun noch schreiben?» – Das ist mein größtes Dummerchen. 9 Jahre alt, aber *sehr* niedlich.

Nachhilfestunden gebe ich auch. In Englisch – wenn Du das hören könntest! Und in Mathematik. Und denk, ich kann auch manchmal richtig böse sein. Es gibt nämlich ganz große Sünden. Wenn man zum Beispiel auf dem Flur schliddert, oder etwas pfeift, wenn man eine Haarschleife verliert oder vergißt die Schürze umzubinden. –

Gestern fand ich meine Kleinen nach langem Suchen an der großen Steinhintertreppe, die sie, zu zweit auf einem großen Tablett sitzend, herunterrutschten. Es war so schön, um ein Haar hätte ich selbst mitgemacht! – Wenn sie ganz artig gewesen sind, singen wir abends zusammen im Bett noch ein paar Lieder, das lieben sie besonders. Und wenn dann alles still ist, und ich auch noch einmal zu Christine hereingesehen habe, dann geh ich in mein Zimmer und hab den ganzen Abend für mich allein. Das ist herrlich. Manchmal kommt Ku[hlberg] und wir reden zusammen. Aber sonst kommt nie jemand. Und ich finde es wundervoll so ganz allein für mich. Im Radio höre ich ganz nach meinem jeweiligen Geschmack U oder E Musik.[6] Oder ich sitze auf dem Fensterbrett und schaue über die Stadt einen herrlichen weiten Blick. Ich will versuchen eine Postkarte davon zu bekommen, um sie Dir zu schicken, damit Du siehst in was für ein Bild ich jeden Abend meine Gedanken an Dich träume. –

So, nun habe ich Dir mal einen Erzählbrief geschrieben. Doris [Fahle] sagt dazu «10 Minutenbrief». – Soetwas darfst Du aber nie denken, daß ich einmal ähnliche Briefe schreiben könnte wie Großmutter. Du ahnst ja nicht, wem ich nur alles ähnlich sein soll. Meiner andern Großmutter[7] genau so. – Es hat sich einmal ein Mann die Mühe gemacht von den hübschesten Filmstaren der Erde die jeweils hübschesten Gesichtsteile zu einem neuen Gesicht zusammen zu setzen. Und weißt Du was heraus kam? Ein mordsgarstiges Wesen. – So ähnlich ist es auch mit mir. Anders ist es mir jedenfalls nicht verständlich, wie solche Engel von Eltern und Großeltern einen solchen Teufel von Kind haben können. Großmutter sagt übrigens auch: «mixtum compositum». Und wenn einmal ein kleiner einfarbiger Zipfel hervorguckt, darfst Du Dir darauf noch nichts einbilden. Es ist eben alles nur Zipfel. – Aber Du merkst es noch früh genug und ich will Dir Deine Illusionen nicht vorzeitig rauben! (oder ist das jetzt doch zu frech?) Sieh, das Ernste und Lächerliche liegt bei mir so dicht nebeneinander, daß ich selbst manchmal nicht weiß, was es ist. – Außerdem bringe ich es wirklich fertig einen ganzen Brief einzig und allein über mich zu schreiben! Ein wilder Egoismus! Das nächste Mal mache ich es besser. Und jetzt gehe ich ins Bett, weil es sicher das einzig vernünftige ist, was ich noch tun kann. –

Leb wohl, Dietrich, freue Dich auf den 4. II. und nimm sie nicht ernst

Deine dumme Maria

1 Im Original 43. 2 Aufnahme in Leutnantsuniform. 3 Ernst Wiechert, Jedermann. Geschichte eines Namenlosen, 1932. 4 Dietrich hatte Adalbert Stifters großen Roman «Witiko» Anfang November 1943 für sich entdeckt: «Die letzten 10 Tage stehen für mich ganz unter dem Eindruck des ‹Witiko›, der sich ... hier in der Gefängnisbibliothek befand. (...) Für mich gehört er zu den schönsten Büchern, die ich überhaupt kenne; dabei versetzt er einen in der Reinheit der Sprache und der Gestalten in ein ganz seltenes und eigenartiges Glücksgefühl» (9. November 1943, DBW 8,182). 5 Vgl. Dietrichs Brief vom Heiligen Abend 1943, Anm. 4. 6 Unterhaltungs- und ernste Musik. 7 Alice v. Wedemeyer, geb. v. Wedel.

Du, mein sehr lieber Dietrich! Altenburg, den 13. I. 44[1]

Heut sind wir ein Jahr verlobt. Es gibt eigentlich gar nichts, was man weiter dazu sagen kann. Und ich denke heut den ganzen Tag auch nur immer: «ein Jahr, ein Jahr» und gar nichts weiter. Es war ein sehr langes Jahr, noch viel länger als ich im ersten November gedacht hatte, und doch schien mir ein Jahr damals schon so unendlich. – Ich weiß

Altenburg, den: 13.I.43

Du, mein sehr lieber Dietrich! Heut sind wir ein Jahr verlobt. Es gibt eigentlich gar nichts, was man weiter dazu sagen kann. Und ich dachte heut den ganzen Tag auch nur immer: „ein Jahr, ein Jahr" und gar nichts weiter. Es war ein sehr langes Jahr, noch viel länger als ich im ersten Kummer gedacht hatte, und doch schien mir ein Jahr damals schon so unendlich. – Ich weiß eigentlich nur noch sehr wenig Jahre aus meinem Leben, aber diese beiden letzten werde ich nie vergessen können, denn sie sind mehr, als alle die Zeit vorher. Du sollst nicht denken, wieder etwas gut machen zu müssen. Sieh, das darfst du nicht schreiben, du tust mir weh damit. Es ist doch gar nicht mein Schmerz, sondern es ist der deine. Und du gibst mir einen Teil deines Schmerzes zu tragen mit – ich bin dir so dankbar dafür. Und denk, darum habe ich ihn lieb, weil wir ihn gemeinsam tragen dürfen. Es gibt so wenig Dinge, die wir gemeinsam haben. Sei nicht böse, du, aber es ist so. Verstehst du das?

eigentlich nur noch sehr wenig Jahre aus meinem Leben, aber diese beiden letzten werde ich nie vergessen können, denn sie sind mehr, als all die Zeit vorher. Du sollst nicht denken, wieder etwas gut machen zu müssen. Sieh, das darfst Du nicht schreiben. Du tust nur weh damit. Es ist doch gar nicht mein Schmerz, sondern es ist der Deine. Und Du gibst mir einen Teil Deines Schmerzes zu tragen mit – ich bin Dir so dankbar dafür. Und denk, darum hab ich ihn lieb, weil wir ihn gemeinsam tragen dürfen. Es gibt so wenig Dinge, die wir gemeinsam haben. Sei nicht böse, Du, aber es ist so. Verstehst Du das?

Nun hab ich den Witiko zuende gelesen. Es wird immer schöner bis zum Schluß. Ich begreife wohl, daß Du das Buch lieben mußt; hätte ich es vor Dir gelesen, so hätte ich es Dir hereingeschickt. Es ist irgendwie so ähnlich wie Du bist. Darum muß ich es auch lieben, wenn es auch sehr anders ist, als alles was ich sonst las und gern mochte.

nachts

Es ist schon spät – wir hatten einen langen Alarm und ich hab unten den Kindern vorgelesen. Aber es ging nicht so recht, weil ich die ganze Zeit Sehnsucht hatte, Dir zu schreiben. Ich glaube, ich müßte nach solch einem Tag, die ganze Nacht an Dich schreiben. Nein, das ist falsch, ich müßte die ganze Nacht mit Dir reden. Noch nie hab ich eine solche Fülle von Dingen in mir gewußt, die ich sagen müßte. Aber es gibt gar keine Worte dafür. Als ich heut abend auf meinem Fensterbrett saß, da hab ich den Wolken zugesehen. Sie rückten an, schoben sich ineinander und zerflossen wieder. Es war, als gewönne all das Unberechenbare und Unaufhaltsame des Geschehens Gestalt, wäre spürbar und begreifbar.

Dietrich, ich bin so sehnsüchtig. Sehnsüchtig einfach in den Himmel hinein. Ich liebe es so, zusammengekauert auf dem Fensterbrett zu sitzen und in den Himmel zu gucken. Dann hab ich ein Stückchen Himmel ganz für mich allein. Und ich träume zum Himmel hinauf und träume ihn mir hinunter, bis ich ganz genau weiß, wie es ist, dies und das, und wie es einmal für uns beide sein wird: heaven on earth.

Ich habe zwei Briefe von Dir bekommen. Wie gern würde ich Dir einmal über die Schulter gucken, wenn Du sie schreibst. Oft stelle ich es mir vor, wie es sein muß, wenn Deine Hand über das Papier geht und schreibt, wenn Du Deinen Kopf ein bischen geneigt hältst und Deine Stirn in Falten ziehst, weil Du nachdenkst. Aber so ganz genau weiß ich doch nicht, wie es aussieht. Als Du mir neulich die Telefonnummer aufschriebst, war es das erste Mal, daß ich Dich schreiben sah, aber es waren nur Zahlen.

So hab ich nun aber schon die Datumszahlen in Deinen Briefen besonders gern, weil ich weiß, wie es ist, wenn Du sie schreibst. – – Ich würde Dir auch sonst gern über die Schulter gucken, aber das tue ich nicht einmal in Gedanken, weil Du es nicht gern magst. Hab Dank für deine Briefe, Du! Ich lese sie jeden morgen früh und dann verschließe ich sie den Tag über und freue mich nur darauf, sie am nächsten Morgen wieder hervorschließen zu dürfen und sie lesen zu können. So sind sie mir immer wieder neu und lieb.

Etwas muß ich Dir noch erzählen. Als ich vor einem Jahr grade meinen Brief an Dich abgeschickt hatte,[2] kam ich zu Großmutter nach Stettin und sie erzählte mir damals, Du habest Dich nun entschlossen und wolltest gar nicht mehr. Ach, es war entsetzlich! Wenn ich manchmal nachts ganz schlecht träume, dann ist es von dem Brief, den Du mir hättest schreiben müssen. Etwa so: «Hochverehrtes gnädiges Fräulein! Aufrichtig bedaure ich Ihnen leider mitteilen zu müssen, daß ... usw.» – Du hast mir einen so guten Brief geschrieben. – Aber nun verstehst Du, nicht wahr, warum ich ihr am Anfang nicht gleich alles erzählen konnte!

Und jetzt will ich nachsehn ob der Schlüssel zur Gartentür steckt, dann gehe ich noch ein wenig hinaus. Gute Nacht, Du, schlafe gut und schön und denke daran, daß wir nun bald zusammen sind und daß wir es dann immer bleiben wollen.

Deine Maria

1 Im Original 43. 2 Am 13. Januar 1943; vgl. in den «Notizen» S. 278.

Liebste Maria! [Tegel] 14. I. 44

Heut kam Mutters Weihnachtsgeschenk, Vater's Erinnerungen an seinen Vater.[1] Ich weiß nicht, was mich mehr bewegt, die Tatsache, daß Mutter so gut zu mir ist oder diese stille Begegnung mit Deinem Vater, wie ich sie heute beim ersten Lesen seiner Aufzeichnungen gehabt habe und in den nächsten Tagen noch oft haben werde. Daß dies gerade die Tage sind, in denen wir uns vor einem Jahr verlobt haben, ist mir besonders lieb und wichtig; denn es ist ja nun doch so, daß ich an Mutter und Vater nicht denken kann ohne an Dich zu denken und daß Du mir in beiden begegnest. Was für ein unbegreifliches Glück ist es für einen Menschen, Eltern zu haben, an die man nur mit tiefster Dankbarkeit und Ehrerbietung denken kann. Darin ist es uns beiden gleich gut gegangen. Ich habe vor Jahren einmal mit der Großmutter ein Gespräch darüber gehabt, ob Eltern die ‹Freunde› ihrer Kinder sein können und sollen; ich habe das abgelehnt und lehne es noch heute ab. Man darf die Ordnungen nicht verwischen, nur dann bleiben sie rein und göttlich.[2] – Meine liebste Maria, in den letzten Tagen kamen mehrere so sehr gute und liebe Briefe von Dir zu mir, ganz besonders der vom 1. Weihnachtsfeiertag. Der Versuch, Dir gleich zu schreiben, damit Du gerade in den jetzigen Tagen einen Brief von mir hättest, mißlang. Noch nie habe ich so stark unter dem Eindruck gestanden, in einem Brief das nicht aussprechen zu können, was mich angesichts dessen, was sich zwischen uns seit einem Jahr zugetragen hat, bewegt. Es ist vielleicht auch garnicht gut, wenn alles, was man sich sonst wortlos zu verstehen gibt, in Worte umgesetzt werden muß. Der Unterschied zwischen der Wirklichkeit, nach der man Verlangen hat, und den Worten, die die Brücke zu dieser Wirklichkeit schlagen wollen und doch nicht können, ist zu überwältigend. Wenn ich mir denke, daß ich am 17. in Pätzig wäre und morgens darauf wartete, daß Du herunter kommst und Dich dann sähe und Dir entgegenginge – würde ich dann wohl irgendwelche Worte über die Lippen bringen, um Dir dafür zu danken, daß Du da bist und für mich da bist, oder würde nicht einfach das Beieinandersein eine so überwältigende wortlose Sprache reden, daß alles andere demgegenüber ohnmächtig und wesenlos wird? Wenn das Wirkliche mir überstark vor die Seele tritt, geht mir der Atem der Worte aus; ich denke dann, Worte könnten alles nur abschwächen, stören, in Unruhe bringen, was ohne sie stark, klar und ruhig ist. Verstehst Du das alles? Ganz sicher! Wenn ich mir unser erstes Zusammensein erträume, dann sehe ich uns beide nicht im Zimmer miteinander redend, sondern, unwillkürlich sehe ich uns im Walde miteinander gehend, gemeinsam sehend, erlebend, in der Berührung mit der Erde und mit den wirklichen Dingen. Das Verlangen danach ist sehr groß und ich glaube und weiß, es ist unser beider Verlangen. Gott erhalte es uns und bringe es zur Erfüllung. – Meine geliebte Maria, ich bin immer und will immer sein

Dein Dietrich

Daß Hans Werner sich für mich von der Tafel Schokolade getrennt hat, finde ich wirklich ein großes Opfer; ich esse sie in kleinen Dosen immer wieder zur Erfrischung bei der Arbeit. Sag ihm vielen Dank dafür, bitte! Auch für den Krippenstall und Ina für die Eierbecher; ich freue mich darauf, dies alles zu sehen, noch mehr aber auf die beiden selbst! Von Großmutter kam ein schöner Brief, *vielen* Dank! – Die Eltern wollen vielleicht doch reisen. Könntest Du nicht mit ihnen nach Kl. Reetz? Dort ist es doch wohl ganz einsam und still?

Das Bild von Vater's Grab lege ich gleich wieder in den Brief, damit Du es immer bei Dir haben kannst. – Die Uhr ist mir eine tägliche Freude!

1 Hans v. Wedemeyer, Erinnerungen an Vater, Pätzig 1935, unveröffentlicht. Gemeint ist sein Vater Maximilian von Wedemeyer in Schönrade. 2 Vgl. den Briefauszug vom 22. Januar 1944.

Mein lieber, lieber Dietrich. Altenburg, 16. I. 44[1]

Es ist so schön, daß ich zwei Briefe[2] von Dir hier habe. Deine andern Briefe hatte ich diesmal absichtlich alle zu Haus gelassen. Und nun hatte ich *doch* schon wieder solche Sehnsucht nach einem geschriebenen Wort von Dir! – Du hast mir so gut Dein Weihnachten beschrieben. Nun kann ich es mir ganz genau vorstellen, wie es bei Dir war. Es hat mich so getröstet, daß Du Dir wirklich einen kleinen Aufbau machtest und daß ich so bei Dir sein durfte. Ich hatte erst nicht gewußt, ob Du es tun könntest! Aber jetzt weiß ich, daß es so sein mußte. Vater und Max hätten es auch getan. – Und das ist gut von Dir, daß du auch von ihnen schreibst in Deinem Brief, von allen, die so unerreichbar fern sind und doch mit uns beiden Weihnachten feierten. –

Du schreibst, wir wollen sehr dankbar in das vergangene Jahr zurückblicken.[3] Es gibt wirklich viel zu danken, selbst wenn es nur 8 Stunden wären, aber das sind es ja gar nicht. – (Am meisten bin ich aber doch dankbar, daß das Jahr nunmehr vorbei ist!)

Außerdem muß ich Dir schnell noch gestehen, daß ich am 30. doch mehr kam, um Dir Deine bunte Schüssel (bei uns gefräßigen Leuten ist das immer eine Schüssel) aufzufüllen! Aber ich hab mich sehr gefreut, daß Du meintest ich habe Mama eine Freude gemacht. Weißt Du, am 29. war doch noch Jagd und sie waren zu Haus schon traurig, daß ich abends fortfahren wollte, da mußte ich eben zum 31. bestimmt wieder da sein. So hab ich eben fast nur geholfen, das Festessen zu verspeisen. Es ist so lieb, wie gut mich die Eltern immer aufnehmen. Manchmal muß ich doch sogar unangemeldet kommen, weil das Telefon nicht geht und jedesmal freut sich die Mama trotzdem wirklich. Ich komme so gern nach Berlin – auch wenn ich Dich nicht sehe. – – Du schreibst so gut an Mutter. Das wird sie freuen, und es freut mich darum doppelt. –

Du hast das plattdeutsche Lukasevangelium nicht gemocht, nicht wahr? Ich wußte es eigentlich schon. Aber wenn Du einmal länger in Pätzig gewesen bist und hast sie alle im Dorf so sprechen hören, dann verstehst Du es vielleicht doch, daß ich es gern hab. Weißt Du, es hilft mir oft dazu die biblischen Geschichten wie aus dem täglichen Leben zu mir kommen zu lassen und sie auch so wieder mit in das tägliche Leben hineinzunehmen. Ich hab einmal einen Konfirmandenunterricht gehabt, der uns die Bibel so in die Vergangenheit rückte; wir begeisterten uns daran, aber mit unserm gegenwärtigen Leben hatte es eigentlich wenig zu tun. Wir hatten nicht gelernt es mit hineinzunehmen und es war auch nicht so stark in uns, daß wir es von allein vermocht hätten. Das hat mir viel zu schaffen gemacht, als ich später in der Schule lernte zu zerlegen und zu analysieren. –

Die Mama sagte mir neulich, ich solle Dir ein Bild von mir zu Pferde schicken! Ich finde solche Bilder entsetzliche Angabe. Aber meinen guten Willen zur Angabe schicke ich Dir mit; daß es nicht gelang, ist nicht meine Schuld. Zu mehr Bildern war mir der Film zu schade. Ich muß doch schon Filme für unsere Hochzeit sammeln! –

–

Meine Arbeit hier macht mir weiter Freude! Trotzdem denke ich immer sehnsüchtig: «Wenn doch schon der 4. II. wäre!»

Gestern war der Geburtstag der Frau Pröpstin. Es war ein sehr aufregender Tag. Ich machte mit den Kleinen eine Aufführung und es war reizend, wie sie mitmachten. Ich bewundere ja restlos, mit welch einer gewandten Sicherheit und großen Natürlichkeit die kleinen Mädels Theater spielen können. Ich brauchte sie bei den Proben fast nie zu verbessern – und ich bin nicht anspruchslos – und die Aufführung war ein ganzer Erfolg. – Du kannst Dir ja solch einen Tag gar nicht feierlich genug denken. Es gibt da einen ganz traditionellen Ritus, ohne den es nicht geht. «Darf ich Frau Pröpstin zum Geburtstag gratulieren und Frau Pröpstin Gesundheit und frohe Tage wünschen!» Das sagt jedes Stiftskind am Morgen mit einem tiefen Stiftsknix und einem Handkuß. Eine «Dame» muß die Pröpstin zum und vom Essen begleiten und man muß auf der Treppe immer eine Stufe zurückgehen. Mir macht es großen Spaß, das einmal wieder mitzumachen. Es ist eigentlich so, wie man es aus Großmutters Jugendbüchern liest.

Es gibt hier eine wunderbare Kostümkammer. Man kann dort Urgroßväter und Ahnen herausbuddeln, und wenn man einmal dabei ist, fallen einem Aufführungen noch und noch ein, die man damit machen könnte. Spielst Du auch gern Theater? –

Und nun lese ich wirklich den «Malte Laurids Brigge».[4] Und nun weiß ich auch, daß Max mich früher einmal bat, ihn nicht zu lesen. – Aber nun bin ich doch wirklich groß genug, nicht wahr? Und Du hast es mir ja auch vorgeschlagen! Aber ich weiß noch nicht, ob ich ihn Dir schicken mag. – – Erst lese ich ihn einmal zu Ende! –

Ich freue mich so auf den 4. II. wenn ich zu Dir komme. Für Briefe habe ich garkeine Geduld mehr, wenn das Bei-Dir-sein schon so nah ist. –

Gott behüte Dich – darf ich sagen: für mich?

Maria

1 Im Original 43. 2 Gemeint sind Dietrichs Briefe vom 2. Januar 1944 und vermutlich der vom Heiligen Abend 1943. 3 Im Brief vom 2. Januar 1944. 4 Rainer Maria Rilke, Die Aufzeichnungen des Malte Laurids Brigge. Tagebuchroman, Leipzig 1910.

Mein liebster Dietrich! Altenburg, den 19. I. 44[1]

Die Post ist eine traurige Einrichtung, und Deine Braut ist ein sehr ungeduldiges Mädchen. Aber hat sie nicht Berechtigung ungeduldig zu sein, wenn sie weiß, daß in irgendeinem langweiligen Postsack ein schöner Brief für sie liegt, der eigentlich längst hier sein könnte? – Unser Postbote ist schon so alt, daß er kaum mehr den Stiftsberg heraufkeuchen kann, und ich muß sehr oft den langen Flur hinunter ans Fenster laufen, bis ich ihn endlich von ferne sehe. Und dann gibt er mir mit einem charmanten Lächeln die langweiligsten Briefe, die Du Dir nur irgend denken kannst und meint noch dazu wunder was er geleistet habe. Als er heute wieder mein enttäuschtes Gesicht sah, meinte er: «Fräuleinchen, Sie müssen sich einen andern suchen, er schreibt zu wenig und das geht doch nicht!» Was meinst Du zu dem Vorschlag? –

Ina kam heute ganz aufgeregt aus der Schule und erzählte, sie habe in der Erdkundestunde von Gandhi gelernt, der immer Hungerstreik machte, ob Du das nicht auch tun könntest. Mit diesem Vorschlag bin *ich* nun aber wieder gar nicht einverstanden. Deine Energiekünste in allen Ehren, – ich glaube sie Dir aber auch ohne Beweis! –

Ich hätte Dich fragen müssen, was für einen Geburtstagskuchen Du haben möchtest. Es ist eigentlich schlimm, wie wenig ich weiß, was Du gern ißt. In Deiner Familie ist man sich darüber nämlich auch nicht einig. Ich weiß nur, daß Du gebratene Leber gern ißt und das ist praktisch, da bekommst Du meine Portion immer noch oben drauf.

Durch alle Gärtnereien hier in Altenburg bin ich gelaufen und hab um Rosen gebettelt, weil ich Dir so gern grade Rosen zum Geburtstag bringen wollte, aber niemand hat jetzt Rosen. Du hast einen unpraktischen Geburtstag. Aber später wollen wir ihn mit viel Schneeglöckchen feiern, die mag ich auch so gern. Ich freue mich jetzt schon drauf, ihn so zu feiern. Mit vielen Liedern und mit Blumen und mit Kuchen zum Frühstück (nach Vater muß das so sein!). Die Gäste laden wir uns zum Kaffee ein und die besonders netten dürfen zum Abendbrot bleiben. Aber etwa um 10 müssen sie alle fort gehen und dann feiern wir beide ganz allein, d. h. wenn Dir das nicht langweilig ist. – Da geht es mir genau wie Dir: auf richtigen Festen muß man ab und zu ausreißen können.[2] Wir gehn dann beide durch den Park spazieren. Ich weiß schon genau wie das wird. Und nur den Harro nehmen wir mit, weil der es so gewohnt ist. – Nein, auf den Gedanken, daß Du Verstöße gegen *Knigge* machen könntest, wäre ich wirklich nicht gekommen! Aber bei mir wirst Du noch Dein blaues Wunder erleben. Vater meinte früher lachend, mir ginge jegliches Gefühl für Etikette und Konvention ab, und ich hätte einen unwiderstehlichen Hang zum Küchenpersonal. Und das ist gar nicht so unrichtig. – Er sagte allerdings auch, daß er mich mit den ersten 3 Männern, die ich ihm anbrächte auslachen würde, mit dem 4. wollte er vielleicht reden! Und ich kann Dir ja ruhig erzählen, daß Du der 1. bist, den «ich anbringe(!)».

Denk, der Stiftspfarrer hier ist ein großer Verehrer von Dir (bzw. von Deinen Büchern), aber mich mag er nicht und behandelt mich schlecht. (Er wird wahrscheinlich nicht der Letzte sein, dem das so geht – und auch nicht der Erste, der auf den Rücken fällt, wenn er von unserer Verlobung hört.) – Dafür habe ich [mich] aber den beiden uralten Stiftsdamen ganz ohne mein Wollen ins Herz gelacht und werde nun immerzu dorthin eingeladen, wenn ich auch gar nicht mag, sondern viel lieber meinem Dietrich einen Brief schreiben würde.

Ich lese jetzt sehr viel. Kaum ist ein Buch zu Ende, dann hat Ku[hlberg] gleich wieder mindestens zwei, die ich unbedingt lesen muß. Es ist ein krauses Durcheinander von Dingen und zum Teil sind es Bücher, von deren Existenz ich noch gar keine Ahnung hatte, aber Ku hat eine wunderbare Büchersammlung. Ich könnte stundenlang davorhocken.

Außerdem habe ich noch eine sehr praktische Freundschaft. Hier im Schloß wohnt eine russische Prinzessin, d. h. sie ist Deutsche, kam nur 1917 aus Rußland, und die hat die herzogliche Loge im Theater. Wenn ich nun irgendetwas gern sehen will, dann rufe ich sie nur an und sie nimmt mich gleich mit und ich sitze gratis, weich gepolstert auf dem besten Platz des ganzen Theaters. Natürlich, mußt Du wissen, ist das Altenburger Theater eine etwas bescheidene Angelegenheit und sie haben eine ausdauernde Liebe zu Stücken, die sie schon 50 mal spielten. Aber immerhin. –

Heut hab ich den ganzen Abend mit den kleinen Mädels Versteck im Finstern gespielt. Du ahnst nicht, was das für ein schönes Spiel ist. Und Du ahnst noch weniger was Deine Maria für eine verspielte Katze sein kann! Alle Authorität geht dabei hops.

So – nachdem ich das alles (ausnahmsweise) noch mal durchgelesen habe, stelle ich fest, daß es purer Unsinn ist.

Sieh, Du kannst nicht mehr von mir verlangen. Ich denke eben nur immer: «Wäre doch der Dietrich da!» Und dieser Gedanke macht sich so breit, daß einfach kein Platz für andere Gedanken mehr ist. – Nur ab und zu huscht noch ein Gedanke vorbei und der heißt: wenn doch nur der 4. Februar wäre! Später bring ich Dir mal ein Lied bei, das Vater in solchen hoffnungslosen Fällen immer sang.

Bis es nun eben soweit ist, hat die Stunde nicht mehr 60 sondern 120 Minuten. – Das ist schlimm. Und was noch schlimmer ist, wenn ich bei Dir bin, hat die Stunde kaum 6 Minuten!

Denke nicht, daß ich immer nur so dumme Briefe schreibe. Manchmal tue ich z. B. auch ganz vernünftige Sachen, wie meine Strümpfe selbst stopfen. Und ich bin nicht unerheblich stolz darauf. – Ich freue mich drauf, Deine mit stopfen zu können! Aber zu große Löcher darfst Du nicht laufen, das kann ich noch nicht. –

Denke daran, daß ich mich über jeden Deiner Briefe unbeschreiblich freue, egal wie er ist, und daß ich große Sehnsucht nach Dir habe. Und freue Dich ein bischen wenn ich komme

Deine Maria

1 Im Original 43. 2 Vgl. Dietrichs Brief vom 1. Dezember 1943, Anm. 3, ferner seinen Brief an Renate und Eberhard Bethge vom 25. Dezember 1943: «Du, Eberhard, kennst ja meine gelegentlichen Rückzüge aus großen Festen auf mein Zimmer. Ich fürchte, das wird noch schlimmer geworden sein. Ich habe die Einsamkeit trotz aller Entbehrungen doch auch lieb gewonnen. . . . Maria wird es in dieser Hinsicht nicht leicht mit mir haben» (DBW 8, 258).

[Tegel] 22. I. 44[1]

[...] Sehr eindrucksvoll finde ich, was Vater über die Erziehungsmethoden seines Vaters erzählte.[2] Diese Herbe im Verhältnis des Vaters zum Sohn ist ein Zeichen großer Kraft und innerer Sicherheit, die aus dem Bewußtsein der Heiligkeit des Vateramtes[3] herkommt. Die heutigen Menschen sind meist zu schwächlich, sie haben Angst die Liebe ihrer Kinder zu verlieren, degradieren sich selbst zu Kameraden und Freunden ihrer Kinder und machen sich schließlich grade dadurch ihnen entbehrlich. Mir ist diese Erziehung, die keine ist, greulich. Ich glaube, daß unsere Elternhäuser darin ähnliche Vorstellungen haben. [...]

1 Abschrift aus einem nicht mehr vorhandenen Brief. 2 Vgl. Dietrichs Brief vom 14. Januar 1944, Anm. 1. 3 Vgl. Dietrichs Definition in seiner «Ethik»: «Die Eltern sind für das Kind Gottes Stellvertreter als seine Erzeuger und seine Erzieher im Auftrage Gottes» (DBW 6[E]58).

24. Januar 1944 Sprecherlaubnis

Liebster Dietrich! Altenburg, den 25. I. 44

Es war gestern viel zu schön, um nicht hinterher traurig sein zu müssen. – Ist das undankbar? Nein, das ist es sicher nicht. Wenn ich an Dich denke, dann kann ich gar nicht anders, als sehr dankbar sein. Es ist ja nicht so, daß Dankbarkeit und Freude immer nur zusammengehören. Daß es eine Dankbarkeit gibt, die es gar nicht versuchen muß, durch Frohsein die Traurigkeit zu übertönen oder zu verdrängen, sondern die grade durch das Traurigsein tief und schön wird, das habe ich erst jetzt erfahren. Als Vater und Max fielen, hab ich das noch nicht gewußt. –

Das, was Du über Vaters Erinnerungen sagtest, war schön.[1] Es ist ja nur so sehr wenig, was er geschrieben hat. Aber das sagte ich Dir schon, daß als ich diese Seiten zuletzt las, ich immer denken mußte: genauso und nicht besser könnte man über Vater sprechen. Wenn ich jetzt in einer Zelle säße und eine ganz kleine schriftstellerische Begabung hätte, würde ich Erinnerungen an Vater schreiben. Ich hab es am besten gehabt von allen Geschwistern, weil ich am meisten mit Vater zusammen gewesen bin. Später zeige ich Dir einmal Briefe von ihm an mich. Ich besitze nicht viele, denn Vater schrieb selten an uns, weil er jeden Tag an Mutter schrieb. Aber diese Briefe sind mir sehr wertvoll und es kennt sie sonst keiner.

Es ist ein eigenartiges Gefühl hier wieder abends anzukommen, wenn man grade morgens – wie zu einer Weltreise – abreiste. Es ist alles plötzlich anders geworden. Was vorher gelb war, ist nun grün und wo vorher ein Fragezeichen stand, steht nun ein dickes Ausrufungszeichen. Wie dankbar ich Dir aber für jedes Ausrufungszeichen bin, das kann ich Dir schriftlich schlecht erklären. – Der Fliegeralarm war eine sehr unpassende Einrichtung. Ich hab ganz vergessen Dich schonend darauf vorzubereiten, daß ich in meinem letzten Brief einen orthographischen Fehler gemacht habe. Ich merkte es, als ich am nächsten Tag einen Aufsatz durchsehen mußte und sehr entsetzt markierte, daß solch ein Fehler noch in der 3. Klasse vorkommen könnte. Wenn ich die Rechtschreibung erfunden hätte, so würde «wahrscheinlich» jedenfalls bestimmt ohne h geschrieben, weil ich es viel logischer finde.

Es ist schade, daß ich mich nicht als Miniaturausgabe mal in Deine Jackentasche stecken kann. Du würdest mich dann in Deiner Zelle hervorholen und wir könnten uns lange und ungestört unterhalten. Wenn Du dann arbeiten müßtest, stecktest Du mich wieder in die Jackentasche, knöpftest zu und ich wartete, bis Du mich wieder gebrauchen könntest. Langweilig, daß Märchenbücher erfunden sind.

Sieh, ich bin schon wieder nicht mehr fähig, vernünftig zu schreiben. Ich hab heut den ganzen Nachmittag mit 4 Mädels unregelmäßige Verben für eine morgige Arbeit ohne spürbaren Erfolg gepaukt, und nun kann ich selbst fast nur noch: put, put, put! denken. Es war zum Wände rauf laufen. Aber ich hab mich immer damit getröstet, daß ich ja heut abend an Dich schreiben würde und nun schreibe ich doch wieder nur Unsinn. Aber was soll ich Dir auch sagen? Ich möchte jetzt im Dunkelwerden bei Dir sitzen und Dir etwas erzählen, leichte, mühelose, schöne Dinge, solche, die man sich erzählt, wenn man eine lange Zeit vor sich hat und nicht an Abschied denken muß, wenn man nur glücklich ist und denkt: Du bist bei mir. – Wenn Du es hören wolltest, ich würde Dir erzählen, was mir grade im Augenblick einfiel, nicht etwas, was schon durchgrübelt und abgestanden ist und doch immer dann anders gesagt ist, als man es meint. Da ist Deine Hand, die neben mir auf dem Sopha gelegen hat. Von ihr könnte ich Dir viel sagen. Als ich sie zum ersten Mal gesehen habe, da hat sie mich erinnert an irgendetwas, ich weiß nicht, nur war sie mir so bekannt, als kennte ich sie schon lange. Ich hab mich oft gefragt, warum ich eigentlich gleich so ein großes Vertrauen zu Dir hatte, – ich glaube, weil ich Deine Hand kannte. Viele Menschen haben so rücksichtslose und verkrampfte Hände. –

Meine Reise ging ganz gut. Ich hab aus dem Fenster gesehn und nur an Dich gedacht und meine beiden Hände habe ich in die Handtasche neben Deine beiden letzten Briefe gesteckt, damit ich nicht so allein war. –

Und der Brief, den ich gestern abend an Dich geschrieben habe, ist in Atome zerrissen in den Papierkorb gewandert. Aber alle meine Briefe bleiben ja Unsinn, bis ich wirklich einmal mit Dir allein war, ohne an Gefängnis zu denken. Ich denke an Dich – Du – immer

Deine Maria

1 Siehe Dietrichs Brief vom 14. Januar 1944 und die Abschrift aus einem Brief vom 22. Januar 1944. Maria bezieht sich hier wohl hauptsächlich auf die Sprecherlaubnis vom 24. Januar 1944.

Lieber Dietrich, Altenburg, den 28. I. 44 nachts

für mich fangen die Tage jetzt immer erst an, wenn sie eigentlich schon zu Ende sind. Dann kommt die Zeit in der ich alle Dinge, die an die Arbeit und die Unruhe des Tages erinnern, forträume. Ich hole meine Bilder hervor, die ich tagsüber immer verschließe, weil ich nicht mag, wenn alle Leute sie ansehn, und die mir selbst auch viel näher und gegenwärtiger sind, wenn ich sie nicht immer vor mir habe. Da stehen Vater und Max und das Pätziger Haus um mich herum, meine Blumen sind dabei und die Briefe. Und ich sitze in meiner Sophaecke – natürlich doch mit den Füßen oben – und denke an Dich. Denk mal, ich kann wahnsinnig langweilig sein und einen ganzen Abend lang – wenn mir vielleicht einmal ein Buch nicht gefällt und ich kein anderes anfangen mag – dasitzen und träumen. Wenn wir in Pätzig zusammen sein werden, dann gehn wir sicher in den Wald spazieren. Aber wir wollen nicht immer gehn. Wir setzen uns dann auf einen Baumstamm oder an einen Bachrand, wo es viele Buchen gibt, und dann träumen wir auch. Ist das Träumen uns nicht viel näher, als das, was wir täglich wirklich erleben? Das Träumen ist das Umeinanderwissen ohne Worte, ohne Ausdruck, ohne irgendeinen andern Gedanken als den des Miteinanderseins. Darum war mir Dein Brief heut ein großes Geschenk, weil ich nun weiß, daß Du es auch so empfindest.[1] Daß Worte ein Nichts sein müssen vor dem Eigentlichen. Daran woll'n wir oft denken, ja, daß Worte – die jeder andere Mensch auch sprechen und schreiben kann – nur immer sehr unvollkommen sein können. Ich danke Dir dafür, Du, daß Du mir dies schreibst und daß ich diese Worte von Dir nun bei mir hab und sie immer lesen kann, wenn ich traurig bin, daß meine Worte nicht das zu Dir bringen können, was die Gedanken und Träume ständig zu Dir tragen.

Wenn Du schreibst, wie es wäre, wenn Du in Pätzig sein könntest, wenn Du mir dort entgegengingest, wenn wir durch den Wald gingen, so packt mich ein großes Verlangen danach, daß es wirklich so wäre. Dann hab ich Heimweh nach Pätzig, nach einem Pätzig mit Dir. – Ich hab Dich noch nie in Pätzig gesehn und doch kann ich mir ein rechtes Zuhause ohne Dich nicht mehr vorstellen. Geh ich doch nun seit einem Jahr nicht anders darin herum, als in Gedanken an Dich. Wie oft wünschte ich, Dir eins meiner Augen schenken zu können, damit Du all das, was ich sehen und genießen durfte auch mitempfinden könntest. – Es ist undankbar – ich weiß es – und trotzdem ist alles Schöne alleingesehen nicht nur halbe Freude, sondern gar keine Freude, nur Traurigkeit im Gedanken an Dich. Aber jeder vergangene Tag bringt uns ein wenig näher zusammen – zeitlich. Und jeder Brief ist wie das Entgegenstrecken der Hände. Weißt Du, daß ich die Deinen manchmal berühren kann? –

Du schreibst über Vaters Erinnerungen[2] und ich bin Dir dankbar für jedes Wort. Ich darf doch einige Sätze Mutter vorlesen? Sie freut sich so sehr darüber, das weiß ich. – Ja, denk, das war mir ein überwältigender Eindruck, als ich im Oktober vor einem Jahr bei Schleichers sein durfte, daß es das noch einmal und dann in der Stadt geben kann, eine so fest ineinandergefügte und abgestimmte Familie, wie bei Euch. Ich habe erst in den letzten Jahren in Familien sehen müssen, wo alles zerstört und zerrüttet war und ich bin oft traurig und mutlos daran geworden. – –

Du schreibst, daß Eltern ihren Kindern nicht Freunde sein können und sollen.[3] Weißt Du, ich glaube, um darüber zu diskutieren müßte man erst einmal festlegen, was «Freundschaft» heißt. Das Wort wird so häufig und so flach gebraucht. Wenn es gleichbedeutend ist mit «Kameradschaft» oder gar dem Sinne nach auch von «freundlich» abgeleitet sein soll, dann gebe ich Dir ganz recht. Aber Freundschaft ist doch sehr viel mehr. Erschrick nicht, aber ich meine Freundschaft ist das Höchste, was Menschen hier miteinander verbinden kann. – Ich weiß, ich kann Dir keinen folgerichtigen Vortrag darüber halten – ich kann Dir nicht einmal recht erklären was ich meine. Ich kann Dir eben nur erzählen, daß ich nur einen Freund gehabt habe und das war Vater. –

Aber nein, verzeih mir, das kannst Du so nicht verstehen. Warte nur ein wenig. Ich will es Dir alles erzählen, später, und Du wirst mich verstehen, nicht nur dies, sondern alles – auch den November vor einem Jahr. Dank Dir, daß Du mir das Bild von Vaters Grab wieder gabst. Es war so lieb von Dir gedacht und ich bin froh, daß ich es habe – von Dir habe! –

Und jetzt werde ich richtig müde. – Es wäre schön, Dietrich, wenn Du bei mir wärst und wenn ich Dir sagen könnte, daß Du mein sehr geliebter Dietrich bist. Ich sag es Dir oft, immer wieder und jedesmal doch ganz neu und unfaßbar. Vielleicht könnte ich es Dir auch nicht sagen. Dann könnte ich Dir nichts anderes sagen, als: Dietrich, Dietrich!

Deine Maria

1 Vgl. Dietrichs Brief vom 14. Januar 1944. 2 Vgl. Dietrichs Brief vom 14. Januar 1944, dazu den Briefauszug vom 22. Januar 1944. 3 Ebda.

[Tegel] 31. 1. 44[1]

[...] Wie schön muß es sein in diesen beschwerlichen Tagen von Morgen bis Abend mit unbeschwerten Kindern zusammen sein zu können. Wenn dies alles auch ein unruhiges Herz nicht zu stillen vermag, so glättet es doch wenigstens kleine Wellen. Und wo wir unser Herz stillen können, das wissen wir ja – Gott sei Dank! Die Stillung des Sturms, das gestrige Evangelium,[2] ist, wenn man soetwas überhaupt sagen kann, eigentlich meine liebste biblische Geschichte. Ich mußte in der vorigen Nacht während des bösen Alarms daran denken. Und nur von gestillten Herzen wird eines Tages auch wieder Stille und Friede über die Welt ausgehen. Grüße Großmutter, Mutter und Geschwister. [...]

1 Auszug aus einem nicht mehr vorhandenen Brief. 2 Matthäus 8,23. Vgl. dazu die entsprechende Stelle im Brief an Eberhard Bethge vom 29./30. Januar 1944 (DBW 8,304).

4. Februar 1944 Sprecherlaubnis

Du, mein liebster Dietrich! [Berlin] 4. II. 44

Jetzt muß ich Dir nur schnell noch sagen, ehe mein Zug geht, daß ich Dir dankbar bin für heute, dankbar für deine Worte, Deine Augen, für alles. – Sei nicht traurig, wenn ich zu ungeschickt bin, um im Beisein anderer Dir etwas von dem zu sagen, was in meinem Herzen schon lange und stark auf Dich wartet. Glaube nur, daß es da ist und daß es größer ist, als ich selbst, so daß es mit mir macht, was es will. Mein Dietrich – freue Dich auf den Tag, wenn wir ganz beieinander sind. Es kann nicht mehr lange dauern. Und dann werden wir sehr froh sein.

Denke an mich – ich denke an Dich den ganzen Abend heut, wenn ich fahre und weiter immerzu. Es geht heut alles unter in einem wunderbaren, großen Glück. Und daß dies Glück mich gleichzeitig krank macht vor Sehnsucht, Dietrich, das muß wohl so sein. –

Ich danke Dir so, wie ich Dich lieb habe. Ach Du –

Deine Maria

Liebster Dietrich! [Altenburg] 7. II. 44

Seit ich bei Dir war, versuche ich Dir zu schreiben und komme doch über einen kläglichen Anfang nicht hinaus. Was soll ich Dir auch in einem so langweiligen Brief, der Wochen geht, schreiben, wenn ich die Worte, die ich sagen möchte, nicht einmal neben Dir über die Lippen bringe. Ich muß einmal ganz systematisch anfangen. Natürlich hab ich diesmal von zu Haus wieder alle Deine Briefe mitgenommen. Meine Prinzipien, über die Großmutter immer so schimpft, sind nur fixe Ideen, die doppelt schön sind, wenn man sie übertreten kann, ohne ein schlechtes Gewissen haben zu müssen. Die Briefe sind nun wieder tägliche Lektüre – nein, nicht Lektüre, sondern greifbarer Besitz. Und täglich bin ich Dir dankbar dafür. Ich weiß, daß es Dir schwer ist, mir zu schreiben. Kann es denn anders sein? Es könnte vielleicht – aber ich bin zu ungeschickt, es Dir leicht zu machen. Ich denke zu oft an das Später und daran, daß dann alles vorbei sein soll, was uns jetzt bedrückt und in Gedanken an einander traurig macht. Und ich vergesse dann vielleicht im Augenblick, das zu tun, was das Nächstliegenste ist. Denk nicht daran, bitte, und schreib mir Briefe so, wie Du sie immer schriebst. Du weißt nicht, was sie mir bedeuten, diese Deine Briefe. Sie helfen mir über manche traurige Stimmung, nicht daß sie diese umwandeln, doch erfüllen sie mich mit einem tiefen Glück und einer großen Dankbarkeit zu Dir.

Ist es Unrecht, wenn man zu sehr in Träumen oder in der Zukunft lebt? Ist es feige, wenn man Fragen und Grübeleien einfach damit beantwortet, daß man sicher weiß, wenn wir zusammen sind, ist es vorbei und aufgelöst und beantwortet? Sieh, ich bin solch einem Durcheinander von Fragen ohne Dich nicht gewachsen. Aber wenn Du bei mir bist, wird alles gut sein. – Darauf warten wir beide – sehr sehnsüchtig, aber auch sehr geduldig. –

Ich bin richtig naiv stolz auf Dich, wenn Du sagst, daß Dir die Zeit zum Patiencenlegen zu kostbar ist.[1] Du weißt nicht, wie es mich freut, wenn Du soetwas sagst. Und es ist nicht das Einzigste. Viele Worte weiß ich von Dir, die Du sagtest und die mich freuen, immer wenn ich daran denke. – Aber daß diese Zeit eben doch schauderhaft und greulich ist, wissen wir beide und darum brauchen wir auch nicht weiter darüber zu sprechen.

Ich fange nun langsam an meine Zelte hier abzubrechen. Eben war ich mit allen Anstandsbesuchen durch, nun fangen die Abschiedsbesuche schon wieder an. Eigentlich wäre ich gern noch länger geblieben. Mir fehlt das Zigeunerblut, denn ich gewöhne mich oft schwer ein und ab. Aber das Nachhausefahren ist eben wieder doch unerreicht schön.

Schlag mir ein Buch vor, das ich lesen soll! Du – falls Du meine Briefe stehend liest, setze Dich bitte erst hin. Deine Standhaftigkeit in Ehren, aber mit Steinfußboden ist nicht zu spaßen: Ich bin mitten in einem dicken theologischen Buch. Und ich finde es gar nicht so langweilig, wie ich gedacht habe. – Eigentlich solltest Du gar nichts davon erfahren, ich begann es, um Dir ein bischen näher sein zu können, nicht um ein «Burckhardthaustyp»[2] zu werden. Aber nun lese ich es mit Spannung und Begierde. Es ist «das Evangelium» von Paul Schütz.[3] (Nun fehlt nur noch, daß Du das Buch nicht magst.)

Den spanischen Rosenstock[4] mußt Du noch einmal lesen und dann mußt Du überlegen, ob Du ihn nicht vielleicht doch ein bischen schön findest. Das ist mir nämlich wichtig. Viel wichtiger als Rilke, den kann ich auch gut alleine schön finden. –

Besonders lieb ist mir die Stelle, wo Lysander Oktavia bittet, Briefe die sie an ihn schreiben wolle, immer zu schreiben und dann zu verbrennen und die Asche zu der Erde des Rosenstocks zu tun. Er sagt das, weil er weiß, daß es nicht auf die geschriebenen Worte ankommt und darauf, daß der andere sie lesen kann, sondern nur darauf, daß das, was man in sich trägt, Gestalt gewinnt und einmal dem Andern zugedacht, geschenkt ist.

Und dann denke daran, was von der Schuld und der Sünde gesagt ist. – Ich weiß es auswendig nicht so genau. Aber das ist wohl richtig, daß zwischen der Sünde des Gedankens und der Tat nur ein sehr geringer Unterschied ist. Der sündhafte Gedanke ist das Gefährliche, denn die Tat gehört gleich der Vergangenheit aber sich von Gedanken zu trennen ist schwer. –

Und das Schönste ist das von dem Tropfen Schuld in jedem Becher der Liebe. Lies nach, was da über die Treue und die Vergebung steht und dann schreib mir einmal ganz richtig, warum Du das Buch nicht magst. – – Später erzähle ich Dir noch ein bischen mehr von dem Buch. –

Ku[hlberg] borgte mir nun auch ihre Fontanebände. Ich habe eine schreckliche Angst davor, ich könnte die Geschichten nicht schön finden. Wenn ich mich bei den Eltern nachmittags ausruhe, lese ich immer im Stechlin,[5] weil er mir direkt vor der Nase steht. Aber er ist zu dick, um nach so wenig Seiten schon etwas sagen zu können. –

So, nun leb wohl, Dietrich und nimm keinen meiner Briefe ernst, auch keins meiner Worte, nur dies eine: Ich hab Dich lieb

Deine Maria

Ab und zu telefoniere ich immer einmal mit Karl Friedrich [Bonhoeffer]. Es ist so hübsch seine Stimme zu hören, weil sie der Deinen sehr ähnlich ist. Vielleicht besuche ich ihn auch noch einmal, wenn Grete da ist. Ich würde mich sehr freuen, wenn es zustande käme. Und in einer Woche fahre ich nach Haus und nimm die Eltern mit. – Das wird schön. – Dann werde ich immer daran denken, wie es sein wird, wenn wir erst zusammen fahren und wenn ich Dir alles in Pätzig zeigen kann.

Unvorstellbar schön. Aber es kommt sicher und ich freue mich täglich darauf.

M.

1 Dietrich hatte zu Weihnachten von seiner Schwester Christine v. Dohnanyi Patience-Karten geschenkt bekommen. 2 Das Burckhardthaus in Berlin-Dahlem war ein evangelisches Zentrum zur Ausbildung von Gemeindehelferinnen. 3 Paul Schütz, Das Evangelium. Den Menschen unserer Zeit dargestellt, 1939; vgl. auch den Auszug aus Dietrichs Brief vom 18. Februar 1944. 4 Werner Bergengruen, Der spanische Rosenstock, 1940. 5 Theodor Fontane, Der Stechlin, als dessen letztes Werk 1898 erschienen.

Mein sehr geliebter Dietrich! Altenburg, den 10. II. 44

Nur der Gedanke, daß es Dir vielleicht doch nicht ganz recht wäre, hat mich heute davon abgehalten, dem Postboten um den Hals zu fliegen, als er mir einen Brief von Dir brachte. Ich hatte grade heute so sehnsüchtig auf irgendeinen Gruß von Dir gewartet und dann kam der Bote grade als ich aufgegeben hatte, daß er überhaupt noch kommt. Es ist ein wunderbares Gefühl in der Arbeitsstunde zu sitzen und den noch geschlossenen Briefumschlag vor sich liegen zu haben. Ein bischen so, wie in der dunklen Stube vor Weihnachten. Ich werde ganz inkonsequent, wenn solch ein Brief vor mir liegt. Die Kinder blinzeln sich dann zu, und das heißt: «Heute hat sie mal wieder ungewöhnlich gute Laune, nutze es aus, wer kann!» Es ist mir aber auch wirklich dann praktisch unmöglich ein böses Gesicht über einen Tintenklex mitten im Reinschriftheft zu machen. Es ist fast gut, daß Du mir nicht öfter schreiben kannst, sonst würden mich Kinder und Pröpstin bald nicht mehr für zurechnungsfähig halten. Heut hab ich von der Pröpstin einen stirngerunzelten Verweis bekommen, weil ich mit den Kleinen «Räuber-und» gespielt habe, noch dazu im dunklen Schlafsaal. 1.) spielen soetwas nur Jungens und 2.) ist es nicht schicklich soetwas im Dunkeln zu spielen (im Hellen ist nämlich aller Spaß vorbei) und 3.) verliert man seine Authorität, wenn man soetwas tut. –

Du meinst, wie Du vor einer ehemaligen Altenburgerin bestehen kannst! Am besten, wenn Du «Räuber-und» im Dunkeln und ohne Authorität richtig mitspielen kannst. –

Du fragst, ob ich nach meinen Erfahrungen für Internatserziehung bin. Man kann da nur von Fall zu Fall entscheiden. Die kleinen Mädels, die ich betreue, von 10–12 Jahren sind eigentlich oft nur deshalb hier, weil entweder zu Haus schwierige Familienverhältnisse sind, oder weil die Eltern nicht mit ihnen fertig werden, oder weil sie in der Schule so dumm sind und die Eltern sich nicht genügend um sie kümmern können. Alle diese 3 Gründe sind scheußlich, und ein Unsegen davon liegt doch meist merklich auf den Kindern. Es ist mir unverständlich, wie Eltern, die doch grade die Fehler und Schwächen ihrer Kinder von sich selbst her kennen müssen und ihnen so am besten helfen können, glauben, daß andere Menschen sie besser und verständnisvoller erziehen könnten. Es ist manchmal traurig zu sehen, wie solche Kinder, die weder in sich selbst, noch in ihrem zu Hause einen Halt finden, grade in Internaten abgleiten und durch die vielen verschiedenen Strömungen einfach hin und hergerissen werden. – Aber soetwas habe ich nie erlebt bei Kindern, die aus einem geordneten starken Elternhaus kommen. Natürlich spielt das Alter da auch eine gewisse Rolle. Ich würde nie dulden, daß meine Schwestern vor dem 13. Jahr fort kämen und wenn sie deshalb auch ein Jahr sitzen bleiben müßten. Ich kam mit 11 Jahren nach Stettin und mit 12 hier her, das war auch zu früh. Aber so groß mein Heimweh auch immer war, ich hätte mir doch nicht ernsthaft wünschen können, wieder ganz nach Haus zu kommen. Weißt Du, das erlebt man eigentlich nur in dieser Zeit, an seinem Elternhaus und seiner Heimat einen ganz sicheren und festen Rückhalt zu haben und doch ganz selbständig zu lernen, handeln zu dürfen, seine Erfahrungen zu machen und sich bewähren zu können. Man lernt ja seine Eltern und die Heimat so erst richtig lieben, verstehen und achten. Auch ist der Übergang von dem kindlichen Vergöttern der Eltern zum Erkennen, daß das auch Menschen mit Schwächen sind, nicht schmerzend oder zerbrechend, sondern so sehr natürlich und selbstverständlich. Ganz abgesehen davon, daß ich es bei Vater bis zu seinem Tod eigentlich nicht erkannt habe. –

Vielleicht liegt es auch daran, daß ich mit Deiner Ablehnung der Elternfreundschaft nicht so ganz mitkam. – Ich bin nie auf den Gedanken gekommen, daß meine Eltern sich über meine Erziehung irgendwelche Gedanken oder Regeln machten, obgleich – wie mir Mutter erzählte – ich immer ihr Sorgenkind gewesen bin. Es war einfach ganz selbstverständlich, daß ich, wenn ich mit Vater ritt, ihm *alles* erzählte, daß er jeden Spaß mitmachen konnte und daß, wenn er uns tadelte, wir dankbar dafür waren.

Aber darin hast Du sehr recht, daß solche, die, um die Liebe ihrer Kinder zu gewinnen, ihre Kameraden werden, sie am sichersten verlieren. –

Dazu nahm uns Vater aber gar nicht wichtig genug.

Wenn Du bei uns in Pätzig sein wirst, dann wollen wir uns an einem Abend mit Mutter zusammen ans Kaminfeuer setzen und dann wird sie uns von Vater erzählen. Es ist mir so wichtig, daß Du ihn ganz genau kennen lernst, viel wichtiger ist es, als daß Du mich kennst. Dann wirst Du auch dies alles verstehen, besser als ich es Dir so sagen kann. Ich weiß ja im Grunde genau, daß wir da gleich empfinden und denken werden. –

So und nun sei nicht böse, daß ich so lang darüber geworden bin. Vor einem Jahr noch hätte ich gedacht, daß Du über solche Ausführungen von mir nur klug überlegen lächeln würdest. Aber, nicht wahr, das tust Du nicht, auch wenn es dumm oder weiblich logisch ist.

Daß ich Dir den Kummer machen muß nicht nach Berlin zu kommen, ist mir selbst scheußlich. Du mußt wissen, daß es noch jetzt das liebste wäre, was ich lieber heut als morgen täte. Es ist mir scheußlich schwer geworden, mich da Mutters besserer Einsicht zu fügen. Sie hat so viele Gründe und wird sie Dir alle gesagt haben. Außerdem ist es auch noch kraßester Egoismus, daß ich nach Bundorf[1] fahre. Und daran, daß ich meinen Egoismus gar nicht mehr leiden mag, sondern alles, was er mir befiehlt, scheußlich finde, daran bist Du schuld. Das einfachste wäre doch, Du kämst nun bald heraus und wir führen dann allesamt nach Pätzig. Zu dumm eigentlich, daß das andere Leute nicht einsehen können!

Übermorgen fahre ich nun wirklich endgültig fort von hier. Es ist fast lachhaft, aber mir wird es richtig schwer. Christine kluckern schon jetzt die Tränen jedesmal, wenn die Sprache darauf kommt, und meine besondere kleine Freundin, Korinna Wentzel, schrieb mir schon heute einen Brief nach Haus, damit, wenn ich ankäme, ich gleich einen Gruß von ihr habe. Mein kleiner schwarzer Teufel dagegen schrieb heut ihrer Nachbarin auf einen Zettel: Gott sei Dank, daß Maria Sonnabend wegfährt. Dummerweise ließ sie sich dabei von mir erwischen und nun läuft sie heut den ganzen Nachmittag verheult herum und ließ sich nur mit Mühe und Not von mir davon überzeugen, daß ich ihr deshalb nicht böse wäre. Ich habe, glaube ich, selten so mit meinen Mundwinkeln kämpfen müssen, als wie ich ihr einen Vortrag hielt, daß man trotz allem «Gott sei Dank» hierbei nicht gebrauchen dürfte.

Morgen steigt noch eine richtige Abschiedsaufführung von der ich natürlich gar nichts weiß und die mich ungeheuer überraschen wird.

Frau Pröpstin hat mich heut zu sich befohlen und mir gesagt, daß, wenn ich in Bundorf nicht gern bliebe, ich an sie schreiben solle, sie würde mir gern eine Stellung hier auf unbegrenzte Zeit hinaus geben. Was meinst Du dazu? Schade, daß ich mich nicht 8 teilen kann. Dann wäre vielleicht ein Teil grade klein genug um in diesem Brief mit an Dich abzugehen. –

Mit Inas Klasse habe ich Max und Moritz aufgeführt, es war so komisch, daß alles Tränen lachte. Nur ich hätte Tränen heulen können, weil Du nicht dabei warst. Und nun fahre ich durch Berlin und nicht einmal zu Dir. Das ist auch zum Heulen.

Aber nun habe ich ja einen ganz neuen lieben Brief von Dir und da heule ich bestimmt nicht, sondern überfreue mich höchstens ein bischen. Du, – Du bist viel zu gut zu mir. Sei mal nicht so nett, das läßt sich leichter ertragen. Aber schick mir in jedem Brief ein bischen Liebe mit, dann dankt es Dir von Herzen

Deine Maria

1 Gut von Dietrich und Hedwig v. Truchseß, einer Cousine Marias, bei Haßfurt in Unterfranken.

[Tegel] 12. 2. 44[1]

[...] Du wirst inzwischen von den Eltern gehört haben, daß ich ein paar Tage mit einem Anflug von Grippe im Bett lag und so wirst Du Dir selbst erklärt haben, warum ich so lange nicht schrieb. Der Kopf war derart dösig, daß er nur noch ein Objekt des Schnupfens etc. aber nicht mehr das Subjekt von Gedanken war. Und dabei hätte ich Dir nach dem Geburtstagsbesuch so gern einen ganz besonderen Brief geschrieben. – Ist die Aussteuer nun schon beisammen? Woher werden wir einen Rundfunk kriegen? Ob es eine Möglichkeit gibt, meinen großen Bechstein gegen einen Stutzflügel zu tauschen? Wenn Dir irgendwo ein Cembalo über den Weg laufen sollte, so fasse ja sofort zu! Ich habe seit 3 oder 4 Jahren eins bestellt, aber es wird nicht geliefert. Verzeih den langweiligen Brief. [...]

1 Auszug aus einem verlorengegangenen Brief.

[Tegel] 15. II. 44[1]

[...] Kannst Du nicht von irgendwoher den Malte Laurids Brigge von Rilke[2] bekommen? In letzter Zeit las ich nur Wissenschaftliches, nur gelegentlich erholte ich mich an Deinem Scheffel.[3] Liest Du Fontane? [...]

1 Auszug aus einem verlorengegangenen Brief. 2 Vgl. Marias Brief vom 16. Januar 1944, Anm. 4. 3 Gemeint ist der zu jener Zeit viel gelesene Roman «Ekkehard. Eine Geschichte aus dem 10. Jahrhundert» von Joseph Viktor v. Scheffel, 1855.

Mein herzliebster Dietrich! Pätzig, 16. II. 44

Daß ich Dir länger nicht schrieb, liegt einfach daran, daß ich fast jeden der, seit meinem letzten Brief vergangenen, Tage, auf der Eisenbahn herumgesessen bin. Es ist wirklich fast gut zu nennen, daß diesem unsoliden Lebenswandel in Bundorf vorerst einmal ein Ziel gesetzt ist. –

Mutter ist froh von ihrer Sprecherlaubnis und ich hoffe, Du bist es auch. Am allermeisten bin natürlich ich es, das verstehst Du doch. Nun sind wir wieder ein Stück wirklicher verlobt, nicht wahr? Äußerlich – aber das ist nicht unwichtig. Mutter ist recht sparsam mit dem, was sie mir von Eurem Gespräch erzählt. Aber das ist auch Euer gutes Recht. – Nur – ich höre so schrecklich gern, wenn mir jemand irgendetwas von Dir erzählt. – – Mutter hat heut ein bischen Sprecherlaubniskater. Das kennst Du vielleicht auch. Wenn die erste Freude vorüber ist, dann fallen einem immer so unendlich viel Dinge ein, die man anders hätte sagen oder tun müssen, oder die man vergaß zu sagen. Und das macht dann traurig. Mich tröstet es ein bischen, daß es Mutter auch so geht. Aber gleich darauf fällt mir dann ein, daß es Dir auch ein Kummer sein muß und dann möchte ich mich gar nicht mehr mit Mutter trösten, oder mich von ihr trösten lassen, sondern möchte nur gern bei Dir sein, um Dir zu sagen, daß Du nicht traurig sein mußt. Ich hab Dir das vielleicht schon drei mal gesagt und trotzdem sag' ich es nochmal, weil es mir sehr wichtig ist. Für mich gibt es einfach nur 4 Worte, die alle meine Gedanken umschließen und die mich mit einer ungeahnten Kraft hinwegheben über alle Zweifel und Nöte. Du sollst Dir nie Sorgen um mich machen. Das sage ich nicht, weil ich nicht will, daß Du um mich weißt, sondern weil es wirklich nicht nötig ist. – Warum soll ich es wegleugnen, daß es scheußlich ist, und daß ich manchmal sehr traurig bin. Aber Du sollst mir diese Traurigkeit nicht nehmen wollen, sondern Du sollst nur Deine dazugeben. – Sei mir nicht böse, daß ich Dich das bitte. Du weißt ja selbst am besten, daß ich alles was Du tun willst und tust ganz annehme, und soweit ich es verstehe und kann, mittun will. – – –

Ich darf mich ja über Deine Krankheit nicht mehr aufregen, ohne unsern Vertrag zu brechen. Aber trotzdem ist es mir greulich, – besonders daß Du im Bett liegst, Fieber hast, Dich schlecht fühlst und ich gar nichts davon weiß. Kranksein paßt noch schlechter zum Gefängnis als alles andere. – Wenn Du hier bist, werden wir uns das schon hübsch erträglich machen. Ich setze mich dann an Dein Bett und erzähle Dir, wenn Du magst oder lese Dir vor, oder tue gar nichts und freue mich nur, daß ich bei Dir sein kann.

Ich hab mir heut selbst eine große Freude gemacht. Aus allen meinen, seit meinem 11. Jahr aufgehobenen, Briefen suchte ich die von Vater heraus und heftete sie ordentlich in eine große Mappe. Ich wünschte, ich könnte Dir die dicke Mappe einfach mal mitbringen, Du würdest vieles daraus lernen können. 1.) wen Du Dir da eigentlich anverlobt hast, denn über meine Fehler und Unarten stehen viele Dinge darin und 2.) wie mein Verhältnis zu Vater immer gewesen ist. – Einmal schreibt er mir nach Altenburg: «Ich glaube, ich lasse mir zwei Zöpfe wachsen und werde Stiftskind. Erstensmal könnte ich dann mal wieder mit meiner Miesenmaus zusammensein, zweitensmal könnte ich sie dann ordentlich ärgern und drittens ...» – ach, ich könnte Dir so viele Stellen abschreiben, die Dir viel besser beweisen, daß Vater mein bester Freund war. Aber das sind Sachen, die ich Dir später erzähle. – –

Ich fand unter den Abschriften von Briefen zu seinem Tod auch einen Brief von Dir an Mutter.[1] Ich wußte gar nicht mehr, daß Du an Mutter geschrieben hast – damals mochte ich überhaupt keine Kondolenzbriefe leiden. Aber heut war mir der Brief sehr neu und stark. Und das liegt nicht daran, daß ich Dich jetzt so lieb habe. Ich danke Dir dafür, daß Du so schriebst, Du, und daß Du Vater gekannt und lieb gehabt hast. Du weißt ja, daß mir das das wichtigste von allem ist. –

Es war traurig, daß Lala, die mir beim Ordnen meiner Briefe half, die Handschrift von Vater gar nicht mehr recht lesen konnte. Sie ist ja einfach noch viel zu klein, um keinen Vater mehr zu brauchen. Und es dauert noch so sehr lange, bis vielleicht einmal ein Mensch in ihr Leben tritt, der ihr diese unbewußte Lücke ausfüllen kann. –

Ich hab ihr nun auch von Dir erzählt. Sie wußte es ohnehin schon halb und es ist nicht schön, wenn sie es etwa durch Klatsch erfährt. Sie war so entzückend und gar nicht zu klein dafür. Vielleicht schreibt sie Dir auch mal. Man sagt immer, sie wäre ein Doublikat von mir. Aber ich bin als Kind nicht halb so nett gewesen. –

Ich muß ganz schnell fort, weil ich eine Sprecherlaubnis bekam und noch vorher zu Tante Spes [Stahlberg] will. –

Wie schön, daß ich zu Dir kommen darf und wie scheußlich, daß es für längere Zeit das letzte Mal ist! –

Behalte mich aber trotzdem lieb, wenn Du kannst und denke an mich, weil auch ich immer nur an Dich denke

Deine Maria

1 Brief vom 25. August 1942 (DBW 16,305 f).

[Tegel] 18. Februar 1944[1]

Daß Du Schütz[2] liest, finde ich sehr schön! Aber verzeih, daß ich wirklich etwas dabei lachen mußte! denn ich habe – unter Theologen und nur unter solchen! in der letzten Zeit über wenig Bücher so geschimpft, wie über dieses. Aber ich glaube, es ist nur für Theologen gefährlich – warum, das ist nicht so kurz zu sagen – aber nicht für Dich. Allerdings würde ich mich freuen, wenn Du als Gegengift eine kräftige Dosis Kierkegaard (Furcht und Zittern, Einübung im Christentum, Krankheit zum Tode) lesen würdest. Hast Du eigentlich Jeremias Gotthelf den Berner Geist gelesen?[3] Das wäre jetzt auch fällig. Ob Dir der von mir so sehr geliebte Don Quichote wohl etwas bedeuten kann? Und der Wilhelm Meister?[4] Dies wäre mir doch noch viel wichtiger, als Fontane, der noch etwas warten kann. Kennst Du von Stifter «Aus der Mappe m[eines] Urgroßvaters»?[5] Und nun zu Bergengruen...

1 Auszug aus einem verlorengegangenen Brief. 2 Vgl. Marias Brief vom 7. Februar 1944, Anm. 3. 3 Jeremias Gotthelf, Zeitgeist und Berner Geist. Roman in zwei Teilen, 1851/52. 4 Johann Wolfgang Goethe, Wilhelm Meisters Lehrjahre (1795/96) und Wilhelm Meisters Wanderjahre (1829). 5 Adalbert Stifter, Die Mappe meines Urgroßvaters, 1841.

20. Februar 1944 Sprecherlaubnis

«Ich muß voraussichtlich in einer Woche meine fünf Sinne beieinander halten», schrieb Bonhoeffer am 22. Februar an Eberhard Bethge. Im Reichskriegsgericht begann eine neue Reihe von Vernehmungen, und damit schien der Prozeß nähergerückt. Mit Entlassung aus der Haft rechnete er jetzt nicht mehr, eher mit der Verbringung in ein KZ. Auch seinem Münchener Gefährten Josef Müller sollte der Freispruch im Prozeß am 3./4. März nicht zur Freiheit verhelfen. Admiral Canaris war von seinem Amt suspendiert und auf der Burg Lauenstein unter Hausarrest gesetzt worden. Bonhoeffer mußte sich jedoch weiter gedulden; der Verhandlungstermin wurde wegen Hans von Dohnanyis Erkrankung aufgeschoben, erst auf Anfang März, dann bis zum Mai oder etwa gar bis zum Kriegsende. Indessen hatte sich seine Braut bereits mit ihrem neuen Betätigungsfeld, als Erzieherin bei ihrer Cousine Hedwig von Truchseß im unterfränkischen Bundorf, vertraut gemacht.

Liebster Dietrich! Bundorf, den 23. II. 44

Du hast sicher böse Dinge von mir gedacht weil ich nicht schrieb. – In den letzten überhetzten Tagen hab ich nur Papierkorbfülsel zustande gebracht. Es erscheint mir immer sinnlos Dir zu schreiben, wenn ich weiß, daß ich Dich in nächsten Tagen sehen werde und Du den Brief ja doch erst in 2 Wochen bekommst.[1] –

Es war so schön, Dich noch zu sehen, bevor ich hier herfuhr. Weißt Du, ich muß es erst wieder lernen, für längere Zeit von zu Haus fortfahren zu müssen. Ich bildete mir ein, es noch recht gut zu können, aber das war eben Einbildung und außerdem, wenn man verlobt ist, gilt alles doppelt, sowohl die Zeit, wie jede Empfindung. – Aber daß ich noch einmal bei Dir sein durfte, war mir ein großes Geschenk. Und die Erinnerung an das Zusammensein macht mich froh hier. Außerdem habe ich einen so schönen Brief grade eben noch von Dir mitnehmen können. Da hab ich doch wirklich keinen Grund, um die Nase hängen zu lassen. Nur, daß es jetzt so lange dauern muß, ehe ich wiederkomme, das ist traurig. – Ich werde Dir dafür oft schreiben. Sooft ich kann hier. Es wird hier, nach dem was ich so in den ersten beiden Tagen gemerkt habe, gar kein so simpler Lebenswandel werden, vielmehr eine Lebensgaloppade. Aber das macht ja Spaß. Vor allem, wenn man mit so netten Menschen zusammen sein kann, wie ich es hier bin. Du mußt Dir Bundorf so vorstellen:

Mitten in einem langgestreckten Tal zwischen hohen bewaldeten Bergen (ätsch, von wegen Grunewald) liegt ein sehr kleines Dörfchen, und um eine große Kirche geschart. Ich hab noch nie so viele hübsche klare und urwüchsige Häuser zusammen gesehen. Vor jedem Häuschen möchte man stehen bleiben und es ansehn und begreifen lernen. Neben der Kirche steht das Schloß. Eine Burg, wie man sie bei uns nie sieht. Mit dicken Wänden, vielen Winkeln und Nieschen, einem dicken runden Turm mit einer schiefen, ausgetretenen Holztreppe, mit gemütlichen Erkern und eisenbeschlagenen, schweren Eichentüren. Ich mußte vom ersten Augenblick an an Witiko denken. Als erstes tritt man in eine große Halle, die in einen Flur ausläuft. Große dunkelbemalte Schränke stehen an den Wänden und rohbehauene Säulen tragen die niedrige Decke. In der Mitte steht ein weißgescheuerter Tisch mit braunen Tellern und Bechern und alten, geschnitzten Stühlen herum. Da essen wir. Es ist sehr kalt, aber eine gemütliche Wärme erschiene nur als stillos. Ich denke immer an den Besuch von Witiko im Turm.[2] So etwa muß es da gewesen sein. – Das Gut Bundorf ist knapp halb so groß wie Klein Reetz. Also unverhältnismäßig wenig Land für ein so riesen

Herrenhaus. So geht es hier weder hoch noch herrschaftlich zu. Die Truchseß's, die seit 800 Jahren hier wohnen, haben wohl immer in spartanischer Einfachheit leben müssen, was aber ihre Vornehmheit und ihr selbstverständliches Führeramt nur gehoben hat.

Ich wohne in einem Zimmer, das zu einem Viertel mit einem mächtigen Kachelofen ausgefüllt ist. Man kann gar nicht anders, als sich daransetzen. Hier gebe ich meine Stunden, schreibe die Briefe an Dich, erzähle meinem Patenkind, der 4jährigen Cordula, Märchen und versuche ein Loch in den großen Stopfkorb zu arbeiten! – – Denk, gleich neben meinem Zimmer ist die Hauskapelle, in der die täglichen Andachten stattfinden. Wenn ich jetzt Orgel spielen könnte – – – ! Glaub, ich hab es mir lange überlegt, ob ich es nicht doch noch lernen sollte. Aber ich bin wirklich *zu* unmusikalisch dafür und über ein Gestümper ärgerst Du Dich später mehr, als es Dich freut. – Es ist traurig. Die wenigen Dinge, die ich kann und die mir liegen, sind für eine Pfarrfrau absolut unbrauchbar. Und wieder für die notwendigen Sachen bin ich zu unbegabt. – Bei schöner Musik möchte ich wohl sagen: «Das ist schön, und das gefällt mir!» Aber mehr kann ich nie sagen und je schöner ich Musik finde um so weniger weiß ich dazu zu sagen, oder auch nur mitzureden bei Gesprächen anderer darüber. – Für mich ist Musik wie eine Lichtquelle, die ihre Strahlen auf mich zu sendet, die mich treffen und erwärmen, oder die an mir vorbei gehen. Ich denke dann, daß ich der Willkür dieser Strahlen ganz ausgeliefert bin, und es nie wagen könnte diese zu berühren, zu zerlegen oder zu erklären, ein wenig aus Furcht sie mir zu zerstören, hauptsächlich aber natürlich, weil ich es gar nicht kann und es Anmaßung wäre, es mir zuzutrauen. –

Und nun wollte ich Dir eigentlich auf Deinen Brief antworten und hab wieder nur gefaselt. – Ich freue mich aber schon darauf, wenn ich Dir antworten werde. Denn eben kommt Christoph [v. Truchseß] zur Stunde und der Brief muß fort.

Leb wohl und vergiß nicht, daß es mir auch schrecklich schwer ist, nicht zu Dir kommen zu können. Wenn wir aber einmal ganz zusammen sind, dann wird es um so schöner sein. Bis dahin hofft und wartet mit Dir immer

Deine Maria

1 Dietrich im Brief an seine Eltern vom 2. März 1944: «Meine Schwiegermutter wartet sehr auf Euch. Schade ist nur, daß Maria nicht zu Hause ist. Ich bekam übrigens heute den ersten Brief von ihr aus Bayern» (DBW 8,348). 2 Adalbert Stifter, Witiko, 1/4.

Mein liebster Dietrich! Bundorf, den 27. II. 44

Könnte ich Dir doch ein Stück von der schönen, warmen Frühlingssonne, die mir grade auf die Nase scheint mitschicken. Der Blick aus dem Fenster ist märchenhaft schön und allein der Vorsatz an Dich schreiben zu wollen, hält mich davon ab, gleich hinaus zu laufen. – Nun ist die Situation hier so: Der Christoph sitzt neben mir und modelliert seinen kaputten Soldaten aus Ton neue Arme, Beine und Gewehre an (eine unbeschreibliche Schmutzerei). Cordula spielt mit ihrer Puppenküche und singt dabei Choräle und der kleine Hanns Martin wandert krähend mit der Handhaltung eines katholischen Christkindes um uns herum. Dabei soll nun ein Brief an Dich entstehen. –

Dein Tempramentsausbruch gegen die Erziehungsmethoden des Stiftes hat mir doch zu denken gegeben.[1] Die einzige Gefahr, die ich darin sehe, ist eigentlich grade umgekehrt, nämlich, daß die Mädchen, wenn sie im kritischen Alter von 16 Jahren dort abgehen, genau ins Gegenteil umschlagen (Siehe mich – und es hat leider immer noch nicht wieder aufgehört). – Du mußt auch denken, daß dies doch keine erfundenen und in irgendeiner Übersteigerung erdichteten Gesetze sind, sondern einmal ganz selbstverständlich waren und nun eben nur veralteten. Du darfst vom Stift nicht verlangen, daß es sich nach irgendwelchen modern pädagogischen Regeln richtet. So grade können ja die Eltern handeln. – Und, weißt Du, darin muß ich ja der Pröpstin Recht geben, wenn ich auch sonst sehr auf Deiner Seite bin, zu der Einstellung dort zu Arbeit und Freizeitausfüllung der «Stiftsfräuleins» paßt eine große Toberei nicht. Nur hat man eben vergessen, daß Mädels mit 10–12 Jahren eben noch keine «Fräuleins» sind. Die Einführung dieser Klassen ist nämlich ganz neu. Früher kam man in die Untertertia dorthin, trug Kleider bis an die Knöchel und wurde mit «Sie» angeredet. Ich habe das noch so erlebt! –

Du hast doch hoffentlich nicht gedacht, ich habe Dir das Buch: «Und eines Tages öffnet sich die Tür» geschickt, damit Du Vergleiche ziehen sollst![2] – Du hast mir mal geschrieben,[3] daß ein Verfasser nicht gern durch sein Buch hindurch gelesen werden wollte, sondern am liebsten ganz dahinter zurückträte. Das hat mir sehr eingeleuchtet, besonders, da ich Bücher gern als etwas Ganzes nehmen will. Versteh bitte, nicht so, als wären sie das Produkt irgendeines Menschen, sondern als wären sie nur über ihn hinweg geschaffen. –

Es ist jedenfalls sehr interessant, daß Du selbst am wenigsten Deine Behauptung respektierst. Ich bin wirklich nie auf den Gedanken gekommen, zu fragen, wer solche Briefe geschrieben haben könnte, ob es indiskret wäre, sie zu veröffentlichen, oder gar ob sie überhaupt wahr seien. Sicher ist es Interesselosigkeit, aber es ist mir völlig egal. Mich interessieren die Gedanken, freuen hübsche Beschreibungen, belustigen geschickte Feinheiten. Wenn ich solch ein Buch aus der Hand lege, sage ich nur: «Dies gefällt mir, jenes nicht! Dies habe ich daraus gelernt und jenes werde ich bald wieder abstreifen.» Fertig. Was will man *mehr* von solch einem Buch? Jedenfalls freute ich mich beim Lesen und auch hinterher über das Buch. Und ich dachte – verzeih – bei all den schweren Wälzern, die ich Dir da manchmal hereintrage, muß Dir der Kopf doch schließlich so rauchen, daß Du soetwas mal ganz gerne liest. – Ich hab übrigens noch ein anderes solches Buch, das ist aber 1.) ausgedacht und 2.) nur einseitig und 3.) hat man mir schon prophezeit, wenn Du es in meinem Bücherbord entdeckst, würdest Du es kassieren. Also bleibt es solange noch da stehen. –

Grade lese ich «Das Jahr der schönen Täuschungen» von Carossa.[4] Ein interessantes Buch, aber mir gefällt es nicht ausschließlich. Ich kann mich beim Lesen des Gefühls nicht erwehren: er hat es schreiben wollen und nicht schreiben müssen. Und dann muß man auch gleich weiterfragen, warum hat er es schreiben wollen; und darauf kann ich keine Antwort finden. Das Buch ist deshalb nicht groß, weil Carossa ihm verwehrt, größer zu sein, als er selbst. –

Du hast so schöne Worte über den Witiko geschrieben.[5] Ich danke Dir dafür. Du weißt das so gut und klar zu sagen. Wenn ich das lese, so sehne ich mich danach über viele Dinge und Bücher mit Dir zu sprechen, denn Du sprichst das aus, was ich wohl schon in mir fühlte aber doch nie zum Ausdruck hätte bringen können. –

Wir haben hier für einige Tage einen Architekten, der einen «Bombenbesuch» macht. Ich hab mich sehr interessant mit ihm unterhalten und muß Dich etwas fragen. Glaubst Du nicht auch, daß man ein Kunstwerk nur dann richtig schön finden kann, wenn man auch das, was es ausdrückt und meint, ganz bejahen kann? Glaubst Du nicht auch, daß ein Architekt, der jedes Christentum völlig verneint, auch nie eine Kirche wirklich schön finden kann? Oder wenn er es behauptet, dann weiß er gar nicht, was rechtes Schönheitsempfinden ist. Für mich liegt eben das Schönheitsempfinden nicht nur im oberen Teil des Kopfes sondern ich glaube, daß man einem Ding nur gerecht werden kann, wenn man es mit Leib und Seele nachempfindet und aufnimmt. Wenn das nicht so ist, heißt das bei mir: «Ich weiß nicht, aber ich kann nicht!» Gehörst Du zu den Menschen, die immer einen Grund wissen müssen, warum nicht? Mutter und Großmutter gehören dazu. –

Wie dankbar bin ich für jeden Tag der mir die Nachricht bringt, daß kein Angriff auf Berlin war. Der Gedanke, daß ich hier eben nicht die Möglichkeit habe, einfach hinzufahren und nachzusehen, wie es Euch geht, ist doch quälend. –

Aber es geht mir unverdient gut hier. Die Arbeit mit dem Christoph macht mir Freude. Der Junge hat große Ähnlichkeit mit HansWerner, jedenfalls in seiner Zerstreutheit, Langsamkeit, Träumerei und Phantasie. Es kostet eine Menge Geduld, aber man kommt doch vorwärts. – Von meiner Cousine Hesi [v. Truchseß] soll ich Dich grüßen. Sie fragt immer so lieb nach Dir und wünscht sich wirklich nichts sehnlicher, als daß diese Zeit bald vorbei sein möge. Wir sind viel zusammen und haben uns gern. – Am meisten aber bin ich doch bei Dir, und ich denke, Du mußt es doch spüren, wie lieb ich Dich hab.

Deine Maria

1 Der Brief, auf den Maria sich hier bezieht, ist nicht mehr vorhanden. 2 Annie Francé-Harrar, Und eines Tages öffnet sich die Tür, Roman, Tübingen 1940. 3 Dies stand wohl in einem verlorengegangenen Brief. 4 Hans Carossa, Das Jahr der schönen Täuschungen, 1941. 5 Dieser Brief ist nicht mehr vorhanden.

Dietrich, mein liebster Dietrich! Bundorf, den 2. III. 44

Der Christoph arbeitet neben mir und hat alle paar Sekunden irgendeine dumme Frage an mich. Trotzdem kann ich nicht länger warten mit einem Brief an Dich.

Lach mich aus, aber als ich heut früh aufstand, wußte ich schon, daß irgendetwas Schönes geschehen würde. Ich stahl mich also gleich nach dem Essen aus dem Haus, lief zur Post, saß da sehr ungeduldig eine halbe Stunde lang zwischen Bambergers Ignaz und Angebrants Toni auf der Holzbank und hatte schließlich wirklich einen dicken Brief von Papa in der Hand. Solch ein Brief, weißt Du, ist viel zu heilig, um ihn schon auf dem Heimweg zu öffnen, denn ein wunderbares Gefühl ist es, mit einem Brief, der etwas von Dir enthalten wird, zu gehen. –

Daß es aber 3 Briefe auf einmal sein würden, hatte ich nicht geglaubt. Einfach überfreut hab ich mich daran. –

Du hast mich sehr glücklich gemacht, Dietrich. Ganz Bundorf versinkt und ich bin nur noch bei Dir. Und dies bei Dir sein ist so schön, so klar und tief, daß ich ihm mit Worten keinen Ausdruck geben kann und auch nicht mag. –

Du bist da, bist bei mir und ich hab Dich lieb. Das ist alles wirklich *alles*. –

Ich muß Dir sagen, daß ich trotz allem sehr glücklich verlobt bin und daß mir *das* keiner nehmen kann.

Es war vielleicht gar nicht richtig von mir, Dir zu erzählen, daß ich nicht gern hier her führe. Ich machte es Dir dadurch nur unnötig schwer. Und nun bin ich ja auch wirklich gern hier, habe es sehr gut und muß wirklich dankbar und glücklich sein. Sehnsucht habe ich aber eben doch sehr und jeden Tag zähle ich auch, bis endlich Ostern sein wird. Jedesmal, wenn Du Sehnsucht bekommst, mußt Du Dich freuen darauf, daß ich wieder zu Dir kommen werde. Nicht wahr, und Du bist nur fröhlich in Gedanken an mich und unser zukünftiges Leben.

Wenn es doch nur endlich Frühling würde, damit Du Deine elenden Erkältungen loswirst, dann wäre mir schon um ein erhebliches wohler. Hier so sitzen zu müssen und gar nichts tun zu können, während Du verquiemelt und mit dickem Kopf rumläufst, ist wirklich kaum zum ertragen. Daß ich mir selbst eine gründliche Erkältung zugelegt habe, ist ein schlechtes Gegenmittel. Aber ich merke doch wenigstens ständig, wie Dir zumute sein mußte.

Über Deine Schützabneigung[1] hab ich so gelacht, daß Hesi aus dem unteren Stock heraufstürzte und dachte ich wäre nicht recht normal. Meine erste Handlung war, das dicke Buch mit einem Stoßseufzer der Erleichterung in meinen Frachtkoffer zu verschließen. Da mag es ewig ruhen! – Du nimmst mich jedenfalls in punkto Bücher in eine harte Schule.[2] Ich werde demnächst vorher immer schüchtern bei Dir anfragen und schließlich nur noch mit Furcht und Zittern bis Krankheit und Tod Kierkegard lesen.[3] Bisher hat man mir immer gesagt, das wäre zu hoch für mich. Aber versuchen will ich es gern, wenn ich mir die Bücher irgendwoher beschaffen kann. – Leicht beleidigt hat es mich ja doch, daß Du annimmst, ich habe den 2. Teil der Nachfolge noch nicht gelesen. Aber ich werde ihn gleich noch einmal lesen und den Wilhelm Meister – auf den ich mich schon sehr freue, – gleich hintendran. Und den Don Quijote werde ich auch lesen. Ich hab mir bisher immer eingebildet, es wäre ein spanischer Simplizissimus und darauf hatte ich keine so übertriebene Lust. Aber wenn *Du* es mir empfiehlst, dann werde ich alle meine Vorurteile fahren lassen. –

Du sagst der Bergengruen wäre Dir nicht verschwiegen genug![4] Damit magst Du Recht haben, aber, weißt Du, es gibt doch manchmal auch so dumme Leute – wie z.B. Deine Braut – die verschwiegene Sachen nicht verstehen und die darum dankbar sind, wenn einmal etwas ausgesprochen wird. Sieh, jedes Buch bedeutet und sagt doch jedem Menschen etwas anderes, so verschweigt es auch jedem etwas verschiedenes. Und sag, warum sollen diese beiden Menschen sich gegenseitig etwas verschweigen? Wenn man jemals etwas offen und ganz sagen kann, dann doch in diesem Augenblick. Könnte ich Dir erzählen, daß die Begebenheit mit dem Dichter und dem jungen Mädchen wahr sei, so würdest Du sie vielleicht doch anders beurteilen! Und warum soll es eigenartig sein? Ich mag viel lieber alltägliches, gewöhnliches Leben, weil es *wahr* ist.

Deine Empörung über die pädagogischen Prinzipien der Pröpstin ist entzückend. Du mußt nur nicht denken, daß ich ihre Vorhaltungen irgendwie tragisch nähme. Ganz im Gegenteil, ich mußte mir energisch auf die Unterlippe beißen, um nicht loszuplatzen. Aber Deinen Brief, den Du geschrieben hättest, würde ich wirklich gern gelesen haben, um Dich auch mal von dieser Seite kennenzulernen. Dabei ist mir soetwas gar nicht unbekannt. Ich habe Max nie so außer sich geraten sehen, als einmal, als eine Lehrerin von mir behauptete, ich hätte bei einer Arbeit abgeschielt. Es war uns beiden nämlich Ehrensache soetwas nicht zu tun. Jedenfalls hatte ich nachher Mühe, mir die Lehrerin wieder einigermaßen gewogen zu stimmen, so böse war Max geworden! –

Du willst wissen, warum das kleine Mädchen meine Abreise nicht erwarten konnte. Wahrscheinlich hatte sie ein «objektives Urteil» über mich. Der überlaufende Tropfen war jedenfalls, daß ich sie mit dem Tagesvers – man muß im Stift jeden Tag einen bestimmten Gesangbuchvers lernen – 3 mal zurückgeschickt hatte, weil sie es immer noch nicht konnte. –

Eine sehr große Freude war mir das, was Du über Mutters Besuch schreibst. Eigentlich sollte ich Dir bei unserm letzten Sehen noch Verschiedenes von ihr bestellen, aber das ließ sich nicht sagen. Und schließlich weißt Du auch ohne daß grade ich Dir das sage, daß sie uns beide gern miteinander weiß und froh für uns ist.

In den Einzelheiten kann sie Dir das ja mal persönlich sagen. –

Daß Du nicht von der Hochzeit sprachst, finde ich *sehr* richtig. Es belastet Mutters Gedanken im Augenblick nur – und das ist ja sicher, wenn wir erst zusammen sind und uns auf diesem Punkt geeinigt haben, dann setzen wir beide es schon durch, mag kommen was will.

Morgen muß ich ganz früh herrschaftlicher Kutscher spielen und meinen sehr geliebten Vetter Dietz [v. Truchseß] von der Bahn abholen. Im Grunde tue ich es gern, denn das Pferd ist nett und der Vetter auch, aber damit ich nicht in den Chausseegraben falle, muß ich aufhören und ins Bett gehen. –

Am Sonntag hab ich viel Zeit, da schreibe ich Dir wieder. –

Und nun laß Dir noch einmal sehr danken für Deine schönen Briefe. Komm für einen Augenblick in mein Zimmer, laß Dich umarmen und sehr lieb haben und glücklich ansehn von

Deiner Maria

1 Vgl. den Briefauszug vom 18. Februar 1944. 2 Vgl. hierzu den schon zitierten Auszug aus einem Brief Dietrichs an Eberhard Bethge vom 28. November 1943 (DBW 8,214). 3 Wie Anm. 1. 4 Offenbar ebenfalls in dem nur bruchstückhaft erhaltenen Brief vom 18. Februar 1944 angesprochen.

Mein liebster Dietrich! Bundorf, den 7. III. 44

Alles redet und erzählt von dem großen Tagesangriff auf Berlin.[1] Es muß schrecklich gewesen sein. Ich weiß mir nicht mehr anders zu helfen, als mich mit meinem Kummer und meiner Angst zu Dir zu flüchten. Du schreibst, Sorgen sollen immer zu Gebeten werden.[2] Ich danke Dir dafür, daß Du mir das sagtest. Du kannst so gut mit einem einfachen Wort große innere Komplexe bei mir lösen. Zum ersten Mal hab ich das bei Schleichers am Musikabend[3] gespürt und ich bin Dir oft und lang hinterher noch dankbar dafür gewesen. –

Ich hab die Geschichte von der Stillung des Sturms gelesen und alle Deine Worte, die Du dazu sagtest und schließlich bin ich ruhig in Gedanken an Dich geworden.[4] Unerträglich aber ist mir der Gedanke, daß – wenn Du diese Angriffe durchstehen mußt – ich nicht bei Dir sein kann.

Es ist schwer für Dich in solchen Augenblicken nicht alles sinn- und nutzlos zu finden, weil es grade dann noch mehr offenbar wird, als sonst täglich und stündlich. Ich empfinde schon sonst so oft, wie schwer es ist, wenn diese Gefühle mich übermannen, das Herz in beide Hände zu nehmen und ruhig machen zu lassen. Und Du mußt nun in den Stunden nach einem solchen Angriff untätig sitzen und Dich sorgen um liebe Menschen, die Dich als Hilfe nur zu nötig brauchten. Ich glaube zu ahnen, wie qualvoll grade Dir das ist.

Du schreibst: wir wollen diese Monate im Gefängnis nicht als ein «Leiden» ansehen.[5] Nein, wir wollen nicht nach dem Grund und dem Warum fragen und dann bei dem Grübeln danach hängen bleiben und uns verzweifelt machen lassen, sondern wir wollen die tägliche Aufgabe ganz erfassen und durch sie gemeinsam dem Ziel zustreben. Ist «Leiden» nicht immer ein Stehenbleiben und ein «Nicht-mehr-können»? – Gott teilt die Aufgaben anders aus, als wir es uns wünschen – schreibst Du. Ja, und er gibt uns immer – obgleich wir um den Skorpion bitten – das Ei.[6] Ich muß mich selbst schämen, daß ich immer wieder meine, einen Skorpion in Händen zu haben, wenn ich auch noch so oft das Gegenteil ganz offenbar erfahren habe. –

Wenn wir später einmal zusammen sind, dann werden wir Gott dafür dankbar sein, daß er uns diese Zeit gab. – Gott muß Dich sehr lieb haben, daß er dies über Dich kommen ließ, er nahm Dir viel, um Dir noch mehr zu schenken. Und mich hat er auch lieb, weil er es mir schenkte, daß ich mich vor einem Jahr mit Dir verloben durfte – er gab es *sehr* zu rechter Zeit, nicht wahr. Denk, wenn wir diese Zeit getrennt und innerlich allein durchleben müßten. – Und gibt es eigentlich etwas Schöneres für eine Frau, ihrem Mann so nah sein und ein bischen helfen zu dürfen? Das was wir hier zu tun haben wird doch nur erfüllt durch dasjenige Maß von Liebe, das wir aufzubringen vermögen. Ich will immer sehr dankbar sein, für jedes bischen Liebe, das mir geschenkt wird und will es alles weiterschenken an Dich, mein sehr lieber Dietrich. –

Die Tage gehen hier einen recht geordneten Lauf. Nur Deine Briefe vermögen alles recht gründlich und durchschlagend durcheinander zu rütteln. Es hat wahrhaftig nicht viel gefehlt, und ich wäre, als neulich Deine 3 Briefe kamen kurzerhand nach Berlin gefahren. Aber ich hab ja noch nicht einmal eine Sprecherlaubnis. Diese Briefe waren ganz wunderschön. Ich lese sie auch jetzt noch immer wieder und manche Stellen 3, 4 oder 5 mal. Daß Du Dich so über den Besuch von Mutter freutest, war mir Freude. Eigentlich habe ich es mir auch nie anders vorstellen können. Aber allein, daß Du es mir gleich schreibst, ist so schön. Wenn ich das nächste Mal zu Dir komme – und all mein Denken richtet sich dahin aus – dann bringe ich Dir auch den Rilke mit.[7] Bis dahin mußt Du bitte noch Geduld haben. Bitte gehe nicht mit zu großer Kritik heran. Ich mag auch Orpheus und die Duineser Elegien – überhaupt die Gedichte – lieber. Und doch hat dieses Buch eine gradezu magische Anziehungskraft für mich. –

Meine langen Reden darüber führe ich aber natürlich nur, weil ich längst weiß und gefühlt habe, daß er Dir nichts sagen und sein wird.

Von R. Schneider habe ich wieder schöne neue Gedichte gefunden[8] und von – – – Bergengruen auch! –

Der Schütz ist also endgültig begraben. Du meinst ja, mir würde er nichts schaden, aber für Theologen wäre er gefährlich. – Ich muß Dir mal was sehr Schlimmes schreiben, die Theologie ist für mich eine völlig unbegreifliche Wissenschaft. Da wo sie mir begegnet ist – wir beide haben uns ja glücklicherweise noch nie *so* theologisch unterhalten – hatte ich immer das Empfinden, als versuche sie das mit dem Verstand zu erklären, was eine reine und klare Glaubenssache ist. Und wenn man etwas, das man glaubt, erst noch mit dem Verstand begreifen muß, dann glaubt man es doch schon gar nicht mehr.

Die Notwendigkeit der Auslegung des Wortes ist mir klar. Aber ich hab einmal in Altenburg 3 Bibeltage mitgemacht. Da hörte man an allen 3 Tagen Vorträge über die Auferstehung mit anschließenden erregten Debatten, wo alles an Ansichten und Meinungen, was man sich nur irgend denken kann, zu Tage kam. Als ich diese Tage mit Seufzen und Anstand durchgehalten hatte, kam ich zu dem Schluß:

Entweder man kann an die Auferstehung glauben, oder man kann es nicht, wenn man aber so lange Streitgespräche über die kleinsten Einzelheiten führen kann ohne sich einig drüber zu werden, so ist das der beste Beweis, daß keiner von beiden dran glaubt! – Ich war damals 15 oder 16 Jahre und dies Glauben war mir selbst auch gar nicht unbedingte Selbstverständlichkeit. – Aber jedenfalls ist mir seither diese Art Theologie zuwider. –

Wenn ich nun ein theologisches Buch in die Hand bekomme, so nehme ich es als Auslegung des Wortes, die jeden Zweifel darüber, ob sie richtig oder falsch ist, ausschließt. Diese Dinge sind mir einfach zu heilig, um da Ansichten gegeneinander auszuspielen. – –

«Puh – sagst Du jetzt – ist die dumm!» (Vielleicht schreib ich es bloß, um Dich davon zu überzeugen). Ich bitte Dich, sag mir einmal was ich falsch mache und warum ein Pastor immer auch ein Theologe sein muß. Du weißt schon in welchem Sinn ich die Worte gebrauche. Ich bin sehr bereit meinen Fehler einzusehen und es besser zu machen. Allein werde ich nur damit nicht fertig. –

So, und nun kommt ein eiliger Schluß weil Mitternacht vorbei ist. Vor dem Schlafengehen lese ich noch einmal Deine Briefe und dann träume ich vielleicht von Dir. Im allgemeinen schlafe ich unausstehlich gesund und traumlos. Und wenn ich das nächste Mal bei Dir bin, dann vergessen wir blitzartig, daß dies eine greulich lange Zeit ist, die ich hier unten sein muß. Dann sind wir nur noch froh, beieinander zu sein! Bis dahin bleib mir nur gesund und geduldig wie bisher. Laß uns in Gedanken immer beieinander sein und laß Dich küssen

von Deiner Maria

Nach dem Durchlesen finde ich, daß ich doch noch einen kleinen Rückzieher machen muß. Wie, das ist mir selbst nicht ganz klar, aber Du sollst nicht denken, daß ich Deine Arbeit ablehne. Ganz im Gegenteil. – Schreib mir, daß Du verstehst, was ich meine

Mia

1 Am 6. März 1944 notierte Dietrich in seinem Losungsbuch den ersten Tagesangriff auf Berlin; s. hierzu seine Schilderung in DBW 8,355. 2 Aus einem nicht mehr vorhandenen Brief. 3 S. hierzu in den «Notizen» S. 273. 4 Vgl. den Auszug des Briefes vom 31. Januar 1944. 5 Der entsprechende Brief ist nicht mehr vorhanden. Dietrich hat sich indes hierzu etwa gleichzeitig zu Eberhard Bethge geäußert: «Zum zweiten Mal erlebe ich die Passionszeit hier. Ich wehre mich innerlich dagegen, wenn ich in Briefen z. B. meiner Schwiegermutter und Großmutter Wendungen lese, die von meinem ‹Leiden› sprechen. Mir kommt das wie eine Profanierung vor. Man darf diese Dinge nicht dramatisieren» (DBW 8,356). 6 Lukas 11, 12. 7 Gemeint sind dessen «Aufzeichnungen des Malte Laurids Brigge»; vgl. den Briefauszug vom 15. Februar 1944. 8 Vielleicht Reinhold Schneider, Jetzt ist der Heiligen Zeit, 1941, wovon in jenen Jahren auch viele private Abschriften in Umlauf waren; seine «Sonette» (1939) hatte Dietrich bereits im Januar 1944 in die Zelle bekommen (vgl. DBW 8,285).

Meine liebe, liebe Maria! [Tegel] 11. III. 44[1]

Es geht nun nicht mehr länger, ich muß endlich einmal an Dich schreiben und zu Dir sprechen, ohne daß ein Dritter daran teilnimmt. Ich muß Dich in mein Herz sehen lassen, ohne daß ein anderer, den es nichts angeht, mit hineinguckt. Ich muß zu Dir von dem reden, was uns beiden ganz allein auf der Welt gehört und was entheiligt wird, wenn es fremden Ohren preisgegeben wird. Was Dir allein gehört, daran lasse ich keinen Dritten teilnehmen; ich empfände es als unerlaubt, als unrein, als hemmungslos, und als würdelos Dir gegenüber. Was in verschwiegenen Gedanken und Träumen mich zu Dir zieht und an Dich bindet, liebste Maria, das kann erst in der Stunde offenbar werden, in der ich Dich in meine Arme schließen darf. Diese Stunde wird kommen und sie wird umso beseligender und echter sein je weniger wir versucht haben diese Stunde voreilig vorwegzunehmen und je treuer wir wirklich aufeinander gewartet haben. Als Du das vorletzte Mal mit Mutter hier warst und ich Dich nur eine Minute lang sah und Dich schon wieder verlor, da dachte ich, ich könne es nicht mehr aushalten, aber es waren fremde Menschen da und die Stunde unserer Erfüllung war noch nicht gekommen; ich mußte wieder warten und den kostbaren Schatz weiter verborgen halten und hüten. Meinst Du, das wäre leicht? denn wenn ich diesen Schatz mit etwas vergleichen soll, dann wäre das nicht Gold oder Perlen, sondern viel eher Dynamit oder Radium – verstehst Du, daß man damit sehr vorsichtig umgehen muß, wenn man kein Unheil anrichten will? Wie völlig unmöglich ist es, Dir mit vorgeschrieben lauter Stimme und in ebenso vorgeschriebener gehöriger Entfernung von einander – damit ja alles unter den Augen des Dritten bleibt!, – Dir das zu sagen, was ich Dir nur zuflüstern könnte in ganz einsamen, wunderbar-seltenen, vom Himmel geschenkten Augenblicken, – daß ich Dich liebe wie Du bist, und weil Du so bist, jung, froh, stark, gut, stolz, daß ich Dich liebe als mein eigen, ganz und gar – höre nicht diese Worte, Maria, höre nur, was sich dahinter nach Dir und nach unserer Zukunft sehnt, sieh' nicht die erstarrten Buchstaben, sondern sieh' hinter ihnen – ich bitte Dich – ein in vielen Stücken verkehrtes, selbstsüchtiges, ungeschicktes, schwaches Herz, das aber auf Erden nur noch Ruhe finden zu können glaubt, wenn sich Dein Herz ihm auftut. – – –

Laß uns ganz frei miteinander reden, liebste Maria. Es fällt uns manchmal schwer, es zu glauben, daß wir einander wirklich von Herzen lieb haben. Wir kennen uns noch so wenig. Und doch, so oft der Zweifel mich anzufressen beginnen wollte, habe ich ihn vertrieben und verjagt. Wie könntest Du mich liebhaben nach allem Vergangenen? Und doch – es ist irgendwie wahr und wird in Zukunft immer wahrer werden! Es ist ein Keim, der wächst. Er liegt länger in der Erde und liegt tiefer und braucht mehr Zeit, ehe er sich entfaltet zu sichtbarer Schönheit, aber er wird umso stärker, umso dauerhafter sein. Wir dürfen voneinander, meine gute Maria, nicht mehr erwarten als uns gegeben ist. Wir dürfen nichts erzwingen wollen. Wie sollten wir uns, da wir doch noch so gut wie nie allein zusammen waren, – auch das ist eine Fügung, über die ich manchmal staunend nachdenke –, uns schon ganz verstehen, schon ganz im gleichen Rhythmus leben können? Wie sollten wir die kleinen Zeichen der Liebe, die wir uns unter den gegenwärtigen Umständen geben können, schon richtig aufnehmen und deuten können? Wollen wir wirklich ungeduldig werden, weil so vieles noch nicht ist, was wir uns ersehnen, und nicht viel lieber nur froh und wieder froh sein, weil so unendlich vieles so ist, daß wir die Güte Gottes mit Händen greifen können? Ich jedenfalls habe keinen Grund unzufrieden zu sein mit dem, was Gott mir in diesem harten Jahr gelassen und geschenkt hat. Ich weiß, daß ich nichts von alledem, was Du mir bist, verdient habe. Es ist alles viel viel größer als ich fassen kann, – wie dürfte ich um das hadern, was mir noch vorenthalten ist? –

Du weißt, liebe Maria, Mutter war gestern hier. Wir haben gut miteinander gesprochen und ich bin ihr unendlich dankbar. Und doch mußte ich diesen Brief an Dich schreiben, um über den ersten wirklich großen Kummer des letzten Jahres hinwegzukommen. Ich muß Dir das sagen, weil ich es Dir nicht verbergen darf. Bitte, meine liebe Maria, sei darüber nun nicht traurig; etwas Kummer gehört wohl zum Werden einer Ehe hinzu. Mutter sagte, Du wärest von den Stunden hier irgendwie nicht ganz befriedigt.[2] Sie schlug mir, offenbar auf Großmutters Anregung, vor, Dir jedesmal eine kurze Bibelauslegung zu geben, also eine kleine Andacht zusammen zu halten. Sie meinte, Du solltest Fragen mitbringen, über die wir sprechen könnten – sieh mal, Maria, das alles geht so nicht und es wäre mir fremd und unnatürlich; wir dürfen aus der kurzen Zeit, die wir haben, nicht irgendetwas ‹machen› – nein, das geht nicht. Es ist ja garnicht so, daß ich irgendetwas ganz Besonderes, Großes, Wichtiges in dieser Stunde von Dir haben will, – wir wissen beide, was wir morgens und abends tun! – sondern ich will ganz einfach Dich, wie Du in Wirklichkeit und ohne Anstrengung und Bewußtheit bist, das ist viel ‹wichtiger› und ‹größer› als alles ‹Wichtige› und ‹Große›; denn es ist das wirkliche Leben, wie es aus der Hand Gottes quillt. Dabei ist gewiß das eine Zusammensein schöner als ein anderes, aber ist das Leben nicht selbst so und ist es nicht das Wichtigste, daß wir beieinander sind, wie wir nun einmal sind und wie wir später miteinander leben wollen?! Und weißt Du, geliebte Maria, wenn Dich die Verzagtheit und der Zweifel überkommt, dann schreib mir selbst! Wie soll ich selbst der Mutter sagen – es saß ein Mann dabei, der die Klatschhaftigkeit selbst ist! – was ich sogar Dir kaum zu sagen wage, weil zu einem großen Wort eine große Stunde gehört! Ich verstehe die Mutter so gut und ich bin so froh, daß Du sie in diesem Jahr gehabt hast, aber was ich Dir sagen will, kann und darf ich keinem anderen Menschen sagen. Das gehört Dir und mir und immer nur uns beiden. Verstehst Du das und meinst Du das ebenso? Großmutter hat mich nun einmal als ‹verschlossen› charakterisiert und ich fürchte, bei solchen Festlegungen bleibt es, wenn sie einmal ausgesprochen sind. Großmutter versteht dabei unter Verschlossenheit, daß ich auch mit nahstehenden Menschen nicht *über alles* spreche und sprechen will. So gibt es bei aller Liebe zu meinen Eltern, Geschwistern und bei der Nähe meiner Beziehung zur Großmutter jeweils bestimmte Dinge, über die ich mit diesem oder jenem *nicht* spreche, weil sie nicht zu der Art unserer Gemeinschaft hinzugehören. Großmutter mag das nicht; aber sie kann daran leider nichts ändern, weil ich es so für richtig und mir entsprechend halte. Ich glaube, daß die Menschen, die mich wirklich kennen, Klaus [Bonhoeffer], Christel [v. Dohnanyi], Eberhard [Bethge] – von den Eltern ganz abgesehen – mich nicht für verschlossen halten und ich bin gewiß, geliebte Maria, daß Du Dich einmal wundern wirst, wie wenig verschlossen ich bin, ja wie unendlich schwer es mir wird, etwas in mir zu verschließen; ja, wie sehne ich mich danach mit Dir zu teilen, was ich anderen verschließen muß. Die meisten Menschen halten mich für ruhig, zurückhaltend, ja fast abweisend; Du wirst mich anders kennen lernen. Großmutter meint offenbar, ich erwarte irgendwie mehr von Dir bei unserem Zusammensein; ich weiß nicht, was verkehrter wäre als dies und wundere mich nur, wie wenig mich Großmutter darin doch kennt. Als ob ich immerfort tiefsinnige, geistreiche Gespräche führen wollte! Gerade weil ich so genau weiß, daß wir im Fundamentalen schon eins sind, darum brauchen wir nicht immerfort von letzten Fragen zu sprechen, sondern können die Dinge des Lebens so wechselnd, wie sie nun einmal sind, an uns herankommen lassen und im Alltäglichen uns gegenseitig immer wieder finden. Die Stunden kommen noch, in denen wir von selbst auf das Fundamentale geführt werden. Aber nicht nur im Fundamentalen, sondern im Alltäglichen ist Gott.[3] –

Liebste Maria, nun warst Du ein paar Stunden lang mir ganz nah und ich lege den Brief in den Umschlag und – das Warten beginnt wieder. Warte mit mir! Ich bitte Dich! Laß Dich umarmen, lang und innig, und küssen und Dich liebhaben und Dir den Kummer von der Stirn streichen. Der Gedanke, daß Du Kummer hast, wäre mein einziger Kummer. Der Gedanke, daß Du in Liebe mitwartest und Geduld hast, ist mein täglicher Trost. Alles wird schön und gut werden zu der Stunde, die Gott dafür ersehen hat. Freue Dich mit mir darauf, Maria!

Immer, immer Dein Dietrich

Bitte laß uns diesen Brief wegen seines ungewöhnlichen Weges weder schriftlich noch mündlich erwähnen! Aber schreib *bitte sofort* und laß mich irgendwie verstehen, daß Du mich verstanden hast und daß Du keinen Kummer empfindest, sondern mich mit allen meinen Fehlern und Verkehrtheiten in Deinem Herzen behältst und verzeih mir, wenn ich irgendetwas in diesem Brief falsch ausgedrückt habe. Sagen wollte ich nur eins, nämlich: es darf nichts zwischen uns stehen, kein Kummer, kein stiller Vorwurf, auch keine heimliche Selbstanklage, nichts Gewolltes und Gemachtes, garnichts, wirklich garnichts, sondern wir wollen uns einfach so nehmen wie wir sind und uns darin sehr, sehr lieb haben, und wachsen lassen, was wachsen will und die Stunden nehmen, wie sie kommen, Stunden des Entbehrens ebenso wie die ersehnte Stunde der Erfüllung – wenn wir einander wirklich lieb haben, wird uns das gelingen und zwischen uns wird nichts sein – als Liebe, nichts als Liebe, geliebte Maria! Gott behüte uns und führe uns und stärke uns!

Dein Dietrich

Beim nochmaligen Lesen kommt mir der Gedanke, es könnte so scheinen als fiele auch nur ein Schatten eines Vorwurfs auf das, was Mutter mir gesagt hat über Deinen gelegentlichen Kummer. Ich bin *nur* dankbar dafür, aber eines allerdings ist wahr, ich hätte es lieber von Dir selbst gehört einfach um Dir selbst gleich darauf antworten zu können und weil man über so etwas selbst mit einer so unendlich guten Mutter doch kaum sprechen kann; denn auch die Worte der Liebe gehören eben nur Dir, meine liebste, liebste Maria!

Und noch ein ganz offenes Wort: Du weißt, wie sehr ich die Großmutter verehre und an ihr hänge und ich glaube sie gut zu kennen; wir beide wissen, wie sehr ihr unsere Zukunft am Herzen liegt. Aber nach all den Nöten des vorvorigen Winters halte ich es nicht für gut, weder für uns, noch für Mutter, noch für Großmutter selbst, wenn Großmutter mit Problemen ‹belastet› wird, die gar keine sind, und vieles wird dadurch unnötig kompliziert, wie schon damals. Ich habe so stark das Gefühl, daß wir allein miteinander fertig werden und daß das auch das Richtige ist. Meinst Du nicht auch, daß das für uns beide und für später das Beste ist? Du hast es selbst schon ein paar Mal so gesagt und ich glaube, unser Empfinden ist darin eigentlich sehr ähnlich. Verstehst Du, daß ich das alles nur sage, weil ich Dich liebhabe und nicht um irgendeinen Menschen, der es nur gut mit uns meint, zu kränken. Ja, das verstehst Du ganz gewiß! Noch einmal, leb' wohl! Schreibe gleich ohne viel Überlegen, einfach was Dir das Herz eingibt und mache damit glücklich

Deinen Dietrich

1 Dieser Brief konnte mit Hilfe von Unteroffizier Knobloch vom Wachpersonal aus dem Gefängnis geschmuggelt werden. 2 Vgl. Dietrichs entsprechende Mitteilung an Eberhard Bethge in seinem Brief vom 29./30. Januar 1944, DBW

8,302 f. 3 Vgl. hierzu Dietrichs Brief vom 23. Januar 1944 an Eberhard Bethge: «Mag in dem, was den Tatsachen vorausgeht, noch so viel menschliches Versagen, Sichverstecken und Schuld liegen, in den Tatsachen selbst ist Gott» (DBW 8,288).

Mein geliebtes Du! Bundorf, Heldengedenktag [12. 3. 1944]
Schon wieder ist ein schöner Brief von Dir gekommen.[1] Laß Dir sehr sehr dafür danken. Ich bin jedesmal froh, wenn ich aus einem Brief von Dir herausspüren kann, wie Du diese Zeit durchstehst. – Was Du über das Wundern schreibst, verstehe ich wohl. Wie schön und klar Du es zu sagen vermagst. Solch ein Wundern kann nur aus großem Vertrauen erwachsen. Es erscheint mir, wie der Weg vom Vertrauen zur Dankbarkeit. Und das ist dann *rechte* Dankbarkeit. Ich denke, daß ich darum bitten will, daß es uns geschenkt werde, uns gemeinsam zu wundern – Wunder zu sehen – und gemeinsam dafür dankbar zu sein. – Erschöpft sich nicht alles darin? –

Ich denke jetzt viel über unsere Sprecherlaubnisse nach. Seit ich nicht mehr sofort zu Dir fahren kann, fühle ich erst, was mir damit genommen ist. – Mutter und Großmutter haben kürzlich darüber gesprochen und schreiben mir nun jeder Briefe, wie *ich* eine nächste Sprecherlaubnis gestalten müßte. Es ist furchtbar lieb für Dich und für mich gedacht. Ich kann Dir das in den Einzelheiten nicht so auseinanderpulen, aber Du sollst mir einmal sagen: Ist es denn so wichtig, daß wir da tiefschürfige Dinge reden, daß wir uns unsere Anschauungen, von denen man die wichtigsten Teile doch nicht sagen mag, erzählen und aneinander abfeilen, daß wir etwas sagen, was wir ohnehin voneinander wissen, oder gemeinsam etwas tun, was wir täglich als festen Besitz miteinander haben? Ja, natürlich ist es wichtig. Aber es gibt noch etwas viel, viel wichtigeres. Ich weiß nicht, ob Du genau so empfindest, aber mir ist es am allerwichtigsten, daß ich nun neben Dir sitzen darf – eine sehr kurze Zeit – und doch reicht sie über die Wochen, die ich hier einsam bin, hinaus. – Wir könnten ja auch schweigend nebeneinandersitzen, aber weil es eine *Sprech*erlaubnis ist, so reden wir eben. Sag auch, wir wollen nicht kleinlich sein und an Worten herumdeuteln, sondern nur dankbar für das Große, Eigentliche. Daß uns beide die Unvollkommenheit bedrückt, wissen wir ja; Du sagtest aber neulich ganz richtig, wir wollen nicht so spielen, als wäre alles nicht wahr, ob das nun ein Sofakissen auf dem Stuhl, oder Worte beim Sprechen sind, ist doch fast einerlei. – Verstehst Du mich und das was ich Dir hiermit sagen will? Schreib mir das mal!

Ich werde über Ostern[2] hier bleiben. Es kommt viel Besuch hier her und ich weiß, daß Hesi [v. Truchseß] sich tot arbeiten würde, da sie selbstlos wie immer, alle ihren Hilfen Osterurlaub gab. Und wo sollte ich schließlich hin, da ich doch nicht zu Dir kommen kann. Zu Haus ist der Hans Werner auch nicht, weil er in ein Wehrertüchtigungslager einberufen wurde. Mutter wird mit den 3 Kleinen und den Bombengästen ein fröhliches Osterhasen-Ostern feiern. Da paßt eine Maria, die immer zu nur an ihren Dietrich denkt, gar nicht dazwischen. Und hier habe ich eine wirkliche Pflicht und Aufgabe. Findest Du da nicht auch, daß ich hierbleiben sollte? Natürlich werde ich Heimweh bekommen, vor allem aber Heimweh nach Dir und das läßt sich durch eine Heimreise auch nicht kurieren.

Ich hab es hier viel zu gut. Christoph ist ein reizender Junge, der mit allen Vorzügen und Nachteilen Hans Werner sehr ähnlich ist. Er ist vor allem sehr verträumt, zerfahren und nervös und manchmal bin ich betrübt, daß ich darum so oft unerbittlich streng sein muß und zu den hübschen Seiten des Lernens noch nicht recht kommen kann. Aber, ich meine, es wird schon werden. Er ist recht begabt, aufgeschlossen und natürlich und von einer so rührenden Zutraulichkeit und Herzenswärme, daß man gar nicht anders kann, als ihn sehr lieb haben.

Nebenbei versorge ich noch die alte – uralte Schwiegermutter meiner Cousine[3], die fast vollständig gelähmt ist. Mir hängt das so an, daß ich immer für alte Damen zu sorgen habe, ob das nun in Hannover, Kniephof, Altenburg oder hier ist. Sie kann so wunderbar aus der «guten, alten Zeit» erzählen und ist selbst ein Glasschrankstück von damals. Manchmal wandere ich abends mit meinem Spinnrad in ihren Flügel und dann erzählt sie mir davon, wie sie früher in Weimar bei Hofe ausgegangen ist, wie sie sich verlobt hat (wunderbar einfach) und wie sie ihre Kinder erzogen hat. Wir sind beide sehr beglückt von solchen Abenden und mögen uns gern.

Das habe ich Dir überhaupt noch nicht erzählt, daß ich spinnen gelernt habe. Es ist sehr schwierig, und ich kann auch noch nicht behaupten, daß ich es richtig kann. Aber es macht schon großen Spaß und ist urgemütlich, wenn wir zu viert am Feierabend mit surrenden Spinnrädern um den Ofen herumsitzen. Wenn Dietz [v. Truchseß] übers Wochenende kommt, liest er uns vor, sonst singen wir oder unterhalten uns. Hesi ist eine mordskluge Frau. –

Hier gibt es auch eine richtige uralte Bibliothek. Man kann in einem Sessel versinken und so lange man will völlig übersehen werden. Wunderbar. Ich hab nun mit dem Wilhelm Meister begonnen und bin fast in Gefahr ihn zu verschlingen. Ich bin Dir wirklich dankbar, wenn Du mir Bücher rätst. Von allein komme ich doch nur auf solche, die Dir nicht gefallen.

Ob Deine Grippe nun endlich vorbei ist? Mutter schrieb mir, daß sie eine Sprecherlaubnis bekam (unverständlich, daß ich immer noch keine habe!) und ich beunruhige mich sehr, weil sie am Donnerstag zu Dir kommen wollte und grade an dem Tag Angriff war. –

Diese schrecklichen Angriffe! Sie vermögen es jedenfalls mich aus der Fassung zu bringen. Wenn man nur ein wenig schneller Nachricht bekäme. Dietz ruft mich zwar jedesmal von Bamberg aus an und sagt mir, was er beim Militär ermitteln konnte. Aber das ist so schrecklich wenig und Deine Maria ist ein großer Angsthase! – –

Nimm mit diesem schlechten Brief einen sehr innigen Gruß.

Mit vielen sehnsüchtigen Gedanken bleibe ich –

Deine Maria

1 Dieser Brief ist nicht mehr vorhanden. 2 Am 9. April 1944. 3 Martha Frfr. v. Truchseß, geb. v. Schauroth.

Mein liebster Dietrich! Bundorf, d. 27. III. 44

Ich hab von Dir geträumt, so intensiv und stark, daß ich nicht mehr weiterschlafen kann, sondern Dir sofort schreiben muß um wieder ruhig zu werden. – Man soll Träume nicht erzählen, weil man damit andere Menschen anlangweilt, darum will ich es auch nicht tun, nur ein wenig will ich Dir von dem sagen, was ich beim Aufwachen empfand. – Solch ein unmittelbares Nahesein von Dir – auch wenn es nur im Traum ist – birgt Alles in sich, übergroße Freude und tiefen Schmerz; und ich spüre ganz deutlich: so ist es und so wird es sein und so *soll* es sein. –

Ich möchte gleich zu Dir fahren können, heute noch. Aber ich kann nicht – es ist mir unerträglich, daß ich immer noch keine Sprecherlaubnis habe – und dann, was könnte ich mit Worten sagen? Ich habe es ja so oft versucht, Dir Dinge die mich bedrängten und quälten einfach zu erzählen, aber ich habe es nie gekonnt. Nicht, weil ich etwas vor Dir verbergen wollte, sondern weil es, wenn ich bei Dir war, wirklich nicht mehr da war, weil es dann plötzlich alles klar und gut war und weil ich immerzu nur denken konnte: Du, Du! – Ich glaube, das kann *kein* anderer Mensch begreifen, was es allein bedeutet, neben Dir sitzen zu dürfen, daß es nämlich was «Besonderes, Größeres und Wichtigeres»[1] gar nicht gibt, solange ich bei Dir bin. Aber Du wirst verstehen können, daß, wenn ich dann allein zu Haus bin, der Pendel sehr nach der anderen Seite ausschlagen kann. Du, ich bin so unausgeglichen und leide selbst sehr darunter. Weißt Du, meine Eltern und Geschwister und alle, die ich wirklich gern mag, kennen mich nur so, daß ich ihnen all das, was sie von mir wissen wollen, bereitwilligst erzählte. Ich hab es ihnen nie schwer gemacht, mir in den hintersten Herzenswinkel zu gucken. Aber seit Vater und Max tot sind, ist das anders geworden. Und nun verstehen sie mich alle nicht mehr, sie können nicht begreifen, daß es da Dinge gibt, die nur mir gehören, mir und Dir. Und weil sie mich nicht verstehen, grübeln sie miteinander und kommen schließlich zu Schlüssen, mit denen sie mir sehr weh tun. – Du weißt ja, ich will hier niemanden beschuldigen und anklagen, Du weißt ja auch, wie lieb ich sie alle habe und daß ich auch immer empfinde, daß sie alles nur tun um mir zu helfen. Aber sie sollten es lieber lassen. Mir braucht gar niemand zu helfen, denn ich habe ja Dich. Ich hab Dich viel mehr, als ich sie alle zusammen habe und ich gehöre Dir mehr, als ihnen allen zusammen. Kann es da eigentlich noch etwas geben, was fraglich macht?

Mutter hat mir einen langen Erzählbrief von ihrer Sprecherlaubnis[2] geschrieben. Vielleicht bekomme ich darum keine Sprecherlaubnis, weil sie eine bekam!? –

Ich hab es gewußt, daß diese Sprecherlaubnis so werden würde, seit mir Großmutter von ihrem Gespräch mit Mutter schrieb. Und ich hab einen Brandbrief nach dem andern nach Haus geschrieben – Aber sie kamen alle zu spät. Es hat nicht sein sollen. –

Aber was soll ich tun, Dietrich? Es lassen sich die Worte nicht ungesagt machen und noch weniger kann man sie jetzt durch andere Worte wieder zurückrücken. – Sie haben Dir weh getan und ich wußte es und bin nicht hingereist, um es zu verhindern. Du hast nun einen großen Kummer und ich hab es verschuldet und stehe nun ganz machtlos dabei. Ich möchte Dir schreiben: es ist alles nicht wahr, glaub es nicht, glaube nur mir und dem was ich Dir sage, behalte mich nur lieb, dann mußt Du fühlen, daß es nicht richtig ist, daß ich anders denke und fühle. –

Aber so geht es auch wieder nicht. Was heißt denn überhaupt von einer Sache «befriedigt» sein. Wer will denn hier befriedigt werden, ich bestimmt nicht, und Du auch nicht.

Aber, Du, ich kann Dir nicht davon schreiben, es geht einfach nicht.

Kannst Du mir nicht auch ohne eine Erklärung vertrauen und glauben? – Ich kann gar nichts tun, ich möchte nur bei Dir sein und mich bei Dir ausweinen und sagen: verzeih, Dietrich!

Natürlich ist es meine Schuld, daß von diesen Dingen gesprochen wurde, aber es ist nicht so wie ich denke und empfinde. – Ich bin Dir immer dankbar gewesen für alles was Du in diesen Sprecherlaubnissen tatest und nicht tatest. Du kennst mich ja doch – auch wenn Du es nicht weißt – besser, als alle andern; und Du spürst es, was ich brauche und was ich noch nicht ertragen kann. – Und ich habe auch nicht falsch empfunden, ich wußte nach den ersten Worten von Mutters Brief, was geschehen ist. – Sie selbst hat es nicht empfunden und ist froh über die Zeit bei Dir. So will ich ihr auch nichts sagen, kein Wort! –

Es ist nicht unbescheiden, wenn ich sage, ich kenne Dich besser als Großmutter Dich kennt. –

Ich habe nie geglaubt, daß Du so verschlossen bist, wie Großmutter es sagte. Ich habe manches nicht geglaubt, nicht etwa, weil ich das Gegenteil beweisen könnte, sondern weil ich neben Dir gesessen habe und nicht nur äußerlich bei Dir war.

Ach, Dietrich, laß uns die andern Menschen vergessen, wenn wir beieinander sind und auch dann, wenn wir aneinander denken. Nein, laß uns nichts «machen» wollen. Der Gedanke, daß es so sein könnte, macht mich unglücklich und dann fürchte ich mich vor einer Sprecherlaubnis. Aber das will ich nicht.

Wenn ich bei Dir bin, dann soll es so sein, daß nur noch Du da bist, daß es keinen Weg, kein Hinderniß, gar nichts mehr gibt. Wenn wir so beieinander sind, nicht wahr, dann brauchen wir keine andern Menschen, keine Worte und keine Gebärden mehr.

Mehr kann ich jetzt nicht schreiben, das verstehst Du so gut. Ich hab Dir so schreiben wollen, wie mir ums Herz ist. Es ist schlecht gelungen, ich weiß es. Man kann auf diesen Wegen nicht das sagen, was eigentlich gesagt werden muß.

Dietrich, darauf warten wir beide zusammen. Daß ich geduldig bin, sollst Du wissen und daß ich bei aller Traurigkeit doch eine große Dankbarkeit gegen Dich empfinde. Das wird immer so bleiben, so, wie meine Liebe zu Dir immer bleiben muß. –

Immer weiß ich, daß Du nicht nur bei mir bist, sondern daß ich Dich in meinem Herzen halte und nicht mehr lassen kann

Deine Maria

1 Vgl. Dietrichs Brief vom 11. März 1944. 2 Am 9. März 1944.

30. März 1944 Sprecherlaubnis[1]

1 Hierzu Dietrich am 2. April 1944 an Eberhard Bethge: «Vor ein paar Tagen war (Maria) hier und erzählte sehr anschaulich, wie sie am 29. 3. in Pätzig Papa's Geburtstag vorgefeiert haben. Maria war für 2 Tage hingefahren, um die Eltern dort zu treffen. Morgens Singen vor der Tür, Geburtstagsfrühstück der Eltern mit Maria und ihrer Mutter allein, ein offenbar ziemlicher schlaraffenhafter Geburtstagstisch mit ländlichen Produkten, große Festtafel mit Geburtstagsrede von Hans Werner (was ich das allererstaunlichste finde), kleiner Kaffeekreis in Maria's Zimmer – dann mußten Maria und ihre Mutter verreisen. Mich hat das alles sehr gefreut, auch in Gedanken an die Eltern, die für solche spontanen Freundlichkeiten doch ein sehr offenes Herz haben» (DBW 8,375).

Mein lieber geliebter Dietrich! Bundorf, 31. III. 44, spät abends

Endlich – endlich bin ich wieder in Bundorf. Mich verlangte so brennend danach Dir zu schreiben, daß ich meine Ankunft wirklich kaum erwarten konnte und nun sofort noch an Dich schreiben will.

Ach, könnte ich Dir nur all das schreiben, was ich die Reise über an Dich gedacht habe. Es wäre zwar ein krauses Durcheinander, aber ich bin jetzt sehr sicher, daß Du alles verstehen und nachfühlen könntest.

Du sollst mir recht bald einen Brief schreiben und sagen, daß Du dies Wiedersehen auch sehr schön gefunden hast und daß Du glücklich bist. – Das war das Schönste, daß alles gut war in dem Augenblick, als Du ins Zimmer kamst. So, daß ich es plötzlich selbst nicht mehr verstehen konnte, warum ich so traurig gewesen war und jeder Brief an Dich mißlang. Es war ja doch eigentlich nur ein Mißverständnis das leicht beiseite zu räumen war. Und sieh, ist es nicht schön, daß wir uns ganz einig waren, ohne uns vorher verständigt zu haben. Daß wir beide genau wußten, daß *dies nicht* ging. – Es ist, als wäre es mir jetzt wie Schuppen von den Augen gefallen, daß ich erkennen kann: dies alles mußte nur so kommen, damit wir wissen und spüren, daß wir jetzt ganz einzig und allein zusammen gehören und daß wir nun die Hände, die sich ja doch schon von Anfang an immer dazwischen geschoben haben, *gemeinsam* abweisen müssen. Sieh, so ist es: hier sind wir beide auf unserem Sofa – und dann kommt erst eine ganze Weile gar nichts – und dann kommt noch eine ganze Weile gar nichts – und dann kommen ganz klein und hinten am Horizont alle andern Menschen! –

Und bei aller Liebe und allem Verstehen – es kommt überhaupt gar nicht in Frage, daß sie sich in irgendeiner Weise zwischen uns drängen oder in unserer Beziehung herumpulen.

Ich muß Dir noch ein wenig von Mutter erzählen. Du weißt ja, daß ich sie sehr lieb habe und daß sie mir in diesen Jahren ein Stück Vater gewesen ist. Sieh, Mutters unendlich große Kraft der Seele und des Herzens – von der wir Kinder *alle* mitumfangen sind, so groß und stark wie wohl nur wenig Kinder auf der Welt, und von der wir alle täglich zehren – hat irgendwie als negatives Gegengewicht eine manchmal etwas gewaltsame Intensität, die gar nicht mehr merkt, was um sie vorgeht. Damit kann sie dann manchmal etwas anrichten, was ihr nachher sehr zu schaffen macht und mühsame Steine in den Weg rollt. Aber siehst Du – die gute und die schwierige Seite dieser Seelenkraft gehören irgendwie zusammen – ganz untrennbar. Man soll da nicht das eine übersehen und nicht wahrhaben wollen und nur das andere lieben. Wir Pätziger Kinder können Mutters Seelenkraft gar nicht entbehren und darum müssen wir es alle lernen, diese minus-Seite der Kraft mit in unser Liebhaben einzuschließen. Wir müssen uns beide jetzt gegenseitig dazuhelfen. Denn sieh, nur so kann ein Schutzwall, den wir um uns bauen müssen, damit unsere Beziehung ungestört und langsam wachsen kann, nicht an einer Stelle hart in unseren Herzen werden. Nicht wahr, und das *darf* doch nicht sein.

Verstehst Du das, wenn ich Dir dies so schreibe? Ich mußte Dir dies noch sagen, weil ich finde, wir wollen nach einem solchen Erlebnis nicht sagen: So, nun ist alles wieder gut und wie vorher!, sondern wir wollen uns ja zueinander hinarbeiten. Wenn man uns die Möglichkeit nimmt, es auf gewöhnliche Weise zu tun, so sind wir doch jedenfalls beide zu stolz, um darum die Hände in den Schoß zu legen und langweilige Gesichter zu machen.

– Eben lese ich das Geschriebene nochmal durch und nun meine ich fast, ich müsse Dich um Entschuldigung bitten für das, was ich schrieb. Aber dann bin ich mir auch wieder so sicher, daß Du mich schon richtig verstehst und weißt, daß es mich nur eben so beschäftigt, daß ich es Dir schreiben *muß*. Aber jetzt höre ich auf. – Meine Reise war sehr erlebnisreich und kompliziert. Aber die Zeit mit Karl-Friedrich [Bonhoeffer] zusammen war hübsch. Ich glaube, er ist in Leipzig mit der Überzeugung ausgestiegen, Du habest Dich doch wohl geirrt. Aber *ich* fand es eben doch sehr nett mit ihm zusammen.

Ich bin immer noch ganz erfüllt von dem Tag in Pätzig und dem Zusammensein mit den Eltern. Ich hatte das Gefühl, als wäre es auch für Mutter eine Erholung gewesen. Sie sprach so reizend von dem Zusammensein und war voll Freude, daß sie sich mit den Eltern *so* gut verstand. –

So, und nun bin ich *wahn-sin-nig* müde und Du bekommst nur noch einen dicken Gutenachtkuß. Hast Du gemerkt, daß ich Dich sehr lieb habe? – Du?

Maria

Liebster Dietrich! Bundorf, 4. 4. 44

Heut bekommst Du ein Geschmier von der Bettkante, damit Du überhaupt etwas bekommst.

Alle Stunde läuft irgendein Gast ein, das Haus wird voll und völler! und die allgemeine Arbeitswut steigt in die dritte Potenz. Es ist ein komisches Durcheinander von Menschen, die hier ankommen und es ist mir noch in keiner Weise klar, wie man gemeinsam ein harmonisches Ostern feiern soll.[1]

Bisher scheint es noch so, als liefen die Menschen in Ansichten, Interessen und Anlagen ziel[los] auseinander.

– Die beiden ältesten Jungens aus Haubinda[2] sind gestern gekommen und erfüllen das Haus mit richtigem Ferienkrach. Der Max erinnert mich so ganz besonders in seinem Wesen an meinen Max, während Udo ihm oft lächerlich ähnlich sieht. Es ist sehr eigenartig plötzlich solche Ähnlichkeiten zu bemerken und man weiß dann immer nicht so recht, ob man heulen oder lachen soll. –

Alles Denken und Tun im ganzen Haus richtet sich nur noch auf Ostern. Ich hab das noch nie in so starkem Maße erlebt, aber ich finde es schön, so die Feste zu feiern. Wir wollen es später auch so machen. – Im vorigen Jahr merkte ich eigentlich erst abends um 10 Uhr, daß Ostersonntag gewesen war, weil wir durch beurlaubte Schwestern und viel Besuch der Kranken so wahnsinnig viel zu tun hatten. Schließlich hatten wir dann noch von 9–10 einen Schwesternabend in dem uns die Oberin die Geschichte von Manfred Kyber über «das patentierte Krokodil» vorlas.[3] – Glücklicherweise gab es um 10 Uhr Fliegeralarm, so daß ich wenigstens von 10–½11 etwas Zeit für wenige, spärliche Ostergedanken hatte. – Jetzt bin ich sehr dankbar, daß ich das nicht noch einmal mitmachen mußte. Mir ist es jetzt, wenn ich zurückdenke so, als wäre ich da einfach um eine Passions- und Osterzeit gekommen, die mir nun fehlt.

Es ist eigentlich gar nicht richtig, daß ich immer denke: *ganz* richtig Ostern feiern kann ich ja doch erst, wenn Du wieder bei mir bist. Du findest vielleicht, ich würfe da zwei verschiedene Sachen falscherweise durcheinander. Aber ich werfe gar nicht. Es *ist* einfach so, ohne daß ich etwas von mir aus dazu tue.

Ich mag es überhaupt nicht, wenn man das geistliche und das weltliche Glück und Liebhaben und die Freude so sehr als zweierlei ansieht. Für mich ist das immer eins gewesen. Vielleicht liegt das daran, daß ich eben zu weltlich bin. Aber woran es liegt ist mir ziemlich egal. Ich möchte es nicht anders haben.

Denke doch, wie schön es sein wird, wenn wir zusammen Ostern feiern. Liebst Du das Lied: «Christ lag in Todesbanden» auch so sehr. In Pätzig wird das immer an Ostern gesungen; und dann: Wir glauben all an einen Gott. –

Ich werde große Sehnsucht danach haben. Denn hier singt das niemand. Das erste Lied nicht, weil die Melodie zu schwer ist und das zweite nicht, weil es nicht unter «Ostern» steht. Zu dumm! – Nicht wahr, und Du findest doch auch, daß zu Ostern Osterwasser holen und Stiepen[4] und Ostereiersuchen dazu gehört. Hier ist man nämlich ein bischen zu «heilig» dazu und darum fällt das alles weg. –

Denk nun bloß nicht, daß ich die Ostertage über als Klex Widerspruch hiersitze und mich über alles ärgere, was nicht ist. Nein, ich bin weit entfernt davon. Ich finde es sehr interessant einmal ein solches Ostern mitzumachen und werde viel Neues lernen und erleben können.

Mutter schreibt mir heut nocheinmal so einen begeisterten Brief über das Zusammensein mit den Eltern. Sie hat sich auch so über das Urteil vom Papa über HansWerner gefreut. Und es war überhaupt hübsch mit den Eltern.

Natürlich ist sie noch ganz durcheinander von meinem plötzlichen unvermuteten Überfall am Dienstag. Sie kann sich dann immer noch wochenlang hinterher darüber freuen, das ist so nett. –

Ich glaube, ich habe gradezu beängstigend wenig Anlage zur Eifersucht. Aber den Brief, den sie bekommt neide ich ihr doch beinah. Du mußt den nächsten an mich dann doppelt schön schreiben. –

Aber Mutter wird sich schrecklich freuen. Ganz aus dem Häuschen wird sie vor Glück sein.[5] –

Ich bin richtig traurig, daß ich das nicht sehen kann, denn wahrscheinlich werde ich über den 19. April bleiben müssen. Der Bruder vom Pflichtjahrmädchen wird eingesegnet, und sie ist dann grad in diesen Tagen fort. Ich glaube nicht, daß ich Hesi dann im Stich lassen kann. Aber ich weiß es noch nicht genau. –

Morgen früh kommt meine Cousine Maxa Laer[6] aus Oberbehme. Ein ganz besonders netter Kerl, der Dir auch Spaß machen würde. Sie war Wochenpflegerin bei Ruth Alice und da hab ich mich schon ein bischen mit ihr angefreundet. Nun freue ich mich sehr auf sie. Es wird recht lustig mit ihr werden. –

So, nun bist Du schon ganz böse, weil Du meine Schrift eine Unverschämtheit findest. Und da Deine Würde es Dir nicht erlaubt laut los zu schimpfen (so wie ich das in solchen Fällen z. B. Oktober 1942 immer tat) will ich Deine Geduld nicht länger auf die Folter spannen.

Ich fürchte nur, Du wirst in diesen Tagen noch öfter solche Briefe bekommen.

Laß Dich's nicht verdrießen. Ich hab Dich trotzdem gleich lieb und grüß Dich nicht weniger – nein, noch viel mehr – von Herzen

Deine Maria

1 Es handelte sich um eine Berneuchener Freizeit, die unter der Leitung von Prof. Wilhelm Stählin als «Begehen der Heiligen Woche» gestaltet wurde; vgl. Hans Carl v. Haebler, Geschichte der Evangelischen Michaelsbruderschaft, 1975, 231. 2 Haubinda, Rittergut im Kreis Hildburghausen und Internat, in dem sich die beiden älteren Söhne v. Truchseß befanden. 3 Manfred Kyber, Sämtliche Tiergeschichten, 1936, zu dieser Zeit eines der beliebtesten Vorlesebücher. 4 Tradition, bei der die Kinder am Ostersonntagmorgen mit Zweigen auf die Bettdecken der Eltern schlugen und dabei riefen: «Stiep, stiep Osterei, gibst du mir kein Osterei, hau ich dir dein Bett entzwei!» Das Rufen und Stiepen hörte erst auf, wenn unter der Bettdecke einige Ostereier zum Vorschein kamen. 5 Dietrich schrieb seiner Schwiegermutter am 10. April 1944 (DBW 8,379 f). 6 Maximiliane von Laer; deren Mutter Friederike v. Laer war eine Schwester von Hans v. Wedemeyer.

Mein liebster Dietrich! Bundorf, den 11. IV. 44

Es war so gut, daß heute zwei Briefe von Dir kamen. Ich hatte in den Ostertagen so große Sehnsucht danach, von Dir irgendein Wort zu haben. Weißt Du, es ist doch sehr schwer so eine Freizeit allein mitmachen zu müssen, ohne auch nur einmal zwischendurch mit Dir reden zu können. Ich glaube, ich mache so etwas nie wieder ohne Dich. Es gibt dann hunderttausend Fragen, die ich nun eben nur noch Dich fragen kann und viele Erkenntnisse, mit denen ich eben nur zu Dir laufen könnte. Und wenn das alles nicht möglich ist, dann frißt man sich eben doch schwer durch solche Tage hindurch.

Ich muß Dir viel erzählen. Aber zuerst liegt da Dein Brief, der auf keinen Fall mehr länger auf seine Beantwortung warten will.[1] –

Du schreibst, daß ich nun allein bin, und daß das gut ist, und daß wir uns so vielleicht noch näher sind. Ich staune, daß Du dies zu schreiben wagst. Aber ich weiß sehr genau, daß das Wahrheit ist. Ich hab grade nach diesem Brief so deutlich gespürt, daß ich es oft gewußt habe. Auch daß es gut so ist. Nicht wahr, das wissen wir jetzt beide, daß *dies so gut* für uns ist, und wir beide wollen nur darum bitten, daß der Tag bald kommt, an dem auch das freie Beieinandersein gut für uns ist.

Ach, Dein Brief ist so schön. Eine kleine Freundin von mir, die fast täglich von ihrem Verlobten einen Brief bekommt, kann ich neuerdings nur noch ganz mitleidig angucken!!! Sie nimmt diese Briefe so gelassen und selbstverständlich hin und schimpft, wenn sie nicht «nett» genug sind. –

Sie kann ja nicht ein Zehntel von der Freude empfinden, die ich immer hab, wenn ein Brief von Dir ankommt. Ich möchte dem Postfräulein um den Hals fallen, jedem Kind auf der Straße was schenken, tanze singend über den ganzen Hof, tobe schließlich die Wendeltreppe herauf, laufe Wasser und Kerichteimer um und lande schließlich mit klopfendem Herzen auf dem Bett. (Aber Maria, Du sollst doch Deine Überdecke schonen!)

Wenn ich später mal einen Herzknax habe, dann hast Du Schuld, weil Du mir *zu* «nette» Briefe schreibst. –

Sieh, und dieser Brief vom 26. ist wieder so einer von den Briefen, die man schriftlich gar nicht beantworten kann. Aber das schadet doch nichts, nicht wahr. Du weißt doch, was ich Dir sagen möchte und wie ich Dir danke für alles was Du mir schenkst ohne daß ich es verdiene und weiß, Du mein liebster, guter Dietrich! – –

So, das ist jetzt nicht etwa erst der 3. Bogen, den ich an Dich schreibe, sondern schon der 6. Immerzu hab ich versucht, Dir von Ostern zu erzählen, von der Gründonnerstagsmesse und der Feier der Todesstunde am Karfreitag, von der Predigt über die Höllenfahrt Christi und endlich von der Osternacht. Aber es gelingt mir einfach nicht. Ich kann es nur so von außen erzählen, daß mich selbst das Grauen ankommt, wenn ich es wiederlese und so will ich es Dir wirklich nicht sagen. Du siehst daran: es ist mir alles fremd und im tiefsten Grunde unverstanden. Aber daß da eine gewaltige Kraft drinnen lebt habe ich doch gespürt und ich fürchte mich davor, weil sie mir so neu und groß und unbegreiflich ist. – Du weißt ja, daß Vater diesen Dingen sehr nah stand. Solang er lebte hat er nie mit mir darüber gesprochen. Ich weiß jetzt auch, warum er es nicht tat. Und ich möchte nie wieder soetwas mitmachen, ehe Du nicht da bist. Ob Du wohl einmal mit mir solche Osterzeit mitmachen willst? Ich möchte Dich fast darum bitten. –

Sag mir, glaubst Du, daß wenn man bei einem Gottesdienst einfach nicht mit *kann*, wenn alles in einem leer und verständnislos ist, daß es dann ein Unrecht ist, wenn man sitzen bleibt und nicht hinausgeht. Ich denke immer man muß doch die andern stören und ihnen – auch wenn sie es nicht wissen – etwas nehmen, weil man nicht in rechter Gemeinschaft mit ihnen zusammen ist. Glaubst Du nicht, daß man grade in einer richtigen Gemeinde dadurch, daß man nicht in einer Richtung mit ihnen streben kann, auch die andern hindert grade vorwärts zu gehen. Ich weiß es nicht, ich weiß nur, daß wenn es mir so geht, ich es immer als Unrecht empfinde, daß ich sitzen bleibe und die Lieder weiter mitsinge und das Gebet auch für mich mit sprechen lasse. Schreib mir, wenn Du kannst doch mal darüber. Es beschäftigt mich so. –

Hier wird immer in der Kirche gebetet: Und schenk uns einen Frieden, der der vielen Opfer wert ist, die für ihn gebracht sind. Ich hab lange darüber nachgedacht und hab schließlich gefunden, daß man den Gefallenen damit Unrecht tut, wenn man so betet. Vater würde sicher böse sein, wenn er das hörte. Das Wort «Opfer» paßt schon einfach nicht dahin. Wer opfert denn? Ich sicher nicht. Ich hätte bestimmt das Menschenmöglichste getan, um es zu verhindern und ich glaube, jeder andere auch. Und glaubst Du, daß die dort draußen, die ihre Pflicht tun, opfern. Entweder tut man doch seine Pflicht, oder man opfert. Und die Soldaten tun sicher alle ihre Pflicht. Und wenn es sein *muß*, dann sterben sie auch in dieser Pflicht. Aber Opfer, was ist denn überhaupt ein Opfer? Und wenn schon ein Opfer gebracht wird, wie kann man denn dann eine Gegenleistung dafür erbitten. Max hat mir mal gesagt, das Beten und das Leben Einzelner würde draußen so lächerlich, man könne dann wirklich nur noch um den Sieg der gerechten Sache beten, darum, daß das, was geschehe, gut sein möge für unser Vaterland und uns.

Meine Freundin Doris [Fahle] hat jetzt grad einen sehr lieben Menschen, einen jungen Pfarrer, im Feld verloren. Es ist sehr traurig für sie und sie quält sich ganz schrecklich damit, weil sie so viel Schuld bei sich sucht, daß er nicht glücklich war. Das beschäftigt mich sehr und macht mich so dankbar, daß ich Dich jetzt lieb haben darf.

Ich meine, die Liebe ist gar nicht etwas, was man in Händen hat und dem schenken kann dem man gern möchte, sondern man ist ihr einfach ausgeliefert. Sie kommt von außen und geht nur durch einen hindurch zu dem andern hin und man *muß* einfach mit. Und wenn sie nicht da ist, dann bleibt man einfach fern, auch wenn man noch so verliebt ist und noch so gern zum andern hin möchte. Nicht wahr? –

So, jetzt sagst Du: Das ist mir eine Rechte, eben schreibt sie, sie wolle keine Probleme wälzen und nun kann sie sich gar nicht genug tun mit Gehirnverschlingungen. Nein, das sagst Du nicht! Aber aufziehen muß ich Dich manchmal ein bischen und Du kannst froh sein, wenn es noch so abgeht.

Ich bin sehr froh, daß alle Gäste fort sind, weil ich am liebsten den geregelten Alltag habe. Feste sind herrlich, aber der Alltag ist notwendig und für mich, die ich Feste so liebe, besonders. (Dies ist nicht nur eine Gehirn-, sondern auch eine Satzverschlingung.)

Ich bin auch zu müde um noch mehr zu schreiben. Aber für Blitzgedanken in Deine Zelle bin ich nicht zu müde. Schlaf schön, Du, und denk an mich und laß Dir etwas Liebes von meinem Bild sagen (Daß man sein eignes Bild *so* beneiden kann!!!) und nimm mich einmal schnell in die Arme, damit ich Dir ganz leise sagen kann, wie lieb ich Dich hab

Deine Maria

1 Gemeint ist ein nicht mehr vorhandener Brief vom 26. März 1944.

Geliebteste Maria! [Tegel] 16. 4. 44

Während schon ein erster Geburtstagsbrief[1] an Dich unterwegs ist, kann ich es doch nicht unterlassen, Dir noch einmal zu schreiben und am liebsten schriebe ich Dir jeden Tag einen neuen Geburtstagsbrief. Du wirst 20 Jahre! Ich schäme mich ordentlich, daran zu denken, wie ahnungslos ich in diesem Alter noch war und damit zu vergleichen, wie Dein Leben demgegenüber schon durch wichtigste Erfahrungen und Aufgaben erfüllt ist. Ich glaubte damals noch, das Leben bestünde in Gedanken und Büchern und schrieb mein erstes eigenes Buch[2] und war, fürchte ich, recht stolz darauf. Aber welcher Mensch hat damals etwas von mir gehabt? Wem habe ich geholfen? Wen habe ich froh und glücklich gemacht? Was wußte ich in Wirklichkeit von den Dingen, über die ich schrieb? Und Du? Du schreibst glücklicherweise keine Bücher, sondern tust, weißt, erfährst, erfüllst mit dem wirklichen Leben das, wovon ich nur geträumt habe. Erkennen, Wollen, Tun,

16. 4. 44.

Liebste Maria! Während schon ein erster Geburtstagsbrief an Dich unterwegs ist, kann ich es doch nicht unterlassen, Dir noch einmal zu schreiben u. am liebsten möchte ich Dir jeden Tag einen neuen Geburtstagsbrief. Du wirst 20 Jahre! Ich schäme mich ordentlich, daran zu denken, wie ahnungslos ich in diesem Alter noch war und damit zu vergleichen, wie Dein Leben demgegenüber schon durch wichtigste Erfahrungen u. Aufgaben erfüllt ist. Ich glaubte damals wohl, das Leben bestünde in Gedanken u. Büchern u. schrieb mein erstes eigenes Buch u. war, glaube ich, recht stolz darauf. Aber welchem Menschen habe ich damals etwas an mir gegeben? wem habe ich geholfen? wen habe ich froh u. glücklich gemacht? Was wußte ich von der Wirklichkeit von den Dingen, über die ich schrieb? Und Du? Du schreibst glücklicherweise keine Bücher, sondern hast, lebst, erfährst, erfüllst mit deinem wirklichen Leben das, wovon ich nur geträumt habe. Erkennen, Wollen, Tun, Empfinden u. Erleiden bricht bei Dir nicht auseinander, sondern ist ein ganzes Ganzes, u. eines wird durch das andere getragen u. vollendet. Du weißt das selbst nicht u. das ist das Wunderbare u. vielleicht sollte ich es auch gar nicht sagen, – denn vergiß es nur u. bleib immer das, was Du bist, bleibe es für mich; denn das ist es, was ich brauche, was ich in Dir gefunden habe, was ich liebe – das Ganze, Unge-

Empfinden und Erleiden bricht bei Dir nicht auseinander, sondern ist ein großes Ganzes, und eines wird durch das andere gestärkt und vollendet. Du weißt das selbst nicht und das ist das Allerbeste und vielleicht sollte ich es auch garnicht sagen, – darum vergiß es und bleibe immer das, was Du bist, bleibe es für mich; denn das ist es, was ich brauche, was ich in Dir gefunden habe, was ich liebe – das Ganze, Ungeteilte[3], wonach ich Sehnsucht und Verlangen habe. Du bist so jung und Du wirst es immer bleiben – für mich. Wie anders könnte Dein Leben heute aussehen – manchmal packt mich dieser Gedanke, wie schwer ich es Dir mache, verzeih, Du hast wahrhaftig Besseres, unendlich viel Besseres verdient – aber dann richte ich mich an Deinen Briefen und an Deinem Hiersein auf und staune und staune, daß ich in Dir lauter Freude, Liebe, Geduld und Stärke finde – ich kann es zwar nicht begreifen, aber glauben kann ich es und mich daran festhalten und durch und durch froh und glücklich darüber werden, meine geliebte Maria! Du willst nicht, daß ich mir um Deinetwillen Vorwürfe mache, sondern daß ich Dich ganz einfach lieb habe und das will ich auch, garnichts anderes, so lieb, daß Du die Schmerzen, die ich Dir zufügen muß, garnicht spürst.

Weißt Du, wenn ich Dir das an Deinem Geburtstag ganz allein sagen könnte, – aber noch muß ich es schreiben, wie lange noch? Gestern war ich seit Monaten zum erstenmal in der Stadt; man war sehr freundlich zu mir, aber zugleich wurde mir gesagt, daß ich noch eine ganze Weile Geduld haben müsse; vor Pfingsten sei eine Veränderung nicht zu erwarten.[4] Ich fürchte, die ersten Sommermonate werden noch vergehen, ehe der ersehnte Tag da ist. Liebste Maria, ich wollte Dir das gleich schreiben, weil es mich natürlich sehr bewegt und weil Du es von mir und nicht von jemand anderem erfahren sollst. Es ist schwer begreiflich, daß das so sein muß, und es stellt unsere Zukunft in eine Ungewißheit, die nur durch unsere Liebe zueinander, durch unsere Treue und Geduld, und durch unsere Unterwerfung unter Gottes Willen und Führung überwunden werden kann, – statt Unterwerfung hätte ich besser ‹Vertrauen› sagen sollen, aber es ist wohl kein Zufall, daß mir das andere Wort zuerst in die Feder kam, und es bleibt ja immer ein neuer schwerer Weg von der Unterwerfung zum Vertrauen. Als ich bei Max' Konfirmation über Markus 9,24 sprach,[5] habe ich gesagt, es sei leicht ‹Herr› zu sagen, aber es komme darauf an, ‹lieber Herr› sagen zu können. Das muß ich nun selbst exerzieren und Du mit mir und ich mit Dir. Wir haben es beide, glaube ich, nicht gern, viel von den Dingen zu sprechen, die uns schwer werden, aber, nicht wahr, wenn sie uns einmal *zu* schwer zu werden drohen, dann wollen wir es uns immer sagen, ganz offen und voll Vertrauen, daß einer dem anderen dann nicht nur helfen will, sondern auch wirklich helfen kann. Wie macht Gott unsere Pläne immer wieder zunichte, aber doch nur um seine besseren Pläne mit uns durchzusetzen. Kannst Du das glauben? Laß es uns doch glauben, meine geliebte Maria. Nun mußt Du also nocheinmal Deinen Geburtstag mit etwas schwerem Herzen feiern, aber feiern mußt Du ihn trotzdem, das mußt Du mir versprechen. Freue Dich in diesen Frühlingstagen, so sehr Du kannst und laß mich immer dabei sein; ich möchte mich mit Dir freuen. – Würde Dir vielleicht die spanische Ampel[6], die auf dem Bücherbrett in meinem Zimmer stand, etwas Freude machen? Ich hatte sie immer gern und sie hat mich seit 15 Jahren in jedes Zimmer begleitet. Wie würde ich mich freuen, sie bei Dir zu wissen und zu finden. Sie gibt auch ein hübsches Licht. Laß sie dir bitte von mir zum Geburtstag schenken. Es ist zwar garnicht das, was ich Dir gern schenkte, aber sie ist doch ein Stück von meinem Leben und das kann nirgends besser aufgehoben sein als bei Dir. – Nun leb wohl, meine liebe, geliebte Maria! Gott schenke uns einen frohen Tag, ein frohes Wiedersehen und vor allem ein frohes Herz!

Lass Dich innig umarmen und küssen und liebhaben von

Deinem Dietrich

1 Dieser Brief ist nicht mehr vorhanden. 2 Dietrich Bonhoeffer, Sanctorum Communio. Eine dogmatische Untersuchung zur Soziologie der Kirche, Berlin 1930 (jetzt DBW 1). 3 Vgl. hierzu Dietrichs Eindrücke von Adalbert Stifters «Witiko», etwa: «Bei dem jungen Witiko heißt es einmal, er ziehe in die Welt ‹um das Ganze zu tun›; […] Witiko ‹tut das Ganze›, indem er sich im wirklichen Leben zurechtzufinden sucht und dabei immer auf den Rat der Erfahrenen hört, also indem er selbst ein Glied des ‹Ganzen› ist» (DBW 8,303). 4 Ähnlich in seinem Brief an Eberhard Bethge vom 11. April 1944: «Man hat mir [auf dem Reichskriegsgericht] gesagt, ich solle mich vorläufig nicht auf eine Veränderung meines gegenwärtigen status einstellen, und das, nachdem man mir bisher alle 14 Tage neue Versprechungen gegeben hat. Ich kann das zwar weder für richtig noch für klug halten und mache mir meine eigenen Gedanken darüber, über die ich sehr gern mit Dir spräche – aber ich muß mich eben praktisch danach richten, da ich mich mit meiner Auffassung nicht durchsetzen kann. Im übrigen hoffe ich auf Pfingsten!» (DBW 8,391). 5 Siehe Bonhoeffers in Kieckow gehaltene Konfirmationspredigt vom 9. April 1938 (DBW 15,476–481). 6 Erinnerung an Dietrichs Vikariatszeit in Barcelona 1928/29.

18. April 1944 Sprecherlaubnis

Meine liebste Maria! [Tegel] 23. IV. 44[1]

Seit heute nacht um 12 Uhr feiere ich mit Dir Deinen 20. Geburtstag. Ich wachte gerade auf, als die Anstaltsuhr Mitternacht schlug. Nun ist der Morgen da, an dem ich so gern bei Dir wäre. Welche Lieder mögen sie jetzt wohl vor Deiner Tür singen? Wirst Du sie – trotz allem – froh und glücklich anhören können? Ich wünsche es so sehr. Dann werdet Ihr die Losungen[2] lesen, die auch vor mir jetzt aufgeschlagen liegen – ‹beten› und ‹nachfolgen›, beides gehört zusammen, eins gibt es nicht ohne das andere, zuversichtlich beten und willig nachfolgen – das ist ein voller Lebensinhalt. Die heimliche Frage nach der persönlichen Zukunft, mit der wir etwas abergläubisch manchmal an die Losungen herantreten, bleibt ganz und gar unbeantwortet. Das ist schwer, aber gut. Dann können wir uns auf Gott verlassen – wie schön ist doch dieses Wort ‹sich verlassen›, sich-selbst-lassen, um auf Gott gegründet zu sein – und wenn wir Christus nachfolgen, dann kann ja auch unsere Zukunft nur gut sein. Geliebte Maria, das müssen wir heute mit Freuden glauben, nun ganz beieinander zu sein. –

Dein Besuch am Dienstag war schön, sehr schön, wie immer, wenn Du hier bist. Aber sag mir, warst Du über irgendetwas traurig? Oder habe ich mir das nur eingebildet, weil es mir selbst so schwer wurde, Dir zu sagen, daß wir nocheinmal von neuem warten müssen? Ich weiß es ja, daß es zu viel, viel zuviel ist, was ich Dir aufbürde; aber darf und kann ich dann auch nur einen Augenblick daran zweifeln, daß es Dir trotzdem *nicht* zuviel ist, daß Du mit mir wartest, nicht aus Mitleid, sondern einfach darum, weil wir wissen, daß wir zusammengehören und daß dem einen nichts widerfahren kann, was der andere nicht teilt. Was heißt denn Zusammengehören anderes als Alles-miteinander-teilen? Maria, haben wir es nicht so gemeint? Bisher ist die Last ganz auf Dich gefallen, aber so ist sie doch unsere gemeinsame geworden, nicht wahr? Laß Dir heute an Deinem Geburtstag dafür von ganzem Herzen danken, daß Du das vergangene Jahr mit mir gegangen bist, daß Du alles mit mir geteilt hast, so gut das aus der Ferne möglich war. Laß Dich um Verzeihung bitten für alles, womit ich Dir die Last noch unnötig erschwert habe. Laß uns auf die Stunde hoffen, in der wir nicht nur in Gedanken, sondern in Wirklichkeit alles miteinander teilen werden. –

Auch dieser Brief geht noch einmal den ungewöhnlichen Weg, weil ich will, daß Du ihn rasch bekommst. Öfter wird das nicht möglich sein. – Gestern erzählte mir Mama, daß sie Dir das Petrusbild geschickt hat. Das hat mich sehr gefreut. Ich selbst hätte es Dir nicht schicken können. Noch blühen einige Deiner Himmelschlüssel auf meinem Schreibtisch. Die Eltern möchten im Mai gern noch mal zu Euch kommen. Das freut mich sehr, wie ich auch sehr froh darüber bin, daß Du mit Eberhard [Bethge] gelegentlich Briefe wechselst; ich finde es auch wirklich sehr nett und freundschaftlich von ihm, daß er Dir zum 5. 4. schrieb. Bringe mir doch seine Briefe so wie möglich immer mit, auch Großmutter's Briefe freuen mich immer sehr. Du ahnst garnicht, wie lange nachher ich noch von solchen Eindrücken zehre. Der Verzicht auf Eberhard's und Großmutter's Briefe, an die ich so sehr gewöhnt war und die geradezu zu meinem täglichen Leben gehörten, fällt mir sehr schwer. Es ist wirklich ein ganz großer Unfug, daß man Großmutter deswegen Unruhe gemacht hat; das sind überflüssige Aufbauschungen, für die ich garnichts übrig habe. Wenn Du von Zeit zu Zeit an Eberh. schreibst, etwa nach den Besuchen, wird er – und auch ich – Dir sehr dankbar dafür sein. – Übrigens wäre es mir doch *sehr* lieb, wenn die Bitte wegen des 12tägigen Urlaubs auf einem Gut, positiv erledigt werden könnte. Der Mann ist natürlich ordentlich und besonders freundlich zu mir.[3] Falls es in Bayern nicht geht, ist es vielleicht anderswo möglich? Er möchte zum Anfang Mai reisen und ist körperlich sehr herunter. – Nun, Du geliebte Maria, laß Dich von Herzen umarmen und küssen und immer mehr liebhaben von

Deinem Dietrich

1 Geschmuggelter Brief. 2 Ich harre, Herr, auf dich; du, Herr, mein Gott, wirst erlösen (Psalm 38,16). Wer mir dienen will, der folge mir nach; und wo ich bin, da soll mein Diener auch sein (Johannes 12,26). 3 Dieser Vorgang läßt sich nicht mehr aufklären. Offenbar hat sich Dietrich bei einer Sprecherlaubnis für jemanden vom Wachpersonal oder vom Reichskriegsgericht im Blick auf einen Urlaubsplatz verwandt.

25. April 1944 Sprecherlaubnis

Mein liebster Dietrich! Bundorf, den 26. IV. 44

Was war es schön, als ich nach einer recht mittelprächtigen Fahrt und einem mühsamen Weg in mein Zimmer kam und mitten auf dem Tisch lag Dein lieber, langer Geburtstagsbrief.[1] Mit einem Schlage war ich wieder hellwach, fröhlich und vergnügt, die Stunde des Zusammenseins mit Dir wurde ganz gegenwärtig und ein ganzes Bündel dankbarer Gedanken flog schnell zu Dir nach Berlin zurück.

Antworten kann man auf solch einen Brief gar nicht. Man kann ihn nur immer wieder lesen und glücklich darüber werden.

Du hättest mir sagen sollen, daß Du ein Bild von mir zu meinem Geburtstag haben wolltest. Wenn ich mir auch einbilde, manchmal Wünsche anderen von den Augen ablesen zu können, aus Gedanken ersehen kann ich sie jedenfalls nicht. Du bekommst eins, aber Du mußt noch länger warten, weil ich hier keine Möglichkeit habe. – –

Du hast mich traurig gefunden, als ich Dich auf dem Weg nach Haus besuchte?[2] Verzeih, ich wollte es sicher nicht sein. Es ist ja auch wirklich kein Grund da, traurig zu sein, wenn ich neben Dir sitzen kann. Und es ist recht undankbar von mir, wenn ich dann nicht wirklich dankbar und fröhlich bin.

Du möchtest gern, daß ich Dir von unserer Osterwoche hier erzähle. Ich meine jetzt, ich hätte Dir davon nicht erzählen sollen. Es beunruhigt Dich nur und macht es Dir noch schwerer, nicht bei mir sein zu können. Ich wollte es auch gar nicht tun, nicht um Dir etwas zu verheimlichen, was Du vielleicht nicht gern hörst, sondern weil es alles noch so unfertig in mir ist und ich darum noch gar nichts drüber sagen kann. Zu Haus hab ich auch nicht davon gesprochen. – Sieh mal, es ist wohl eingedrungen in mich, aber ich vermochte noch nicht, es mir anzuverwandeln, zu eigen zu machen. Was könnte ich so darüber schreiben? – Ich bin doch zu sehr Vaters Tochter, um an Gottesdiensten dieser Art vorbeigehen zu können. Irgendwo in der Bibel steht einmal, daß man mit «Herz und Nieren» dabei sein müßte. Mit dem Herzen kann man in einem protestantischen Gottesdienst wohl gut dabei sein. Aber den ganzen übrigen Menschen läßt man so leicht – finde ich – vor der Kirchentür kalt stehen. Das ist wohl mein eigenes Unvermögen, aber in diesen Ostertagen hab ich zum ersten Mal gespürt, daß man wirklich mit dem ganzen Menschen dabei sein muß, daß man die Psalmen eben nicht nur mit dem Kopf denkt und mit dem Mund singt, sondern, daß die Hände und die Füße und alles mitsingen können. – Bitte denk nicht, daß ich mich da in irgendetwas hab hineinsteigern lassen. Ich bin wohl noch selten so nüchtern gewesen, wie in diesen Tagen. Ich wollte ja gar nicht, aber es ging eben nicht anders. –

Und wo ich nun schon so weit bin, muß ich Dir nochetwas sagen. Verstehe es bitte richtig, daß ich Dir das schreibe. Stählin[3] hat zu Hesi [v. Truchseß] gesagt, als er mich hier antraf: «Schicken Sie doch bloß die Maria weg, damit sie die Osterwoche nicht mitmachen braucht. So wie ich sie kenne, hält sie es nicht durch, daß sie sich nun zwischen ihrem Vater und ihrem Verlobten entscheiden muß. Und ohne diesen Entscheid geht es nach einer Osterwoche nicht mehr.» – (Du weißt ja, daß ich hierblieb nicht wegen der Woche, sondern nur um Hesi zu helfen.) Als mir Hesi dies lange nach der Osterwoche erzählte, merkte ich plötzlich, daß ich selbst auch schon so gedacht und die Osterwoche ungeschehen gewünscht hatte. Im selben Augenblick aber wußte ich auch, daß das einfach nicht wahr ist. Ich täte Euch beiden damit sehr Unrecht, Dir und Vater. *Das* ist nämlich Übersteigerung, wenn ich mich da für irgendetwas entscheiden will. Daß ich Deine Braut und Vaters Tochter bin, läßt sich auch nicht auseinandertrennen. Es ist der wertvollste Besitz, den ich hier auf der Erde und in meinem Herzen habe. Und aus dem Herzen kann ihn mir niemand nehmen. Denk mal, mir ist sowohl eine rosa Mitgliedskarte, wie ein weißer Verpflichtungsschein zuwider.[4] Sicher ist soetwas notwendig und unumgänglich. Aber ich möchte ohne soetwas in die Kirche gehen. Ich möchte wohl alle Richtungen und Wege kennen, damit ich meinen Weg finden kann, aber ich muß ihn mir dann doch selbst suchen und ihn *alleine* baun und kann nicht auf vorgetrampelten Wegen nachlaufen. Das ist nicht Hochmut, Du, ich weiß das, weil ich es erfahren habe. –

Aber das ist wohl wahr, daß man bei solch einer Osterwoche nicht sagen kann: das wohl, aber dies nicht! Man kann nur entweder ganz und gar mitmachen, oder man muß am ersten Tag wieder abreisen und vielleicht einen Schundroman als Ausgleich lesen, weil man es sonst nicht ertragen kann!! –

Schreib mir mal, ob es falsch war, daß ich Dir dies jetzt schrieb.

Nun muß ich wohl aufhören, obgleich ich ja eigentlich noch viel zu sagen hätte. – Vor allem, daß es schön bei Dir war und daß Du nicht traurig sein sollst. Schreib mir einmal, was Du am Abend nach unserer Sprecherlaubnis gedacht hast. – Wie schade, daß ich Deine Gedanken um Mitternacht an meinem Geburtstag verschlafen habe. Manchmal, wenn ich des Nachts aufwache und so sehr an Dich denken muß, meine ich, ein Gedanke von Dir habe mich vielleicht geweckt. Und das wäre schön. Morgens, wenn ich um ½6 aufstehe, dann bemühe ich mich immer recht zart und behutsam an Dich zu denken, damit Du noch ein bischen weiterschlafen kannst. Ich hab einen Kreidestrich um mein Bett gezogen etwa in der Größe Deiner Zelle. Ein Tisch und ein Stuhl steht da, so wie ich es mir vorstelle. Und wenn ich da sitze, glaube ich schon beinah, ich wäre bei Dir. Wäre ich es doch nur erst wirklich

D. Maria

1 Gedacht ist offenbar an Dietrichs Brief vom 23. April 1944. 2 Ebda. 3 Zu Prof. Wilhelm Stählin, dem Mitbegründer der Berneuchener Bewegung und der Michaelsbruderschaft, außerdem Freund des Wedemeyerschen Hauses, vgl. «Notizen» S. 246ff. 4 Bei den Gemeinden der Bekennenden Kirche gab es zu jener Zeit solche besonderen Mitgliedskarten.

Meine geliebte Maria! [Tegel, ohne Datum][1]

Das ist das erste Mal, daß ich in aller Ruhe nachmittags draußen in der Sonne sitze, ohne daß mich jemand behelligt. Es ist etwas so ungewöhnliches und vermutlich auch so seltenes, daß ich garnicht anders kann als diese Zeit ganz in Ruhe mit Dir zu verbringen. Ich habe Deine letzten Briefe mitgenommen, sie noch einmal gelesen und träume von freien Tagen mit Dir. Verzeih, hoffentlich kannst Du überhaupt lesen, was ich schreibe; jemand anders braucht es ja diesmal glücklicherweise nicht zu lesen! Ist das nicht herrlich, einmal so ganz ohne Zuschauer und Mithörer beisammen zu sein? –

Deine Briefe waren diesmal länger unterwegs als sonst. Dafür war es umso schöner als sie schließlich kamen. Was Du über die Osterwoche schreibst,[2] hat mich sehr bewegt und beschäftigt. Es war gut, daß Du es mir alles geschrieben hast, auch das schlimme Wort von Stählin. Das hätte er nicht sagen dürfen und er wird es kaum verantworten wollen. Wo ist nun eigentlich der ‹Fanatismus›, für den wir so verlästert sind,[3] bei ihm oder bei mir? Es tut mir sehr leid, daß er so von der christlichen Haltung abgeglitten ist; es muß auf großer Verbitterung gegen die Bekennende Kirche beruhen, woran die B. K.[4] allerdings vielleicht selbst mit schuld ist, allerdings nur in ihren unreifen Vertretern. Nein, liebste Maria, zwischen Deinem Vater und mir brauchst Du nicht zu entscheiden, so liegen die Dinge nicht und so darf man sie nie und nimmer ins Persönliche ziehen! Ich glaube zuversichtlich, daß Vater und ich sich immer als christliche Brüder betrachtet hätten, auch wenn man in diesem oder jenem Punkt voneinander abgewichen wäre und vielleicht sogar Irrtümer beim anderen zu sehen gemeint hätte; wir wären gewiß beide ganz offen gewesen, beim anderen zu lernen und hätten einander in der Erkenntnis Christi und in der Liebe zu ihm nur helfen wollen. Und nun gar in dieser Zeit, in der es nicht um christliche ‹Meinungen›, sondern um die Entscheidung für oder gegen Christus überhaupt geht. Ich bin gewiß sehr für klare Entscheidungen, wo sie nötig sind, aber in dieser Zeit solcher notwendigen Entscheidungen darf man – um Gottes Willen! – die Menschen nicht noch in unechte, nicht-notwendige Entscheidungen hineinzwingen! Ich bin froh, wenn die Osterwoche Dir im Glauben an Christus geholfen hat, und das würde ja zugleich bedeuten, daß Du Dich nicht menschlich beeinflussen oder durch Geschmacksfragen binden läßt. So gewiß man bestimmten Menschen den Glauben verdankt, so soll doch jeder Christ mündig sein[5] und sich nicht unter Menschen und ihren Ideen, sondern ganz allein unter Gott und sein Wort beugen. Alles Stilmäßige ist dem Glauben fremd. Mein Hauptbedenken gegen die Berneuchener geht dahin, daß sie den christlichen Glauben mit einem Stil belasten und so die Menschen nicht zu ihrer vollen Freiheit unter dem Wort Gottes kommen lassen. Verstehst Du das? Für die Botschaft von Christus, wie sie auch die Berneuchener teilen, bin ich ihnen nur dankbar, aber gegen alle Stilisierung wehre ich mich. Ich will nicht Christ und Berneuchener, sondern Christ und ein freier Mensch sein; und darin allerdings wünschte ich sehr, daß wir einig wären. Wenn Du in der Osterwoche nichts, *garnichts* als die Botschaft von Christus gehört hättest, würdest Du wahrscheinlich nicht in Unsicherheit und Probleme, sondern in die Gewißheit, Freude und Klarheit geführt worden sein. Ich behaupte gewiß nicht, daß ich Christus ohne menschliche Zutaten zu verkündigen vermöchte; aber ich bemühe mich darum und habe mich immer darum bemüht, die Menschen in die volle Freiheit unter dem Wort zu führen und sie nicht an mich zu binden, – so schlecht das oft genug gelungen sein mag. Also, mach' Dir um die Osterwoche keine schweren Gedanken, sondern nimm davon, was Dich in die Freiheit unter Christus führt, alles andere laß liegen und tue es immer ebenso, wenn Du mich predigen hörst und sage es mir immer, wenn Du bei mir fremde Gesetze und Stimmen hörst. Wir wollen Christus gehorchen und gehören, sonst niemandem! –

Du schriebst neulich, man habe so wenig davon, daß etwas Vergangenes schön und gut gewesen sei; wenn es einmal vorüber sei.[6] Auch ich habe gerade im letzten Jahr, besonders im Anfang, oft mit diesen Gedanken gekämpft. Aber ich habe gefunden, daß es sehr gefährlich und falsch ist und daß man ihm keinen Raum geben darf. Wir dürfen unsere Vergangenheit nicht verlieren, sie gehört zu uns und soll ein Stück von uns bleiben, sonst geraten wir in Unzufriedenheit oder Schwermut. Wir müssen alles Vergangene immer wieder durch das Reinigungsbad der Dankbarkeit und der Reue gehen lassen; dann gewinnen und erhalten wir uns das Vergangene. Gewiß, es ist Vergangenheit, aber es ist *meine* Vergangenheit und als solche bleibt sie gegenwärtig durch tiefe, selbstlose Dankbarkeit für Gottes Gaben und durch Reue über unser verkehrtes Wesen, durch das wir die Gaben immer wieder verderben. So können wir ohne Selbstquälerei an das Vergangene denken, ja aus ihm alle Kraft ziehen. Über allem Vergangenem steht Gottes Güte und Gottes Vergebung.[7] –

Ich bin froh, daß Du in Bundorf bist und werde Dich nicht mehr mit meinen Gedanken beunruhigen. Aber, nicht wahr, Du verstehst doch, daß ich damals unter dem Eindruck von Mama's Gesamtzustand noch einmal auf die alte Idee zurückkam? Sie selbst würde es unter keinen Umständen zulassen, daß Du jetzt dort herausgerissen wirst. Es war auch mir nicht so klar, daß Du so gern dort bleibst. Wenn die Reisen zu mir für Dich mehr Beunruhigung und Qual als Befreiung und Freude sind – ich könnte es so gut verstehen! –, dann bitte ich Dich herzlich, laß sie für ein paar Wochen und sei gewiß, daß ich Dich auch aus der Ferne sehr lieb behalte. Ich möchte nichts, als was für Dich gut und richtig ist und müßte mir sonst selbst Vorwürfe machen. Wir müssen es doch ruhig und ohne Vorwurf gegen irgendeinen Menschen uns selbst immer wieder sagen, daß uns heute die Monate oder wenigstens Wochen des Zusammenseins von November 42–April 43 fehlen. Das kann unsere Liebe zwar niemals beeinträchtigen, aber es macht sie wohl schwerer zu tragen, und gewiß für Dich noch viel mehr als für mich. Wir könnten eben doch schon ganz anders miteinander sprechen, wenn wir schon einmal allein zusammengewesen wären. Ich finde, es hat gar keinen Sinn, daß wir uns das verbergen, eben weil wir so gewiß sein dürfen, daß es mit unserer Liebe zueinander garnichts zu tun hat. Sie ist wunderbar genug entstanden und wird nun auch wunderbar erhalten. Und wenn Du es richtig findest, einmal längere Wochen nicht zu kommen, so wird mein Verlangen nach Dir zwar nur noch größer, aber zugleich ist mir beruhigend zu denken, daß wir ganz frei und offen zueinander sind und daß Deine Ruhe, die Du brauchst, nicht gestört wird. Ich weiß ja, daß ich Dir am allernächsten bin, wenn Du ganz in Ruhe bist und das ist ein großer Trost und nimmt mir alle Qual. Verstehst Du das wohl alles, meine geliebte, inniggeliebte Maria? –

Ein sehr lieber Brief der Mutter erfreute mich vor kurzem. Unter anderem schreibt sie von der Bitte, die sie mir leider nicht erfüllen könne – (glücklicherweise nichts Spezielleres) – und die ich durch Dich an sie gerichtet habe.[8] Habe ich das denn getan? Schrieb ich nicht gerade, daß es mir am liebsten wäre, ganz fremde Leute dafür zu finden? Die Tatsache, daß es nicht gelang, ist zwar bedauerlich, aber nicht schlimm. Jemand anders hier hat dem wirklich ziemlich kranken

Mann in der Nähe von Bamberg etwas verschafft und es ihm auch finanziell ermöglicht. So ist die Sache erledigt. Ich hätte ihm, da er viel Freundlichkeit gegen mich hat, nur gern etwas Freundliches erwiesen. Er war durchaus vernünftig als ich ihm sagte, daß es leider nicht ginge. Etwas amüsiert – verzeih; Du weißt, wie sehr ich gerade ihn und sein Haus liebe, – haben mich die ‹Bedenken› Deines Onkels H.J. [v. Kleist-Retzow], von denen Mutter auch schrieb. Wieviel ‹Bedenklichkeiten› hindern unsere Schicht immer wieder am Tun. Ich glaube, daß die Schwäche unserer Schicht imgrunde in ihren – gerechtfertigten und ungerechtfertigten – Bedenklichkeiten ihren Hauptgrund hat. Einfache Leute sind da anders, sie machen mehr Fehler, aber sie tun auch mehr Gutes, weil der Weg zum Tun nicht durch so viele Bedenklichkeiten hindurchgeht. Darüber müssen wir später viel sprechen.[9] Hoffentlich verstehst Du richtig, was ich meine. –

Nun ist die schöne Zeit schon wieder herum und ich muß schließen. Ich gebe Dir einen innigen langen Kuß und umarme Dich und gehe wieder in meine Abgeschiedenheit zurück, voll Dankbarkeit für diese Stunde mit Dir, meine liebe, liebe Maria!

Von ganzem Herzen immer

Dein Dietrich

1 Geschmuggelter Brief, wohl Ende April 1944 geschrieben. 2 Vgl. Marias Brief vom 26. April 1944. 3 Während des «Kirchenkampfes» im Lauf der dreißiger Jahre wurde dies den Leuten des Dahlemer bzw. Niemöllerschen Flügels, zu denen auch Bonhoeffer zählte, von Vertretern der «Mitte» vorgehalten. 4 Bekennende Kirche. 5 Eines der neuen Motive, auf die Dietrich Bonhoeffers theologische Gedanken in Tegel ausgerichtet waren; vgl. etwa WEN 357–360, 392ff. 6 Dies bezieht sich offenbar auf einen nicht mehr vorhandenen Brief. 7 Vgl. hierzu das Gedicht «Vergangenheit» von Anfang Juni 1944, S. 192ff. 8 Vgl. Dietrichs Brief vom 23. April 1944, Anm. 3. 9 Diesen Gedanken entwickelte Dietrich Bonhoeffer bei anderer Gelegenheit im Brief an Eberhard Bethge vom 21. Februar 1944 (DBW 8,333).

Lieber Dietrich! Bundorf, 1. Mai 44

Es geht immer noch mit mir herum, daß Du bei der letzten Sprecherlaubnis meintest, es wäre schön, wenn ich jetzt in Berlin wäre. Ich hab seither ein schlechtes Gewissen, weil ich noch hier bin und bleibe – und ich muß Dir noch einmal darüber schreiben.

Du mußt wissen, daß Du mir nur ein Wort zu sagen brauchst und ich gehe wirklich von hier fort. Wenn Du nun in einer Sprecherlaubnis davon sprichst, so bin ich nahe daran in alles einzuwilligen. Ich glaube, ich könnte gar nicht anders, als das tun, was Du gern möchtest. Aber ich bitte Dich sehr, sprich nicht davon. Sieh, es ist so schön hier und ich bin wirklich glücklich, daß ich hier sein darf. Als ich gestern ganz leise bei Hesi antippte, kullerten ihr gleich die Tränen und ich mußte daran denken, daß Du gesagt hast: «und wenn Du dann aber fort willst, macht sie Dir eine Heulszene!» (das hab ich ihr natürlich längst erzählt). Das Schlimme ist bloß, daß ich ja gar nicht fort will. Ich glaube, *ich* mache *Dir* eine Heulszene, wenn es dazu käme. Ich bin hier so glücklich, wie schon lange nirgends mehr. Darum ist es eben auch krassester Egoismus, daß ich hierbleiben möchte und daher mein schlechtes Gewissen. –

Mutter wollte mich auch schon nach Pätzig haben, weil unsere Haustochter heiratet. Aber, weißt Du, so schön es zu Haus ist und so traurig ich auch jedesmal bin, wenn ich wieder fort muß, so möchte ich doch nicht zu Haus als Haustochter sein. Das hab ich mir schon mit 15 Jahren ausprobiert und recht mittelprächtig gefunden. Schreib mir mal, ob Du nun immer noch möchtest, daß ich fortgehe von hier. Und schreib mir, ob du mich ein bischen verstehst. –

Du wolltest wissen, was Großmutter mir zum Geburtstag schenkte. Eine große Brosche aus einem schwarz-weißen Stein in Silber gefaßt. Es ist sehr lieb von ihr ausgedacht und [hat] mich sehr gerührt. Dir kann ich ja erzählen, daß ich die Brosche bei aller Liebe nicht schön finden kann. Weißt Du, meine Familie ist so diskret, daß sie es pietät- und taktlos finden würde, wenn man mir etwas zur Aussteuer schenkte. – Greulich unpraktisch.

Es ist herrliches Frühlingswetter und ich arbeite viel im Garten und freue mich dran. Und vor allem freue ich mich drauf, das einmal in einem eigenen Gärtchen tun zu dürfen. Hilfst Du mir dann? Stellst Du Dir das nicht wahnsinnig lustig vor, wenn wir beide zusammen unseren Garten hübsch machen. In die Mitte kommt ein großer Rasenplatz auf dem im Frühjahr Krokusse und dann Schlüsselblumen und Vergißmeinnicht wachsen. Und außenherum hat er schöne Staudenbeete mit Rittersporn und Tulpen und Zitronenlilien und Margeriten und tränenden Herzen und Sonnenblumen. Findest Du Dalien auch häßlich? Aber Astern mag ich gern und Akelei. –

In unserm Garten steht ein weißer Tisch mit Bank und Stühlen und im Sommer frühstücken wir draußen. Einen Hund haben wir vielleicht auch. – Es wird traumhaft schön werden. Und ich freue mich drauf!

Kuß! Deine Maria

Mein liebster Dietrich! Bundorf, den 6. V. 44

Ich bin schrecklich traurig. Denk Dir, das Stift[1] wird aufgelöst. Nach den Sommerferien kommt eine Kinderlandverschickungsgesellschaft oder soetwas ähnliches hinein. Es ist einfach zum Heulen. Fast 250 Jahre besteht das Stift. Menschenleben haben an seinem Aufbau ihren Inhalt gefunden, haben sich für die Sache geopfert, viele tausende von Kindern sind durch diese Schule gegangen und zu Menschen geworden und nun ist es möglich dies durch eine Unterschrift zu zerstören, vollständig zu vernichten! – Unbegreiflich. –

In Altenburg hab ich ein Stück Heimat gehabt, weil ich die schönsten Jahre meines bisherigen Lebens dort verbrachte. Ich liebte die Menschen dort und die Häuser – alles – ich mag gar nicht daran denken, daß dies nun vorbei ist und ich nie mehr dorthinfahren kann. – Du mußt jetzt unbedingt recht bald herauskommen. Noch 49 Tage bleibt es bestehen. Und ich wollte es Dir doch *un-be-dingt* zeigen.

Christine muß nun natürlich auch fort und es ist noch recht ungewiß wohin wir sie geben werden. Und denke doch, Ku[hlberg], die 20 Jahre lang im Stift war, muß nun auch fort und kommt sicher in irgendeine so x-beliebige Schule, die ihr schrecklich schwer wird und in der man sie gar nicht versteht. Mir ist das scheußlich und ich kann Dir recht nachfühlen, wie es ist wenn man etwas tun möchte und doch ohnmächtig ist und nur still daneben sitzen muß. –

Christine wird nun im Sommer zu Haus eingesegnet. Und Du wirst dabei sein! – *Es* wird herrlich. – Großmutter kommt auch und anschließend heiraten wir gleich, damit sie die Reise nicht 2 × machen muß. Ist das nicht ein triftiger Grund, uns bald heiraten zu dürfen? –

Mit dem Radio ist es übrigens nichts. Mutter findet es «unmöglich» und ich füge mich der weiseren Einsicht. Vielleicht kannst Du es mal mit mir als Radioersatz versuchen. Ich traue mir da allerhand zu!! Und es ist jedenfalls der einzige Ausweg, den ich noch weiß, wenn wir uns nicht zu Großmutter einnisten wollten, was sich aber wahrscheinlich mit meinen Eifersuchtsgefühlen nicht ganz verträgt. – –

Mit Großmutter hatte ich eine lange Korrespondenz über die Eifersucht, was damit endete, daß wir beide genau wie vorher unserer eigenen Ansicht waren. Jeder natürlich mit dem verschwiegenen Hintergedanken: «Dietrich ist aber auf meiner Seite!» – Ich habe aber beschlossen alle meine Briefe zu vernichten, denn sonst gerätst Du später einmal drüber her und dann werde ich, wenn auch sonst nie, diesmal bestimmt eifersüchtig und zwar auf die Briefe. –

In den nächsten Tagen werde ich einen Vorstoß auf den Schulrat machen, damit er mich als «vollwertige» Hauslehrerin anerkennt und Christoph [v. Truchseß] aus der Dorfschule – in die er ja immer noch an 3 Tagen in der Woche 2 Stunden lang gehen muß – entläßt. – Es ist sonst einfach kein System und keine Ordnung in den Unterricht zu bringen. Der Junge ist derart zerfahren und schusselich, daß das Arbeiten mit ihm manchmal eine Qual ist. Aber er ist dann auch wieder so herzlich und liebevoll, daß man ihm nicht lange böse sein kann. – Außerdem ist er *sehr* musikalisch und ich leider viel zu unbegabt um ihm anständige Stunden geben zu können. Das ist ein Jammer. Glaubst Du, daß schlechte Stunden anfangs schaden können? –

Gestern ist eine neue Wirtschafterin gekommen. Sie ist Pfarrerstochter aus Sindelfingen, macht einen sehr netten einfachen Eindruck und ich meine, daß ich mich gut mit ihr vertragen werde. Nun wird die Arbeit ein bischen verteilter sein und ich kann mehr hinaus in den Garten. Das ist schön. Der Staudengarten ist jetzt mein Reich und ich bin schrecklich stolz ihn einmal ganz durchgejätet zu haben. Heut am Sonntag ist er wirklich in ganzer Pracht, es fehlst nur noch Du mitten drin.

Ich möchte schon wieder zu Dir reisen! Aber wir müssen noch länger warten. Vielleicht an Pfingsten. –

Doris [Fahle] schreibt mir immerzu Briefe, daß sie mich besuchen möchte und ich selbst wäre auch sehr glücklich wenn es dazu käme. Vielleicht kann ich also doch einen kleinen Pfingsturlaub rausschinden. –

Ich käme so schrecklich gern wieder zu Dir, und brächte Dir einen großen Blumenstrauß mit. Jedesmal, wenn ich Blumen in mein Zimmer stelle, dann denke ich daran, daß ich sie ja doch am liebsten Dir brächte. –

Ein schrecklich langweiliger Brief. –

Hast Du mich noch ein bischen ...? Ich Dich nur noch ein wenig, fast gar nicht!

Nun finde ich den Brief doch noch ganz schön!!!

Deine Maria

1 Das Magdalenenstift in Altenburg.

Liebster Dietrich! Bundorf, den 14. V. 44

Seit Menschengedenken hab ich nichts mehr von Dir gehört. Was ist denn bloß los. Ich beunruhige mich schrecklich. Es ist ja grad erst 3 Wochen her, seit ich bei Dir war und doch muß ich bald wieder fahren. So völlig auf dem Trockenen zu sitzen ist greulich. Es schreibt sich auch gar nicht schön Briefe, wenn man vor Wochen den letzten Brief bekam. –

Hesi [v. Truchseß] ist nach Altenburg gefahren um da die Schulangelegenheiten für Sabine[1] zu regeln, so sind wir ganz allein. Weil ich auch noch gar nicht weiß, wann sie wiederkommt kann ich für Pfingsten noch nicht disponieren. Am liebsten wäre ich an Pfingsten in Pätzig, um mich da mit Doris [Fahle] treffen zu können. – Ich hab sie so lang nicht mehr gesehen. – Auf dem Hin- oder Rückweg komme ich dann zu Dir.

Es wäre auch herrlich, wenn ich mal wieder mit Mutter zusammen wäre. Sie hat schreckliche Sorgen mit allen ihren Kindern. Klaus's [v. Bismarck] Frage[2] ist noch in keiner Weise gelöst und Ruth Alice leidet sehr darunter. Hans Werner soll in irgendeinen (unauffindbaren) fremden Lehrbetrieb, für Christine muß ein neues Internat gesucht werden und Lala lernt zu Haus auch nichts vernünftiges mehr. – Wenn wir jetzt schon verheiratet wären und irgendwo in einer Stadt wohnten, könnten wir Ina zu uns nehmen damit sie von uns aus die Schule besucht. Das wäre wahnsinnig praktisch, dann würde es wenigstens immer ordentlich bei uns sein!!

Dies nur als Zettelchen zu Großmutters Brief. Morgen schreibe ich Dir vernünftig

Deine Maria

1 Die älteste Tochter v. Truchseß. 2 Eine etwa bevorstehende Rückberufung zu seiner Fronteinheit.

Lieber Dietrich! Bundorf, den 16. V. 44

Du müßtest hier sein und mit mir den Frühling erleben. Es ist so traumhaft schön. Vor einigen Tagen war ich auf Burg Lichtenstein – wo die älteste Schwester von Vater, Tante «Rusche» Rotenhan[1], wohnt. Du kannst es Dir gar nicht ausmalen, *wie* schön es da ist. Eine Burg mitten im Wald auf hohe Felsen gebaut, klein und gedrängt, fast unansehnlich, mit dicken Mauern und niedrigen Zimmern, nur ein kleiner Teil einer mächtigen Burg die nun als Ruine die ganze Höhe bedeckt. Wenn man aber an einem der Fenster steht und über die Berge und Täler, die vielen Ortschaften und Höfe schaut, dann wird es plötzlich mächtig und groß und man spürt ein wenig von dem, was Ritter und Herr sein heißt. –

Wunderbar grüne Halden ziehen sich hinab ins Tal und blühende Obstbäume lassen vergessen, daß Krieg ist und Unfriede. – Zwischen schweren beängstigenden Felsen plätschert ein kleiner Bach und wenn man ihm nachgeht, so kommt man in eine Höhle. Ich will Dir erzählen, was da geschah. Ein Ritterfräulein liebte einen Ritter. Aber ihr Vater wollte in die Hochzeit nicht einwilligen. Da erstieg der Ritter in tiefer Nacht das Fenster seiner Liebsten und entführte sie. Als sie jedoch bei dem Felsen angekommen waren, ergriffen sie die Knechte und führten beide zurück. Der Vater ließ aus Zorn über seine ungeratene Tochter schwere Felsen brechen und mauerte sein Kind noch in gleicher Nacht in den Stein ein. Aber ihre Liebe war so stark daß sie die Felsen sprengte und ihre Tränen flossen so, daß eine Quelle entstand. Da ließ sich der Vater erweichen und gab seine Tochter dem Ritter. – Findest Du das nicht eine schöne Geschichte? – Beinah zum nachmachen! Nur die Quelle lassen wir weg. –

Weißt Du, meine Tanten, die meine Verlobung ja nun alle langsam spitzgekriegt haben, finden das natürlich schrecklich aufregend. Sie fragen mir ein Loch in den Bauch nach Dir aus. Und schließlich schütteln sie gedankenschwer mit dem Kopf, das heißt dann etwa: «Na, Maria, wir haben Dir ja immer viel zugetraut, über einen Friseurlehrling wären wir gar nicht mal erstaunt gewesen; aber daß *Du so* einen Mann kriegst!! Verdient hast Du es jedenfalls nicht!» – Es ist schade, daß Du die Wedemeyersche Familie so gar nicht kennst. Ich glaube immer, daß sie mir doch noch viel näher steht und verwandter ist, als die Kleistsche. – Du wirst noch Dein blaues Wunder erleben, wenn Dir plötzlich alle Tanten und Cousinen um den Hals segeln. Ohne dem geht das kaum ab, und ich stelle es mir schon sehr bildlich vor, wenn ich dann verlegen daneben stehe und rot werde. –

Weißt Du, – Wedemeyersche Familie ist ja sehr schön. Dazugehören – prima, aber einheiraten möchte ich selbst nicht.

Das Bundorfer Haus hat sich jetzt sehr verändert. Seit man nicht mehr einheizen muß sind also die Türen zu allen Prunkgemächern aufgetan und nun ist aus dem Witikohaus ein Haus etwa zur Zeit des Soldatenkönigs geworden, – so wie man es in dem «Vater»[2] liest. Sehr geschmackvoll und großzügig eingerichtete Räume, Wohnzimmer so viel, daß man sich jeden Wochentag fast in ein anderes setzen kann, aber man lebt darin in einer gradezu spartanischen Einfachheit. Denk doch, es kommt vor, daß Dietz und Hesi sich einen Teppich huckeln, ihn gemeinsam in den Garten tragen und klopfen. Abends sitzt man dann aber auch immer hübsch angezogen mit übergeschlagenen Beinen in einem Sessel, raucht eine Zigarette und trinkt einen Apfelwein während man sich rollend über irgendwelche brennenden Zeitfragen unterhält. (Spinnen darf man leider nur im Winter) Ein ganz eigenartiges Durcheinander, aber mir gefällt es wohl. Ich hab nämlich eine Antipathie gegen Mädchen mit Servierkleid und Reisrändchen. Ich finde, das paßt in Romane und Erzählungen von Großtanten, aber nicht in die heutige Zeit, – (da hast Du meinen berühmten «Hang zum Küchenpersonal»).

Wir haben übrigens eine neue Errungenschaft. Eine alte 82jährige Tante von Dietz wurde in Frankfurth ausgebombt und ist nun hier einpassiert.[3] Natürlich versorge ich sie. Am 2. Tag bot sie mir das «Du» an und am 3. Tag fiel sie mir regelrecht um den Hals. Ich glaube, mehr aus Prinzip als aus Zuneigung, aber nett ist es doch. Sie war irgendsoeine würdige Hofdame und faßt ihre Schuhe nur mit Handschuhen an, erträgt es aber auch mit Fassung, wenn ich sie deshalb auslache. – Du bist ja für das Altmodische und findest das schön!! Aber ich finde es wahnsinnig übertrieben und außerdem ist es gar nicht etwa zartfühlend und rücksichtsvoll, wenn man ihr das nicht zu verstehen gibt. Ganz einsargen können sich doch selbst diese alten Damen nicht und ich finde, sie erschweren sich mit solchen äußerlichsten Kleinigkeiten das Mitleben und Mitempfinden mit der ganzen Zeit so ungeheuer. – Ich bin jedenfalls mit der guten Tante Klara sehr gut Freund und ein Abend in der Woche wird nun damit ausgefüllt, daß sie mir ihre ägyptische Reise zum 3. und 4. Mal erzählt. Außerdem hat sie meinen Großvater als junges Mädchen angeschwärmt und erzählt mir nun immer, was für ein «liebenswürdiger Kavalier und charmanter Tänzer» er gewesen ist. –

Kannst Du eigentlich Quadrille tanzen? Das mußt Du unbedingt lernen. Bei uns ist ein großes Fest ohne Quadrille gar nicht denkbar. Und *alles* wird mitgeschleift.

Ich bewundere immer noch, daß Du den Christoph [v. Truchseß] nach der Photographie gleich so richtig beurteiltest. Du würdest wahrscheinlich fabelhaft verstehen mit ihm umzuspringen. Ich stehe manchmal doch recht hoffnungslos ob solcher Verbocktheit oder Unverschämtheit daneben. Aber er kann dann hinterher auch wieder so reizend lieb sein und um Entschuldigung bitten, daß man ihm doch nicht böse sein kann.

Am 14. war der Hochzeitstag von Dietz und Hesi und ich machte mit beiden Kindern eine kleine Aufführung. Um ein Haar wäre die ganze Sache an Dullas [v. Truchseß] Bock und Christophs Faulheit, weil er einfach seine Rolle nicht lernte, gescheitert. Ich hab ein paar Bilder gemacht. Wenn sie gut sind, schicke ich sie Dir vielleicht. Du wirst auf ihnen jedenfalls noch die mühsam in Fassung gehaltenen Gesichter erkennen können. Das mühsam auswendig gelernte Klavierstück wurde mit Mühe und Not und viel Tränen bis zum Schluß durchgehalten und die Tischrede fiel plums in die Suppenschüssel, weil Christoph sich genierte. Es war eine ziemliche Katastrophe und außerdem eine große Blamage für mich. –

Ich werde nun öfter Aufführungen machen, damit die Kinder das lernen. Hesi ist glücklicherweise sehr anspruchslos und bescheiden. –

Nun freue ich mich schon sehr auf die nächste Reise zu Dir. – Meine Reisen sind wirklich nicht so anstrengend. Verschweigen tue ich Dir überhaupt gar nichts!!![4] Ich fand es nur nicht wichtig genug, um in der kurzen Sprecherlaubnis lange darüber zu reden. Und wenn die Reise erst glücklich überstanden ist, habe ich sie auch schon wieder gleich vergessen. –

Laß Dich sehr doll grüßen und denke daran, daß meine Gedanken stündlich bei Dir sind

Deine Maria

1 Clara v. Rotenhan, geb. v. Wedemeyer, auf Burg Lichtenstein bei Ebern, Unterfranken. 2 Gemeint ist das damals in diesen Kreisen hochgeschätzte Buch von Jochen Klepper «Der Vater. Roman des Soldatenkönigs» (1937). 3 Klara Frfr. v. Truchseß lebte in einem Frankfurter Altersheim, blieb dann in Bundorf. 4 Dies bezieht sich auf Dietrichs undatierten Brief vom Ende April 1944.

Meine liebste Maria! [Tegel, ohne Datum]

Ein Gruß zu Pfingsten – zwar wirst Du mich besuchen[1] und das ist mehr als 100 Briefe, aber wenn Du nach Bundorf kommst und wieder allein bist, muß ein Brief daliegen, damit Du Dich freust und damit ich mich freuen kann, wenn auch aus weiter Ferne. (Glücklicherweise geht es gerade wieder einmal so nebenher!) Was soll ich Dir und mir wünschen? Es kommt mir nur selten über [die] Lippen, aber ich kann es nicht anders sagen: ich wünsche, daß dieses Pfingsten für uns beide ein gesegnetes sei. Segen – das heißt sichtbare, spürbare, wirksam werdende Nähe Gottes. Segen will weitergegeben sein, er geht auf andere Menschen über. Wer gesegnet ist, ist selbst ein Segen. Das wollen wir füreinander und für alle Menschen, die unserer Arbeit oder unserer Fürbitte anvertraut sind, sein. Es gibt nichts größeres als daß ein Mensch ein Segen für andere ist, nicht wahr? Nicht nur eine Hilfe, ein Gefährte, ein Freund, sondern ein Segen. Das ist viel mehr. So soll es auch in unserer Ehe werden. Darum wollen wir bitten. So wollen wir Pfingsten feiern. –

Hab Dank für Deinen Brief über Lichtenstein.[2] Wie schön muß es dort sein. Warum ist es so gefährlich, in die Wedemeyer'sche Familie hineinzuheiraten. Ist es etwa schwerer noch als in die Bonhoeffer'sche? Ich hab gar keine Angst davor, außer allerdings vor den von Dir in Aussicht gestellten mir um den Hals fallenden Tanten! Vielleicht kannst Du sie rechtzeitig warnen und die Eifersüchtige spielen, vielleicht schützt mich auch mein Beruf davor. Oder was meinst Du? Du fühlst Dich Deiner väterlichen Familie näher als der Kleist'schen? Das mußt Du mir mal erklären. Schreib mir mal über die Wedemeyer's. Ich kenne bisher nur Euch und Vater's Erinnerungen an den Großvater. Warum muß man davor Angst haben? Ist man schrecklich tugendhaft? oder antibürgerlich? oder kritisch? Weißt Du, eigentlich hätte/hatte ich vor all dem gar keine Angst und schließlich heirate ich ja glücklicherweise Dich und nicht alle Deine Tanten (obwohl mir die alte Tante mit den Handschuhen sicher sehr gut gefallen würde!). – Großmutter schrieb sehr freundlich. Sie täuscht sich, wenn sie meint, sie dürfe mir nicht von Blumen, Musik usw. erzählen; ich freue mich doch so sehr darüber, auch von hier aus! – Ich muß abbrechen. Der Brief muß fort!

Gott behüte Dich!

Immer Dein Dietrich

1 Am 22. Mai; somit ist dieser Brief einige Tage zuvor geschrieben worden.
2 Vgl. Marias Brief vom 16. Mai 1944.

22. Mai 1944 *Sprecherlaubnis*[1]

1 Maria hatte tags zuvor an der Taufe des kleinen Dietrich Bethge im Hause Schleicher teilgenommen und dabei auch Dietrichs «Gedanken zum Tauftag» kennengelernt; vgl. Dietrichs Brief an Eberhard Bethge vom 22. Mai 1944: «Ich habe viel vom gestrigen Tag erfahren und bin sehr froh darüber. Deine Predigt hat Maria sehr gefallen; schon der kurze Aufriß, den ich erhielt, hat mir eingeleuchtet. Und wie schöne Lieder! [...] Ihr habt meinen Aufzeichnungen damit ja etwas reichlich viel Ehre angedeihen lassen; so war es wirklich nicht gemeint. Aber ich freue mich, wenn es Euch gefreut hat» (DBW 8,446).

Liebster Dietrich! Bundorf, Pfingstsonnabend [26. 5. 1944]
Ehe die postlosen Feiertage beginnen muß ich Dir schnell noch einen kurzen Gruß schreiben.

Gestern abend spät bin ich erst mit Dietz [v. Truchseß] zusammen hier angekommen. Die Reise ging sehr schön, glatt und reibungslos, fast um Lust zu bekommen, sie nochmal zu machen! Dietz holte mich in Bamberg von der Bahn ab, stopfte mich ins Bett und so bin ich auch heute gar nicht so verkatert, wie sonst nach den Reisen. Wir haben heut die vielen Maien aus dem Wald geholt um das Haus und die Kirche zu schmücken. In meinem Zimmer riecht es schon richtig pfingstlich. Auf dem Tisch vor mir steht ein dicker Feldmargueritenstrauß und daneben ein kleiner Strauß von Männertreu, das eigentlich Weibertreu heißen müßte, denn es gibt wenig Blumen, die so schnell abfallen. Oder?? –

Den ganzen Vormittag über hab ich mit der keßen Lisett vorm Backofen gehockt und die Pfingstkuchen der ganzen Gemeinde gebakken. Sie hat mir dabei wunderbare Geschichten erzählt, über die sie sich immer selbst ausschütten mußte vor Lachen und ich hab immer lustig mitgelacht obgleich ich absolut kein Wort dieses Dialektes verstehen kann. Sie kann aber auch «Schuldeutsch» sprechen und so hat sie mir angeboten, mir das Melken beizubringen. Findest Du es nicht auch sehr lustig, wenn ich melken kann. Es muß doch wunderschön sein, dann den ganzen Tag über nach Kuhstall zu riechen!

Leider ist inzwischen schon wieder ein Angriff auf Schweinfurt gewesen und daher ist alle ersehnte Post von Dir ausgeblieben. Aber sie wird wohl noch kommen. Bis sie da ist, denke ich sie mir selbst aus. Wollen mal sehen, wer schöner kann!! –

Nach solch einer Sprecherlaubnis, wie der letzten, ist die Zeit hinterher immer besonders leer. – Oder man könnte auch sagen, sie sei besonders angefüllt mit lieben Gedanken und schönen Erinnerungen. –

Ich glaube doch, daß es gut ist, wie alles im Herbst 42 kam. Wenn ich diese Zeit noch einmal erleben müßte, so gäbe es nur sehr wenig Dinge, die ich anders machen würde. Nicht darum, weil ich die Zeit schön fand – das wirst Du nicht denken – aber wie es alles so sein *mußte* und weil, wenn es nicht so gewesen wäre, wir uns vielleicht heute nicht so lieb haben könnten. Das kannst Du schwer verstehen. Ich will mich auch bemühen, Dir es noch einmal besser zu erklären.

Ich habe in letzter Zeit so hübsche Gedichtentdeckungen gemacht bei Münchhausen.[1] Von Altenburg aus war ich mal in Windischleuba[2] und habe da Münchhausen und Carossa kennengelernt. Aber ich war damals noch viel zu dumm, um irgendetwas davon zu haben. Jetzt habe ich aber viele Gedichte entdeckt, die ich Dir gern vorlesen würde und von denen ich beinah sicher bin, daß Du nichts an ihnen findest!!! –

Jedenfalls bin ich gespannt. –

Im Wilhelm Meister lese ich täglich ein kleines Stück weiter und schreibe mir manchmal Stellen ab, die ich für Dich aufheben will, weil Du mir beim Lesen einfielst. –

Großmutter hat mir schon oft von der Einleitung Deiner Ethik[3] erzählt. Sie weiß zwar nicht mehr recht, was drin steht, sie weiß nur, daß es «wunderbar und sehr klug» ist. Und das brauchte sie mir ja nicht erst zu sagen. Aber ich denke so gerne an Dich, wenn ich ungefähr weiß was Du tust.

Ich hab heut den Kindern ein Märchen erzählt, darin kam vor, daß zwei Menschen ihre Augen auswechselten, so daß sie mit dem einen immer noch ihre Umwelt sahen während das andere mit dem andern Menschen herumspazierte und dessen Erleben mit aufnahm. Gefällt Dir das nicht auch! Ich möchte Dir oft so gern ein Auge von mir leihen, damit Du alle Schönheit und Freude hier um mich sehen und miterleben kannst. – Und ich würde Dir auch versprechen mein anderes Auge zuzumachen, wenn Du nicht magst, daß ich in Deine Arbeiten schaue. –

Schluß für heut. –

Morgen ist Pfingsten und ich möchte Dir wünschen, daß Du ein frohes Pfingsten haben mögest. Wenn Du es hast, dann habe ich es auch. Und wenn ich es habe, dann wirst Du auch ein wenig davon spüren können. Es ist schön, daß es so ist. Und so hab ich auch den Mut morgen froh Pfingsten zu feiern. –

Es grüßt Dich sehr

Deine Maria

1 Börries Frhr. v. Münchhausen, zu seiner Zeit geschätzter Balladendichter (u. a. Die Balladen und ritterlichen Lieder, 1908; Das Herz im Harnisch, 1911).
2 Der Baron Münchhausen hatte dort, nahe bei Altenburg, sein Rittergut. Hans Carossa war dort am 25.–28. Februar 1938 zu Besuch; am 26. Februar fand ein «gegenseitiges Vorlesen» statt (mitgeteilt von Frau Eva Kampmann-Carossa).
3 Dietrich hatte Anfang Oktober 1940 in Klein-Krössin, als Gast von Ruth v. Kleist-Retzow, mit der Arbeit an seiner «Ethik» begonnen; vgl. hierzu seinen Brief an Eberhard Bethge vom 9. Oktober 1940: «Die Arbeit geht voran; ich schreibe die Disposition des Ganzen» (DBW 8,66).

Meine geliebte Maria! [Tegel] 29. V. 44[1]

Zuerst möchte ich Dir einmal richtig danken, für alles danken, was in den vergangenen Tagen von Dir zu mir gekommen ist – da ist zunächst Dein Besuch! War er nicht – trotz all dem Blödsinn, den der uns gegenübersitzende Herr, der sich als großer Causeur so außerordentlich selbst gefiel, geschwatzt hat und auf den wir so vergnügt eingegangen sind – diesmal ganz besonders schön und befreiend? Wir haben doch endlich auch einmal ein paar ruhige Worte über das Vergangene miteinander gesprochen und das war für mich jedenfalls sehr wichtig und gut. Also, Du hast damals im Nov./Dez. 42 darauf gewartet, daß ich *doch* kam? Konnte ich es, Maria, nachdem mein Brief an Dich als einzige Antwort die dringende Bitte der Mutter erhielt, *nicht* zu kommen?[2] Konnte ich unter den damaligen persönlichen Verhältnissen der Mutter – und Dir! – zuwiderhandeln? Hätte ich es im Gedanken an Deinen Vater und an Max tun dürfen? Nein, es war nicht möglich! Daß Großmutter anders dachte, durfte damals für mich nicht bestimmend sein, nachdem sie mir schon den unmöglichen Vorschlag eines Besuches in Pätzig zur Trauerfeier für Max gemacht hatte und ich ihr nur mit Mühe widerstehen konnte, ohne sie zu kränken. Nein, es ging nicht anders – und so mußte wohl alles so kommen, wie es nun ist. Ich beklage mich nicht. Ich frage mich nur, ob wir nicht alle mit größerer innerer menschlicher Freiheit hätten handeln können. Aber ich komme weit ab von dem, was ich wollte, nämlich Dir danken, daß Du wieder bei mir warst, und dann für den Brief![3] Ja, Maria, *so* sollten wir einander immer schreiben können; aber gerade wenn es so einmalig ist, trifft es besonders tief ins Herz. Wie ist es möglich, daß Du mich lieben kannst, Maria? Ich verstehe es nicht. Du sagst, was Deine Liebe ist und was sie nicht ist. Ich danke Dir dafür. Sieh mal, es kann ja und soll ja wohl auch jetzt garnicht anders sein als es ist. Wenn unsere Liebe nur eine große Qual der Entbehrung wäre, dann würden wir in unseren Käfigen wohl vor ungestillter Sehnsucht sterben. Es ist in unserer Liebe nicht nur Entbehrung und Verlangen, sondern es ist in ihr – wunderbarerweise – schon ein erster Anfang der Erfüllung und an ihn halte ich mich immer wieder und für ihn bin ich so dankbar, daß das, was schon ist, mir viel wichtiger ist als das, was noch nicht ist. Das andere kommt ebenso gewiß zu seiner Zeit, wie das erste gekommen ist und dann wird alles immer mehr Erfüllung werden. Gewiß ist die Sehnsucht, die wir nacheinander haben, groß, aber sie wird immer größer werden, je näher wir beieinander sind, und wir werden uns in der Erfüllung unseres Zusammenseins immer mehr nacheinander sehnen. Bleibt denn nicht Liebe immer, immer Sehnsucht, ja im Letzten nie ganz zu stillende Sehnsucht nacheinander? Was wäre eine Erfüllung, die uns die Sehnsucht nähme? Sie wäre das Ende der Liebe, nicht ihr Anfang, ihr Wesen, ihre Höhe. Aber, sieh mal, diese Sehnsucht nacheinander muß doch nicht immer Raserei, besinnungsloses Verlangen sein, sie muß doch nicht immer nur peinigen und quälen, sie braucht sich doch nicht immer an dem Noch-Nicht aufzureiben, sondern sie darf doch sein wie die Sehnsucht nach einem herrlichen Frühlingsmorgen, wenn ich den Himmel schon von den ersten Strahlen der Sonne gerötet sehe. Gewiß, es ist ein Warten, ein Verlangen, ein starkes Sehnen, aber ein frohes und ganz gewisses Warten und Sehnen. So, meine ich, ist unsere Liebe und wie gut, daß sie so ist.

Maria, höre mich an, ich will Dir etwas sagen. Ich bin viel älter als Du. Ich habe auch jenes besinnungslose, schwere, ungewisse Verlangen schon in meinem Leben kennengelernt. Es blieb unerfüllt. Ich habe schon einmal ein Mädchen sehr gern gehabt;[4] sie wurde Theologin und wir gingen viele Jahre nebeneinander her; sie war kaum jünger als ich. Ich war 21, als das anfing. Wir wußten voneinander nicht, daß wir uns gern hatten. Über 8 Jahre gingen vorüber. Da erfuhren wir es durch einen Dritten, der glaubte, uns beiden helfen zu können. Wir haben dann darüber offen gesprochen. Aber es war zu spät. Wir hatten zu lange aneinander vorbeigelebt und uns mißverstanden. Wir konnten uns nie mehr ganz verstehen. Ich habe ihr das damals gesagt. Zwei Jahre später heiratete sie, da wich allmählich die Last, die auf mir lag. Wir haben uns nie wieder gesehen noch auch geschrieben. Ich spürte damals, daß, wenn ich je einmal heiraten sollte, es nur ein sehr viel jüngeres Mädchen sein könne; aber ich habe das damals und seither für unmöglich gehalten. Die Arbeit für die Kirche nahm mich in den folgenden Jahren völlig in Besitz und ich habe gemeint, ganz auf die Ehe verzichten zu müssen und zu sollen.

Verstehst Du, geliebte Maria, daß man nach solchen Erfahrungen anders wird, als man es mit 21 Jahren war? Die Liebe ist nicht etwas an sich, sondern sie ist so wie die Menschen sind und geworden sind. Ich will nicht eine, irgendeine oder auch ‹die› Liebe, sondern ich will Deine Liebe, die so ist, wie Du bist, und auch Du findest bei mir nichts anderes als *meine* Liebe, aber sie findest Du ganz. Meine liebste Maria, das, was ich Dir geschrieben habe, darf Dir nicht weh tun – oder tut es Dir doch so weh, so daß Du mich nicht begreifst? Du darfst ja ganz gewiß sein, daß es Vergangenheit ist, aber doch eben meine Vergangenheit, d. h. ein Stück meiner Lebensgeschichte. Ich wäre nicht der,

der ich bin, ohne alles das, was ich erlebt und erfahren, was ich getan und worin ich geirrt und gefehlt habe. Man soll seine eigene Vergangenheit nie verachten. ‹O felix culpa!›,[5] sagten die Alten und ich sage es mit ihnen. Kannst Du mich auch so noch lieben? –

Soweit kam ich gestern. Alles was ich schrieb, sollte ein Dank sein an Dich. Was ich nicht mehr für möglich hielt, ist geschehen, ja, es ist mir zugefallen. Ich darf noch einmal lieben und geliebt werden und ich darf zum ersten mal in solcher Liebe froh sein und auf Erfüllung hoffen. Maria, dafür danke ich Dir. –

Du schreibst, am 15. VII. sei Konfirmation, Du nanntest mir hier aber den 2. VII. Fährst Du dazu nach Haus? Werde ich Dich dann sehen? – Dein Pfingstpaket war wunderbar. Nur ein Pfingstbrief fehlte. Merkwürdig, ich bekam von niemandem einen, auch nicht von den Eltern oder von Eberhard. Vergeßt Ihr da draußen eigentlich diese großen Feiertage über dem Druck des Alltags? Diese Feiertage erfordern hier immer einen besonderen inneren Kraftaufwand; sie sind aber zugleich auch eine besondere Quelle der Kraft. – Der Kuchen, das Fleisch, der Eierkognak – alles war sehr schön. Allerdings ist der Ansturm immer so groß, daß diese Freuden sehr vergänglich sind. Zu viele Leute haben hier einfach Hunger und es ist für mich eine der größten Freuden, gelegentlich einmal helfen zu können. Das verstehst Du doch auch gut? – An den Herrn, den Du neulich kennenlerntest, schreibe bitte nicht oder doch nur in ganz besonderen Fällen.[6] Er ist so sehr vergeßlich und etwas unordentlich. Er ist ein ganz netter Kerl, aber mehr auch nicht. Wenn Du mir auf diesen Brief besonders antworten willst – Du brauchst es nicht, ich wollte nur, daß Du hörst, schreiben ist vielleicht zu schwer, – dann tue es ruhig, aber es sollte nicht oft geschehen. Vielleicht kannst Du mir auch auf dem gewöhnlichen Weg zu verstehen geben, wie es nach dem, was ich Dir schrieb, um Dich und zwischen uns steht. – Verzeih, wenn ich Dir weh getan habe; ich wollte es nicht. Laß Dir die Gedanken und die Unruhe von der Stirn streichen, laß Dich fest in die Arme schließen und Dich auf Deinen Mund küssen und liebhaben

von Deinem Dietrich

1 Geschmuggelter Brief. 2 Vgl. hierzu in den «Notizen» S. 274. 3 Der hier gemeinte Brief ist nicht mehr vorhanden. 4 Vgl. hierzu Dietrichs Brief an Elisabeth Zinn, ausführlich zitiert in: Eberhard Bethge, DB 248f. 5 O glückselige Schuld. 6 Es handelte sich hier um die Möglichkeit des Briefverkehrs via Schmuggel.

[Tegel, Anfang Juni 1944][1]

Vergangenheit

Du gingst, geliebtes Glück und schwer geliebter Schmerz,
wie nenn' ich dich? Not, Leben, Seligkeit.
Teil meiner selbst, mein Herz, – Vergangenheit?
Es fiel die Tür ins Schloß,
ich höre langsam Schritte sich entfernen und verhallen.
Was bleibt mir? Freude? Qual? Verlangen?
Ich weiß nur dies: du gingst – und alles ist vergangen.

Spürst du, wie ich jetzt nach dir greife,
mich an dir festklammere, daß es dir wehtun muß?
Wie ich dir Wunden reiße, daß dein Blut quillt,
nur um deiner Nähe gewiß zu bleiben,
du leibliches, irdisches, volles Leben?
Ahnst du, daß ich jetzt ein Verlangen habe nach eigenen
Schmerzen,
daß ich mein eigenes Blut zu sehen begehre,
nur damit nicht alles versinke – im Vergangenen.

Leben, was hast du mir angetan?
Warum kamst du? Warum vergingst du?
Vergangenheit, wenn du mich fliehst,
bleibst du nicht doch meine Vergangenheit, meine?

Wie die Sonne über dem Meer immer rascher sich senkt,
als zöge es sie in die Finsternis,
so sinkt und sinkt und sinkt
ohne Aufhalten
dein Bild ins Meer des Vergangenen
und ein paar Wellen begraben es.

Wie der Hauch des warmen Atems
sich in kühler Morgenluft auflöst,
so zerrinnt dein Bild,
daß ich dein Angesicht, deine Hände, deine Gestalt nicht
mehr weiß,
ein Lächeln, ein Blick, ein Gruß erscheint mir,
doch es zerfällt,
löst sich auf,

ist ohne Trost, ohne Nähe,
ist zerstört,
ist nur noch vergangen.

Ich möchte den Duft deines Wesens atmen
ihn einsaugen, in ihm bleiben
wie an einem heißen Sommertag
schwere Blüten die Bienen zu Gast laden
und sie berauschen,
wie Nachtschwärmer vom Liguster trunken werden,
aber ein rauher Windstoß zerstört Duft und Blüten
und ich stehe wie ein Narr
vor dem Entschwundenen, Vergangenen.

Mir ist als würden mit feurigen Zangen Stücke aus meinem
Fleisch gerissen,
wenn du, mein vergangenes Leben, davoneilst.
Trotz und Zorn befällt mich,
ich stelle wilde, unnütze Fragen.
Warum? warum? warum? sage ich immer.
Wenn meine Sinne dich nicht halten können,
vergehendes, vergangenes Leben,
so will ich denken und wieder denken,
bis ich finde, was ich verlor.
Aber ich spüre,
wie alles, was über mir, neben mir, unter mir ist,
rätselhaft und ungerührt über mich lächelt,
über mein hoffnungslosestes Mühn,
Wind zu haschen,
Vergangenes zurückzugewinnen.
Auge und Seele wird böse,
ich hasse, was ich sehe,
hasse, was mich bewegt,
hasse alles Lebendige und Schöne,
was mir Entgelt des Verlorenen sein will.
Mein Leben will ich, mein eigenes Leben fordr' ich
zurück,
meine Vergangenheit,
Dich!

Dich – eine Träne schießt mir ins Auge,
vielleicht, daß ich unter Schleiern der Tränen
dein ganzes Bild,
dich ganz,
wiedergewinne?
Aber ich will nicht weinen.
Tränen helfen nur Starken,
Schwache machen sie krank.

Müde erreich' ich den Abend,
willkommen ist mir das Lager,
das mir Vergessen verheißt,
wenn mir Besitzen versagt ist.
Nacht, lösche aus, was brennt,
schenk mir volles Vergessen,
sei mir wohltätig, Nacht, übe dein mildes Amt,
dir vertrau' ich mich an.
Aber die Nacht ist weise und mächtig,
weiser als ich und mächtiger als der Tag.
Was keine irdische Kraft vermag,
woran Gedanken und Sinne, Trotz und Tränen
verzagen müssen,
das schüttet die Nacht aus reicher Fülle über mich aus.
Unversehrt von feindseliger Zeit, rein, frei und ganz,
bringt der Traum dich zu mir,
dich, Vergangenes, dich, mein Leben,
dich, den gestrigen Tag, die gestrige Stunde.

Über deiner Nähe erwach ich mitten in tiefer Nacht
und erschrecke –
bist du mir wieder verloren? such' ich dich ewig
vergeblich,
dich, meine Vergangenheit, meine?
Ich strecke die Hände aus
und bete – –
und ich erfahre das Neue:
Vergangenes kehrt dir zurück
als deines Lebens lebendigstes Stück
durch Dank und durch Reue.
Faß' im Vergangenen Gottes Vergebung und Güte
bete, daß Gott dich heute und morgen behüte.

Meine liebste Maria!
Dies ist für Dich, nur für Dich. Ich zögerte, es zu schicken, weil ich fürchtete, es könnte Dich erschrecken. Das darf es nicht und kann es wohl auch nicht, wenn Du spürst, was dahinter steht. Die letzten 6 Zeilen sind die Hauptsache, um ihretwillen entstand das Ganze; an sie halte ich mich und Du auch!

Mehr kann ich heute nicht sagen. Es steht alles, was ich sagen könnte, in dem Gedichtversuch. Wenn es Dir nicht gefällt, zerreiß es, wirf es weg. Aber verbergen wollte ich es Dir nicht.[2]

Dein Dietrich

1 Geschmuggelter Brief. 2 Vgl. hierzu Dietrichs Brief an Eberhard Bethge vom 5. Juni 1944, in dem er eine Deutung des Gedichts unternommen hat: «Jetzt, da ich zum erstenmal zu einem Menschen darüber spreche, sehe ich, daß ich es auch Maria schicken darf und muß» (DBW 8,467). Es sei nur pauschal darauf hingewiesen, daß es beim Vergleich der in DBW 8,468 ff wiedergegebenen Fassung mit der vorliegenden mehrere geringfügige Abweichungen gibt, die jedenfalls darauf schließen lassen, daß Dietrich Bonhoeffer hierfür einzelne Verbesserungen vorgenommen hat.

[Tegel, ohne Datum, 1944][1]

Ich hab Dir noch nicht für die Marken gedankt! Kannst Du mir eine Kerze schicken? Auch das Essen ist wieder sehr miserabel. Ich hätte gern irgendwas, um mir abends davon immer wiedermal eine Suppe kochen zu können, Brühwürfel oder ähnliches. Wenn noch etwas Speck übrig wäre, ist das immer das Beste. Verzeih diese materiellen Bitten. Es hat keine Eile! Du siehst, daß ich – trotz des Versemachens! – noch ein Mensch von Fleisch und Blut geblieben bin. Schreib ruhig ein- oder zweimal an unsere Bekannten, aber nicht viel öfter. Ich schreibe heute auch noch auf dem normalen Wege an Dich. Verwechsele bitte die Briefe nicht! Immer, immer Dein Dietrich.

1 Es handelt sich hier um eine auszugsweise Abschrift von einem nicht mehr vorhandenen Brief, dessen Datum nicht mehr festzustellen ist. Offenbar stammt dieser aus der Zeitspanne nach Übersendung des Gedichts «Vergangenheit», also vom Juni 1944, und konnte aus dem Gefängnis geschmuggelt werden.

Die Abstände zwischen den uns erhalten gebliebenen Briefen der Verlobten werden größer, während Bonhoeffers Korrespondenz mit Eberhard Bethge ihre dichteste Phase mit Entwürfen zu einer «Bestandsaufnahme des Christentums» erreichte. So fehlt gerade zu dieser Zeit ein Brief der Braut vom Juni 1944.

Manches deutet auf eine Krise hin, in die sie geraten war. Kehrte sie von den Sprecherlaubnissen zurück, beobachteten die Verwandten mit zunehmender Besorgnis, wie verzweifelt sie war. Unvermittelte Ohnmachten stellten sich ein. Auch die Geborgenheit in Bundorf konnte nicht mehr darüber hinweghelfen, daß sie die reale Chance für eine Vereinigung mit dem Verlobten schwinden sah. Und es fehlte in ihrem Umkreis nicht an Stimmen, die ihre Beziehung in Frage stellten.

Da entschloß sie sich zu einem sehr direkten Brief an Dietrich Bonhoeffer, der Worte eingedenk, die er ihr zum Geburtstag geschrieben hatte: «Wir haben es, glaube ich beide nicht gern, viel von den Dingen zu sprechen, die uns schwer werden, aber, nicht wahr, wenn sie uns einmal zu *schwer zu werden drohen, dann wollen wir es uns immer sagen, ganz offen und voll Vertrauen, daß einer dem anderen dann nicht nur helfen will, sondern auch wirklich helfen kann.» Dieser Brief ist nicht mehr vorhanden. Aber sein Inhalt geht klar aus der Antwort hervor.*

Meine innigstgeliebte, gute Maria! [Tegel] 27. VI. 44

Hab Dank für Deinen Brief![1] Er hat mich nicht traurig gemacht, garnicht, sondern froh, unendlich froh, weil ich weiß, daß wir so nicht zueinander sprechen würden, wenn wir uns nicht sehr lieb hätten, viel lieber als wir es beide heute noch wissen; und ist es nicht gut, daß wir es jetzt, da wir getrennt sind, noch garnicht ganz wissen, wie lieb wir uns haben und sind? Sieh mal, nichts von dem, was Du schreibst, hat mich überrascht oder erschreckt. Ich hatte es mir alles ungefähr so gedacht. Wie sollte ich denn auch meinen, daß Du mich, nachdem wir uns kaum gesehen haben, überhaupt lieben kannst und wie mußte ich nicht über den kleinsten Funken glücklich und froh sein? Wäre es anders, so hätte es ja nur irgendein Phantasiebild, das garnicht ich bin, sein können, das Du liebst. Unsere Liebe sollte ja gerade erst anfangen, als wir getrennt wurden. Wie gut, daß wir uns in der Ferne nicht in irgendetwas hineingesteigert haben, sondern daß wir alles so hingenommen haben wie es war und wie es ist! Ich will Dir offen sagen, ich habe manchmal gefürchtet, Du könntest aus Mitleid Ja gesagt haben. Nun weiß ich, daß es das nicht war, sondern daß es so war wie bei mir auch: wir wußten, daß wir zusammengehören, und wir wissen das heute noch und mehr denn je. Daß es nicht wilde Leidenschaft war und wurde, das liegt an dem Weg, den wir geführt worden sind. Aber dürfen wir darüber heute nicht sogar froh sein? Denn wieviel unerträglicher wäre heute unsere Trennung, zu all der Qual, die sie uns heute schon bereitet, noch hinzu! Wenn die Sonne uns bestrahlt und im Innersten erwärmt, wollen wir uns darüber beklagen, daß sie uns nicht verbrennt? Ich bin darin ganz ruhig und Du mußt es auch sein.

Du plagst Dich manchmal in Gedanken an mich? Ach liebste, liebste Maria, kann es Dir denn nicht genügen zu wissen, daß ich durch Dich froh und glücklich geworden bin, froher und glücklicher als ich noch je in meinem Leben zu werden hoffte. Kann es Dir, wenn Du an Deiner Liebe zu mir irre wirst, denn nicht genug sein, daß ich Dich so liebe, wie Du bist und daß ich nichts, garnichts von Dir will, kein Opfer, garnichts, als Dich selbst? Nur eins will ich nicht, daß Du unglücklich bist und wirst, weil Dir etwas fehlt, weil ich Dir nicht bin, was Du an mir suchst. Du glaubtest am Pfingstmontag, ‹nicht mehr weiter zu können›. Ja, sag mir, kannst Du denn ohne mich weiter? und wenn Du meinst es zu können, kannst Du es immer noch, wenn Du weißt, daß ich ohne Dich nicht weiter kann? Nein, das ist alles ganz unmöglich. Quäle Dich nicht, liebste Maria. Ich weiß, wie Dir zumute ist und es kann alles garnicht anders sein. Alles andere wäre nicht wahr, nicht echt. Aber so wie wir sind, so gehören wir doch zusammen und bleiben zusammen und ich lasse Dich nicht von mir, ich halte Dich ganz fest, daß Du weißt, daß wir zusammengehören und bleiben müssen. Sieh mal, wenn ich viel jünger wäre, dann würde ich Dich vielleicht ganz anders, aber doch lange nicht so sehr lieben wie ich es jetzt tue. Ich bin froh, daß ich nicht mehr so jung bin, aber ich weiß auch, daß das für Dich vielleicht schwer ist; aber ich kann es nicht anders denken als daß Du eines Tages spüren und wissen wirst, daß wir gerade, so wie wir sind, beieinander sein müssen.

Ich danke Dir ganz besonders für das, was Du mir über die Jahre schreibst, von denen ich Dir erzählt habe.[2] Als ich solange nichts von Dir hörte, fürchtete ich, Du könntest darüber erschrocken sein, aber geglaubt habe ich es imgrunde doch nicht. Und in dem, was Du sagst, höre ich nocheinmal dasselbe Ja, das Du mir am 13. Januar 1943 geschrieben,[3] und dieses Ja ist es, an dem ich festhalte, und wenn ich einmal lange auf einen Brief warten muß, dann höre ich es immer und immer wieder und werde darüber beschämt und glücklich, dieses: Ja, Ja, Ja! –

Und nun willst Du also eine Zeitlang nicht reisen. Liebste Maria, wenn es Dich zu sehr anstrengt, ist es ganz selbstverständlich, daß das so richtig ist. Aber sieh mal, gibt es für uns eigentlich jetzt etwas Wichtigeres in unserem Leben als daß wir uns sehen und immer wieder sehen? Legen wir nicht vielleicht etwas gewaltsam zwischen uns, wenn wir freiwillig darauf verzichten? Ich glaube immer, daß wir jetzt nicht mehr allein und getrennt voneinander weiterkommen, sondern nur miteinander und ich weiß nicht recht, ob Du Dir und mir damit nicht etwas auferlegst, was mehr drückt und in Unruhe treibt, als daß es hilft und ruhig macht. Ruhig bin ich eigentlich nur, wenn Du neben mir sitzt. Geht es Dir anders? Ich habe etwas Angst vor Willkürlichkeiten. Mann und Frau gehören zueinander, so oft und so lang es nur möglich ist. Natürlich können die äußeren Verhältnisse, also jetzt die Reiseschwierigkeiten, das unmöglich machen; aber doch nur die *äußeren* Verhältnisse.

Laß mich ganz offen sein. Wir wissen nicht, wie oft wir uns in unserem Leben überhaupt noch sehen; so sind nun einmal die Zeiten. Es ist mir ein sehr belastender Gedanke, daß wir uns später einmal Selbstvorwürfe machen müßten über etwas, was nicht mehr gut zu machen ist. Gewiß gibt es äußere Hindernisse absoluter Art, Krankheit, Reiseverbote. Aber sieh mal, innere Hindernisse, so stark sie im Augenblick auch zu sein scheinen, können einen später einmal nie von Selbstvorwürfen entlasten. So ist Frau Niemöller[4] seit Jahren alle 14 Tage nach München zu ihrem Mann gefahren und so bist Du seither immer zu mir gekommen, wenn es nur irgend möglich war.

Du sagst, Du müßtest abends von 8–10 Uhr immer mit Deiner Cousine zusammensitzen, Du entziehst Dich einer vernünftigen ärztlichen Untersuchung und Behandlung, Du schläfst wenig, hast Kopfschmerzen und schonst Dich nicht. Wäre es nicht richtiger, Du sagtest Deiner Cousine ganz klar, Du wolltest um 8 in Dein Zimmer gehen, Du würdest lang genug schlafen, Du würdest Dich an ärztliche Anweisungen halten und Du würdest auf diese Weise Deine Kräfte sammeln, um so lange es noch möglich ist, zu mir zu fahren? Ich kann es mir nicht anders denken, als daß Dich das freier und ruhiger machen würde als das bewußte Wegbleiben. Es scheint mir darin eine gewisse Selbstquälerei zu liegen und eine Überschätzung der Früchte, die das Alleinsein trägt. Du wirst nicht denken, daß ich das alles aus nacktem Egoismus heraus schreibe; es fällt mir im Gegenteil sehr schwer, Dir das zu sagen. Aber ich schreibe es um unser beider willen; ich möchte, daß alles Unnatürliche, Skrupulöse, Künstliche uns fern bleibt. Verlobte gehören zusammen und erst recht, wenn einer in der Lage ist, in der ich mich gegenwärtig befinde. Daß ich Dir damit Opfer, Entbehrungen, Mühen sondergleichen zumute, liebste Maria, wer weiß das besser als ich? Und was täte ich lieber als Dir dies alles zu ersparen! Wie gern würde ich auf die Freuden, die so ein Besuch in meine Einsamkeit bringt, verzichten. Aber ich habe das starke Gefühl, daß ich das um unser beider, um unserer künftigen Ehe willen nicht darf. Ich muß diese Opfer von Dir annehmen, – und kann sie Dir durch nichts vergelten –, um unserer Liebe zueinander willen. Daß Du nicht kommen darfst, wenn Du krank bist, wenn es Dich körperlich überanstrengt, das ist ja so ganz klar! Aber die seelischen Schwierigkeiten *müssen* wir *gemeinsam* überwinden! Die Fürsorglichkeit Deines Vetters ist gewiß sehr gut gemeint. Aber es wäre noch fürsorglicher, wenn er Deine Arbeit im Hause so gestaltete, daß sie Dein eigentliches Lebensziel, das doch in unserer Ehe bestehen soll, nicht behinderte. Außerdem muß er doch die Dinge sehen, wie sie wirklich sind; im April fährst Du zu Mutters Geburtstag, im Mai fährst Du zu mir und zu Doris [Fahle], diesmal fährst Du zur Konfirmation,[5] immer sind es doch also mindestens *auch* andere Dinge, die Dich zur Reise veranlaßten. Warum solltest Du nicht auch einmal ganz einfach *nur* zu mir fahren? Liebste Maria, klingt Dir das alles schrecklich hart? Oder spürst Du hinter dem allen, daß es mir um unsere Ehe, allein darum, geht? Wir dürfen uns nicht uns selbst und unseren Gefühlen überlassen. Daran gehen wir zugrunde. –

Ich habe Dir ganz offen geschrieben, wie ich denke. Nichts von allem Vergangenen macht mir Kummer. Aber für die Zukunft sind nur wir beide verantwortlich und da muß alles klar, gerade und natürlich zugehen, nicht wahr? Und vor allen Dingen müssen wir unser ganzes Leben unter den einen Gesichtspunkt stellen, daß wir zusammengehören, und danach handeln. –

Es ist nicht leicht, daß wir dies alles brieflich miteinander reden müssen; aber es ist Gottes Wille. Die Zeit darf uns einfach nicht zu lang werden. Es gibt über Gottes Willen und unsere Unterwerfung unter ihn einfach keine Diskussion. Ich will gewiß nicht bemitleidet sein, so wenig wie Du es willst, aber ich will, daß Du mit mir wartest und geduldig bist, je länger es dauert, desto mehr. – Und nun sei nicht traurig. Sag mir, was Du denkst und handle, wie Du mußt. Sei aber immer gewiß, daß Dich sehr liebhat und liebbehält

Dein Dietrich

1 Dieser Brief ist nicht mehr vorhanden; auf jeden Fall war er eine Antwort auf Dietrichs Brief vom 29. Mai 1944. 2 Vgl. Dietrichs Brief vom 29. Mai 1944, Anm. 4. 3 Vgl. in den «Notizen» S. 278. 4 Martin Niemöller, Pfarrer in Berlin-Dahlem und führende Persönlichkeit der Bekennenden Kirche, war 1937 verhaftet worden und befand sich bis Kriegsende im KZ Dachau. 5 Christine v. Wedemeyer wurde am 15. Juni konfirmiert.

27. Juni 1944 Sprecherlaubnis[1]

1 Dietrich an Eberhard Bethge vom 27. Juni 1944: «Eben war Maria hier; von ihr hörte ich, daß Deine letzte Nachricht aus Verona stammt...» (DBW 8,498).

Es läßt sich nur ahnen, wie stark der 20. Juli 1944 als Wende auch in der Tegeler Zelle erwartet worden ist. Am Tag darauf, als der Fehlschlag des Attentats im Führerhauptquartier und das Scheitern des Umsturzversuchs bekannt geworden war, wußte Bonhoeffer, daß sich mit diesem Datum eine andere Wende ergab: Bereits am 21. Juli wurde im Reichssicherheitshauptamt eine «Sonderkommission 20. Juli» gebildet, die, in elf Ermittlungsgruppen gegliedert, 400 Kräfte der Kriminalpolizei und Gestapo umfaßte. Sie löste eine Verhaftungswelle ohnegleichen aus. Die Militärjustiz war so gut wie entmachtet; jetzt hatten die Befehlshaber der SS das Heft in der Hand. Vor ihrem Zugriff war auch im Tegeler Gefängnis keiner mehr sicher. – Bonhoeffers Brief vom 21. Juli, an seinen Freund gerichtet, bildet eine so kostbare Hinterlassenschaft, daß seines darin enthaltenen Wunsches eingedenk: «Vielleicht kommt die Zeit, daß ich auch mit Maria einmal so sprechen kann», einige Sätze daraus hier ihren Platz bekommen sollen:

«Ich dachte, ich könnte glauben lernen, indem ich selbst so etwas wie ein heiliges Leben zu führen versuchte. [...] Später erfuhr ich und ich erfahre es bis zur Stunde, daß man erst in der vollen Diesseitigkeit des Lebens glauben lernt. Wenn man völlig darauf verzichtet hat, aus sich selbst etwas zu machen – sei es einen Heiligen oder einen bekehrten Sünder oder einen Kirchenmann (eine sogenannte priesterliche Gestalt!), einen Gerechten oder einen Ungerechten, einen Kranken oder einen Gesunden – und dies nenne ich Diesseitigkeit, nämlich in der Fülle der Aufgaben, Fragen, Erfolge und Mißerfolge, Erfahrungen und Ratlosigkeiten leben, – dann wirft man sich Gott ganz in die Arme,

dann nimmt man nicht mehr die eigenen Leiden, sondern die Leiden Gottes in der Welt ernst, dann wacht man mit Christus in Gethsemane, und ich denke, das ist Glaube, das ist metanoia; und so wird man ein Mensch, ein Christ. [...] Ich bin dankbar, daß ich das habe erkennen dürfen und ich weiß, daß ich es nur auf dem Wege habe erkennen können, den ich nun einmal gegangen bin. Darum denke ich dankbar und friedlich an Vergangenes und Gegenwärtiges.»

Meine liebste Maria! [Tegel] 13.8.44

Es dauert jetzt immer lange, bis die Briefe von einem zum andern kommen. Das liegt wohl an den Luftangriffen, denen gerade Süddeutschland in den letzten Wochen so oft ausgesetzt war. So habe ich in fast 6 Wochen nur einen Brief von Dir bekommen, und leider teilten mir die Eltern bei der letzten Sprecherlaubnis dasselbe von Dir mit. Aber, weißt Du, unsere Briefe sind ja ohnehin nur ein so schwaches Zeichen unserer Zusammengehörigkeit, daß das Beste immer in Gedanken und Gebeten geschehen muß. Und das tut es auch, ob Briefe kommen oder ausbleiben, nicht wahr? Nun hast Du also Deine Arbeit in Berlin aufgenommen.[1] Angestrengte Arbeit wird schon seit Jahrhunderten als die beste Medizin gegen Kummer und Sorgen gepriesen. Manche mögen das Wohltuende der Arbeit darin sehen, daß sie alles Persönliche betäubt. Ich glaube aber, die Hauptsache ist, daß rechte Arbeit selbstlos macht und daß der Mensch, dessen Herz voller Wünsche und Sorgen ist, nach solcher Selbstlosigkeit im Dienste anderer Menschen Verlangen hat. Und so wünsche ich Dir von Herzen, liebste Maria, daß Deine neue Arbeit Dir diese Wohltat erweist und daß Du gerade in den besonderen Schwierigkeiten auch eine besondere innere Befreiung empfindest. Allerdings glaube ich, daß bei Deiner natürlichen und ererbten Aktivität, um nicht zu sagen Arbeitswut, Dir nicht so leicht eine Aufgabe zu schwer werden wird. Du glaubst nicht, als was für eine Befreiung ich es empfinden würde, endlich einmal wieder nicht nur für mich allein, sondern für andere arbeiten zu können. Trotzdem bin ich täglich dankbar dafür, daß ich mich in meine Bücher versenken und dabei viel neues lernen kann, und daß ich mir immer wieder einige Gedanken und Zusammenhänge aufschreiben kann, die ich für meine Arbeit brauche.[2] Mit viel Freude habe ich wieder die Gabriele v. Bülow-Humboldt[3] gelesen; sie war kurz nach ihrer Verlobung 3 Jahre lang von ihrem Bräutigam getrennt!

Was für ein Maß von Geduld, von Stillehalten, was für einen großen ‹Spannungsbogen› hatten die Menschen damals. Jeder Brief dauerte über 6 Wochen. Sie lernten es, was uns die Technik abgenommen hatte, einander täglich Gott zu befehlen und ihm zu vertrauen. Nun lernen auch wir es wieder und wir wollen dankbar dafür sein, so schwer es auch ist.

Meine geliebte Maria, laß uns nie an dem irre werden, was uns widerfährt; es kommt alles aus guten, guten Händen. Am 22.[4] werde ich sehr zu Dir hindenken. Vater ist bei Gott. Er ist uns nur ein paar Schritte voraus. Laß uns mit frohem Herzen an ihn und an Max denken, und darum bitten, daß Mutter immer so getröstet bleibt, wie sie es die vergangenen zwei Jahre war. Leb wohl, geliebte Maria, Gott behüte uns alle!

Von ganzem treuem Herzen immer

Dein Dietrich

1 Maria hatte Bundorf verlassen, um sich einer neuen Aufgabe zuzuwenden; dazu Dietrich an Eberhard Bethge vom 5. August 1944: «Maria wird, denke ich, wieder zum Roten Kreuz gehen, wenn ihr Fuß wieder in Ordnung ist» (DBW 8,554). 2 Vgl. hierzu den «Entwurf einer Arbeit». (DBW 8,556–561) in Richtung einer «Bestandsaufnahme des Christentums». «Ich hoffe, daß ich Ruhe und Kraft behalte, diese Schrift zu schreiben. [...] Ich fühle mich als ‹moderner› Theologe, der doch noch das Erbe der liberalen Theologie in sich trägt, verpflichtet, diese Fragen anzuschneiden» (DBW 8,555). 3 Vgl. hierzu auch Dietrichs Brief an Eberhard Bethge vom 14. August 1944 (DBW 8,567). 4 Der Todestag des Vaters.

Meine innigstgeliebte Maria! [Tegel, August 1944][1]

Nun hast Du also ganz von Dir aus und ohne daß ich Dich noch einmal darum gebeten habe, den großen Entschluß gefaßt hierher zu kommen und bei den Eltern zu helfen. Ich weiß garnicht, wie ich Dir meine Freude darüber beschreiben soll. Als die Eltern es mir erzählten, wollte ich es erst garnicht glauben und noch heute verstehe ich nicht ganz, wie es überhaupt dazu kam und möglich wurde. Du hattest mir gerade geschrieben, daß Du nach Westfalen gehen solltest.[2] Und auch Deine Mutter ist also mit Deinem Entschluß einverstanden? Ich hatte gerade schon angefangen, mich darauf einzustellen, daß Du wieder zum Roten Kreuz einberufen würdest und wir uns lange Zeit nicht wiedersehen würden. Nun ist das alles ganz anders geworden und ist mir ein sehr großes Geschenk. Zwar werde ich nun bei Alarmen mich um Dich sorgen müssen, aber dafür weiß ich Dich sonst täglich und stündlich in der Nähe. Wie gut ist das! Wie gut ist Dein Entschluß! Ich danke Dir sehr dafür!

Nun wirst Du also versuchen, Dich in das tägliche Leben bei den Eltern einzuleben. Ich denke, es wird Dir in mancher Hinsicht nicht ganz leicht werden. Beide haben Dich sehr gern, aber es ist nun einmal so, daß in unserer Familie solche Dinge fast ganz unausgesprochen bleiben, während man sie bei Euch ausspricht. Es hat gewiß gar keinen Sinn, darüber zu streiten, was ‹richtiger› ist. Es sind verschiedene Menschen, die so handeln wie sie innerlich müssen. Aber ich kann mir denken, daß Dir das Viele bei uns Unausgesprochene – so auch besonders in religiöser Hinsicht – zunächst schwerfallen wird. Und doch würde ich sehr froh sein, wenn es Dir gelänge, Dich in das Wesen der Eltern so einzuleben wie ich mich durch Deine Großmutter in das Wesen Eurer Familie einzuleben versucht habe und dafür nun immer dankbarer geworden bin. Und dann eine sehr große Bitte: hilf der Mama über die allzuvielen Sorgen, die sie sich immer wieder macht, hinwegzukommen und sei darin bitte sehr geduldig, liebste Maria! Damit tust Du mir die allergrößte Wohltat. Vielleicht schickt Dich der liebe Gott gerade darum zu ihr, weil sie jetzt eine sehr gute Schwiegertochter braucht, und je mehr Du Mama kennenlernen wirst, desto mehr wirst Du spüren, daß sie eigentlich garnichts für sich selbst (vielleicht *zu* wenig!), sondern alles für die anderen will, tut und denkt. Laß uns Gott bitten, daß es Dir gelingt. Und dann – werde ich Dich bald wieder sehen!! Geliebteste Maria, wir müssen noch einmal alle Kraft zusammennehmen zur Geduld. Laß uns nicht kleinmütig werden! Gott hat es so gemacht, daß das Herz des Menschen stärker ist als alle irdischen Gewalten. Leb wohl, Du liebste Maria, hab Dank für alles, alles!

Es umarmt Dich und küßt Dich innig

Dein Dietrich

Sind meine anderen Briefe inzwischen angekommen? Es müssen 3 oder 4 unterwegs sein. Ob welche durch Alarme verloren gingen? Ich habe von Dir seit 6 Wochen auch nur einen einzigen!

1 Auch dieser Brief ist nicht mehr im Original vorhanden. Er ist offenbar vor dem anschließend zitierten Brief Marias vom 18. August geschrieben. 2 Marias Mutter hatte vorübergehend daran gedacht, sie auf dem Gut Oberbehme bei Tante Friederike v. Laer unterzubringen.

Die Zeit in Bundorf war zu Ende gegangen. Die Mutter bat in einem Telegramm um einen Wochenendbesuch der Tochter. In dieser Situation faßten Dietz und Hedwig von Truchseß gemeinsam mit ihr den Entschluß, ihre Zeit in Bundorf zu beenden. Nach einer Phase von Unsicherheit und Zweifeln wußte Maria von Wedemeyer nun genau, was sie tun wollte und mußte. Sie erfüllte den langgehegten Wunsch ihres Verlobten und ging zur Unterstützung seiner Mutter in sein Elternhaus nach Berlin. In einem Brief an Hedwig von Truchseß begründete sie ihren Entschluß:

«Aber Du weißt ja genau, daß ich meine Verlobung jetzt nicht auflösen will und kann. Es muß aber etwas geschehen. Sieh, ich habe versucht ihn um eine Zeit des Alleinseins zu bitten, das ist mir nicht gelungen. Weißt Du, wenn man an einem so langen Brief fast einen Monat lang schreibt, dann kann er gar nicht so sein, daß man ihn nicht ernst nimmt oder nicht spürt, wie wichtig er ist. –

Sieh, und wenn nun Dietrich meine Bitte nicht erfüllt, so kann ich weder hinterherquengeln noch ihm irgendeine höchst egoistische Ansicht von mir gewaltsam aufoktroyieren. Jetzt in dieser Lage noch weniger als sonst. – Weil es aber mit dem ständigen nach Berlin reisen auch einfach nicht mehr weiter geht, gehe ich nun ganz in seine Nähe.»

Das Leben in diesem exemplarischen Widerstandshaushalt beeindruckte sie, war allerdings für die jüngste und neu hinzugekommene Schwiegertochter nicht immer ganz einfach zu bestehen. Immerhin hatte sie hier noch sechs Wochen lang die Möglichkeit, ihren Verlobten unter den relativ günstigeren Haftbedingungen in Tegel zu sehen und zu versorgen, dabei auch die ihm Nahestehenden vor der letzten großen Bewährungsprobe besser kennenzulernen. So schloß sie sich enger an Emmi, die Frau des Bruders Klaus Bonhoeffer, an. Auch zur ältesten Schwester Ursula Schleicher gewann sie ein herzliches Verhältnis.

Briefe, die es sicher noch gab, sind aus dieser Zeit nicht erhalten geblieben, außer denen, die an Eberhard Bethge nach Italien gingen.

23. August 1944 Sprecherlaubnis[1]

[1] Dietrich an Eberhard Bethge vom 23. August 1944: «Heute war Maria hier, so frisch und zugleich fest und ruhig wie selten» (DBW 8,576).

Die aus dieser Zeit stammenden Briefe verraten kaum die Spannung, in der Bonhoeffer diese Wochen von Ende August bis Anfang Oktober durchlebt hat. Er suchte den noch vergönnten Freiraum der Tegeler Zelle aufs äußerste zur weiteren Niederschrift seiner theologischen Entwürfe zu nutzen. Andererseits erfuhr er von den zunehmenden Verhaftungen und Hinrichtungen; er ahnte, wie sich auch für ihn und seinesgleichen das Netz der Nachforschungen enger zusammenzog. Am 22. September entdeckte die Gestapo im Außenlager Zossen des OKW das auf Geheiß von Generaloberst Beck aufbewahrt gebliebene Geheimarchiv der Verschwörer im Amt Canaris; Hans von Dohnanyi hatte vergebens auf dessen Vernichtung gedrängt. Nun waren den Ermittlern überraschend alle Trümpfe in die Hand gegeben.

In jenen Tagen hatte Bonhoeffer zusammen mit dem befreundeten Unteroffizier Knobloch einen Fluchtplan entwickelt. Er gab ihn auf, als er erfuhr, daß sein Bruder Klaus sowie sein Schwager Rüdiger Schleicher verhaftet worden waren; Eberhard Bethge sollte bald das gleiche widerfahren. Damals entstand das folgende Gedicht:

[Tegel] 5. Oktober 1944[1]

Jona

Sie schrieen vor dem Tod, und ihre Leiber krallten
sich an den nassen, sturmgepeitschten Tauen,
und irre Blicke schauten voller Grauen
das Meer im Aufruhr jäh entfesselter Gewalten.

‹Ihr ewigen, ihr guten, ihr erzürnten Götter,
helft oder gebt ein Zeichen, das uns künde
den, der euch kränkte mit geheimer Sünde,
den Mörder oder Eidvergess'nen oder Spötter,

der uns zum Unheil seine Missetat verbirgt
um seines Stolzes ärmlichen Gewinnes!›
So flehten sie. Und Jona sprach: ‹Ich bin es!
Ich sündigte vor Gott. Mein Leben ist verwirkt.

Tut mich von euch! Mein ist die Schuld. Gott zürnt mir sehr.
Der Fromme soll nicht mit dem Sünder enden!›

Sie zitterten. Doch dann mit starken Händen
verstießen sie den Schuldigen. Da stand das Meer.

Liebe Maria! 5.10.

Ich danke Dir für alle Treue. Behaltet guten Mut und Zuversicht! Das ist für uns das Allerwichtigste. Ich bin unendlich stolz auf Dich und auf Euch alle! Die Losung heute[2] ist doch schön! Grüße die Eltern und die Geschwister von Herzen. Ich bin in Gedanken immer bei Euch. Es küßt Dich innig

Dein Dietrich

Das Gedicht tippe doch bitte ab und schicke es an Eberhard [Bethge]. Er weiß schon, von wem es ist, ohne daß man es sagt. Vielleicht ist es Dir etwas unverständlich. Oder doch nicht?

1 Aus dem Gefängnis geschmuggelt. Vgl. auch Dietrich Bonhoeffers «Der Tod des Mose» aus dieser Zeit. Beide Texte sind abgedruckt und interpretiert in Jürgen Henkys, Dietrich Bonhoeffers Gefängnisgedichte, 1986, 42–56. 2 Er macht zunichte die Anschläge der Listigen, daß es ihre Hand nicht ausführen kann (Hiob 5,12). Seid nüchtern und wachet! denn euer Widersacher, der Teufel, geht umher wie ein brüllender Löwe und sucht, welchen er verschlinge. Dem widerstehet fest im Glauben, und wisset, daß ebendieselben Leiden über eure Brüder in der Welt gehen (1. Petrus 4.8f).

Tag für Tag hatte Bonhoeffer damit zu rechnen: Am Sonntag den 8. Oktober mußte er die vertraut gewordene Zelle 92 in Tegel räumen. Unten erwartete ihn das Gestapo-Kommando, um ihn im Kellergefängnis des Reichssicherheitshauptamts in der Prinz-Albrecht-Straße abzuliefern. «Hier ist die Hölle», erklärte Admiral Canaris auf dem Weg zum Waschraum. Bald wußte er, wer seine Haftgefährten waren, so Carl Goerdeler, Josef Müller, die Generäle Oster, Halder und Thomas, sein einstiger Beschützer Generalrichter Sack und Maria von Wedemeyers Vetter Fabian von Schlabrendorff. Ihm gegenüber beschrieb Bonhoeffer die erneuten Verhöre als «kurz und bündig widerlich». Mit den «Zossener Akten» war zu viel von den Umsturzplänen und den eigentlichen Gründen der Auslandsreisen offenbar geworden, als daß sich dies noch als «Spielmaterial» der Spionage ausgeben ließ. Indessen blieb noch ein Rest Hoffnung aufs Überleben, wenn der Krieg und dieses Regime rasch zu Ende gingen. Um die Jahreswende gab es gewisse Lockerungen, als wohl manche in der SS-Führung an eigene Auslandskontakte mit Friedensangeboten dachten. Eine Aufzeichnung Bonhoeffers über seine Beziehung zum Bischof von Chichester erschien mit einem Mal so wichtig, daß sie vom Chef des Hauses dem Reichsaußenminister von Ribbentrop übermittelt wurde.

Weil wir sonst kaum etwas von Bonhoeffers Ergehen und Verhalten in dieser verschärften Haft wissen, soll noch einmal Fabian von Schlabrendorff zu Wort kommen:

«Immer war er guter Laune, immer gleichbleibend freundlich und gegen jedermann zuvorkommend, so daß er zu meinem eigenen Erstaunen binnen kurzer Frist seine nicht immer von Menschenfreundlichkeit erfüllten Wächter psychisch kaptiviert hatte. In dem Verhältnis zwischen uns war bezeichnend, daß er eher immer der Hoffnungsvolle war, während ich zuweilen unter Depressionen litt. Immer war er es, der einem Mut und Hoffnung zusprach, der nicht müde wurde zu wiederholen, daß nur der Kampf verloren ist, den man selbst verloren gibt. Wieviel Zettel hat er mir zugesteckt, auf denen der Bibel entnommene Worte des Trostes und der Zuversicht von seiner Hand geschrieben waren. [...] Als Dohnanyi ebenfalls in das Gefängnis in der Prinz-Albrecht-Straße eingeliefert wurde, gelang es Dietrich Bonhoeffer sogar, sich mit seinem Schwager zu verständigen. Dieser lag an beiden Beinen gelähmt auf einer Tragbahre in seiner Zelle, als wir nach einem Luftalarm aus unserem Betonbunker zurückkehrten. Plötzlich sprang Dietrich Bonhoeffer mit einer Behendigkeit, die ihm niemand zugetraut hätte, in die offene Zelle seines Schwagers. Wie durch ein Wunder sah es keiner der Wächter. Dietrich Bonhoeffer gelang auch der schwierigere Teil seiner Aufgabe, wieder unentdeckt aus der Zelle Dohnanyis herauszukommen und sich in den Zug der Gefangenen einzugliedern. Noch an demselben Abend erzählte er mir, er habe mit Dohnanyi alles Wesentliche über ihre weitere Aussage verabredet. [...] Die wenigen Sachen, die wir hatten und die uns von unseren Angehörigen ins Gefängnis gebracht werden durften, tauschten wir aus, wie es das gegenseitige Bedürfnis verlangte. Mit strahlenden Augen erzählte er mir von den Briefen seiner Braut und seiner Eltern, von deren Liebe er sich auch im Gefängnis der Gestapo umhegt und umsorgt fühlte.»

In der günstigeren Zeitspanne war es Bonhoeffer möglich, drei Briefe zu schreiben, davon den einen zu Weihnachten an seine Braut. Sonst gab es keinerlei Genehmigung zum Schriftverkehr oder zu Besuchen. Maria von Wedemeyer war indes mit den anderen Frauen der Familie schier täglich unterwegs durch die verwüstete Stadt, um jede Möglichkeit der Hilfeleistung für die Gefangenen wahrzunehmen. So ist es ihr einmal sogar durch Vermittlung ihrer Tante, der Gräfin Bredow, gelungen, bis zum gefürchteten Leiter der Ermittlungsgruppe, dem SS-Standartenführer Huppenkothen, vorzudringen, ohne freilich die Erlaubnis zu einem Wiedersehen mit ihrem Verlobten zu erlangen.

Meine liebste Maria! [Prinz-Albrecht-Straße] 19. 12. 44

Ich bin so froh, daß ich Dir zu Weihnachten schreiben kann, und durch Dich auch die Eltern und Geschwister grüßen und Euch danken kann. Es werden sehr stille Tage in unsern Häusern sein. Aber ich habe immer wieder die Erfahrung gemacht, je stiller es um mich herum geworden ist, desto deutlicher habe ich die Verbindung mit Euch gespürt. Es ist, als ob die Seele in der Einsamkeit Organe ausbildet, die wir im Alltag kaum kennen. So habe ich mich noch keinen Augenblick allein und verlassen gefühlt. Du, die Eltern, Ihr alle, die Freunde und Schüler im Feld, Ihr seid mir immer ganz gegenwärtig. Eure Gebete und guten Gedanken, Bibelworte, längst vergangene Gespräche, Musikstücke, Bücher bekommen Leben und Wirklichkeit wie nie zuvor. Es ist ein großes unsichtbares Reich, in dem man lebt und an dessen Realität man keinen Zweifel hat. Wenn es im alten Kinderlied von den Engeln heißt: ‹zweie die mich decken, zweie, die mich wecken›,[1] so ist diese Bewahrung am Abend und am Morgen durch gute unsichtbare Mächte etwas, was wir Erwachsenen heute nicht weniger brauchen als die Kinder. Du darfst also nicht denken, ich sei unglücklich. Was heißt denn glücklich und unglücklich? Es hängt ja so wenig von den Umständen ab, sondern eigentlich nur von dem, was im Menschen vorgeht. Ich bin jeden Tag froh, daß ich Dich, Euch habe und das macht mich glücklich froh. –

Das Äußere ist hier kaum anders als in Tegel, der Tageslauf derselbe, das Mittagessen wesentlich besser, Frühstück und Abendbrot etwas knapper.[2] Ich danke Euch für alles, was Ihr mir gebracht habt. Die Behandlung ist gut und korrekt. Es ist gut geheizt. Nur die Bewegung fehlt mir, so schaffe ich sie mir bei offenem Fenster in der Zelle mit Turnen und Gehen. Einige Bitten: ich würde gern von Wilhelm Raabe: ‹Abu Telfan› oder ‹Schüdderump› lesen.[3] Könnt Ihr meine Unterhosen so konstruieren, daß sie nicht rutschen? Man hat hier keine Hosenträger. Ich bin froh, daß ich rauchen darf! Daß Ihr alles für mich denkt und tut, was Ihr könnt, dafür danke ich Euch; das zu wissen ist für mich das Wichtigste. –

Es sind nun fast 2 Jahre, daß wir aufeinander warten, liebste Maria. Werde nicht mutlos! Ich bin froh, daß Du bei den Eltern bist. Grüße Deine Mutter und das ganze Haus sehr von mir. Hier noch ein paar Verse, die mir in den letzten Abenden einfielen. Sie sind der Weihnachtsgruß für Dich und die Eltern und Geschwister.

1. Von guten Mächten treu und still umgeben
behütet und getröstet wunderbar, –
so will ich diese Tage mit euch leben
und mit euch gehen in ein neues Jahr;

2. noch will das alte unsre Herzen quälen
noch drückt uns böser Tage schwere Last,
Ach Herr, gib unsern aufgeschreckten Seelen
das Heil, für das Du uns geschaffen hast.

3. Und reichst Du uns den schweren Kelch, den bittern,
des Leids, gefüllt bis an den höchsten Rand,
so nehmen wir ihn dankbar ohne Zittern
aus Deiner guten und geliebten Hand.

4. Doch willst Du uns noch einmal Freude schenken
an dieser Welt und ihrer Sonne Glanz,
dann woll'n wir des Vergangenen gedenken,
und dann gehört Dir unser Leben ganz.

5. Laß warm und hell die Kerzen heute flammen
die Du in unsre Dunkelheit gebracht,
führ, wenn es sein kann, wieder uns zusammen!
Wir wissen es, Dein Licht scheint in der Nacht.

6. Wenn sich die Stille nun tief um uns breitet
so laß uns hören jenen vollen Klang
der Welt, die unsichtbar sich um uns weitet,
all Deiner Kinder hohen Lobgesang.

7. Von guten Mächten wunderbar geborgen
erwarten wir getrost, was kommen mag.
Gott ist bei uns am Abend und am Morgen,
und ganz gewiß an jedem neuen Tag.

Sei mit Eltern und Geschwistern in großer Liebe und Dankbarkeit gegrüßt.

Es umarmt Dich

Dein Dietrich

1 Aus dem Lied «Abends, wenn ich schlafen geh, / vierzehn Englein um mich stehn...». 2 In Wahrheit gab es hier nur ein Drittel der in Tegel üblichen Rationen. 3 Wilhelm Raabe, Abu Telfan oder Die Heimkehr vom Mondgebirge, 1867; Der Schüdderump, 1869.

Maria von Wedemeyer an Hedwig von Truchseß

[Berlin] 22. XII. 44

[...] Es ist schon wieder nach 1 Uhr. Und nun will ich Dir doch eigentlich noch einen Weihnachtsgruß schicken. –

Diese Woche war einfach toll. Sonntag Krippenspiel, Montag Herreise, Dienstag Volksgericht (für Emmys Mann[1]), Mittwoch Prinz Albrechtstr. Donnerstag Lehrterstr., wo jetzt Onkel Hans Jürgen [v. Kleist-Retzow] Kieckow sitzt. Freitag Tegel.[2] Sonnabend Fahrt nach Haus. –

Außerdem will ich morgen vormittag noch einen Vorstoß in die Prinz Albrechtstr. machen. –

[...]

1 Dies könnte auf Klaus Bonhoeffer zutreffen, dessen Anklageschrift allerdings erst am 21. Dezember ausgefertigt worden ist und dessen Prozeß vor dem Volksgerichtshof am 2. Februar 1945 stattfand. 2 Dietz Frhr. v. Truchseß war – wie Hans Jürgen v. Kleist-Retzow – ebenfalls verhaftet und in die Ermittlungen der Sonderkommission 20. Juli einbezogen worden, da Graf Stauffenberg ihn als Verbindungsoffizier für den Wehrkreis XIII (Nürnberg) vorgesehen hatte (vgl. Spiegelbild der Verschwörung 312f). Als Hauptmann d.R. befand er sich in der Militärhaftanstalt Tegel, wo ihn Maria besuchen konnte.

Dietrich Bonhoeffer an seine Eltern

[Prinz-Albrecht-Straße] 17. I. 45

Liebe Eltern. Ich schreibe Euch heute wegen des Volksopfers[1] und möchte Euch bitten, in vollem Umfange über meine Sachen zu verfügen; [...] Mit wie wenig der Mensch auskommt, habe ich in den 2 vergangenen Jahren gelernt. Man hat in der Tatenlosigkeit einer langen Haft besonders das starke Bedürfnis, das in den engen Grenzen Mögliche für das allgemeine Ganze zu tun. Ihr werdet das mitempfinden können. [...] Habt vielen Dank für Euren Brief, auch Maria danke ich für Ihren Weihnachtsbrief *sehr!* Man liest die Briefe hier bis man sie auswendig kann! –

Noch ein paar Bitten: es wurden heute für mich leider keine Bücher abgegeben. Herr Kommissar Sonderegger würde sie auch zwischendurch abnehmen, wenn Maria sie hin bringt! Ich wäre sehr dankbar dafür. [...] Es geht mir gut. Bleibt nur gesund! Habt vielen Dank für alles. Maria viele Grüße und Dank! Auch allen Geschwistern und Schwiegermutter!

Von Herzen grüßt Euch Euer dankbarer Dietrich.

1 Erwünschter Anlaß zu diesem letzten Brief Dietrichs war der Aufruf des Reichspropagandaministers Dr. Goebbels zu einem «Volksopfer».

Indessen hatte am 12. Januar im Osten die längst befürchtete Offensive der Roten Armee begonnen und sogleich die deutschen Abwehrstellungen durchstoßen. Damit stand der Untergang von Pätzig bevor. Bonhoeffer erfuhr durch eine Nachricht der Eltern, daß seine Braut Berlin verlassen hatte, um ihrer Mutter bei den Vorbereitungen zur Flucht Beistand zu leisten. Aus deren Bericht über die Vorgänge jener letzten Pätziger Tage wird an späterer Stelle ausführlich zitiert. Er bildet den Hintergrund zu dem folgenden Brief, wohl einem der allerletzten, die dort noch von der Post befördert worden sind. Durch ihn erfuhren die Eltern Bonhoeffer vom Aufbruch des «Kindertrecks» gen Westen, von ihrer jungen Schwiegertochter geleitet. Bereits einen Tag nach diesem Datum war es für den bisher verbotenen Treck der Pätziger Bewohner zu spät; als das Dorf schon besetzt war, gelang Frau von Wedemeyer schier im letzten Moment die Flucht aus ihrem Hause, nur mit ein paar Habseligkeiten für den Fußmarsch versehen.

Im Dorf Oppershausen bei Celle war man wieder vereint. Während sich die anderen auf die restliche Wegstrecke zu den Verwandten von Laer in Oberbehme bei Löhne vorbereiteten, hatte sich die Tochter Maria bereits am 12. Februar von ihnen getrennt und zurück nach Berlin durchgeschlagen. Bei den Eltern in der Marienburger Allee erfuhr sie, daß man ihren Verlobten aus der Prinz-Albrecht-Straße an einen unbekannten Ort verbracht hatte – vermutlich in ein Konzentrationslager. Ein Passierschein, der ihr von einem Adjutanten im OKW am 13. Januar ausgestellt worden ist, zeigt in Richtung Bundorf. Was sie von dort aus unternahm, offenbart ihre Karte aus Flossenbürg, die am Ende unserer Sammlung steht.

Flossenbürg – das Tor des dortigen Konzentrationslagers, an dem sie enttäuscht umkehren mußte, sollte ihr Verlobter sieben Wochen später am Ende seiner letzten Wegstrecke passieren. Wenn wir den Stationen davor nachzugehen versuchen, müssen wir bis zum 3. Februar zurückdenken. An diesem Tag erlitt das Berliner Stadtzentrum den schwersten Luftangriff. «Zwei Stunden lang folgte Staffel auf Staffel am strahlend blauen Winterhimmel und verwandelte das Stadtgebiet vom Tiergarten ostwärts in eine Wüstenei von Rauch und Asche» (Eberhard Bethge). Im brennenden Volksgerichtshof, wo tags zuvor über Klaus Bonhoeffer, Rüdiger Schleicher und Justus Perels das Todesurteil gefällt worden war, hatte ein niederstürzender Balken den «Blutrichter» Roland Freisler erschlagen. Auch das Reichssicherheitshauptamt war schwer getroffen, Licht- und Wasserleitungen funktionierten nicht mehr. Deshalb kam es am 7. Februar zum Transport, der Bonhoeffer mit 19 anderen prominenten Häftlingen in ein Kellergefängnis am Rande des KZ Buchenwald verbrachte. Mit seinem Zellengenossen, dem General von Rabenau, soll er dort lebhafte theologische Diskussionen geführt und Schach gespielt haben.

Am 3. April erfolgte die Weiterfahrt dieser Gruppe gen Süden über Regensburg nach Schönberg im Bayerischen Wald, wo sie in einer Schule untergebracht wurden. Wie der britische Offizier Hugh Falconer später berichtet hat, «tat (Bonhoeffer) viel, um die schwächeren Brüder von Sorgen und Depressionen abzubringen». Dort konnte er seinen Gefährten noch am Sonntag den 8. April eine Morgenandacht halten. Kurz darauf wurde er herausgerufen: «Gefangener Bonhoeffer, fertigmachen und mitkommen!» Beim Abholen seiner Sachen ergriff er spontan das dort liegende Buch (es war der von seinem Bruder zum Geburtstag geschenkte Plutarch), nahm einen Stift und schrieb an drei Stellen

Dietrich Bonhoeffer, Pfarrer
Berlin Charlottenburg
Marienburger Allee 43

hinein. (Ein Sohn Carl Goerdelers nahm es an sich und hat es der Familie später zurückgegeben.) Payne Best, der andere englische Häftling, hat nach seiner Heimkehr dem Bischof von Chichester seine an diesen gerichteten Abschiedsworte übermittelt: «This is the end, for me the beginning of life.»

Während alles sonst schier im Chaos versank, funktionierte noch der Apparat der SS, der Hitlers Befehl zur Vernichtung der Verschwörer im Amt Canaris auszuführen hatte. Dem war ein erneuter Zufallsfund im Versteck des Außenlagers Zossen vorausgegangen: die Tagebücher des Admirals, die dem Reichssicherheitshauptamt sogleich die Beweise für den konspirativen Hintergrund dieser Gruppe lieferten. Schon am nächsten Tag, dem 5. April, wurde Hitler davon in Kenntnis gesetzt, während er bei der «Mittagslage» gleichzeitig mit den neuesten Fronteinbrüchen konfrontiert war. In seinen Augen hatten ihn jene Verräter in diese katastrophale Lage gebracht. Dafür sollte mit ihnen kurzer Prozeß gemacht werden.

Noch am Nachmittag wurde alles dafür in Gang gesetzt, so daß man Bonhoeffer im Schönberger Schulhaus ausfindig machen und rechtzeitig nach Flossenbürg bringen konnte. Am 8. April fand dort das Standgericht statt und am nächsten frühen Morgen die Hinrichtung am Galgen, zusammen mit Wilhelm Canaris, Ludwig Gehre, Hans Oster, Karl Sack und Theodor Strünck. Wohl zur gleichen Zeit erlitt Hans von Dohnanyi im KZ Sachsenhausen den Tod.

Von alledem hat Maria von Wedemeyer erst nach dem Kriegsende, im Sommer 1945 erfahren.

Ruth von Wedemeyer an Paula Bonhoeffer

Liebe Frau Bonhoeffer! Pätzig, 30. 1. 45

Ich mußte sehr hart gegen Sie handeln, verzeihen Sie bitte. Ich schickte Maria mit meinen drei Kindern, mit Frau Döpke und ihren zwei Kindern, mit der fieberkranken Fräulein Rath und der sehr zarten Frau Dimel trotz 12° Kälte und eisigem Ostwind im Planwagen nach Westen, Richtung Celle, wo Herrn Döpkes Verwandte in einem Dorf wohnen. – Ich brauchte sie jetzt bitternötig. Es ist eine Aufgabe, die eigentlich weit über ihre Kräfte geht. Sie hat einen Polen als Kutscher und die 3 besten Ackerpferde. Beten Sie mit darum, daß sie dieser harten Sache gewachsen ist. – Wenn alles gut geht, werden sie 14 Tage unterwegs sein. Aber inzwischen hat es sehr geschneit und gestürmt. – Von Berlin wurde mir sehr abgeraten. Wir danken Ihnen von Herzen für die Bereitwillligkeit, die Kinder aufzunehmen. [...] Vielleicht kommt hier bald der Befehl zum gemeinsamen Treck. Wir bereiten alles im geheimen dafür vor. Ich hoffe, daß ich der Rettung der Menschenleben und der Bewahrung vor Panik noch dienen kann. Maria will, wenn sie die Kinder dort installiert hat, sich wieder zu Ihnen durchzuschlagen versuchen. Aber es wird geraume Zeit dauern. –

Gott wolle sich erbarmen und Sie und die Ihrigen behüten, und allzu lange Leiden ersparen. Ob wir uns hier oder drüben wiedersehen das steht bei Ihm. Auf alle Fälle dürfen wir darauf uns unsagbar freuen.

Nehmen Sie meinen Dank für alle mütterliche und väterliche Liebe, die Sie meinem Kind gewähren und gewährt haben.

Ihre Ruth Wedemeyer

Maria von Wedemeyer an ihre Mutter[1]

Flossenbürg, den 19. 2. 45

Liebe Mutter. Leider ist meine ganze Reise nach Bundorf und Flossenbürg völlig zwecklos gewesen. Dietrich ist gar nicht da. Wer weiß, wo er steckt. In Berlin sagt man es mir nicht und in Flossenbürg wissen sie es nicht. Ein ziemlich hoffnungsloser Fall. Aber was soll ich jetzt machen. Bleibe ich in Berlin, dann kommen da unsere Pätziger Freunde[2] und damit ist Dietrich nicht gedient! Komme ich zu früh, dann werde ich zur Flak[3] oder wer weiß was eingezogen. Bleibe ich in Bundorf, dann bin ich so wahnsinnig weit von Euch allen weg und weiß nicht, wie ich mal wieder zu Euch gelangen werde. Ich glaube wirklich, es hat verhältnismäßig wenig Sinn, jetzt nach Berlin zurückzugehen. Wenn ich sogar nicht mal mehr für Dietrich sorgen kann! Natürlich ist dies ein Grund, aber das läuft auch ohne mich.

Ich glaube, ich bleibe erst mal da. Bitte schickt mir auf jeden Fall ein Telegramm, wenn Ihr nach Behme startet, damit ich weiß, wo Ihr seid und nicht gänzlich zur falschen Adresse fahre. Es ist greulich, daß ich immer noch keine Nachricht von Dir und Euch überhaupt habe. Aber wie schön war der Brief von Ruth Alice. Ich freue mich noch heute daran. Wenn ich nur wüßte, was mit Doris [Fahle] los ist. Sie ist anscheinend nicht mehr herausgekommen.

Ich habe ein bischen das heulende Elend, aber das kommt nur daher, daß ich nun schon 2 Tage auf der Bahn liege, heute 7 km hinwärts zu Fuß gehen mußte und dann ohne irgendwelche Aussichten wieder die

7 km zurückstiefeln mußte. Nun wird es wohl wieder 2 Tage dauern, bis ich in Bundorf bin. Ich habe gleich den Christoph wieder übernommen. Aber er ist arg verludert und ich bin immerzu nur müde.

Aber ich hab Dich sehr lieb und sehne mich so schrecklich doll nach Dir und einem Gruß von Dir. Aber Du hast sicher geschrieben. Was für Nachrichten von HansWerner? Innige Grüße und Küsse an alle und besonders meinen Flüchtl[ingen].

Deine Maria

1 Postkarte mit dem Aufdruck: Der Führer kennt nur Kampf,/ Arbeit und Sorge./ Wir wollen ihm den Teil abnehmen,/ Den wir ihm abnehmen können. 2 Die sowjetischen Truppen, die Pätzig bereits Ende Januar überrannt hatten. 3 Einheiten der Flugabwehr, zu denen gegen Kriegsende auch Frauen und Schüler einberufen worden sind.

Anhang

Notizen

Pätzig

In Pätzig, Kreis Königsberg, in der Neumark, wurde Maria Friederike von Wedemeyer als drittes der sieben Kinder von Hans und Ruth von Wedemeyer am 23. April 1924 geboren.

Pätzig hatte 3000 Morgen Acker. Ein Morgen ist soviel Land, wie einer an einem Tag pflügen kann.

Es lag 50 km östlich der Oder in der Neumark und gehörte zum Endmoränengebiet. Sand, Lehm und Steine hatten die Gletscher einst vor sich hergeschoben, bevor sie wegtauten. Sie hinterließen lehmige und tonhaltige Hügel und moorige Gründe. Ungezählte kleine und größere Teiche gab es da, «Löcher» genannt, mit und ohne Wasser darin, um die man seit Generationen die vom Acker abgesammelten Steine häufte, die kleinen Steine und die großen Findlinge. Vater erklärte uns daran die Vorgeschichte. In den Gebüschen von Weißdorn und Schlehen und Erlen drumherum sang im Mai die Nachtigall. Der Großvater Wedemeyer hatte sich in die landschaftliche Schönheit von Pätzig verliebt, als er es für seinen zweiten Sohn Hans erwarb. Die landwirtschaftliche Schwierigkeit, die er vielleicht unterschätzt hatte, wurde für diesen zur harten Herausforderung.

Aber neben den Äckern, die modernen Maschinen widerstanden, hatte es ebensoviel Wald mit zwei verlandeten Seen darin. In diesen beiden großen Sumpfgebieten hausten noch die Schildkröte, die Rohrdommel, die Bekassine, und es brütete dort der schwarze Storch. Da gab es Stellen, die außer bei strengem Frost keines Menschen Fuß

Pflügende Gespanne

betreten konnte. Um so mehr aber wurden sie vom Wild geliebt. Im Herbst erdröhnte der nächtliche Wald vom Brunftschrei der Hirsche. Im Winter fand und verfolgte man die Fährte des starken Keilers. An Vorfrühlingsabenden lockten die Schnepfen den Jäger in den Wald, um «vom Amselruf bis Käuzchenschrei» reglos auf ihren taumelnden Flug zu warten. Wir Kinder lernten die Sonntage der Passionszeit nach dem Verhalten der Schnepfen. Da fing es an mit «Reminiscere, putze die Gewehre» und endete mit «Quasimodogeniti, halt, Jäger halt, jetzt brüten sie!»

Unsere Eltern heirateten am Ende des Ersten Weltkrieges und zogen in das seit Jahrzehnten leerstehende und heruntergekommene Gutshaus ein.

Um Pätzig mußte also gekämpft werden. Und bald nahte die große Krise für die Landwirtschaft, die um 1928 viele Güter unter den Hammer brachte.

Im Bewußtsein dieses Kampfes wuchsen auch wir Kinder auf. Die Landwirtschaft bestimmte den Lebensstil. Der Boden trug Roggen, Kartoffeln und Hafer und an einigen Stellen Weizen und Zuckerrüben.

Wir lebten mit dem Wetter. Im alten Gesangbuch gab es ein Lied, das um Regen bat. Das sangen wir manchmal in der Morgenandacht, wenn im Sommer der für die Kartoffeln unbedingt erforderliche durchdringende Regen ausblieb; und eins, was um Sonne bat, mußte herhalten, wenn der Roggen in «Mandeln» auf dem Felde stand und absolut nicht trocken genug zum Einfahren werden wollte.

Die besten Hammel und die besten Kartoffeln wurden verkauft, und die weniger guten aßen wir im Gutshaus.

Vorfahrt zum Pätziger Gutshaus

Pätzig hatte etwa 40 Landarbeiterfamilien, die an zwei langen Dorfstraßenenden wohnten. In einem Haus wohnten meist vier Familien mit Kleinvieh; jede hatte einen viertel Morgen Land und eine Kuh, die vom Gut gefüttert wurde. Die dritte Straße gehörte den etwa zehn unabhängigen Bauern, die in den Steinschen Reformen ihr Land hatten auslösen können. Kirche, Pfarrhaus, Schule und Gutshaus lagen in der Mitte. Das Gutshaus war umgeben von einem kleinen Park, einem Stauden- und Gemüsegarten. Vom Haus hatte man einen freien Blick über Wiesen und einen dritten verlandeten See, den Haussee, bis zu einem fernen Wäldchen. Rechts vom Haus senkte sich der gepflasterte abschüssige Hof mit roten Ziegelgebäuden zu beiden Seiten. Da gab es Ställe für zwölf Ackergespanne zu drei Pferden, für Kühe, Schweine und Schafe, dazu den Kornboden, große Scheunen, eine Spiritusbrennerei, die Schmiede und Stellmacherei. Auf dem Hof waren rechts die Ackerwagen in langer Reihe aufgefahren, und links lagen Strohmiete, Misthaufen und Jauchegrube. Am oberen Rand war der Hof quer begrenzt durch den Kutschstall, in dem ein wichtiger Freund und Erzieher von uns Kindern, «Erich», residierte. Hier standen die beiden Reit- und Wagenpferde und unsere Ponys, und in der großen, meist leeren Box konnten wir im Winter unsere Meerschweinchen und Karnickel unterbringen. Als der für das Sozialgefüge wichtige Dorftrottel «Korl Snieder» zum Sterben kam, diente sie auch als Krankenzimmer, und «Korl» erging es mit Erichs Pflege besser als in einem Krankenhaus.

Das Arbeiterdorf repräsentierte noch eine patriarchalische, ständische Gesellschaft, die sich bis zum Kriegsende als funktionsfähig erwies. Die eingezogenen Männer wurden durch große Gruppen von Kriegsgefangenen und Gastarbeitern (damals Fremdarbeiter) ersetzt; als der Vater im Krieg war, stand unserer Mutter ein ausgezeichneter Verwalter, Herr Döpke, zur Seite.

Das Bauerndorf war sehr viel anfälliger für den Nationalsozialismus. Im Gasthof in seiner Mitte fanden entsprechende Versammlungen statt.

Im Krieg war das Pfarrhaus bewohnt von Pfarrer Brandenburg, einem Kandidaten aus Finkenwalde. Kirche und Schule verbanden die beiden Dorfteile. Es herrschte die im Osten übliche Patronatsordnung. Der Gutsherr hatte das Recht, den Pfarrer auszusuchen, mußte aber die Kirche erhalten. So kam es, daß unsere Eltern, denen die Kirche sehr am Herzen lag, als die Zeiten für die Landwirtschaft besser wurden, die Kirche umbauten, anstatt die höchst überfällige Sanierung des Gutshauses zu betreiben. Die Kirche ist heute von den Polen geliebt, das Haus abgebrannt.

Der Lehrer Starke spielte für die Integration des Dorfes eine unentbehrliche Rolle. In seiner einklassigen Schule haben wir Geschwister alle eine Zeitlang gesessen. Sein gütiges und vornehmes Herz war wichtiger als der – auch notwendige – lange Stock.

Ich möchte hier einige Zeilen über das Ende von Pätzig anfügen, die meine Mutter 1945 kurz darauf aufschrieb.

Es herrschte Treckverbot, obgleich man am 26. Januar 1945 wußte, daß die Russen nahe waren. Vater hatte einmal gesagt: «Wenn die Russen kommen, schick die Kinder rechtzeitig in den Westen.» Mutter fand den letzten dafür möglichen Tag.

«Noch am gleichen Abend wurde der Treck vorbereitet und in der Nacht gepackt.

Um möglichst wenig Aufsehen zu erregen, fuhr der mit Planen bespannte Wagen hinter dem Haus vor und wurde mit je einem Koffer

Die Mutter mit Christine (Ina), Peter-Christian, Werburg (Lala) und dahinter Hans-Werner

für jeden beladen. Ich stieg mit ein, um den Abschied noch hinauszuziehen, stellte bei dem etwas abschüssigen Weg über den gepflasterten Hof fest, daß die Pferde ausrutschten und die Bremse für den schleudernden Wagen nicht genügte. Ich wußte, daß der Wagen auch die Oderberge hinunter und wieder hinauf bestehen mußte, ließ anhalten und einen Teil der Koffer unbarmherzig herauswerfen. Mein Schlitten, den ich mir für meine Rückfahrt nach Warnitz bestellt hatte, sammelte sie auf. Ich fuhr noch über Warnitz hinaus, aber der Abend kam herauf. Bis zum ersten Quartier in Bärwalde hatte der Wagen noch etwa 15 km zu bestehen. In der fast sicheren Aussicht, alle meine Lieben nicht wiederzusehen, vollzog sich der Abschied kurz und nüchtern, denn sie mußten eilen. Maria stieg mit aus. Von ihr ging Kraft auf mich über. In dem Augenblick, als ich allein im Schneesturm auf der Straße stand, begannen in Warnitz die Glocken zu läuten. Später vernahm ich, daß die Kinder, da über Nacht starkes Tauwetter eintrat, am nächsten Morgen, in dem wahrscheinlich letztmöglichen Augenblick, die Oder noch zu Fuß über die Eisschollen hinweg überquert haben, der Wagen durch den Kutscher von Hand geführt.

Am nächsten Morgen war in Pätzig bereits der Kanonendonner zu hören.

Nachdem wir das Packen und Vorbereiten für den gesamten Treck angeordnet hatten, wurde jegliche Flucht von den Nazibehörden verboten. Während die Pätziger erleichtert ihre Sachen wieder auspackten, ‹weil es ja wohl doch nicht so schlimm sei›, sah ich mit Sicherheit vor Augen, daß wir nun alle den Russen in die Hände fallen mußten.

Kurz nachdem mir gemeldet wurde – es war am 31. 1., mittags um 2 Uhr –, die Russen seien im Bauerndorf, im nördlichen Teil von Pätzig, kam Frau Hollmichel, um mich zu Hilfe zu rufen. Eine bei ihr aufgenommene Flüchtlingsfrau – seit 14 Tagen auf der Flucht vor den Russen – hatte sich, ihrem Kind und ihrer Mutter die Pulsadern aufgeschnitten. Nachdem ich sie verbunden hatte und aus dem Eckhaus gegenüber der Kirche herauskam, stand ein russischer Panzer vor unserer Tür. Zu dieser Stunde hatten bereits über hundert Panzer und ebenso viele LKW, je mit sechs Russen und Geschützen besetzt, das Dorf durchquert und an einigen Stellen geplündert. In Babin, 3 km westlich von uns gab es eine Schießerei. Die Gutsfrau ist auf ihrer Flucht erschossen worden.

Wieder kommt Herr Döpke, der inzwischen seinen Dienst gemacht hatte, als ob nichts wäre, mit Kochgeschirr, etwas Brot und Landkarten zur Flucht ausgerüstet. Alles unter dem Mantel versteckt. Die Ostarbeiter hätten offenbar schon gewartet, sein Haus anzufallen. Zäh und unnachgiebig verlangte er von mir, mit ihm zu flüchten.

Ich will auf keinen Fall gehen.

Um ½7 Uhr, während wir noch reden, läßt sich eine Flüchtlingsfrau bei mir melden. Eine in dieser Situation erstaunlich elegant angezogene Frau, stattlich, sich vornehm gebend. Sie fragt mich, ob ich die Besitzerin des Hauses sei, und bittet um Quartier. Ihre nächste Frage: ‹wollen Sie nicht weggehen?› erregt mich sehr. In ihrer liebenswürdigen Glätte wird sie mir widerwärtig. Herr Döpke fragt, ob ich noch daran zweifle, daß das eine russische Agentin ist. Im Grunde verdanke ich es dieser Frau, bzw. dem Umstand, daß sie mir jetzt geschickt wurde, daß ich zur Besinnung kam. Ich durfte meine Hausgenossen nicht leichtfertig den Russen ausliefern. Ich beginne nun die Hausgenossen im Dorf unterzubringen.

Fräulein Wild, die sehr beherzte Sekretärin, will sich meiner Führung auf der Flucht anvertrauen. Sie hat sich großartig dabei bewährt. Bei Starkes waren die Russen noch nicht gewesen. Aber man mußte sie bei der Lage des Hauses, unmittelbar an der Straße, jeden Augenblick erwarten.

Schließlich war es Herr Starke, der alte treue Freund, der mich und meine letzten Bedenken überwand: ‹Jetzt dürfen Sie nur an Ihre Kinder denken, die Ihre Nächsten sind und Sie, in ihrem jugendlichen

Alter, noch brauchen›, und dann: ‹Sie werden allenthalben im Dorf aufgenommen, aber können wir wissen, ob diejenigen, die dies tun, nicht unter den Russen dafür zu leiden haben?› Dies letztere überzeugte mich. Wir zwei Flüchtlinge wurden nun mit allem ausgerüstet, was uns helfen konnte. Lebensmittelkarten, Brot und Speck. Eine Handvoll Zigaretten zur Bestechung, Hautcreme und Verbandspäckchen mit Tarnungslaken für den Schnee und weißen Kopftüchern, die sich als sehr wichtig erweisen sollten. Herr Starke spendierte sogar seine Generalstabskarte und vorzüglichen Kompaß. Fräulein Wild bekam Gummistiefel. Es war fast unglaubhaft, aber doch wahr. Diese Stunden wurden durch die in vielen Jahren gemeinsamen Lebens und Arbeitens angesammelte menschliche Wärme, zu einem Höhepunkt in meinem Leben. Wir standen alle zu kurzem Gebet noch einmal zusammen und dann konnte ich den Abschied von diesen armen Verlassenen und allen Schrecken ausgesetzten Nächsten fast sorglos bestehen.

Die Uhr rückte unerbittlich und schnell vor. Es war 12 Uhr nachts. Der Himmel war klar und das Dorf still.

Wir machten durch die Bauernwiesen einen Bogen um den neuen Friedhof, an dem ich den Posten vermutete. Als wir gerade die Chaussee von Stolzenfelde nach Pätzig überqueren wollten, tickte ein Motorengeräusch und zwang uns auf die Erde. Zwölf Panzergeschütze, nur wenig beleuchtet, fuhren unmittelbar an uns vorbei. Als wir uns jenseits der Straße auf Schlag 1 nahe der Mühle befanden, begann im Dorf eine Schießerei. Ich zählte 180 Schuß. In diesem Augenblick veränderte sich vor meinen Augen die ganze liebe Pätzig-Welt. Etwa so wie eine schöne Landschaft im Kino sich in eine Fratze verwandelt. Mir war das Heft aus der Hand genommen. Die Verwüstung war in Gang gesetzt. Dieser Eindruck erleichterte den Abschied. Die Freude und Hoffnung auf das Wiedersehen mit meinen Lieben erfaßte mich mit Gewalt.» R. A. v. B.

Der Vater, Hans von Wedemeyer

Unser Vater Hans wird 1888 als Sohn des Maximilian von Wedemeyer und seiner Frau Alice, geb. von Wedel, als fünftes Kind und zweiter Sohn in Schönrade, Neumark geboren.

Hans, wie auch sein Bruder Franz-Just, wächst auf in besonderer Verbundenheit mit seiner Mutter. Ein Freund, Achi von Rohr, erinnert sich: «Unvergeßlich leuchtete bei den Begegnungen mit Franz-

Just und Hans die Liebe ihrer Mutter auf. Schon mein Vater hatte mir erzählt, daß dieses Fräulein von Wedel eine der anmutigsten Erscheinungen am Berliner Königlichen Hof gewesen sei. An den Söhnen wurde es immer deutlich, was diese Mutter für ihre Kinder war.»

Der Vater Maximilian, über viele Jahre an den Rollstuhl gefesselt, erzieht seine Kinder zu strengster Einfachheit und Disziplin. Der Freund schreibt: «Hans erzählte, daß es Milch und trockenes Brot zum Frühstück gab. Als er an einem Sonntag, der zugleich sein Geburtstag war, im Sonntagsanzug die Treppe heruntergekommen sei, habe ihn sein Vater mit großen Augen angeschaut: ‹Wie siehst du denn aus, was ist denn mit dir los?!› und auf das nunmehr etwas unglückliche Gestammel: ‹Ich habe heute Geburtstag› sei die Weisung erfolgt: ‹Junge, nimm dich nicht so wichtig und zieh dich um!›»

Aber es gibt auch das Erlebnis des Vierzehnjährigen, den die Zweifel an der Glaubwürdigkeit der biblischen Schöpfungsgeschichte plagen. Während er nierenkrank zu Bett liegt, läßt sich sein Vater zu ihm ins Zimmer schieben und redet mit ihm über diese Dinge, «als wäre ich ein erwachsener Mensch. [...] Ich weiß nicht, was mich mehr überzeugte: Vaters Worte oder die Tatsache, daß er mich ernst nahm.»

Als er 17 Jahre alt ist, stirbt sein Vater. «Wenn nicht das Kriegsende, so weiß ich keinen Verlust, der mich tiefer traf.» Wegen seiner Krankheit macht er erst zwanzigjährig das Abitur. In Heidelberg schließt er ein Jurastudium mit dem Referendar ab, läßt jedoch seine Doktorarbeit unvollendet liegen, weil sein Heimweh nach Schönrade übergroß ist und die Hirschjagd ruft. In den folgenden Jahren macht er bei Verwandten eine land- und forstwirtschaftliche Lehre. 1913 meldet er sich zum Militär. Wegen eines Herzfehlers wird er zweimal als untauglich eingestuft. Über alle Maßen enttäuscht, versucht er es auf anderen Wegen. Werner, sein Bruder, aktiv beim Militär in Fürstenwalde, erreicht beim dortigen Stabsarzt ein Tauglichkeitszeugnis, das ihn in das 3. Garde-Ulanen-Regiment bringt.

Im Juni 1914 wird Hans zum Offizier befördert, und mit Beginn des Ersten Weltkrieges nimmt er teil am Vormarsch nach Frankreich, der durch die Marne-Schlacht zum Erliegen kommt. Während dieser Schlacht führte er eine Patrouille zur Sprengung einer Bahnstrecke hinter den französischen Linien. Die zurückflutende deutsche Front läßt ihn weit hinter den feindlichen Linien zurück. Die Patrouille wird zersprengt. In Nachtmärschen findet er, nur noch von einem Kameraden begleitet, zu seiner Truppe zurück. Er begreift das als ein zum zweiten Mal geschenktes Leben.

Im Juni 1916 wird er Ordonnanzoffizier bei Franz von Papen in der 4. Garde-Infanterie-Division. Als Papen der Heeresgruppe des Feldmarschalls von Falkenhayn zugeordnet wird, geht auch Hans mit Papen nach Palästina. Seine Schwester, Anne von Klitzing, schreibt: «Hans meldete sich dort zum Fliegerbeobachter und lag mit einem Fliegerhorst auf vorgeschobenem Posten in der Wüste jenseits des Jordans. Die Front mußte weichen. Hans fiel die Aufgabe zu, in letzter Minute Leute und Material vor dem Feind zu retten. Die schwere und gefährliche Aufgabe wurde von ihm so gelöst, daß sie ihm den Hohenzollernorden eintrug.» In dieser Zeit festigt sich die Freundschaft mit Franz von Papen. Wie sich bei diesem eine westfälisch-katholische Variation des Junkertums mit politischem Auftragsbewußtsein paart, ist für ihn neu und faszinierend. Papen setzt 1918 zunächst gegen den Widerstand des Feldmarschalls von Falkenhayn durch, daß Jerusalem von den deutschen Truppen kampflos geräumt wird. Er verhindert damit ein englisches Bombardement auf die Stadt.

Die Revolution am 9. November 1918 und die Flucht des Kaisers nach Holland empfindet Hans von Wedemeyer als tiefen Schmerz.

Kurz vorher aber hat er seine Frau gefunden. Angesichts der Revolution bittet er deren Mutter um eine baldige Hochzeit. Meine Mutter schreibt in ihren Erinnerungen: «Er wollte verhindern, daß er in Pätzig an einem Baum und seine Braut in Kieckow an einem anderen Baum aufgehängt würden.» Hans und Ruth heiraten, und die deutsche Revolution nimmt einen ganz anderen Verlauf.

In den zwanziger Jahren bewirtschaftet Hans von Wedemeyer mit einem landwirtschaftlichen Beamten das äußerst schwierige Gut Pätzig. Die jährlichen Verluste schwanken zwischen 20- und 50000 Mark und müssen durch übermäßige Eingriffe in den Wald gedeckt werden. Um das Gut in die Rentabilität zu führen, setzt Hans von Wedemeyer eine rigorose Umstrukturierung durch. Ende der zwanziger Jahre kommt Pätzig in die Gewinnzone. Dieses Jahrzehnt erlebt Hans auf politischer Ebene als eine Zeit des totalen Autoritätsverlustes aller politischen und gesellschaftlichen Instanzen.

1920 trifft er auf einer Tagung bei von Thadden in Trieglaff in Hinterpommern den Theologen Karl Bernhard Ritter. Dieser erinnert sich: «Er gefiel mir vom ersten Augenblick an sehr gut. Eine hohe stattliche Erscheinung, schön gewachsen, mit strahlenden Augen, bester Typus des Landjunkers. Dabei lag ein Schimmer von Romantik über ihm, ein idealistischer Schwung, der sich auch nicht verlor, als ich erfahren durfte, wie nüchtern und völlig illusionslos er sich seiner Lage

Der Vater empfängt Hesi von Truchseß
auf der Terrasse in Pätzig

als Großgrundbesitzer in einem Zeitalter der egalitären Gesellschaft bewußt war. Er hat sich selber nie als Interessenten verstanden, sondern immer nach klarer Einsicht in die mit seinem Schicksal und Erbe verbundene Verantwortung gesucht.» Ritter erinnert sich auch an eine Unterhaltung, in der Hans ihm das «Du» anbietet und dabei freimütig bekennt, wie ungewohnt ihm das bei einem Bürgerlichen ist. Hans' Neugier läßt ihn in Ritter den Partner finden, der ähnliches Selbstbewußtsein aus einer auf das 15. Jahrhundert zurückgehenden geistigen Tradition des Bildungsbürgertums schöpft.

Es wird eine Freundschaft fürs Leben daraus. Alljährlich zu den Sommerferien erscheint in Pätzig die Ritterfamilie – sehnlich erwartet von uns Kindern, da es für jeden einen «Passer» gibt. Ritter schreibt von den Gesprächen mit Hans auf Ritten oder Fahrten über Feld: «Inhalt der Gespräche war alles nur Denkbare: Staat, Parteien, Kirche, Wissenschaft, Welt [...] Ich mußte ihm auseinandersetzen, [...] welches Urteil die Idealisten über Kants Philosophie gehabt hätten, ob es richtig sei, den Marxismus mit Hegels Philosophie zusammenzubringen. [...] Kurz und gut, ein immer wieder überraschendes und mich zuweilen geradezu bedrängendes Bedürfnis nach vertiefender Besinnung und ausgreifender Bildung machte sich bei diesen Ritten über die Fluren von Pätzig geltend. [...] Er hatte eine instinktive Sicherheit im Umgang mit Kindern.»

Als Vater ist er für die Kinder der unumstrittene Familienmittelpunkt. Hierzu die Mutter: «Und wer von Euch spürt nicht noch die Geborgenheit, die von Vater ausging, wenn er im Winter durch die Glastür hereinkam, beide Seiten des riesigen Waschbärpelzes weit ausgebreitet, die auf ihn zulaufenden Kinder an sich preßte und, von rechts und links zuklappend, darin einschloß.» In kleinen, langsam sich steigernden Mutproben stärkt er ihr Vertrauen. Bald wird der Sprung in seine Arme vom Schrank hinab gewagt. Wenn wir alle miteinander an den Wartenberger See zum Baden fahren, ist Maria als erste auf dem Sprungbrett, obwohl sie noch nicht schwimmen kann. «Vater, ich komme!», ruft sie nur, und schon springt sie ins tiefe Wasser.

Seine Erziehung zielt auf Aufgabenstellung und Bewährung, wie er es von seinem Vater übernommen hat. Auf dem Land werden die Kinder schon sehr früh in die Verantwortung für Acker, Menschen und Tiere eingebunden. Mit etwa 13 Jahren beginnt die Internatsschulzeit. Beim Abschied sagt der Vater: «Was wir für eure Erziehung tun konnten, ist jetzt abgeschlossen.» Von da an entwickelt sich eine andere Qualität der Beziehung zwischen Eltern und Kindern. Ich als Älteste nehme seine geistige und politische Führung an und versuche seine Gedanken nachzuvollziehen. Maria hingegen ist auf seine kreative, eher feminine Seite eingestimmt und reagiert auf seinen Humor, seine Spiel- und Tanzfreude und seine Liebe zur Schöpfung.

Hans findet kein Verhältnis zur Weimarer Demokratie. Wie andere bewußte Preußen schließt er sich den rechtskonservativen Deutschnationalen an und wird einer der Verantwortlichen im «Stahlhelm», der paramilitärischen Organisation, die die preußische Tradition wiederbeleben will. Der «Stahlhelm» bietet den vielen entlassenen Offizieren (laut Versailler Vertrag ist das deutsche Heer auf 100000 Mann beschränkt) eine Aufgabe. Im Frühjahr 1933 wird der «Stahlhelm» mit Einverständnis seiner obersten Leitung der nationalsozialistischen SA unterstellt. Hans von Wedemeyer weiß von dieser Verfügung und löst seine Kreisgruppe auf, noch bevor sie der SA eingegliedert werden kann.

Bereits 1932 gerät Hans in schwere Konflikte mit den Nationalsozialisten. Franz von Papen, sein Freund und Kriegskamerad, wird 1932 vom Reichspräsidenten von Hindenburg als Reichskanzler berufen. Zu diesem Zeitpunkt sind die Nationalsozialisten schon die stärkste Fraktion im Reichstag. Hans, der in Wahlversammlungen der Deutschnationalen zugleich gegen «Nazis» und «Sozis» kämpft, sieht den Freund in dieser Aufgabe überfordert. «Eine Division im Kriege jederzeit! Aber das ganze deutsche Reich...?»

In großer Sorge verläßt Hans Pätzig und stellt sich Papen als Mitarbeiter zur Verfügung. Brisant wird die Situation, als jener nach wenigen Monaten scheitert und General Schleicher Reichskanzler wird. Nunmehr bereitet Papen hinter den Kulissen mit Hindenburgs Einverständnis sein politisches Comeback vor. Dazu kann er Hans und dessen konservative Freunde gut gebrauchen, etwa um sich bei der Zusammenstellung eines möglichen Kabinetts beraten zu lassen.

Automatisch ergeben sich Gespräche mit der nationalsozialistischen Parteiführung. Hans wird Zeuge der lautstarken Auseinandersetzungen Hitlers mit Papen. Ganz im Gegensatz zu Papen täuscht er sich nicht über Hitlers Gefährlichkeit. Er nimmt wahr, wie skrupellos und zielgerichtet dieser seine politischen Vorstellungen durchsetzt, während Papen meint, binnen kurzem würde sich erweisen, daß diese Emporkömmlinge zur Staatsführung unfähig seien.

Am 30. 1. 1933 übernimmt Hitler als Reichskanzler die Regierung mit Papen als Vizekanzler. Meine Mutter schreibt: «Ich erinnere mich noch, als wäre es heute gewesen, wie Hans am 29. 1. 33 spät abends zu mir nach Charlottenburg in die damalige Wohnung von Tante Pessi [Spes Stahlberg] kam. Er war in einer so völlig verzweifelten Verfassung, wie ich ihn nie zuvor und niemals nachher erlebt habe.»

Dennoch bleibt er zunächst in Papens Stab. Auf seinem Schreibtisch häufen sich verzweifelte Beschwerden der ersten Nazi-Opfer und ihrer Angehörigen. Im Mai 1933 quittiert Hans seinen Dienst, als er sich völlig außerstande sieht, die Mitarbeit weiter zu verantworten. Sein Nachfolger, Herr von Bose, wird im Zusammenhang mit dem «Röhm-Putsch» 1934 an Hans' früherem Schreibtisch von Männern der Leibstandarte «Adolf Hitler» erschossen.

Sein Glaube an die Realisierbarkeit einer christlich-aristokratisch begründeten Politik muß sich einer totalen Niederlage stellen. Er nimmt sie an und leistet Trauerarbeit. Später wird er sagen: «Wir sind nicht nur für unsere politische Haltung verantwortlich, sondern auch für deren Erfolg.»

1936 wird Hans, nunmehr in seiner Funktion als Gutsherr, vom langen Arm der Gewaltherrschaft eingeholt. Unter der Anklage «Unsoziales Verhalten» wird er vor den Arbeitsgerichtshof nach Berlin geladen. Es bleibt keine Zeit, Zeugen und Verteidigungsmaterial zu

Die umgebaute Pätziger Kirche 1939 vorbereitet zur Hochzeit von Ruth-Alice von Wedemeyer und Klaus von Bismarck

sammeln. Sein Pflichtanwalt eröffnet ihm am Abend vor der Verhandlung, daß der Ausgang des Prozesses bereits entschieden sei. Man wollte ihm die Betriebsführereigenschaft aberkennen und ihm eine Geldstrafe auferlegen.

Erst im Gerichtssaal erfährt Hans alle Anklagepunkte. Der Richter hält eine flammende Propagandarede gegen seine «verdammungswürdige Gesinnung und Minderwertigkeit», die Hans eine dreiviertel Stunde im Stehen anhören muß. Eine diffamierende Pressekampagne folgt. Entgegen allen gutmeinenden Ratschlägen geht Hans in die Berufung und bereitet mit Hilfe von Fabian von Schlabrendorff, dem späteren Widerstandskämpfer, den Prozeß fast ein Jahr lang vor. Der Berliner Anwalt Graf von der Goltz vertritt ihn. Nach dem Lokaltermin in Pätzig wird Hans vom Reichsarbeitsgericht in Leipzig von mutigen Richtern freigesprochen und vollkommen rehabilitiert. «Ein reinigendes Gewitter für Pätzig», wie der Reichsgerichtsrat Schrader am Ende der Verhandlung im Rathaus des kleinen Bad Schönfließ sagt.

Hans hat nicht zuletzt deshalb Erfolg mit der Verteidigung seiner Pätziger Welt, weil er als preußischer Gutsherr glaubwürdig ist. Das beleuchtet eine kleine Begebenheit, die mir unser Kutscher und Chauffeur Erich nach dem Krieg erzählt hat. Er steht mit dem Auto vorm

Haus, und Vater kommt heraus und stellt ihn wegen irgendeiner Sache hart zur Rede. Nachdem sie eine Weile gefahren sind, sagt Erich: «Der Anpfiff eben war zu stark. Herr Rittmeister hat sich vorher über etwas anderes geärgert und das an mir ausgelassen.» Pause, dann: «Erich, Sie haben ganz recht.»

Nach jenem Prozeß nimmt Hans wahr, wie sein Pätzig langsam zu einer Insel wird. Kontakte reduzieren sich auf Gesprächspartner, die seine tiefe Sorge um den politischen Kurs teilen. Das sind vor allem seine Schwäger Herbert von Bismarck und Hans Jürgen von Kleist-Retzow, die in enger Verbindung zum konservativen Flügel des Widerstands um seinen Vetter und Jagdgefährten Henning von Tresckow, Fabian von Schlabrendorff und Ewald von Kleist-Schmenzin stehen. In dieser Situation verstärkt sich auch sein Engagement für eine Reform der Kirche. Sichtbarer Ausdruck dafür ist der Umbau der Pätziger Dorfkirche, die mit meiner Hochzeit eingeweiht wird. Diese Hochzeit ist das letzte große fröhliche Fest in Pätzig, und Maria wird

Hans von Wedemeyer 1942 beim Stab der Heeresgruppe Süd bei Poltava

es während ihres Briefwechsels mit Dietrich immer wieder vor Augen haben.

Mit Kriegsbeginn im September 1939 wird Hans von Wedemeyer als Rittmeister der Ersatzschwadron des 9. Reiterregiments in Fürstenwalde eingezogen. Vom Dezember 1939 an gehört er zur Abteilung «Feindnachrichten» im Stab der Heeresgruppe Mitte, die nach dem Frankreichfeldzug nach Osten verlegt wird und als Heeresgruppe Süd in die Ukraine vorstößt. Im Juli 1942 weiß er, daß dieser Krieg verloren ist. Er ist davon überzeugt, daß die sich abzeichnende Niederlage verdient ist, aber er will sich nicht von seinem Land distanzieren. Er meldet sich zum direkten Fronteinsatz. Kurz zuvor schreibt er an seine Frau: «... und wenn mich das Schicksal demnächst wieder in die Mühle der Front wirft, dann ist meine Sorge, ob das Herz so wachsen kann, daß es neben der unerhörten Beanspruchung der Front auch noch wirklich dem einzig Schöpferischen, nämlich dem Liebhaben, Raum gibt.»

Das ihm zugewiesene Regiment liegt, erschöpft und verbraucht, westlich von Stalingrad im östlichen Donbogen. Dennoch gelingt es, den Don zu überqueren. Bei der Erstürmung des befestigten Orts Werchnij Gniloy bekommt Hans Granatsplitterverletzungen, geht aber trotz ärztlichen Rats nicht auf den Hauptverbandsplatz zurück. Er übernimmt, da keinerlei Nachrichtenübermittlung mehr funktioniert, selbst die Motorradfahrten. In der Nacht vom 21. zum 22. August setzt ein massiver russischer Panzerangriff ein. Hans alarmiert noch, ehe ihn tödliche Granatsplitter treffen. Er ist auf dem Soldatenfriedhof in Kiesljakoff begraben. R. A. v. B. / G. v. B.

Die Mutter, Ruth von Wedemeyer

Ruth von Wedemeyer wird 1897 am Ostermontag als Tochter des Landrats Jürgen von Kleist-Retzow und seiner Ehefrau Ruth, geb. Gräfin von Zedlitz-Trützschler, in Belgard/Pommern geboren. Ein halbes Jahr nach ihrer Geburt stirbt ihr Vater Jürgen, der über alle Maßen von der Mutter geliebte Ehemann. Über ihre Kindheit als umhegte Jüngste der fünf Geschwister wird sie ihren eigenen Kindern wenig erzählen. Es scheint, als habe ihr Leben erst richtig begonnen, als Hans von Wedemeyer in ihr Leben tritt.

1914 wird ihr Bruder, der Gutsherr des Familienbesitzes in Kiekkow, samt dem Verwalter und Rechnungsführer eingezogen. Pferde

Die Eltern, Hans und Ruth von Wedemeyer

und 80 Mann Belegschaft ebenfalls. Auch die Schwäger stehen im Feld. Die Frauen der Familie versammeln sich mit ihren Kindern in Kieckow, und die Mutter übernimmt wieder das Präsidium am Tisch. Sie teilen sich in die Aufgaben. Abends singen sie Brahmsquartette. Die siebzehnjährige Ruth übernimmt das Gutsbüro und fühlt sich mitverantwortlich für den landwirtschaftlichen Betrieb. Sie ist eine scheue junge Frau, gewöhnt daran, hinter ihren älteren Schwestern zurückzustehen. Deshalb kommt sie nicht im Traum darauf, daß sich der gutaussehende Hans von Wedemeyer, der Kieckow auf Anregung seiner Mutter hin im August 1918 besucht, für sie interessieren könnte. Sie ist überwältigt, als er um ihre Hand anhält. In ihren Lebenserinnerungen schreibt sie: «Und ich frage mich, ohne etwa vergleichen zu wollen, ob mir jemals ein Brautpaar begegnet ist, das so glückselig war wie wir.»

Ruth von Wedemeyer ist großgewachsen, schlank und immer in Bewegung. Wenn sie sich nach dem Mittagessen einen Augenblick Ruhe gönnt, wacht sie vor Schreck darüber, daß sie eingeschlafen ist, wieder auf. Mit «preußischer» Disziplin und Hingabe stürzt sie sich, eigentlich ein halbes Stadtkind, in die vielfältigen Aufgaben einer Gutsfrau. Hans ist ein guter Reit- und Jagdlehrer, und Ruth aus Liebe zu ihm eine ehrgeizige Schülerin.

Im Dorf gibt es kein Krankenbett, das sie nicht besucht, keine Geburt, die sie vergißt. Das «Krippenspiel», auch ein wichtiger Teil in Marias Leben, entsteht jedes Weihnachten unter ihrer Leitung. Das halbe Dorf mit seinen wichtigsten Persönlichkeiten spielt mit, und am 4. Advent platzt die oft spärlich besuchte Kirche aus allen Nähten.

Für uns Kinder ist die Mutter das ordnende, strukturierende Element der Erziehung. Maria gerät mit der ihr eigenen spontanen Vitalität mehr als die anderen mit ihr in Konflikt. Ein besonderes Verhältnis, das sich schon ganz früh andeutet. Freimütig schreibt die Mutter in ihren Lebenserinnerungen: «Alle unsere Babys waren bis auf die zwei letzten ziemlich unattraktiv für fremde Augen. Maria besonders durch eine im Augapfel geplatzte Ader. Ich fand den Namen Maria zu anspruchsvoll für solch einen kleinen – objektiv gesehen – Garschtebock. Wie hatte mich Vater ausgelacht. Und nach 8 Wochen guckte sie aus klaren Augen.»

In Pätzig fühlt die Mutter sich wirklich geborgen. In den äußeren und inneren Kämpfen, die die Zeit unseren Eltern aufnötigt, steht sie ganz an der Seite ihres Mannes. Alles Gesellschaftliche aber strengt sie an. Selbst bei Besuchen von Hans im Haus seines Bruders Franz-Just von Wedemeyer in Schönrade überläßt sie den Platz an seiner Seite gern Maria. Pferdegespräche und Bridge bedeuten ihr wenig, sie sucht immer nach «Tiefe» und «Intensität». Dennoch ist sie völlig frei von dem Wunsch, ihren Mann in dieser Hinsicht beeinflussen zu wollen. Sie schreibt: «Hans konnte sich an anderen Frauen hemmungslos freuen, ihren Charme, ihre Klugheit und Wärme auf sich wirken lassen, sie in ihrer Qualität voll anerkennen und sich von ihnen inspiriert fühlen. Er hatte ein Auge dafür, ob sie gut angezogen waren und liebte schöne, große Kleider. Aber die Versuchung, seine Augen in denen anderer Frauen spielen zu lassen, erlaubte er sich nicht. Von daher habe ich mich nie einen Augenblick bedroht gefühlt.»

Aus dieser Sicherheit heraus schafft sie dem Ehemann den Raum, den er für die Entfaltung seiner Persönlichkeit braucht, schützt ihn mit Leidenschaft und nimmt sich selbst fast zu sehr zurück. «Wenn wir beide ein Ziel erreichen wollen, sucht sich meine Frau immer den steilsten und ich den einfacheren Weg», sagt ihr Mann von ihr.

Bei der Erziehung der Kinder, besonders bei Maria, fühlt sie sich auf seine Ergänzung angewiesen. Aber wenn wir sie wirklich brauchen, ist sie da.

Als Maria ins Internat kommt, schreibt die Mutter ihr wöchentlich, der Vater nur in Ausnahmefällen. Dennoch beginnt jeder von Marias Antwortbriefen: «Lieber Vati, vielen Dank für Muttis Brief.» Die Mutter nimmt es hin, ohne Groll.

Als Gutsfrau und Mutter ist sie eine leidenschaftliche Friedensstifte-

Die Mutter, etwa 1960

rin. Ohne besonderes psychologisches Einfühlungsvermögen, aber mit großer Überzeugungskraft, bringt sie im Dorf, im Haus und unter den Kindern Versöhnung zustande. Eva-Marete Ritter, die ein Jahr lang mit Maria zusammen erzogen wird, berichtet: «Wenn Maria und ich uns gestritten hatten, hörte sie sich die Klagen, in der Mitte zwischen uns sitzend, an, drückte dann unsere Köpfe zusammen und sagte: ‹Und nun vertragt euch wieder!›»

Eine Technik im Austragen von Konflikten wird ebensowenig vermittelt wie die Fähigkeit, für eigene Wünsche zu streiten, wohl aber großer Mut, gestellte Aufgaben anzugehen. Wir Kinder fühlen uns in dieser patriarchalischen Familie im Einklang mit einer großen Ordnung – in die wir immer wieder zurückkehren können, weil Verzeihung gewährt wird.

Während des Krieges, als der Vater im Feld steht, muß Ruth mehr und mehr seine Aufgaben in Pätzig übernehmen. Etwas Erstaunliches geschieht: Es entsteht zwischen allen Mitarbeitern eine besondere Atmosphäre der Verbundenheit, die bis heute lebendig ist.

Eines Tages füllt sich die Eingangsdiele mit Menschen aus dem Pätziger Haus und Dorf, und vor der geschlossenen Tür zum Wohnzimmer steht Ruth sehr aufgerichtet und sehr hell und sagt ihnen, was sie weiß über den Tod des Gutsherrn.

Als Dietrich Bonhoeffer sich erklärt, sieht sich Ruth, zum ersten Mal ohne den Vater, der Sorge für gerade *diese* Tochter gegenübergestellt. Sie fordert ein Jahr Bedenkzeit für Maria. Später nach dem Krieg leidet sie an Schuldgefühlen Maria und Dietrich gegenüber, weil sie die letzte Möglichkeit für ein Zusammensein in Freiheit verhindert hat. In einem Brief, ein Jahr vor ihrem eigenen Tod, schreibt Maria an die Mutter: «[...] Ich muß einfach nochmal wieder betonen, daß Du das mit dem schlechten Gewissen nicht übertreiben mußt und darfst [...] Du müßtest Dir Vorwürfe machen, wenn Du das einfach so hättest passieren lassen. Das Argument, in dem Dich alle die bestärkt haben, denen Du damals vertrautest, ist doch nicht nur ein altmodisches Klischee gewesen. Damit tust Du nicht nur Dir, sondern allen anderen auch Unrecht.» Diese Mutter und diese Tochter lieben sich sehr, aber verstehen sich nur in Sternstunden.

Nach dem Krieg hält die Mutter es für ihre Pflicht, sich Dokumentarfilme über die Konzentrationslager anzusehen, und sie erkennt als Deutsche ihre Mitschuld. Jetzt beginnt für sie auch eine neue Form der Berufstätigkeit. Der Aufbau eines Gärtnerbetriebs mit Hilfe der kleinen Geschwister scheitert nach guten Anfängen. Später leitet sie eine Stiftung zur Erholung für in der Kirche tätige Menschen in Berchtesgaden. Sie kann allen Kindern und Enkeln eine Ferienheimat bieten, für die das Geld sonst noch nicht reichen würde. Später ermöglichen ihre Kinder Klaus und Werburg Doerr es ihr durch ein eigenes Haus in ihrer Nähe, weiter Familienmittelpunkt zu bleiben. Ihrem kämpferischen Christentum bleibt sie bis ins hohe Alter treu: So macht sie die Wahl ihres Altenheims abhängig von der Überzeugungskraft des Pfarrers.

1977 stirbt Maria. Ruth von Wedemeyer überlebt ihre Tochter um fünf Jahre.

R. A. v. B. / G. v. B.

Der Bruder Max

Maria ist das dritte von sieben Kindern, das jüngste der drei Großen, hat also vier jüngere Geschwister.

Ihre ganz besondere Liebe ist auf den zwei Jahre älteren, sensiblen, musikalischen und gutaussehenden Bruder Max gerichtet. Mit ihm kann sie aufbrechen und sicher zurückfinden.

Der Vater erzieht Max mit dem Leitbild des preußischen Offiziers. Er läßt für den Jungen eine Ulanen-Uniform nähen, dunkelblau mit

Maximilian von Wedemeyer

orangenen Paspeln und blanken Knöpfen. Zunächst ängstlich kann der Fünfjährige unter seiner Anleitung schon zwei Pferde lenken.

Bei seiner Konfirmation in Kieckow zusammen mit Spes v. Bismarck und Hans Friedrich v. Kleist aus der «Enkelpension» der Großmutter predigt Dietrich Bonhoeffer über «Ich glaube, lieber Herr, hilf meinem Unglauben». Er benutzt in dieser Predigt die Bilder der Soldatenwelt. Schließlich befindet er sich in einem preußischen Haus. Aber er gibt ihnen einen anderen Sinn.

«Konfirmanden sind heute wie junge Soldaten, die in den Krieg ziehen, den Krieg Jesu Christi gegen die Götter der Welt. Dieser Krieg fordert den Einsatz des ganzen Lebens. Sollte Gott unser Herr dieses Kampfes nicht wert sein? Abgötterei und Menschenfurcht stehen allenthalben gegen uns. Aber der schwerste Feind steht ja nicht uns gegenüber, sondern in uns. ‹Ich glaube, lieber Herr, hilf meinem Unglauben. [...] Gott führt den Kampf in uns, gegen uns und durch uns.› [...]»

In einem seiner Briefe an die Mutter nach der Nachricht vom Tod des Vaters schreibt er: «Wenn meine Gedanken zu Dir wandern, Mutterlein, so habe ich keine Sorge um Dich. Nur, wenn ich an die liebe Maria denke, mit ihrer großen Leidenschaftlichkeit und ihrer starken Empfindsamkeit, wie wird es ihr ergehen?»

Als junger Offizier im Rußlandkrieg erhält Max Ende Oktober 1942 einen schwierigen Auftrag, als ein feindlicher Durchbruch droht. In aussichtslos scheinender Lage will er die Einheit durch sein persönliches Beispiel mitreißen. In dem Augenblick fällt er durch Kopfschuß.

Maria schreibt in ihr Tagebuch, sie würde gerne ihr Leben geben, wenn sie seins retten könnte. R. A. v. B. / G. v. B.

Marias Schulzeit

Ruth und Hans von Wedemeyer legen Wert auf eine gute Schulbildung ihrer Kinder, selbstverständlich eingebunden in die gemeinsamen Wertvorstellungen.

Maria besucht, wie auch ich, nach Anfängen in der Pätziger Grundschule und einer Zeit mit Hauslehrerinnen das Magdalenen-Stift Altenburg in Thüringen. Zur Zeit Augusts des Starken gegründet, sollte es ursprünglich den Töchtern des unterdrückten evangelischen Adels als Bildungsinstitut dienen. Das Stift bewahrt über die Zeiten hinweg seine Traditionen. Im Kapitelsaal hängen die Bilder der Pröpstinnen aus 250 Jahren. Die Schülerinnen tragen Tracht mit schwarzen Schürzen. Es wird nicht abgeschrieben. Schmuck und Süßigkeiten sind im Schulleben nicht erlaubt, Adelstitel werden nicht genannt, Bücher in privatem Besitz zensiert, und «Freßpakete» von daheim werden an die ganze Klasse verteilt. Privatbesitz gibt es nur in einem niedrigen Schrank, mit Bildern von zu Hause. Der Unterricht in den drei Klassen bis zur Mittleren Reife hat ein hohes Niveau dank vorzüglicher Lehrerinnen. Maria liebt besonders die Baltin Jutta von Kuhlberg. (Als sie später noch einmal kurz als Erzieherin zurückkehrt, freundet sie sich mit ihr an.) Die Schule vermittelt eine prägende Verbindung von Bildung und christlichem Glauben.

Im Anschluß an Altenburg besucht Maria bis zum Abitur die evangelische Internatsschule in Wieblingen bei Heidelberg. Gründerin dieser Schule ist Elisabeth von Thadden. Sie stammt aus dem Hause Trieglaff, der «Wiege» des pommerschen Pietismus. Ihre Vorbilder sind die englischen Colleges, jedoch bezieht sie den evangelischen Glauben als tragendes Element ein. Ihr Bildungskonzept trägt ihr die Gegnerschaft der Nationalsozialisten ein. Doris Fahle, Marias beste Freundin in Wieblingen, schreibt: «Wenn sie die Hand zum obligaten

Abreise vor dem Pätziger Haus
Eva-Marete Ritter, die Mutter, Ruth-Alice, Maria, Jürgen Ritter, vorne Peter und Lala

‹Deutschen Gruß› erhob, war es, als ob sie eine lästige Fliege verscheuchen wollte, so verächtlich war die Bewegung. Sie ging ihren Weg ohne Kompromisse. Diese Haltung war für mich das unvergeßliche Vermächtnis Wieblingens.»

Ihre unnachgiebige Ablehnung des NS-Systems, dazu ihre Hilfen für verfolgte «Nichtarier» führen zu Elisabeth von Thaddens Amtsenthebung und schließlich zu Haft, Martyrium und Hinrichtung.

In Wieblingen entdeckt Maria ihre mathematische Begabung. Sie wird erste Klassensprecherin, ihre beste Freundin Doris Fahle die zweite. Diese erinnert sich:

«Ich hatte im Bücherschrank meiner Mutter wichtige Bücher gefunden, die ich als Kind verschlang. Ein kleiner Band über ‹Erziehungsfehler› brachte unsere Gouvernanten zur Verzweiflung. Bücher von Freud und Jung folgten. [...] Da Maria allem Neuen und Fremden immer aufgeschlossen gegenüberstand, war sie fasziniert von unseren Gesprächen, die in eine Innenwelt drangen, an die man als junger Mensch schwer jemand heranläßt, und vor der man oft selber ratlos steht. [...] Schon zu Anfang bemerkte ich, wie absolut sicher Maria in ihrem Urteil war. [...] Es war ein Ausdruck von ihrem Verankertsein in ihrer festgefügten Welt. [...] Aber sie war ‹vulnerable›.»

In ihrem letzten Lebensjahr wird Maria die Lebensläufe ihrer Klassenkameradinnen sammeln. «Merkwürdig», sagt sie, «alle haben einen komplizierten, oder doch irgendwie besonderen Lebenslauf gehabt.»

R. A. v. B. / G. v. B.

Die Großmutter, Ruth von Kleist-Retzow

Ruth wird 1867 als Tochter des Grafen Robert Zedlitz-Trütschler und seiner Ehefrau Agnes, geb. von Rohr in Großen-Borau/Schlesien geboren. Eigenwillig und temperamentvoll entwickelt sich Ruth zu einer richtigen «Vatertochter». Sie hat eine französische «Bonne». Die Eltern legen Wert auf Schulbildung. Später, als siebzigjährige Frau wird sie anfangen, Griechisch zu lernen, um das Neue Testament in seiner Ursprache lesen zu können.

Als junges Mädchen genießt sie das gesellschaftliche Leben im väterlichen Regierungspräsidentenpalais in Oppeln. Fünfzehnjährig trifft sie das erste Mal ihren «Prinzen». In ihren Erinnerungen schreibt sie:

Die Großmutter, Ruth von Kleist-Retzow

«Während die verschiedenen Eltern am Ufer blieben, schifften die jungen Leute sich auf Kähnen ein. Der See war bewachsen mit Seerosen. Ich saß im gleichen Kahn wie [Jürgen von] Kleist. Er fischte Seerosen aus dem Wasser und legte sie in den Kahn. Jahrelang bewahrte ich eine derselben in meiner Bibel auf.» Wie ihre Tochter Ruth eine Generation später erlaubte sie sich nicht zu glauben, daß der äußerst gutaussehende ernsthafte junge Mann Interesse an ihr haben könnte. «Ich war zu stolz, um unglücklich zu sein», schreibt sie über die drei Jahre, die sie nun warten muß. Sie nimmt eine gewisse Mittelpunktrolle im Jugendkreis der Oppelner Gesellschaft in einem Ausmaß wahr, daß ihr Lieblingsbruder Rob meint, sie ernsthaft ermahnen zu müssen.

Später einmal wird Ruth diesem Bruder nicht verzeihen können, und ihre Familie wird mit ihm brechen, weil er das von ihr fast als heilig empfundene Kaiserhaus öffentlich kritisiert. Rob, Hofmarschall von Kaiser Wilhelm II., schreibt unter dem Titel «Meine Jahre am Kaiserhof» eine kritische Analyse des Wilhelminismus.

Noch einmal in ihrem Leben wird Ruth einem einst geliebten Menschen mit der gleichen Unerbittlichkeit begegnen. Der Name von Walter Stahlberg (geschiedener Mann ihrer Tochter Spes, Vater ihrer Enkelkinder) wird in ihrer Gegenwart nicht mehr erwähnt.

Drei Jahre nach ihrem ersten Zusammentreffen und mit Aussicht auf einen Landratsposten bittet Jürgen von Kleist um Ruths Hand.

Angesichts der Kargheit der pommerschen Landgüter schreibt sie: «Aber mit ihm wäre ich in die Wüste gegangen.» Mit ihm gemeinsam wächst sie in eine durch den pommerschen Pietismus geprägte Frömmigkeit hinein.

Sehr bald schon wird Jürgen ernsthaft krank. Ruth schreibt: «Ich empfand es wirklich oft als Konflikt, welchen Anteil ich meinem Mann und welchen ich meinen Kindern einräumen sollte. Alle lagen mir gleichmäßig am Herzen, aber ich bin heute noch dankbar dafür, daß ich mich in fraglichen Augenblicken für den Vater entschied.» Kurz nach der Geburt des fünften Kindes, Ruth, stirbt der Vater.

Jürgen hinterläßt eine erst 29jährige Witwe. Sie hat jetzt die Verantwortung für den großen landwirtschaftlichen Besitz Kieckow. Im Interesse einer möglichst guten Schulbildung für die Kinder zieht Ruth mit ihnen nach Stettin und läßt das Gut Kieckow in den Händen eines erfahrenen Verwalters.

Die Polarität ihrer Ehe zwischen spontaner intelligenter Weltoffenheit und pietistischem Ernst muß nun in ihrer eigenen Seele ausgetragen werden.

Ein Thema, das für alle Kleists und Zedlitze sehr weit weg zu sein scheint, das Verhältnis zu den Juden, berührt (aber doch unübersehbar und kontrovers) die Familie. Konstantin, Ruths zweitgeborener Sohn, lernt zunächst in einer jüdischen Bank in Karlsruhe und wird anschließend persönlicher Assistent des jüdischen Besitzers der Metallgesellschaft in Frankfurt. Konstantin schreibt: «Niemals sind mir Geschäftsleute von größerer Integrität begegnet als Herr Merton und Herr Strauß.» Über sie kommt er in Kontakt mit neuen Sozialideen, Gewerkschaftern, Wissenschaftlern. Spes aber, seine musikalisch begabte Schwester, lehnt einen Heiratsantrag des reichsten und möglicherweise gebildetsten Landbesitzers in Schlesien, Graf Limburg-Stirum, ab, weil er «jüdisches Blut» hat. Großvater Robert kämpft als Gouverneur von Schlesien für die Zulassung von Juden auch in das Garderegiment des Kaisers.

1917 stürzt der von allen geliebte, lebenssprühende Sohn Konstantin als Flieger ab.

Nach dem Krieg richtet ihr Sohn Hans Jürgen für Ruth im Kieckower Vorwerk Klein-Krössin das gemütliche langgestreckte Fachwerkhaus unter hohen Kastanien als Wohnstatt ein. Es hat einen großen Garten, den sie sehr liebt, und eine geräumige Küche, in der auch die jungen Gänse aufgezogen werden. Bei Großmutter wird gut gekocht, und zu Weihnachten schickt sie die hochgeschätzte Spickbrust in die Häuser ihrer Kinder. Die Gästezimmer «Hoffnung», «Freude» und «Zufriedenheit» werden reichlich frequentiert.

Sie ist nicht nur unumstrittene geistige und moralische Autorität der wachsenden Großfamilie, auch ihr Herz wächst mit. «Du sagst, Du könntest eifersüchtig auf meine Liebe zu Raba sein?» schreibt sie an Maria. «Nicht ein Gramm nehme ich Dir davon weg! Das ist ja das Eigentümliche an der Liebe, daß sie bis ins Unendliche wächst und nicht nur über ein bestimmtes Quantum verfügt.»

Sie interessiert sich vor allem für junge Leute. Maria wird ihre «kleine Freundin». Konstantin Kleist, ein Enkelsohn aus Kieckow, schreibt: «Wir Kinder kamen erst, als wir schon im Schulalter waren, in engere Berührung mit der Großmutter, Großmutter wurde unsere Klavierlehrerin. [...] Wenn es um geistig zu bewältigende Fragen ging, dann konnte man auf ihr aufmerksames Hören und ihre stets sehr sorgfältigen Antworten rechnen. [...] Großmutter gab klaren, sicheren Rat, der sich um die Unklarheiten des Denkens oder Handelns nicht herumdrückte. [...] Immer ging es ihr in erster Linie um Sachlichkeit in Fragen des Glaubens und Denkens. Gerecht und klar im Urteil, war sie jedoch niemals schroff, weil ihre Herzenswärme sie zu den Menschen hinzog. [...]»

Von ihrem großen Schreibtisch in Klein-Krössin aus hält sie Verbindung zur theologischen Entwicklung. Sie verehrt Friedrich Siegmund-Schultze, ist Anhängerin von Karl Barth und erlebt nun in der Zeit der Bekennenden Kirche die Begegnung mit Dietrich Bonhoeffer und dem Predigerseminar in Finkenwalde.

Ihr kleines Haus wird zur Kontaktstelle. Die Familien ihrer Kinder in Kieckow, Lasbeck und Pätzig und alle ihre Freunde kann sie in Verbindung bringen mit diesen mutigen jungen Theologen und so den inneren und äußeren Widerstand stärken. «In einer merkwürdigen Zeit leben wir und doch muß man ja immer wieder danken, daß das arme unterdrückte Christentum in der Not so lebendig wird, wie ich es in meinen 70 Jahren noch nie erlebte. Welch ein Beweis für seine Wirklichkeit!» schreibt Großmutter an Werner Koch, einen der Finkenwalder Kandidaten, ins KZ.

Zu Dietrich Bonhoeffer entwickelt sich eine tiefe Freundschaft und Verehrung. Das Anliegen seiner Theologie, aus der in doppeltem Sinne *teuren* Gnade keine billige zu machen, hat sie in großem Leiden erprobt. Sie empfindet die Zeit mit Bonhoeffer als Höhepunkt in ihrem Leben. Im Haus in Klein-Krössin schreibt er an seinen Büchern. Sie ist von tiefer Befriedigung erfüllt, als Dietrich und Maria zueinanderfinden (trotz gelegentlicher Zweifel an «ihrer kleinen Hexe», die Dietrichs Größe nicht gewachsen sein könnte).

Im September 1945 entschließt sich ihre Tochter Ruth nach gelungener Flucht zu den Verwandten in Oberbehme, plötzlich umzukehren, unter Zurücklassung ihrer drei jüngsten Kinder. Sie schreibt: «Ich wußte nicht, welche Not mich so unüberhörbar rief. Längst glaubte ich, meine Mutter sei unter den Russen gestorben.» In Berlin trifft sie Eberhard Bethge, der ihr mitteilen kann, daß ihre Mutter noch lebt, aber mit gebrochenem Schenkelhals in einem Arbeiterhaus in Kieckow liegt. Im polnischen Pommern ist jede Zureise für Deutsche gesperrt. Unter größter Gefahr und abenteuerlichen Umständen erreicht sie ihre sterbende Mutter, die noch einmal aus ihrer Agonie erwacht. «[...] Ich fasse den Entschluß, ihr die wichtigsten Botschaften zu sagen. ‹Fabian lebt.› Für eine Sekunde fliegt ein Freudenglanz über ihre ernste Stirn. [...] Später fragt die Mutter: ‹Und Dietrich lebt auch?› Ich verneine. Das ist die letzte Frage an mich. Sie zeigt keinen Schmerz mehr.»

R. A. v. B. / G. v. B.

Den Beginn der Freundschaft zwischen Dietrich Bonhoeffer und unserer Großmutter erlebten wir, mein Bruder Max und ich selber, mit. Sie hing eng mit der Gründung von Großmutters «Enkelpension» in Stettin zusammen. Die Kleists, die Bismarcks und die Wedemeyers, also drei von Großmutters Kinderhäusern, waren bestürzt angesichts der massiven Einflußnahme der Nationalsozialisten auf die Internate ihrer Kinder. So kam es am Anfang des Jahres 1936 zu diesem Plan. Zunächst wurden der Großmutter außer uns beiden noch Spes und Hans Otto Bismarck sowie Hans-Friedrich Kleist aus Kieckow anvertraut, später auch Maria. Wir gingen auf Stettiner Gymnasien. Die Großmutter interessierte sich für unsere Schulangelegenheiten und ertrug das Üben, sprach zum Abendbrot mit uns französisch, ging mit uns in Konzerte und zog uns im übrigen, soweit sie konnte, in ihre politischen und geistlichen Interessen mit hinein. Diese Zeit bekam prägende Bedeutung für uns.

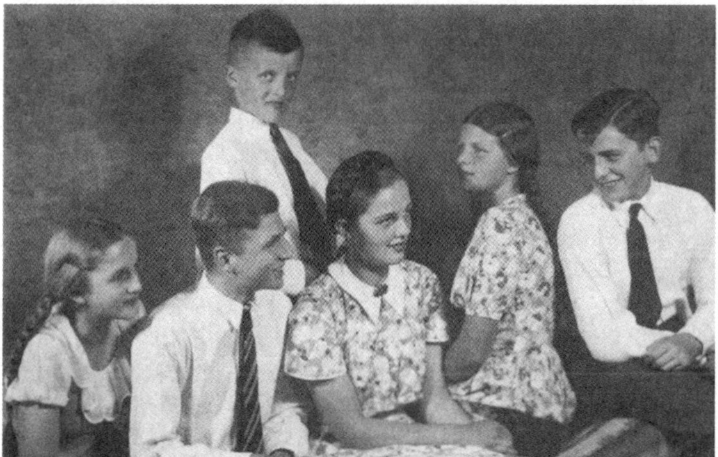

Die «Enkelpension» in Stettin
Spes von Bismarck, Hans-Otto von Bismarck, Ruth-Alice von Wedemeyer, Maria von Wedemeyer, Hans-Friedrich von Kleist-Retzow, dahinter Max von Wedemeyer

So saßen wir auch eines Tages mit ihr unter der Kanzel von Dietrich Bonhoeffer, der vor kurzem das Predigerseminar der Bekennenden Kirche in Finkenwalde nahe von Stettin übernommen hatte. Sie sah ihn zum erstenmal. Offenbar hatte sie aber schon vorher von ihm gelesen. Die pommerschen Gutshäuser, die zur Bekennenden Kirche gehörten, waren aber auch vom Seminar angesprochen worden. Es fehlte in dieser von der verfaßten Kirche unabhängigen Ausbildungsstätte sozusagen an allem. Spenden von Möbeln waren ebenso erwünscht wie solche von Lebensmitteln.

Großmutter saß also plötzlich in der ganzen Würde ihrer stattlichen Gestalt, umgeben von jungen Enkeln, als ungewohntes Bild in der notdürftig zum Andachtsraum hergerichteten Turnhalle des früheren Pädagogiums. Und wir sahen uns eingeschlossen in den brausenden Gesang der zwanzig Kandidaten. Bonhoeffer predigte über den aaronitischen Segen. – Ich vergaß die Predigt nicht.

Was danach kam – Tischtennisspielen im Garten, natürlich ein Gespräch zwischen dem Pastor Bonhoeffer und Großmutter, fröhliche, bescheidene Mahlzeit am großen Hufeisentisch des Seminars, Shakespeare-Lesen mit verteilten Rollen –, war der Auftakt zu einem bewegten Hin und Her zwischen Großmutters Wohnung und Finkenwalde. Die Kandidaten kehrten ein, wenn sie zum Büro des pommerschen Bruderrats in der gleichen Straße gingen. Es gab intensive Gespräche über die neueste kirchenpolitische Lage, die ja dauernd wieder Entschlüsse forderte. Großmutter war als theologisch gebildete Gesprächspartnerin wie als menschlich erfahrene Frau, aber vor allem als Kämpferin ganz in ihrem Element. Bald schon meditierte sie nach Dietrichs Anweisung morgens über die gleichen Bibeltexte wie die Kandidaten. R. A. v. B.

Die Berneuchener Bewegung

Als Maria ein liturgisches Osterfest mit Wilhelm Stählin, dem Begründer der Berneuchener Bewegung, in Bundorf erlebt, schreibt sie an Dietrich: «Nie mehr möchte ich solch ein Ostern ohne Dich erleben.»

Was steht dahinter?

Dietrich Bonhoeffer und Marias Vater haben sich in zwei Reformbewegungen der evangelischen Kirche engagiert. Beide sind auf Erneuerung aus – aber vordergründig gesehen so unterschiedlich wie überhaupt nur möglich.

Gutshaus der Freiherrn von Truchseß in Bundorf, Mainfranken

Hans von Wedemeyer wird durch die Freundschaft mit einem der führenden Köpfe der Berneuchener Bewegung, Karl Bernhard Ritter, in die Anfänge der liturgischen Bewegung hineingezogen und beheimatet sie sogar Anfang der zwanziger Jahre in Pätzig. Ihm schließen sich die Häuser seiner Schwestern in Oberbehme, Charlottenhof und auch das seiner Nichte, Hedwig von Truchseß, in Bundorf an.

Die Berneuchener Bewegung fragt nach sakramentaler Erneuerung der Kirche. Sie will einüben in eine Haltung, die alles von der Zuwendung Gottes erwartet und sie mit Lobpreis in Singen, Beten und Tun beantwortet. Sie will eine zu stark sünden- und karfreitagsbezogene Kirche in eine fröhliche Osterkirche verwandeln. So legt sie Wert auf liturgische Farben anstelle des Schwarz, feiert das Abendmahl als Freudenmahl, übt brüderliche Seelsorge und Beichte und verpflichtet zu festen Text- und Gebetsordnungen, die den Reichtum des Kirchenjahres entfalten.

Für Marias Eltern ist der Einsatz für diese lange überfällige Erneuerung gerade der verstaubten preußisch-unierten Kirche eine große Freude und eine große Aufgabe.

Die Großmutter nun, ihrem Schwiegersohn Hans in besonderer Sympathie verbunden und an Reformeifer ähnlich, schlägt eine andere

Richtung ein. Sie interessiert sich für eine Theologie, die von Siegmund-Schultze bis zu Karl Barth nach dem gesellschaftlichen Engagement und nach der politischen Verantwortung fragt.

Als die Herausforderung durch den Nationalsozialismus zur Gründung der Bekennenden Kirche führt, engagiert sie sich voll und ganz. Ihr schließen sich die Häuser Kieckow und Lasbeck an.

So entsteht also ein Spannungsfeld zwischen den beiden Reformbewegungen, in das Maria hineingerät. Mit seinem Wort «Nur, wer für die Juden schreit, darf gregorianisch singen» grenzt Dietrich Bonhoeffer sich leidenschaftlich gegenüber den Berneuchenern ab. Und er wagt in einem bestimmten Moment auch zu sagen: «Wer sich wissentlich von der Bekennenden Kirche trennt, trennt sich vom Heil.» Zugleich ist er es, der auch über sie hinausschaut. Er weiß, daß sie noch viel zu stark in kirchlicher Selbstverteidigung befangen ist und der eigentliche politische Auftrag noch vor ihr liegt. Im Gefängnis wird Dietrich die neue Kirche «schauen». Nur aus Unvereinbarem kann sie geboren werden.

Zu ihr werden nach dem Inferno auch die Berneuchener ihren unentbehrlichen Beitrag leisten. Wenn sie jetzt die Psalmen wieder lebendig machen, nehmen sie aber ihren politischen Gehalt überhaupt noch nicht wahr. Und wenn sie die protestantische «Kirche des Worts» für die Gestalt der Maria öffnen, hängen ihre Augen noch an den mittelalterlichen Madonnenbildern.

Dietrich Bonhoeffer hingegen nennt schon in den 30er Jahren den Lobgesang der Maria «das leidenschaftlichste, wildeste, ja man möchte sagen, revolutionärste Adventslied, das je gesungen worden ist.» «Es ist nicht die sanfte, zärtliche, verträumte Maria, wie wir sie auf Bildern dargestellt sehen, sondern es ist die leidenschaftliche, hingerissene, stolze, begeisterte Maria, die hier spricht.» R. A. v. B.

Dietrich Bonhoeffer

Heutzutage wissen wir, in welchem Maße Innenwelt und Außenwelt beim einzelnen Menschen aufeinander bezogen sind, wie Herkunft und frühe Eindrücke, aber auch in den weiteren Altersstufen bestimmte Konstellationen der privaten und gesellschaftlichen Existenz förderlich oder behindernd zur Wirkung kommen. Es ist gerade Dietrich Bonhoeffer gewesen, der wohl als erster moderner Theologe den Anlaß dazu gab, zum Verstehen seines Werkes nach seiner Le-

Das Elternhaus, Wangenheimstr. 14, im Berliner Grunewaldviertel

bensgeschichte zu fragen und von ihr her den biographischen bzw. zeitgeschichtlichen Hintergrund seiner Aussagen zu begreifen. Heute ist solches komplexe Wahrnehmen nahezu selbstverständlich geworden – was freilich hin und wieder zu voreiligen Schlüssen und fahrlässigen Verzeichnungen verleiten kann.

Im Blick auf Dietrich Bonhoeffer sind wir in der glücklichen Lage, daß uns eine ganze Reihe entsprechender aufschlußreicher Darstellungen zu Gebote steht, angefangen mit Eberhard Bethges großer Biographie. Und so können wir bei einem großen Teil unserer Leser genügende Kenntnisse von ihm voraussetzen, wenn es an dieser Stelle gilt, im Anschluß an die Brieffolge auf den Lebenshintergrund der beiden Verlobten zurückzukommen. Was Bonhoeffer betrifft, genügt es also wohl, einige Daten und Selbstaussagen in Erinnerung zu rufen, die manche Grundtöne in seinen Briefen verständlich machen.

Herkunft

Der Häftling schrieb vor Weihnachten 1943 seinen Eltern:

«In solchen Zeiten erweist es sich eigentlich erst, was es bedeutet, eine Vergangenheit und ein inneres Erbe zu besitzen, das von dem Wandel der Zeiten und Zufälle unabhängig ist. Das Bewußtsein, von einer geistigen Überlieferung, die durch Jahrhunderte reicht, getragen zu sein, gibt einem allen vorübergehenden Bedrängnissen gegenüber das sichere Gefühl der Geborgenheit. Ich glaube, wer sich im Besitze solcher Kraftreserven weiß, braucht sich auch weicherer Gefühle, die meiner Meinung nach doch zu den besseren und edleren der Menschen gehören, nicht zu schämen, wenn die Erinnerung an eine gute und reiche Vergangenheit sie hervorruft. Überwältigen werden sie denjenigen nicht, der an den Werten festhält, die ihm kein Mensch rauben kann.»[1]

Geborgenheit, die bot dem Kind das Professorenhaus im Berliner Grunewaldviertel, wo es (am 4. Februar 1906 in Breslau geboren) als sechstes von acht Geschwistern heranwuchs. Alte Bilder an den Wänden erinnerten an die Vorfahren des Vaters, standesbewußte Bürger der Freien Reichsstadt Schwäbisch Hall, daneben Demokraten und eigenwillige Gottsucher aus der Tübinger Gegend; seitens der Mutter an Offiziere, Theologieprofessoren und Künstler von Adel in Thüringen und Preußen.

Prägungen

So wie die Herkunft Grundlagen schafft, geschieht das auch in Gestalt von Einwirkungen aus der näheren und weiteren Umgebung. Es hat die vertraute Nähe der gefühlsstarken Mutter gegeben und die der geliebten Erzieherin Maria Horn, die eine ungebrochene Frömmigkeit Herrnhuter Art ausstrahlte. Das Kind mußte indessen begreifen, daß es in diesem Hause auch Raum für ein anderes Denken und Empfinden gab. So verkörperte der Vater als Professor und Leiter der psychiatrischen Abteilung der Charité eine realitätsbezogene Wissenschaftlichkeit, nach der sich dann auch die älteren Brüder ausrichteten. Dieses Nebeneinander von «geistlichen» und «weltlichen» Wesenszügen wird Bonhoeffer zeitlebens beschäftigen, bis zum Ende hin in den Gefängnisbriefen der Gegensatz aufgehoben scheint.

Die Zuneigung zum Vater mußte allerdings einen gewissen Abstand in Kauf nehmen, da er aufgrund seiner beruflichen Verpflichtungen

Der Familienkreis am Sonntagabend, wenn der Vater vorlas. Links vorn der junge Dietrich

nur zu begrenzten Zeiten im Kreis der Familie erschien. Gleichwohl ging eine starke Wirkung von ihm aus.

«Er erzog uns durch sein Beispiel, durch die Art und Weise, wie er sein tägliches Leben führte. Er sprach wenig, und wir entnahmen sein Urteil einem erstaunten Blick, einem Spaß, gelegentlich auch einem leicht mokanten Lächeln. Außergewöhnlich war sein klares Auge für das Echte, Spontane, Schöpferische. Er ließ uns seinen Respekt für warmherziges, selbstloses, selbstbeherrschtes Handeln spüren und vertraute darauf, daß man dem Schwächeren zur Seite stand.»

«Er war kein Vater, dem man am Bart kraulen und Kosenamen geben konnte, aber er war ein Fels, wenn man ihn brauchte.»[2]

Diesen Zeugnissen seiner Schwestern Sabine und Christine schloß sich Bonhoeffer in einem späten Rückblick an:

«Ich habe mich, glaube ich, nie sehr geändert, höchstens in der Zeit meiner ersten Auslandseindrücke und unter dem ersten bewußten Eindruck von Papas Persönlichkeit. Damals ist eine Abkehr vom Phraseologischen zum Wirklichen erfolgt.»[3]

Vielfältig sind auch die Einwirkungen auf das Kind innerhalb eines großen Geschwisterkreises. Es gibt das fortwährende Wechselspiel von Nähe und Distanz, von Nestwärme und Übergangenwerden. Beeindruckend ist während der Zeit dieses Briefwechsels, wie sich der

Zusammenhalt bewährt hat. Weil ihre Namen öfter erwähnt werden, sollen die Geschwister hier der Reihe nach vorgestellt werden.

Karl-Friedrich, der älteste (geb. 1899), studierte Naturwissenschaften und wurde Professor für physikalische Chemie in Leipzig, später in Göttingen. Er heiratete Grete von Dohnanyi. Walter (geb. 1899), vom Gymnasium als Fahnenjunker nach Frankreich in Marsch gesetzt und dort gefallen, wäre wohl gern Förster geworden. Klaus (geb. 1901) wurde Jurist und Syndikus in der Zentrale der Lufthansa; seine Frau wurde Emmi Delbrück und deren Bruder Justus sein Freund. Ursula (geb. 1902) widmete sich der Sozialpädagogik, ehe sie den schwäbischen Juristen Rüdiger Schleicher heiratete. Christine (geb. 1903) studierte Biologie und lernte dabei ihren späteren Mann, den Juristen Hans von Dohnanyi, kennen. Dietrichs Zwillingsschwester Sabine (geb. 1906) zeigte künstlerische Interessen; mit ihrem Gatten, dem Staatsrechtler Gerhard Leibholz, und ihren beiden Töchtern mußte sie 1938 wegen seiner «nichtarischen» Abkunft nach England emigrieren. Susanne schließlich (geb. 1909), als Mädchen im Grunewalder Kindergottesdienst aktiv und mit praktisch-sozialem Sinn begabt, wurde die Frau des Theologen Walter Dreß und an dessen Seite zu dieser Zeit Pfarrfrau in Dahlem.

Sie alle zeichneten sich durch mannigfache Talente aus. Solange sie daheim waren, fanden sie sich am Samstagabend zum Musizieren zusammen, wobei Dietrich den Klavierpart übernahm.

Zum prägenden Umkreis gehörte indessen auch das Grunewaldviertel mit den benachbarten Häusern der Plancks, Schönes und Harnacks. Durch das Grunewald-Gymnasium hatten sich die älteren Geschwister mit den jungen Dohnanyis und den Kindern des Historikers Hans Delbrück zusammengefunden. Eine Klassenkameradin Bonhoeffers war die Nichte des Außenministers Walther Rathenau, der 1922 auf der nahen Königsallee einem Attentat zum Opfer fiel.

Hier ist bereits der weitere Umkreis des Zeitgeschehens berührt, wie es auf den Schüler eingewirkt hat. Nationaler Überschwang lag diesem Hause fern. Als ein Kindermädchen die Kleinen zum Sedantag mit schwarz-weiß-roten Schärpen geschmückt hatte, reagierte der Vater höchst unwillig. Die jüngste Schwester erinnerte sich an Soldatenspiele im Garten, wo ihr Bruder die Befehle gab, aber auch an die Betroffenheit, als von der Westfront Walters Tod gemeldet wurde und die Mutter in eine langdauernde Depression geraten ließ. Von ihm selbst stammt die Schilderung, wie er die Verhältnisse zum Kriegsende hin erlebt hat:

«Die Folgen der Blockade waren fürchterlich. Ich selbst war in jenen Jahren ein Schuljunge, und ich kann Ihnen versichern, daß nicht nur ich selbst in jenen Jahren lernen mußte, was Hunger heißt. [...] Tausende von alten und jungen Menschen und kleine Kinder starben einfach, weil es nicht genug zu essen gab. Die Zahl der Selbstmorde nahm in erschreckender Weise zu. [...] Ich erinnere mich noch gut daran, wie ich auf meinem Schulweg an einer Brücke vorbeigehen mußte, und während des Winters von 1917 bis 1919 sah ich fast jeden Morgen, wenn ich an die Brücke kam, eine Gruppe von Leuten am Fluß stehen, und jeder, der vorbeikam, wußte, was geschehen war. Diese Eindrücke lasteten schwer auf kleinen Jungen.»[4]

Als im Januar 1919 «rote» Spartakus-Trupps den nahen Bahnhof Halensee zu erobern suchten, schlug sein Herz mit den «weißen» Freikorps-Verbänden, welche den Aufstand niederschlugen. Aber als von eben dieser Seite das Attentat auf Rathenau verübt worden war, empörte er sich, «wo es denn mit Deutschland hinkommen solle, wenn man ihm seine besten Führer ermorde».

Sicher bildeten die differenzierten Erörterungen der politischen Vorgänge im heimischen Milieu den Hintergrund dafür, daß sich Bonhoeffer schon in frühen Jahren frei von jedem nationalen Ressentiment zur damals heiß diskutierten Kriegsschuldfrage äußern konnte. Wir greifen dazu nochmals auf seine Rede vor Jugendlichen in den USA zurück:

«Laßt mich ganz offen sagen, daß kein Deutscher und kein Ausländer, der die historischen Ursachen des Krieges kennt, daran glaubt, daß Deutschland die alleinige Kriegsschuld trägt – ein Satz, den wir gezwungen waren, im Versailler Vertrag zu unterzeichnen. Andererseits glaube ich persönlich nicht, daß Deutschland das einzige schuldlose Land war, aber als Christ sehe ich die Hauptschuld Deutschlands in einem ganz anderen Licht. Ich sehe sie in Deutschlands Selbstzufriedenheit, in seinem Glauben an seine Allmacht, in dem Mangel an Demut und Glauben an Gott und Furcht vor Gott. Es scheint mir, als ob die Bedeutung des Krieges für Deutschland war: wir mußten die Grenzen des Menschen erkennen, und das bedeutet, daß wir Gott erneut in seinem Glanz und in seiner Allmacht entdeckten, in seinem Zorn und in seiner Gnade.»[5]

Vorbereitungen

Daß Bonhoeffer einen anderen Weg als seine Brüder einschlug und schon früh zum Theologiestudium entschlossen war, ging zu einem

Die groß gewordene Familie, 1925. Noch ist die schwäbische Großmutter dabei. Vorn das Ehepaar Schleicher; in der Mitte von links Dietrich, Hans von Dohnanyi mit seiner Frau Christine, Susanne, Klaus; dahinter Karl-Friedrich, Sabine und Gerhard Leibholz

Teil auf eben diese Konstellation im Geschwisterkreis zurück. Als der viel Jüngere wollte er sich auf einem ganz eigenen Felde verwirklichen. Die kirchliche Umgebung kann kaum anregend gewirkt haben; sie spielte für die Familie ohnehin eine geringe Rolle. Viel eher haben die starken Eindrücke vom Tod des Bruders und dem Schmerz der Mutter solche Tiefenwirkung gehabt. Was indes wohl all dem vorausging und als letztes gilt, deuten Carl Friedrich von Weizsäckers nachdenkliche Sätze an:

«Ein Kind kann, unbeschadet seiner kindlich-natürlichen Entwicklung, ein schweigsames und intensives Leben mit Gott haben, für das ihm die Umwelt nur die kulturell geprägten Formen bietet, in welchen es sich seine innere Erfahrung auslegen und ausbilden kann. Es scheint mir, daß Bonhoeffers Lebensquelle bis zu seinem Tode eine solche in der Kindheit eröffnete und vielleicht nie einem Menschen gegenüber voll ausgesprochene Erfahrung war.»[6]

Kurzum, der 15jährige Gymnasiast nahm mit dieser Absicht Hebräisch als Wahlfach und blieb einem Hausfest in der Nachbarschaft fern, weil Passionszeit war.

Auf Einzelheiten der Studentenzeit, mit 17 Jahren 1923 in Tübingen begonnen und bis 1927 in Berlin weitergeführt, brauchen wir hier nicht einzugehen. Die folgenden Sätze mit dem Titel «Was soll der Student der Theologie heute tun?», einige Jahre später vom Dozenten Bonhoeffer an Studienanfänger gerichtet, genügen sicher, um in ihnen auch so etwas wie die Quersumme eigenen Erlebens zu erkennen.

«Er soll nicht meinen, daß er auf ganz bestimmte Erfahrungen einer ‹Berufung› warten müsse, er soll es vielmehr als eine Berufung zur Theologie hinnehmen, wenn ihn einfach die Sache der Theologie gepackt hat und nicht mehr losläßt. Aber freilich – daß es wirklich die Sache der Theologie sei, die er meint, d.h. daß es wirklich die Bereitschaft sei, über Gott und sein Wort und seinen Willen nachzudenken und ‹zu seinem Gesetz Lust zu haben Tag und Nacht› (Ps 1,2); daß er wirklich bereit sei, ernst zu arbeiten und zu lernen und zu denken. Nicht ein Berufungserlebnis, sondern Bereitschaft zu nüchterner, ernster, verantwortlicher theologischer Arbeit steht am Eingang des theologischen Studiums. [...]

Er mag in sein theologisches Studium seine philosophische, seine ethische, pädagogische, völkische, soziale Passion mit hineinnehmen; sie gehört zu ihm als ganzem Menschen, und er soll als Theologe wahrhaftig ein ganzer Mensch sein [...], aber er soll dann als Theologe lernen und wissen, daß der Antrieb seines Lebens und Denkens als eines Theologen nirgends anders herkommen kann als von der Passion Jesu Christi, des gekreuzigten Herrn. [...]

Er soll schließlich als rechter Theologe wissen, daß er selbst dort, wo ihn seine Erkenntnis der Wahrheit und Reinheit des Evangeliums Jesu Christi von der Irrlehre trennt, mitschuldig, stellvertretend, fürbittend neben den irrenden und irregeführten Brüdern steht und selbst nicht von seiner Besserwisserei und Rechthaberei, sondern allein von der Vergebung lebt.»[7]

Überblickt man die Reihe seiner Lehrer, dann treten drei Namen hervor, die für den Studenten eine besondere Rolle gespielt haben. In Tübingen war es der Neutestamentler Adolf Schlatter, bei dem gewissenhaftes Forschen, persönliche Frömmigkeit und eine Offenheit für das «Natürliche» im Einklang waren. Nicht von ungefähr finden sich Anklänge an ihn in der späteren «Ethik». In Berlin entwickelte sich eine nahezu freundschaftliche Beziehung mit der dortigen prominentesten Gestalt, dem alten Kirchenhistoriker Adolf von Harnack. Ihm hat er nach dessen Tod als Sprecher seiner Schüler die Gedenkrede gehalten und noch in Tegel seine Akademiegeschichte fasziniert gelesen: «Wer ahnt überhaupt noch, was im vorigen Jahrhundert, also von unseren Großvätern, gearbeitet und geleistet worden ist.»[8] Als dritter muß Karl Barth genannt werden, dessen Wirkung auf Bonhoeffer zunächst literarischer Natur war. Immerhin wurde der Schweizer Theologe für ihn fortan richtungsweisend. Es kam erst nach Abschluß der Studienzeit zur persönlichen Bekanntschaft, die aber durch Briefwechsel und Besuche bis in die Kriegsjahre erhalten blieb.

Mit 21 Jahren konnte er bereits seine Doktorarbeit vorlegen. «Sanctorum Communio» war zugleich sein erstes Buch, eine Untersuchung über die Sozialgestalt der Kirche. Damit hatte er nicht nur sein akademisches Thema gefunden, sondern auch eine Perspektive für seine eigene Existenz.

Noch einmal sei an Bonhoeffers Bemerkung erinnert, er habe sich «höchstens in der Zeit meiner ersten Auslandseindrücke» merklich geändert. Weltoffenheit setzt entsprechende Erfahrungen voraus. Schon zu Beginn seines Studiums ließen die Eltern ihn mit seinem Bruder Klaus nach Italien fahren. Palmsonntag in Rom, so notierte er in seinem Tagebuch, war «der erste Tag, an dem mir etwas Wirkliches vom Katholizismus aufging, nichts von Romantik usw. sondern ich fange, glaube ich, an, den Begriff ‹Kirche› zu verstehen».[9] Als Vikar der deutschen Auslandsgemeinde in Barcelona zugewiesen, bekam er ganz praktisch mit dem zu tun, was er soeben theoretisch in seiner Doktorarbeit mit der Frage nach der Kirche als Sozialgefüge abgehandelt hatte. Die lebhaften spanischen Impressionen lassen erstmals erkennen, wie er sich auch später jeweils «am gegebenen Ort» auf die Gegebenheiten, auf Erfordernisse und Chancen mit Einfühlungsvermögen und Tatkraft einließ und dabei zu spezifischen Einsichten kam. Man denke nur an seine Bemerkung: «Meine Theologie beginnt humanistisch zu werden; was soll das? Ob Barth je im Ausland war?»[10]

Ein weiterer Schritt führte über Europa hinaus, zum Studienjahr im Union Theological Seminary in New York. Hier vertiefte sich im Kontrast zur dort herrschenden Mentalität seine eigene theologische Ausrichtung, doch nicht ohne den Zugewinn sozialer Sichtschärfe, starker Eindrücke aus den schwarzen Gemeinden in Harlem und ökumenischen Bewußtseins. Dazu kamen u.a. zwei neugewonnene Freundschaften: mit dem Franzosen Jean Lasserre, dessen konkretes Ernstnehmen der Bergpredigt als Pazifist ihm nachhaltig zu denken gab, und mit dem Schweizer Erwin Sutz, der nicht zuletzt während des Krieges den Briefverkehr zwischen der Familie Bonhoeffer und den in England lebenden Kindern bewerkstelligte.

Verwirklichungen

Ökumene. Es war Superintendent Max Diestel, ein in der Berliner Kirche herausragender Mann, der Bonhoeffers Wege ins Ausland gefördert hatte und nach seiner Heimkehr erneut auf folgenreiche Weise seinen Weg bestimmte: Er schickte ihn auf eine der frühen ökumenischen Konferenzen nach Cambridge. Solche Teilnahme war damals keineswegs opportun; es gab namhafte deutsche Theologen, die darin einen Mangel an «völkischem» Bewußtsein sahen. Bonhoeffer ließ sich dadurch nicht beirren und kehrte als frischgewählter Sekretär für ökumenische Jugendarbeit in Mittel- und Nordeuropa zurück. Dieser grenzüberschreitenden Praxis wird er einen Teil seiner Lebenskraft widmen, so daß sein Name und seine Rolle aus der Geschichte der Ökumene nicht mehr wegzudenken sind. Andererseits bahnten sich hier für ihn Verbindungen an, die später unter ganz anderen Verhältnissen ihr besonderes Gewicht bekommen sollten.

Dozentur. Doch in erster Linie wurde Bonhoeffer zu dieser Zeit Dozent an der Berliner Universität. Bei allem, was er dann in den nächsten Jahren unternimmt, wird vor allem eines sichtbar: das Engagement des jungen Theologen, für den Lehren und Handeln ständig ineinandergriffen. So beeindruckte er seine Studenten nicht nur bei Vorlesungen und Seminaren, in denen er mit Ernst und Gegenwartsbewußtsein den Fragen «Wer ist Christus für uns heute?», nach dem Wesen der Kirche oder den Folgerungen aus der Bergpredigt nachging, sondern auch im Zusammensein mit ihm an Wochenenden in einer märkischen Jugendherberge, wo sich Ansätze eines «gemeinsamen Lebens» abzeichneten. Aus diesem Kreis stellte sich ihm auch so etwas wie ein Stoßtrupp bei seinen ökumenischen Unternehmungen zur Seite. Das Predigen zu Universitätsgottesdiensten war ihm so wichtig wie die Betreuung einer wilden Konfirmandenklasse im Wedding («so ungefähr die tollste Gegend von Berlin mit den schwierigsten sozialen und politischen Verhältnissen»). Für die zunehmende Verelendung hatte er offene Augen:

«7 Millionen arbeitslos, d.h. 15 oder 20 Millionen Leute hungrig, ich weiß nicht, wie Deutschland und wie der Einzelne das überstehen

Mit Konfirmanden vom Prenzlauer Berg im Harz, 1932

soll. Kluge Leute vom Wirtschaftsfach haben mir gesagt, die Sache sehe so aus, als ob wir in rasendem Tempo einem Ziel zugetrieben würden, das niemand kenne und aufhalten könne. Ob aber unsere Kirche noch eine Katastrophe übersteht, ob es nicht dann endgültig vorüber ist, wenn wir nicht sofort ganz anders werden? ganz anders reden, leben. Aber wie?»[11]

Erinnerungen an soziale Aktivitäten in New York veranlaßten ihn wohl zum Experiment einer Jugendstube in Charlottenburg, um angesichts der Massen von Arbeitslosen wenigstens eine Handvoll junger Leute aufzufangen und zu beschäftigen. Eine vermögende Freundin seiner Schwester Susanne verhalf ihm zu den erforderlichen Geldmitteln. Bald danach sah sie sich selber wegen eines jüdischen Elternteils ins Abseits gedrängt und zur Emigration nach England genötigt.

1933. Damit sind wir schon bei einem neuen Kapitel von Bonhoeffers Lebensgeschichte angelangt. Die Nachricht von Hitlers Machtübernahme am 30. Januar 1933 erregte in Bonhoeffers Elternhaus unverhohlenes Entsetzen. Er selbst bekam es schon zwei Tage später zu spüren, wie schnell sich die Verhältnisse geändert hatten: Als er im Funkhaus einen Vortrag zum Thema «Der Führer und der einzelne in der jungen Generation» zu halten hatte, wurde ihm vor den letzten kritischen Sätzen, die davon handelten, wie schnell ein Führer zum Verführer werden könne, das Mikrofon abgeschaltet.

Es ließen sich weitere Auftritte und Aussagen Bonhoeffers während dieser ersten Monate des «Dritten Reiches» aufzählen, von Aktionen mit seinen Studenten in der Universität bis zur Gründung des Pfarrernotbundes, um zu sehen, was «Verwirklichung» in dieser radikal veränderten Situation bedeuten mochte. Wir wollen uns der Kürze halber auf ein Ereignis konzentrieren, an dem sich der größere Zusammenhang dessen erkennen läßt, was sich damals in Volk und Kirche abspielte, und wie Bonhoeffer darauf reagierte.

Am 1. April kam es in Berlin wie andernorts, planmäßig von oben gelenkt, zu antisemitischen Demonstrationen und zum Boykott jüdischer Geschäfte. Ein Pfarrer, der sich darüber bekümmert an seinen Generalsuperintendenten wandte, bekam von diesem die Antwort:

«Dafür habe ich einiges Verständnis, daß der angesammelte, auch bei keineswegs antisemitisch Eingestellten angesammelte berechtigte Groll über das, was das Presse, Börse, Theater usw. beherrschende Judentum uns angetan hat, sich einmal energisch Luft macht. [...] In meinem Herzen und in meinem Hause haben die Farben schwarz-rot-gold keine Sekunde einen Platz gehabt. Ich habe bis auf diese Stunde politisch immer sehr weit rechts gestanden.»[12]

Bonhoeffer wußte indessen von seinem Schwager Hans von Dohnanyi aus dem Reichsjustizministerium, daß binnen weniger Tage ein weiterer und schlimmerer Vorstoß zu erwarten war, nämlich die Veröffentlichung eines Gesetzes «zur Wiederherstellung des Berufsbeamtentums», das praktisch auf die Entfernung von «Nichtariern» aus ihren Ämtern hinauslief. Es war abzusehen, daß die preußischen Kirchenbehörden über kurz oder lang entsprechend verfahren und von jedem Pfarrer den Nachweis nichtjüdischer Abstammung verlangen würden.

Bonhoeffer brauchte nur an seinen Freund Franz Hildebrandt zu denken, mit dem er seit einiger Zeit eng zusammenarbeitete und der zu den Stigmatisierten zählte, oder an seinen Schwager Gerhard Leibholz in Göttingen, dem uniformierte Studenten bereits den Zugang zum Hörsaal verwehrten, um zu sehen, worauf das hinauslief. So entstand gerade in jenen Tagen sein Thesenpapier «Die Kirche vor der Judenfrage». Es war angesichts der üblichen Obrigkeitshörigkeit bei Theologen und Kirchenleuten, aber auch im Vergleich zu seinen eigenen bisherigen Verlautbarungen ein ungewöhnliches und Anstoß erregendes Dokument, dachte er doch an Stufen kirchlicher Verantwortung gegenüber dem Staat, bis hin zu der Forderung, «nicht nur die Opfer unter dem Rad zu verbinden, sondern dem Rad selbst in die Speichen zu fallen.»[13]

Beim Vortrag dieser Überlegungen in einem Berliner Pfarrerkreis verließen einige protestierend den Raum. Daß er es der Kirche zumutete, ihr Verhalten in dieser Frage als Prüfstein ihrer Glaubwürdigkeit zu begreifen, ging vielen zu weit. Und als er gar die Forderung erhob, angesichts der «Machtergreifung» der Nationalsozialisten in der Berliner Kirche den Austritt aus ihr und den Weg der Freikirche ins Auge zu fassen, nannte man ihn «fanatisch».[14] Immerhin dauerte es nicht lange, bis sich mit der Bildung von Bruderräten und Bekenntnisgemeinden samt ihrer Betreuung durch «illegale» Vikare solche Trennung vollzog. Aber im Herbst 1933 fand sich Bonhoeffer unverstanden und isoliert. Er zog sich zurück. In einem etwas später geschriebenen Brief an seinen Schweizer Freund schilderte er ihm seine Sicht:

«Was in Deutschland in der Kirche los ist, wissen Sie ja wohl ebensogut wie ich. Der National-Sozialismus hat das Ende der Kirche in Deutschland mit sich gebracht und konsequent durchgeführt. Man kann ihm dafür dankbar sein, so wie die Juden Sanherib dankbar sein mußten. Daß wir vor dieser klaren Tatsache stehen, scheint mir kein Zweifel mehr zu sein. Phantasten und Naive wie Niemöller glauben immer noch die wahren Nationalsozialisten zu sein. [...] Es geht ja schon längst nicht mehr um das, um das es dort zu gehen scheint, die Fronten sind ja ganz wo anders.

Und obwohl ich mit vollen Kräften in der kirchlichen Opposition mitarbeite, ist es mir doch ganz klar, daß *diese* Opposition nur ein ganz vorläufiges Durchgangsstadium zu einer ganz anderen Opposition ist. [...] Und ich glaube, die ganze Christenheit muß mit uns darum beten, daß das ‹Widerstehen bis aufs Blut› kommt, und daß Menschen gefunden werden, die es erleiden.»[15]

London. Es war zweifellos ein Rückzug von der vordersten Linie in Berlin, als Bonhoeffer im Oktober 1933 das Pfarramt zweier kleiner deutscher Gemeinden in London übernahm. Den Grund suchte er in einem Brief an Karl Barth zu erklären:

«Ich fühlte, daß ich mich unbegreiflicherweise gegen alle meine Freunde in einer radikalen Opposition befände, ich geriet mit meinen Ansichten über die Sache immer mehr in die Isolierung, obwohl ich persönlich in nächster Beziehung mit diesen Menschen stand und blieb

George Bell, der Bischof von Chichester

– und das alles machte mir Angst, machte mich unsicher, ich fürchtete, daß ich mich aus Rechthaberei verrennen würde [...] – und so dachte ich, es wäre wohl Zeit, für eine Weile in die Wüste zu gehen. [...] Die Gefahr, in der gegenwärtigen Stunde eine Geste zu machen, schien mir größer als die, sich in die Stille zu begeben.»[16] Doch mit der Stille war es nicht weit her. Ganz davon abgesehen, daß er den «normalen» Pfarrdienst mit Predigten, Hausbesuchen und Jugendkreisen ernst nahm, suchten die deutschen Emigranten gerade hier Beratung und Fürsorge.

Zum anderen blieben auch die Auslandsgemeinden in England vom Kirchenkampf nicht verschont. Im Handumdrehen befand sich Bonhoeffer wieder in der ersten Reihe, da es darum ging, einer Gleichschaltung durch die Reichskirchenregierung Widerstand entgegenzusetzen und deren Glaubwürdigkeit in Frage zu stellen.

Bonhoeffer kam dabei zugute, daß ihm seine Mutter bei abendlichen Telefonaten die neuesten Informationen übermitteln konnte, die sie sich jeweils dank ausgezeichneter Kontakte zu beschaffen wußte.

Doch im Rückblick tritt ein Ereignis besonders hervor, für das allein sich Bonhoeffers Dienstzeit in London gelohnt haben dürfte: der Beginn der Freundschaft mit George Bell, dem Bischof von Chichester und führenden englischen Ökumeniker. Es gibt eine Fülle von Dokumenten, die den engen Kontakt zwischen beiden und die mutige Parteinahme des Bischofs für die Bekennende Kirche, schließlich auch seine Hilfsbereitschaft für deutsche Flüchtlinge bezeugen. Sie sollte so auch einige Jahre später Bonhoeffers Schwester Sabine Leibholz und ihrer Familie zugute kommen.

Ende August 1934 sahen sich beide wieder auf der Insel Fanö, wo der «Weltrat für Praktisches Christentum» seine Hauptkonferenz abhielt und Bonhoeffer die parallel stattfindende Jugendkonferenz zu leiten hatte. Hierzu waren auch seine ehemaligen Berliner Studenten gekommen. Von ihnen wissen wir, welchen Eindruck dort Bonhoeffers Friedensrede vor dem Plenum hinterließ, die ihren Widerhall in der Ökumene nach einem halben Jahrhundert finden sollte.

«Wie wird Friede? Wer ruft zum Frieden, daß die Welt es hört, zu hören gezwungen ist? daß alle Völker darüber froh werden müssen? Der einzelne Christ kann das nicht – er kann wohl, wo alle schweigen, die Stimme erheben und Zeugnis ablegen, aber die Mächte der Welt können wortlos über ihn hinwegschreiten. Die einzelne Kirche kann auch wohl zeugen und leiden – ach, wenn sie es nur täte –, aber auch sie wird erdrückt von der Gewalt des Hasses. Nur das eine *große ökumenische Konzil* der *Heiligen Kirche Christi* aus aller Welt kann es so sagen, daß die Welt zähneknirschend das Wort vom Frieden vernehmen muß und daß die Völker froh werden, weil diese Kirche Christi ihren Söhnen im Namen Christi die Waffen aus der Hand nimmt und ihnen den Krieg verbietet und den Frieden Christi ausruft über die rasende Welt.»[17]

Finkenwalde. Schon 1931 hatte Bonhoeffer seine Skepsis gegenüber dem Ertrag des herkömmlichen Theologiestudiums für den Dienst in der Kirche geäußert und anklingen lassen, daß dafür eher eine klösterliche Form von Nutzen sein könne. Als ihn im Juni 1934 der Ruf des Altpreußischen Bruderrats erreichte, die Leitung eines neu zu gründenden Predigerseminars zu übernehmen, muß jene Vorstellung in ihm wieder wach geworden sein. Jedenfalls machte er sich am Ende der Londoner Zeit auf den Weg in die Midlands, um dort bestehende anglikanische Klöster kennenzulernen, bei denen wissenschaftliches

Zweiter Seminarkurs in Finkenwalde, 1935/36. Vorn 4. von rechts Werner Koch; 2. Reihe 2. von links Hans-Dietrich Pompe; 3. Reihe links Bonhoeffer; hinter ihm Albrecht Schönherr; rechts oben Eberhard Bethge

Studium und geistliche Lebensordnung zusammengehörten. Seinem Bruder Karl-Friedrich schrieb er:

«Die Restauration der Kirche kommt gewiß aus einer Art neuen Mönchtums, das mit der alten nur die Kompromißlosigkeit eines Lebens nach der Bergpredigt in der Nachfolge Christi gemeinsam hat. Ich glaube, es ist an der Zeit, hierfür die Menschen zu sammeln.»[18]

Solche Ideen von Ordensgründungen und Kommunitäten lagen schon von der Jugendbewegung her in der Luft. Es gab da eigenartige Verzweigungen vom «Jungdeutschen Orden» über die Neuwerk-Siedlungen bis zu den Ordensburgen, die Hitler 1935 zur Schulung des NS-Führernachwuchses errichten ließ. Auch für Bonhoeffer lagen Gedanken an eine Art Elitebildung sicher nicht fern. Aber es ging ihm in keinem Fall um Exklusivität, sondern um ein Energiezentrum, das innerhalb einer zerstörten Kirche wirksam werden kann.

So entwickelte sich im alten Gutshaus Finkenwalde bei Stettin dieser Geist der «Nachfolge» und diese besondere Form des «Gemeinsamen Lebens», wie es die beiden Bücher Bonhoeffers zum Ausdruck brachten. Was sie freilich nicht mitzuteilen vermochten, war die gelebte

Form von Kontemplation und Aktion, das Erlernen nicht allein von Wissensstoff, sondern auch von gemeinsamem Handeln und von politischer Aufmerksamkeit.

Den Halbjahreskursen in Finkenwalde und nach dessen polizeilicher Schließung in den sogenannten Sammelvikariaten entstammten insgesamt an die 150 Seminaristen. Eine im «Bruderhaus» vereinte Kerngruppe kümmerte sich mit Rundbriefen und Besuchen um den weiteren Zusammenhalt, leistete Beistand für diejenigen, die als «Illegale» bei ihrem Pfarrdienst in Bedrängnisse gerieten und gar ins Gefängnis kamen. Noch während des Krieges hat Bonhoeffer solche Rundbriefe hinausgeschickt, nun zumeist ins Feld, weil fast alle ehemaligen Finkenwalder zum Militär eingezogen worden waren.

Dem ersten Kurs in Finkenwalde gehörte Eberhard Bethge an. Er blieb als Mitglied des Bruderhauses an Bonhoeffers Seite, auch als die Zeit der Sammelvikariate zu Ende war, und ist sein Freund geworden.

Freundschaften entstanden von Finkenwalde aus aber auch zu pommerschen und märkischen Gutshäusern, die gleich zu Beginn zur Ausstattung des leeren Hauses und weiter zu dessen Unterhalt verhalfen. So kamen die Verbindungen zu Ruth von Kleist-Retzow und deren Verwandtschaft zustande, von denen bereits die Rede war. Jedenfalls war auf diese Weise auch das Mädchen Maria von Wedemeyer schon nach Finkenwalde gekommen.

Noch einmal USA. Entwicklungen vollziehen sich nicht in stetiger Vorwärtsbewegung. Es gehören auch retardierende Momente, ja scheinbare «Rückzüge» dazu, in denen sich aber schon der nächste Schritt nach vorn vorbereitet. So etwas hatte es schon 1933 mit dem Fortgang nach London gegeben, und so ähnlich verhielt es sich mit der Episode von Bonhoeffers Reise nach Amerika im Sommer 1939. Daß Hitler zum Krieg gegen Polen entschlossen war, darüber gab es keinen Zweifel. Er selber war jedoch nicht zum Dienst mit der Waffe bereit, wollte indes seine Kirche nicht mit diesem Problem belasten. Und so dachte er an Emigration, wurde auch von den Freunden in New York mit offenen Armen aufgenommen und mit Angeboten bedacht. Liest man seine Tagebuchnotizen von jenem Aufenthalt, geht einem im Rückblick auf, welchen Wendepunkt in seinem Leben sie dokumentieren:

«Bei allem fehlt mir Deutschland, die Brüder. Die ersten einsamen Stunden sind schwer. Ich begreife nicht, warum ich hier bin, ob es sinnvoll war [...].

Eberhard Bethge und Dietrich Bonhoeffer im Sammelvikariat Groß-Schlönwitz, Sommer 1938

Besuch bei Leiper. Damit ist wohl die Entscheidung gefallen. Ich habe abgelehnt. Man war sichtlich enttäuscht und wohl etwas verstimmt. Für mich bedeutet es wohl mehr, als ich im Augenblick zu übersehen vermag. Gott allein weiß es. [...] Die Gründe, die man vor anderen und vor sich selbst ausgibt, sind gewiß nicht ausreichend. Man kann eben alles begründen. Zuletzt handelt man doch aus einer Ebene heraus, die uns verborgen bleibt. [...] Am Ende des Tages kann ich nur bitten, daß Gott ein gnadenvolles Gericht üben möge über diesen Tag und alle Entscheidungen. Es ist nun in seiner Hand.»[19]

Mit der nächstmöglichen Schiffspassage kehrte er zurück, dem Krieg entgegen.

Im Kriege. Während des ersten Kriegsjahres wurde bald offenbar, daß sich für Bonhoeffer die Möglichkeiten zunehmend einengten, im Dienst seiner Kirche tätig zu sein. An irgendeine Seminararbeit war nicht mehr zu denken, da die jungen Theologen sofort zum Militär und an die Front mußten. So war es auch seinen ehemaligen Schülern ergangen. Bereits am dritten Tag des Polenfeldzugs war der erste von ihnen gefallen.

Dem Versuch, in der Form von Visitationsbesuchen in ostpreußischen Gemeinden noch etwas auszurichten, bereitete die Gestapo ein jähes Ende. Durch erst kürzlich entdeckte Dokumente weiß man, daß sie in eine Zusammenkunft mit Königsberger Studenten einen Spitzel eingeschleust hatte; dessen Bericht löste eine Polizeiaktion aus, und Bonhoeffer erhielt «Reichsredeverbot», dem sich bald danach ein Verbot jeglicher Veröffentlichung anschloß.

Wie ließ sich bei solcher Drosselung noch ein Stück Bewegungsfreiheit gewinnen? Sie war allein auf dem militärischen Sektor möglich. Hierbei kam ihm sein Schwager Hans von Dohnanyi zu Hilfe. Dieser war bereits kurz vor Kriegsbeginn von Oberst Hans Oster im Amt Ausland/Abwehr (d. h. im Geheimdienst) beim Oberkommando der Wehrmacht an dessen Seite als persönlicher Referent einberufen worden. Beide hatten schon 1938, als Dohnanyi noch im Vorzimmer von Reichsjustizminister Gürtner saß, zueinander Vertrauen gefaßt und sich in der gleichen Absicht zusammengefunden, den Sturz Hitlers herbeizuführen. Beide nutzten nun, vom Amtschef Admiral Canaris gedeckt, die organisatorischen Kommunikationsmittel und Möglichkeiten der «Abwehr» zur Bildung des militärischen Widerstandszentrums, wobei Dohnanyi vor allem die Kontakte zu den entsprechenden zivilen Köpfen wie Carl Goerdeler, Ulrich von Hassell und Wilhelm Leuschner pflegte.

Dieser knappe Umriß muß hier genügen, um den Hintergrund anzudeuten, den das «Amt Canaris» für Bonhoeffers folgenden Weg bildete. Er hatte schon Mitte März 1940 den Münchener Anwalt Dr. Josef Müller kennengelernt, als dieser, als Reserveoffizier zur dortigen Abwehrstelle kommandiert, von Geheimverhandlungen im Vatikan zurückgekehrt war und mit Dohnanyi seinen Bericht über gewisse Zusagen aus London für den Fall eines gelungenen Umsturzes zu Papier brachte. Nun galt es, auf solcher Linie für Bonhoeffer eine Lösung zu schaffen. Dohnanyi fand sie in dessen Unterbringung als ziviler V-Mann bei eben dieser Münchener Abwehrstelle. Sie machte es möglich, einer Einberufung zum Wehrdienst zuvorzukommen und ihm vorerst zu einem Wohnsitz in Oberbayern zu verhelfen. Dr. Müller führte ihn dazu im Benediktinerkloster Ettal ein. Hier konnte er sich theologischer Arbeit widmen, die im Anschluß an die «Nachfolge» auf eine «konkrete evangelische Ethik» abzielte. Und er konnte sich dort auf Auslandsreisen vorbereiten, die ihn in doppeltem Auftrag, als Agent des Geheimdienstes und als Mitglied der Konspiration, alte ökumenische Kontakte erneuern ließen.

Die Häuser in der Marienburger Allee: rechts das der Eltern Bonhoeffer mit dem Mansardenzimmer für Dietrich, daneben das der Familie Schleicher

Wir nähern uns damit der Situation, in der es im Sommer 1942 zur Begegnung Bonhoeffers mit Maria von Wedemeyer kam, auf die an späterer Stelle eingegangen wird. Und wir versuchen uns zu vergewissern, welche Ausrichtung sein Leben in dieser neuen Konstellation bekommen hat und welche Erfahrungen dabei von Gewicht waren.

Es gibt eine ungewöhnlich bezeichnende Briefstelle aus dieser Zeit, die erkennen läßt, wie die von außen gegebenen Veränderungen nach innen wirksam wurden:

«Meine in der letzten Zeit doch stark auf dem weltlichen Sektor liegende Tätigkeit gibt immer wieder zu denken. Ich wundere mich, daß ich tagelang ohne die Bibel lebe und leben kann – ich würde es dann nicht als Gehorsam, sondern als Autosuggestion empfinden, wenn ich mich dazu zwingen würde. Ich verstehe, daß solche Autosuggestion eine große Hilfe sein könnte und ist, aber ich fürchte, auf diese Weise eine echte Erfahrung zu verfälschen und letzten Endes doch nicht die echte Hilfe zu erfahren. Wenn ich dann wieder die Bibel aufschlage, ist sie mir neu und beglückend wie nie. [...] Ich bin keine religiöse Natur. Aber an Gott, an Christus muß ich immerfort denken, an Echtheit, an Leben, an Freiheit und Barmherzigkeit liegt mir sehr viel. Nur sind mir die religiösen Einkleidungen so unbehaglich. Verstehst Du? Das sind alles gar keine neuen Gedanken und Einsichten, aber da ich glaube, daß mir hier jetzt ein Knoten platzen soll, lasse ich den Dingen ihren Lauf und setze mich nicht zur Wehr. In diesem Sinne verstehe ich eben auch meine jetzige Tätigkeit auf dem weltlichen Sektor.»[20]

Das klingt nicht mehr nach Finkenwalde, sondern läßt die Lebenslinie neu hervortreten, die Carl Friedrich von Weizsäcker bei Bonhoeffer als «Reise nach der Wirklichkeit» wahrgenommen hat.[21] Dabei verlor er die Kirche keineswegs aus den Augen. Bei den Reisen ins Ausland hatte er ja weithin mit ökumenischen Gesprächspartnern zu tun. Aber die Perspektive war anders geworden: es ging jetzt vordringlich um die Frage, welche Kräfte die Kirchen als Widerstandszellen gegen Unmenschlichkeit und als Aufbauzellen für eine neue Ordnung nach dem Kriege entfalten können. Dabei hat er diese Kontakte auch selber zu Hilfsaktionen für Verfolgte benutzt und Meldungen über die Deportationen jüdischer Mitbürger über die Grenzen gehen lassen.

Die unvollendet gebliebene «Ethik», zu Teilen im Kloster Ettal und als Gast bei Ruth von Kleist-Retzow in Klein-Krössin geschrieben, erweist sich als Versuch, «gewonnene Erkenntnisse und erlittene Erfahrungen in ein gegenwartsbezogenes theologisches Konzept münden zu lassen», ihr ist «das Ringen mit den Schwierigkeiten eines Neuentwurfs anzumerken, der die Theologie weiterführen und zugleich dem Leben in Deutschland und Europa nach Hitler eine sinnvolle Perspektive eröffnen sollte».[22]

Als Bonhoeffer Anfang Juni 1942 Maria von Wedemeyer begegnete, war er gerade aus Schweden zurückgekehrt, wo er zusammen mit dem Genfer Mitarbeiter Dr. Schönfeld Bischof Bell getroffen und ihn ausführlich mit den Plänen für einen Staatsstreich in Deutschland vertraut gemacht hatte. Auch wenn dessen anschließende Bemühungen in London, den Außenminister Eden zu einer Geste des Einverständnisses zu veranlassen, erfolglos blieben, hatte Bonhoeffer mit dieser Reise den Höhepunkt seiner Unternehmungen im Dienste der Verschwörung erreicht. Gleichzeitig sah er jedoch neue Bedrohungen auf sich zukommen. Zwei Angehörige der Münchener Abwehrstelle hatten sich in eine Devisenaffäre verwickelt und bei den Vernehmungen einiges von dem preisgegeben, was sie von den wahren Absichten der Auslandskontakte Dohnanyis und Bonhoeffers mitbekommen hatten. Im Reichssicherheitshauptamt, der Machtzentrale der SS, war man hellhörig geworden und witterte eine günstige Gelegenheit, Einfluß auf das «Amt Canaris» zu gewinnen. Aus dem Tagebuch Maria von Wedemeyers und von Bonhoeffers Briefen an sie wissen wir, daß er noch zweimal zu Reisen auf den Balkan und nach Rom hatte

Karl Bonhoeffers 75. Geburtstag am 31. März 1943, fünf Tage vor Dietrichs Verhaftung. Vorn sitzend von links Karl-Friedrich, die Eltern, Ursula Schleicher. Stehend vordere Reihe Dietrich, Christine von Dohnanyi, ihr Sohn Christoph, Friedrich Bonhoeffer, Christine Schleicher, Susanne Dreß, Barbara von Dohnanyi, Dorothee Schleicher, Klaus von Dohnanyi, Rüdiger Schleicher, Emmi und Klaus Bonhoeffer. Hinten links Eberhard Bethge. Am rechten Türpfosten Prof. Sauerbruch

aufbrechen wollen, beide Male jedoch aufgrund von Warnungen davon Abstand nehmen mußte. Es gibt einige Sätze, von Bonhoeffer zur Jahreswende 1942/43 geschrieben, die sich wie ein Fazit seiner Erfahrungen in dieser Zeit ausnehmen:

«Wir sind stumme Zeugen böser Taten gewesen, wir sind mit vielen Wassern gewaschen, wir haben die Künste der Verstellung und der mehrdeutigen Rede gelernt, wir sind durch Erfahrung mißtrauisch gegen die Menschen geworden und mußten ihnen die Wahrheit und das freie Wort oft schuldig bleiben, wir sind durch unerträgliche Konflikte mürbe oder vielleicht sogar zynisch geworden – sind wir noch brauchbar? Nicht Genies, nicht Zyniker, nicht Menschenverächter, nicht raffinierte Taktiker, sondern schlichte, einfache, gerade Menschen werden wir brauchen. Wird unsere innere Widerstandskraft gegen das uns Aufgezwungene stark genug und unsere Aufrichtigkeit gegen uns selbst schonungslos genug geblieben sein, daß wir den Weg zur Schlichtheit und Geradheit wiederfinden?»[23]

Dies alles gehört zur Vorgeschichte und zum Lebenshintergrund Bonhoeffers, ehe sein Briefwechsel mit Maria von Wedemeyer beginnt. Auf wesentliche Daten seiner letzten Jahre bis zur Hinrichtung am 9. April 1945 im KZ Flossenbürg ist bereits in den dortigen Zwischentexten eingegangen worden. U. K.

Anmerkungen

1. Brief vom 17. Dezember 1943, DBW 8,240.
2. Sabine Leibholz in: Begegnungen 14. – DB 36.
3. An Eberhard Bethge, 22. April 1944, DBW 8,397.
4. Vor einer Versammlung Jugendlicher in den USA, 1930, DBW 10,645.
5. A.a.O. 649 f.
6. Carl Friedrich von Weizsäcker, Der Garten des Menschlichen. Beiträge zur geschichtlichen Anthropologie, 1977, 455 f.
7. 1933, DBW 12,416–419.
8. An die Eltern, 2. März 1944, DBW 8,349.
9. Tagebuch, 13. März 1924, DBW 9,89.
10. Tagebuch, 8. März 1928, DBW 10,27.
11. An Erwin Sutz, 8. Oktober 1931, DBW 11,29.
12. DB 322.
13. DBW 12,353.
14. Vgl. S. 175.
15. An Erwin Sutz, 28. April 1934, DBW 13,128.
16. Brief vom 24. Oktober 1933, DBW 13,13 f.
17. DBW 13,300.
18. Brief vom 14. Januar 1935, DBW 13,272.
19. DB 733 ff.
20. An Eberhard Bethge, 25. Juni 1942, DBW 16,328.
21. Carl Friedrich v. Weizsäcker, a.a.O. 457.
22. DBW 6, Vorwort, 8 f.
23. Aus: Nach zehn Jahren, DBW 8,38

Sie sind einander nicht unbekannt, als es für Maria und Dietrich Anfang Juni 1942 zur entscheidenden Begegnung kommt, und zwar bei ihrer Großmutter Ruth von Kleist-Retzow in Klein-Krössin, wenige Tage nach seiner Rückkehr aus Schweden. Später in Amerika wird sie sich an diesen Anfang erinnern:

«Ich hatte gerade das Abitur gemacht und unternahm einige Familienbesuche, bevor ich mein Pflichtjahr im Altenburger Stift antrat. Dazu gehörte vor allem ein Besuch bei meiner Großmutter, zu der ich immer ein besonders nahes Verhältnis gehabt habe. Das war gegenseitig gewesen, weil sie in mir sich selbst als junges Mädchen wiederzuerkennen glaubte. Dort war ich eine Woche, und dann erschien, erstmal eigentlich ein bißchen störend, der berühmte Pastor Bonhoeffer zu Besuch. Es entwickelte sich aber sehr schnell, daß wir zu dritt überaus gut miteinander konnten. Die Unterhaltung zwischen den beiden wurde so geführt, daß ich nicht nur zu verstehen glaubte, um was es

Klein-Krössin

ging, sondern auch sehr ermutigt wurde mitzureden. Was ich dann auch tat.

Ich fürchte, ich hatte einen frechen Ton mit meiner Großmutter, der ihr Spaß machte und der auch weiterbehalten wurde, obgleich Dietrich erschien. Wir unterhielten uns über Zukunftspläne. Mein Plan, Mathematik zu studieren, der von meiner Großmutter als dummer Flausen erklärt wurde, wurde aber von Dietrich, vielleicht gerade deswegen, ernstgenommen.

Wir gingen im Garten spazieren. Er erzählte, daß er in Amerika gewesen sei, und wir merkten mit Erstaunen, daß ich noch nie jemanden getroffen hatte, der dort gewesen war.»

Maria fährt am nächsten Morgen ab, während Dietrich im Klein-Krössiner Mansardenzimmer an seiner «Ethik» arbeitet. Mitte Juni muß er wieder nach Berlin, und am Ende des Monats begibt er sich zusammen mit Hans von Dohnanyi auf eine Reise im Auftrag der «Abwehr» nach Italien. Dazu nach München unterwegs, schreibt er Eberhard Bethge einen Brief, der die Nachwirkungen der Begegnung mit Maria spüren läßt.

«Lieber Eberhard! Im Zug nach München, 25. VI. 42

[...] An Maria habe ich nicht geschrieben. So geht es wirklich noch nicht. Wenn kein weiteres Zusammentreffen möglich ist, wird der schöne Gedanke einiger hochgespannter Minuten sich wohl wieder einmal im Reich der unerfüllten Phantasien auflösen, das sowieso schon ausreichend bevölkert ist. Andrerseits sehe ich nicht, wie sich ein Zusammentreffen für sie unauffällig und nicht kränkend bewerkstelligen lassen sollte. Auch Frau von Kleist kann man das nicht zumuten, jedenfalls nicht als Gedanke von mir; denn ich bin tatsächlich noch gar nicht klar und entschlossen [...]»

Am 22. August fällt Marias Vater vor Stalingrad. Sie unterbricht das Pflichtjahr und kommt nach Hause. Dann muß sich ihre Großmutter in Berlin einer Augenoperation unterziehen, liegt dort im Franziskuskrankenhaus und bittet darum, daß Maria sie in dieser Zeit der völligen Dunkelheit pflegt und ihr vorliest. Ihre Tante Spes Stahlberg nimmt sie für diese Zeit bei sich auf.

Dietrich kommt öfter zum Krankenbesuch. Maria ist dabei. «Ich wunderte mich über die vielen Besuche, und ich war beeindruckt von Dietrichs Treue. In dieser Zeit haben wir oft und lange miteinander gesprochen. Es war ein anderes Wiedersehen als im Juni. Ich stand noch stark unter der Erfahrung des Todes meines Vaters und brauchte Dietrichs Hilfe.» Sie erinnert sich später auch daran, einmal von ihm in ein kleines Restaurant nahe bei der Klinik, das Hitlers Bruder gehörte, eingeladen worden zu sein. Es gäbe keinen sichereren Ort, um offen miteinander zu reden, habe er gesagt.

Tagebuch, 15. Oktober 1942
«Heut war ich zu Schleichers geladen. – Hans Walter wird morgen Soldat und wurde abgefeiert. –

Ich hatte ein sehr interessantes Gespräch mit Pastor Bonhoeffer. –

Er sagte, bei uns beruhe es auf Tradition, daß die Jungen sich freiwillig als Soldaten stellten und auch ihr Leben ließen für eine Sache, die sie möglicherweise gar nicht bejahten. Es müsse aber auch Menschen geben, die nur nach ihrer Überzeugung kämpfen könnten. Bejahten sie den Kriegsgrund, dann gut. Sei dies aber nicht der Fall, so könnten sie dem Vaterland am besten mit einem Wirken an der inneren Front, vielleicht auch einem Wirken gegen das Regime nützen. Es wäre daher ihre Aufgabe, so lang wie möglich vom Dienst der Wehrmacht fernzubleiben – und sogar unter Umständen, falls sie es mit ihrem Gewissen nicht vereinbaren können, Kriegs[dienst]verweigerer zu sein. –

Ach, das ist logisch alles so klar und deutlich. Aber ist es nicht grausam, wenn ich an meinen Vater denke? [...]»

Tagebuch, 16. Oktober 1942
«Jetzt weiß ich, ein Mann wie Dietrich, der wirklich eine innere Mission fühlt, seinem Vaterland zu helfen und eine Persönlichkeit ist, die zu einem objektiven Urteil fähig ist, tut recht daran, wenn er auf einem anderen Wege Deutschland nützt und so lange wie möglich vom Wehrdienst fortbleibt. Aber es gibt nur wenige, sehr wenige solche Menschen. Und es ist sehr verantwortungsvoll wirklich das rechte zu finden. Der Schritt bis zum Meckerer, und zum Menschen, der von vorneherein alles verneint und bekritteln will und etwas Schlechtes dahinter sieht, ist sehr nah.»

Tagebuch, Sonntag 18. Oktober 1942
«Kaufet die Zeit aus!
Eine Morgenandacht heute von Pastor Bonhoeffer ‹Die Zeit gehört dem Tod, oder noch stärker dem Teufel. Wir müssen sie ihm abkaufen

und Gott wiedergeben, dem sie ja eigentlich gehören muß.› ‹Wenn wir ohne jeden Zweifel und jedes Mißtrauen fragen nach dem Willen Gottes, so erfahren wir ihn auch.› ‹Saget Dank allezeit für alles.› ‹Alles, was wir Gott nicht danken können, werfen wir ihm vor.›»

Am 26. Oktober fällt in Rußland auch Marias geliebter Bruder Max. Sie, eben als Pflichtjahrmädchen zur Familie von Kleist nach Groß Tychow gekommen, reist auf diese Nachricht hin nach Pätzig, an die Seite ihrer Mutter. Die Großmutter in Berlin spürt etwas von der sich anbahnenden tiefen Beziehung zwischen Maria und Dietrich und möchte diese Entwicklung mit allen Kräften unterstützen. Ohne Absprache mit der Mutter lädt sie Dietrich zur Trauerfeier für seinen ehemaligen Konfirmanden Max nach Pätzig ein. Dies «Fakten schaffen» ruft die Mutter auf den Plan. Sie bittet Dietrich, nicht zu kommen. Maria erschrickt und ergreift die Initiative.

«Lieber Pastor Bonhoeffer! Groß Tychow: 11.11.42
Eben ruft mich meine Großmutter an und erzählt mir von Ihrem heutigen Telefongespräch mit ihr. Vielleicht richte ich mit meinem Brief nur noch größere Verwirrung an, aber ich muß ihn schreiben, weil ich zu sehen glaube, wie alle Teile auf dem falschen Wege sind. [...]

Von dem Brief meiner Mutter an Sie wußte ich gar nichts, sah ihn nur, als er abging. Als ich nun meine Mutter an meinem letzten Tag zu Haus nach seinem Inhalt fragte, erfuhr ich, daß sie Sie gebeten hatte, nicht zur Trauerfeier zu kommen, einfach wegen einer dummen Familienquatscherei, die Großmutter ein bischen gefördert hatte und die meine Mutter als eine Gefahr für ihr Verhältnis zu Großmutter sah. Damit haben Sie und ich im tiefsten Grunde gar nichts zu tun. [...]

Zu gerne würde ich Ihnen noch für Ihren Brief [zum Tod des Bruders], der mir wohltat danken.

Aber am Ende solch eines Briefes geht das einfach nicht. – Außerdem ist meine Zeit um. –

Mit herzlichen Grüßen Ihre Maria Wedemeyer»

Dietrich antwortet darauf unverzüglich.

«Liebes Fräulein von Wedemeyer! [Berlin] 13.11.42
Ihr Brief hat in eine unnötig verworrene Sache eine wohltuende Klarheit gebracht. Ich danke Ihnen dafür von Herzen, auch für die

Tapferkeit, mit der Sie den Stier bei den Hörnern gepackt haben. Sie werden ja verstehen, daß mir die Bitte Ihrer Mutter nicht ganz verständlich sein konnte. Gut verstanden – weil es meinem eigenen Empfinden entspricht – habe ich nur den Wunsch, in diesen schweren Tagen und Wochen nicht noch durch anderes beunruhigt und belastet zu werden. Was sonst noch dahinterstand, war in dem Brief nicht ausgesprochen, und ich hatte kein Recht, danach zu fragen. Daß Sie von dem Brief nichts wußten, ist mir natürlich wichtig. Aber vor allen Dingen ging es mir damals darum, Ihrer Mutter und Ihnen allen die Ruhe und den Frieden zu bewahren, dessen Störung mir als Sünde gegen die Toten erschienen wäre. –

[...] nur aus ruhigem, freiem, geheiltem Herzen kann etwas Gutes und Richtiges geschehen; das habe ich immer im Leben erfahren, und ich bitte Gott darum – verzeihen Sie, daß ich das so sage – daß er uns das bald, recht bald schenken möchte, und daß er uns so wieder zusammenführt, bald, recht bald. Ob Sie das verstehen können? Ob Sie es nicht ganz ebenso empfinden – ich hoffe es, ja ich kann es mir garnicht mehr anders denken. [...]

Es grüßt Sie herzlich und mit vielen guten Wünschen

Ihr Dietrich Bonhoeffer

Anfang Dezember hoffe ich meine Reisen hinter mir zu haben, wenn nicht wieder einmal alles anders wird. In der nächsten Woche bin ich doch noch hier. Wie gerne käme ich mal kurz herüber.»

Maria ist nun doch über das erschrocken, was sie ausgelöst hat, und behält den Brief nicht bei sich.

Die Mutter hält Maria für zu jung, Dietrich für zu gefährdet in seinen von ihr nur geahnten Widerstandsaktivitäten, und überdies empfindet sie den Altersunterschied als zu groß.

Bei einem im November 1942 auf Wunsch von Marias Mutter zustande gekommenen Gespräch geht Dietrich auf eine einjährige Wartezeit ein, die mit einer «Kontaktsperre» verbunden sein soll. Weder Briefe noch Treffen soll es auf Wunsch der Mutter geben.

Dietrich schildert gleich darauf Eberhard Bethge seinen Besuch in Pätzig.

«Lieber Eberhard! [Berlin] 27. November 1942

[...] Dienstag–Mittwoch [24./25. November] war ich bei Frau v. Wedemeyer. [...] Sinn der von ihr erbetenen Aussprache: ein Jahr völlige Trennung, um Maria zur Ruhe kommen zu lassen. [...]

Hochzeit: Klaus von Bismarck und Ruth-Alice, dahinter links Maria als Brautjungfer

Ich bin mir noch nicht klar über mein künftiges Verhalten, schweige mich zunächst aus; es hat ja jetzt keine Eile; der Sturm muß sich erst etwas gelegt haben. Ich glaube, daß ich, wenn ich wollte, mich durchsetzen könnte; ich kann besser argumentieren als die anderen und könnte sie wahrscheinlich überreden; aber das ist mir selber unheimlich, kommt mir schlecht und wie eine Ausnutzung der Schwäche der anderen vor. Frau v. W. ist durch den Verlust ihres Mannes, also gerade in ihrer Schwäche stärker, als wenn ich es mit ihm zu tun gehabt hätte; ich darf ihr jetzt nicht das Gefühl der Wehrlosigkeit geben, das wäre schuftig, aber es erschwert meine Situation. Übrigens sprach sie auf der Ausfahrt über das Gut am Mittwoch morgen über die wirtschaftliche Lage des Gutes durch die Töchter etc. und meinte, ich solle das wissen. [...]»

Tagebuch, 27. November 1942
«Warum bin ich in diesen Tagen plötzlich so froh? Einmal sicher, weil ich jetzt alle Grübeleien, Erwägungen und quälenden Gedanken auf ein Später verschieben kann. Aber solch ein ‹verschoben› kann doch nicht so befreien. Seit ich mit Mutter telefonisch über ihr Zusammensein mit Dietrich sprach, ist es mir, als könne ich wieder frei atmen. Daß er auf Mutter einen gewissen Eindruck gemacht hat, ist ja klar. Es kann ja gar nicht anders sein. –

Das Überwältigende ist und bleibt, daß er mich wirklich heiraten will; ich kann es ja noch immer nicht verstehen, daß das möglich ist. –»

Tagebuch, 19. Dezember 1942 zu Haus
«Ich habe gemeint, daß das Nach-Hausekommen vielleicht das Einzige wäre, das meinen Entschluß zum Wanken bringen könnte. Immer glaubte ich doch noch unter dem Einfluß von Großmutter oder noch mehr von einer eigenen übersteigerten und unwahrhaften Idee zu stehen. Aber so ist es nicht. – Das Innerste und Eigentliche steht fest – auch ohne Liebe für ihn. Aber ich weiß, daß ich ihn lieben werde. –

Ach, es gibt so viele äußerliche Gegengründe. – Er ist für sein Alter alt und weise, ist wohl ein rechter Gelehrtentyp. Wie werde ich mit meiner Freude für Tanz, Reiten, Sport, Vergnügen all dies entbehren können. [...] Mutter sagt, er sei ein Idealist und überlege sich das nicht so genau. Das glaube ich nicht. [...]»

Anfang Januar teilt Maria der Mutter ihren unabänderlichen Entschluß mit, Dietrich zu heiraten.

Tagebuch, 10. Januar 1943
«Auf der Reise hierher hatte ich *das* Gespräch mit Mutter, das lang und heiß ersehnte und doch so sehr gefürchtete Gespräch. Es hat Tränen gekostet, schwere heiße Tränen, ‹und doch welch Glück, geliebt zu werden ...›. War es gut und fruchtbar? Ich erbitte dies, denn ich fühle, daß es für mein Leben bestimmend war und ist. Ich erbitte noch mehr: daß ich Mutter nicht überredete, sondern überzeugte. Daß sie mir nicht nachgibt, sondern es so als den rechten Weg ansehen kann. [...]»

Die Mutter aber besteht, unterstützt von den engsten Verwandten, auf der vereinbarten Wartezeit. Nur unter dieser Bedingung willigt sie ein, daß Maria ihm schreibt. Das Datum des folgenden Briefes, der 13. Januar, gilt beiden als ihr Verlobungstag.

«Lieber Herr Pastor Bonhoeffer! [Pätzig] 13. 1. 43
Seit ich zu Haus bin, weiß ich, daß ich Ihnen schreiben muß. Und ich habe mich darauf gefreut, es zu tun. –

In den letzten Tagen sprach ich mit meiner Mutter und meinem Onkel [Hans-Jürgen von Kleist-Retzow] aus Kieckow. Nun darf ich Ihnen schreiben und Sie bitten, mir auf diesen Brief zu antworten.

Es wird mir schwer, Ihnen das jetzt schriftlich sagen zu müssen, was man persönlich kaum aussprechen kann. Ich möchte jedes Wort, das darüber gesagt sein will zurückweisen, weil es in seiner Ungeschicklichkeit die Dinge, die leise gegeben werden möchten, so hart anfaßt. Aber weil ich erfahren habe, daß Sie mich so gut verstehen, hab ich den Mut, Ihnen jetzt zu schreiben auch wenn ich eigentlich gar kein Recht habe, Ihnen auf eine Frage zu antworten, die Sie gar nicht an mich richteten. –

Ich kann Ihnen heute ein von ganzem und frohem Herzen kommendes Ja sagen. –

Sie müssen jetzt bitte meine Mutter verstehen, wenn sie die uns auferlegte Wartezeit nicht aufheben will. Nach der Vorgeschichte kann sie es einfach noch nicht glauben, daß unser Entschluß dauerhaft sein kann. Und ich selbst werde immer traurig, wenn ich denke, daß Großmutter Ihnen nur nette Dinge von mir erzählt hat, so daß Sie sich ein falsches Bild von mir machen. Vielleicht müßte ich Ihnen viel Schlechtes von mir erzählen, denn der Gedanke, daß Sie mich anders lieb haben könnten, als ich bin, macht mich unglücklich.

Daß man mich aber so gern haben kann, wie ich wirklich bin, das kann ich nicht glauben. – Ich will Ihnen jetzt sicher nicht wehtun, aber sagen muß ich es doch.

Ich bitte Sie darum, daß, wenn Sie erkannt haben, daß ich nicht ausreiche, oder daß es Ihnen kein Bedürfnis mehr ist, zu mir zu kommen, Sie mir das sagen. Jetzt kann ich Sie noch darum bitten; und wie ungleich schwerer wird es sein, wenn ich es später einmal selbst erkennen muß. – Ganz sicher fühle ich selbst, daß ich noch eine Zeit der Bewährung für meinen Entschluß brauche. Und weil ich weiß, daß die Zeit im Roten Kreuz hart werden wird, ist sie mir notwendig.

Nicht wahr, dies sind ganz allein *unsere* Dinge, sie gehören keinem anderen. Ich fürchte mich so vor den Worten der anderen Menschen, auch vor denen von Großmutter. Können Sie mir diese Bitte erfüllen?

Von Herzen möchte ich Ihnen danken für das, was Sie in dieser Zeit für mich getan haben. Ich kann nur ahnen, wie schwer es gewesen sein muß, denn ich habe es selbst oft kaum tragen können. Ihre Maria»

«Liebe Maria! [Berlin] 17. 1. 43 Sonntag

Vier Tage war der Brief unterwegs, ehe er eben – vor einer Stunde – hier ankam! In einer Stunde geht die Post hier wieder ab, da muß wenigstens ein erster Gruß und Dank mitgehen – wenn sich auch die Worte noch nicht einstellen, die ich jetzt sagen möchte. Darf ich nun einfach so reden, wie es mir ums Herz ist? Ich spüre und bin überwältigt von dem Bewußtsein, daß mir ein Geschenk ohnegleichen zugefallen ist – ich habe es nach all dem Verwirrenden der letzten Wochen nicht mehr zu hoffen gewagt – und nun ist das unvorstellbar Große und Beglükkende einfach da, und das Herz tut sich auf und wird ganz weit und übervoll von Dankbarkeit und Beschämung und kann es noch gar nicht fassen – dieses ‹Ja›, das über unser ganzes Leben entscheiden soll. Wenn wir nun doch persönlich miteinander reden könnten, es wäre doch so unendlich viel – und im Grunde doch nur immer wieder ein und dasselbe – zu sagen! Wird das möglich sein, daß wir uns bald sehen? Ohne daß wir wieder die Worte anderer Menschen zu fürchten hätten? Oder soll das doch aus irgendeinem Grunde noch nicht sein? Ich glaube, nun *müßte* es sein.

Und ich kann nicht mehr anders sprechen, als ich es in meinem Herzen in den vergangenen Wochen oft getan habe – ich möchte Dich so nennen, wie ein Mann das Mädchen nennt, mit dem er durchs Leben gehen will und darf und das ihm sein Ja gesagt hat – liebe Maria, ich danke Dir für Dein Wort, für alles, was Du für mich durchgestanden hast und was Du für mich bist und sein willst. Laß uns nun froh aneinander sein und werden. Was Du an Zeit und Ruhe brauchst zur inneren Bewährung, wie Du schreibst, mußt Du haben, ganz wie es für Dich gut ist. Das weißt Du allein. *Mit* Deinem ‹Ja› kann ich nun auch ruhig warten; ohne dieses Ja war es schwer und wäre es immer schwerer geworden; nun ist es leicht, wenn ich weiß, daß Du es willst und brauchst. Ich will Dich mit nichts drängen und erschrecken, ich will Dich schonen und Dir das anfangende Glück unseres Lebens leicht und froh machen, ich verstehe es gut, wenn Du nur eine Zeitlang noch einmal ganz allein sein willst – ich bin lange genug in meinem Leben allein gewesen, um den Segen – aber freilich auch um die Gefahren – des Alleinseins zu kennen. Ich verstehe und habe es auch immer in den vergangenen Wochen verstanden – wenn auch nicht ganz ohne Schmerzen – daß es für Dich nicht leicht sein kann, zu mir Ja zu sagen, und ich werde das nie vergessen – und es ist dieses Dein Ja, das mir allein Mut geben kann, nun auch zu mir selbst nicht mehr nur Nein zu sagen. Sag mir nichts über das ‹falsche Bild›, das ich von Dir haben könnte. Ich will kein ‹Bild›, ich will Dich, so wie ich Dich von ganzem Herzen bitte, nicht ein Bild von mir, sondern mich zu wollen, und Du mußt wissen, daß das zweierlei ist. [...]

Der Brief muß eiligst weg, damit Du ihn morgen hast. Gott behüte Dich und uns beide. Dein treuer Dietrich.

Es ist selbstverständlich, daß ich zu Deiner Großmutter nichts sage, bevor Du es willst. Ich werde sie ja zunächst auch gar nicht sehen. Willst Du es ihr nicht von Hannover aus schreiben? – Der Termin meiner Reise ist noch nicht sicher; ich rechne aber damit, daß es nicht mehr lange dauern kann. Dann bin ich etwa vier Wochen unterwegs. Ich warte nun sehr auf einen Brief von Dir.»

Am Schluß des vorangegangenen Briefes klingt an, daß Maria demnächst als Schwesternschülerin im Clementinenhaus Hannover beginnen wird, während Dietrich eine Reise nach Rom vor Augen hat, um im Vatikan Geheimverhandlungen zu führen. Von diesem Plan wird noch mehrmals die Rede sein; er ist jedoch nicht zustande gekommen.

Noch zwei weitere Briefe gehen hin und her. Maria erinnert indes an den vereinbarten Verzicht auf Kontakte. Zu Dietrichs folgender Antwort gehören als Hintergrund die aktuellen Ereignisse: die katastrophale Lage an der Ostfront mit dem bevorstehenden Fall Stalingrads und dem Rückzug aus dem Kaukasus, dazu die geheimen Hoffnungen auf einen Umsturz durch ein Attentat auf Hitler, das von Marias Verwandten Henning von Tresckow und Fabian von Schlabrendorff mit vielen anderen vorbereitet wird.

«Meine liebe Maria! [Berlin] 24. 1. 43 Sonntag Abend

[...] Du, liebe Maria, hast nun das nächste halbe Jahr unter das Gesetz des Schweigens gestellt. Es ist Dein Wunsch, Dein erster Wunsch an mich und was sollte es für mich selbstverständlicheres geben als diesen Wunsch willig zu erfüllen. Aber eines muß ich noch sagen: jedes Gesetz, das der Mensch sich selbst auferlegt, hat seine Grenzen und seine Gefahren, dort nämlich, wo es das Echte und Natürliche nicht mehr schützt, sondern bedroht. Das haben wir in den vergangenen Jahren immer wieder gelernt, wenn Gott unsere Pläne, Gedanken, Lebensformen, die wir gut und nötig hielten, zerschlagen hat. Gottes Sprache kann stärker werden als unsere eigenen Gesetze. Es könnten in der nächsten Zeit Ereignisse von so elementarer Bedeutung, auch für unser persönliches Leben, eintreten, daß es unnatürlich, erzwungen wäre, wenn wir dann nicht miteinander sprechen könnten – wenigstens durch einen Brief. Nicht wahr, eine Hilfe sollen uns die kommenden Monate des Schweigens sein, nicht ein Joch, und das heißt doch, daß wir ganz auf Gottes Stimme hören wollen und ihr allein gehorchen. [...]

Und nun leb wohl, liebe Maria, wir wollen uns Gott befehlen, er helfe uns durch die kommende Zeit, er mache Dich froh in der neuen Arbeit, er behüte Dich und mich und all die unsern.

Es hat Dich sehr lieb und denkt immer an Dich

Dein Dietrich.»

Indessen schreibt Maria täglich Briefe an ihn in ihr Tagebuch.

Tagebuch, 3. Februar 1943

«Wenn Du mich hier so sehen würdest. Ich glaube, Du würdest mich manchmal gar nicht mögen. – Wenn ich so wild reite und mich mit Stallknechten auf Platt unterhalte. – Manchmal schrecke ich dann zusammen und denke, daß Du traurig wärest, mich so zu sehen. – Wenn ich Grammophon spiele, dazu auf einem Bein durch die Stube hüpfe und auf das andere einen Strumpf mit einem riesengroßen Loch ziehe, dann falle ich vor Schreck aufs Bett, wenn ich denke, Du könntest mich so sehen. Ich mache noch viel schlimmere Sachen. Ich rauche eine Zigarre, weil ich solch ein Ding noch nie geraucht habe und doch wissen muß, wie das ist, und dann ist mir so sauhundeschlecht, daß ich weder zum Mittag noch zum Abendbrot etwas essen kann. – Oder ich stehe in der Nacht auf, ziehe ein langes Kleid an, tanze wie wild im Saal – gehe mit Harro spazieren und schlafe dafür am ganzen Vormittag durch. –

Weißt Du, ich kann ja verstehen, daß Du das greulich findest. Ich will mir sicher auch Mühe geben, es nicht zu tun, wenn Du da bist. Aber es kommt manchmal so von allein, und irgendwie muß ich mich doch auch austoben. – Aber das Rote Kreuz wird sicher meiner Erziehung noch etwas aufhelfen und Dir die Arbeit abnehmen. [...]»

Am 16. Februar erhält Maria einen Brief von der Großmutter mit Andeutungen von Gefahren, in denen Dietrich lebt.

Tagebuch, 8. März 1943

«Du, ich kann es nicht mehr so ertragen. Jetzt muß ich wissen, ob Du wirklich in Gefahr bist? Dietrich, was tue ich? Verzeih mir meine

Schwäche. Ich muß Dich anrufen. Ich muß von Dir wissen, was los ist. – Warum gibst Du mir nicht Nachricht. Ich verstehe Dich nicht. Du weißt vielleicht nicht, was Du mir damit antust. Weißt Du denn nicht, daß mir der Gedanke, Dir könnte etwas geschehen, unerträglich ist. – Fühlst Du denn nicht, wie ich, seit ich das weiß, die Angst um Dich nicht mehr loswerden kann?

Ich habe Dir doch die Freiheit gegeben, mich anzurufen, mir zu schreiben! Dietrich, sag mir, daß es Dir gut geht und daß Du nicht ungeduldig bist, daß es von Großmutter kommt, all dies, was ich hörte, und nicht von Dir. Ach Dietrich, sag nur dies eine, ich bitte Dich.»

In ihrer großen Angst ruft sie Dietrich in Berlin an.

Tagebuch, 9. März 1943
«Ich hab' mit Dir gesprochen, habe Deine Stimme gehört. Dietrich, Du, weißt Du es noch, jedes Wort, das wir wechselten? ‹Nanu›, sagtest Du, ‹was ist denn geschehen?› Ach, und mir kullerten die Tränen doch, obgleich ich mir solche Mühe gegeben hatte und auch bestimmt seit der Mittagspause nicht mehr heulte. Und dann verstandest Du erst gar nicht, was ich meinte. Ich drückte mich so dumm aus, nicht wahr. Aber dann lachtest Du. Ach, dies Lachen war so schön. Daß Du so lachen konntest! Dafür danke ich Dir am allermeisten. Als Du so lachend sagtest, daß ich mir keine Sorgen machen solle, da wußte ich plötzlich, daß es alles nicht wahr war, was Großmutter gesagt hat, daß all mein Grübeln und Weinen so völlig überflüssig gewesen war, daß es Dir gut ging und daß Du froh warst, daß ich Dich anrief. Nicht wahr, darum lachtest Du, weil Du Dich freutest. – Hinterher, da hab ich auch gelacht.»

Dietrich knüpft noch am selben Tag mit folgendem Brief an das Telefongespräch an.

«Liebe Maria! [Berlin] Dienstag Abend [9. 3. 1943]
Mein Herz schlägt noch vernehmlich und alles in mir ist wie umgewandelt – vor Freude, vor Überraschung, – aber auch vor Schrecken darüber, daß Du Dich gesorgt hast. Ja sieh mal, solche Dummheiten richte ich immer wieder an. Wenn Du da wärst und wir miteinander sprechen könnten, dann hätte ich Dir gesagt, was ich nun verkehrterweise der Großmutter gesagt habe. Nein, sorgen darfst Du Dich

keinen Augenblick, ich sorge mich auch garnicht, – aber, nicht wahr, das weißt Du ja aus dem Wenigen, was wir miteinander gesprochen haben, daß es nicht nur draußen, sondern auch hier drin Gefahr gibt, mal etwas weniger, mal etwas mehr. Welcher Mann dürfte dem heute aus dem Wege gehen und dürfte sich davor fürchten? Und welche Frau müßte das heute nicht mittragen, auch wenn der Mann noch so gern diese Last von ihr nähme? Und welch ein unbeschreibliches Glück ist es für den Mann, wenn die Frau, die er liebhat, tapfer, geduldig – und vor allem betend neben ihm, bei ihm steht. Liebe gute Maria, es ist keine Phantasterei, zu der ich garnicht neige, daß Dein Bei-mir-Sein mir in den vergangenen Wochen spürbar geholfen hat. Daß ich Dir aber Kummer mache, das tut mir wirklich sehr weh. Und nun bitte sei wieder ganz ruhig und zuversichtlich und fröhlich – und denke an mich, wie bisher und wie ich immerfort an Dich denke. [...]

Ich fahre jetzt auf mehrere Wochen nach Rom. Wann werden wir es einmal zusammen tun?! – Nein, Du mußt nicht zum Arbeitsdienst gehen. Das gefällt mir garnicht! Wenn es doch sein müßte, dann bitte schreibe mir; es wird mir nachgeschickt. – Nun behüte Dich Gott, liebste Maria, er behüte uns beide!

Es hat Dich sehr lieb und denkt an Dich Dein Dietrich»

«Liebste Maria! [Berlin] 24. III. 43

Gestern war ich – auf telephonischen Anruf aus Stettin hin – für ein paar Stunden im Krankenhaus bei Deiner Großmutter. Sie fühlt sich sehr matt und Deine Tante [Maria von Kleist-Retzow] ist recht besorgt, – ich fand sie besser als ich fürchtete. Aber niemand weiß, wie es weitergeht, und sie selbst bereitet sich aufs Sterben vor.

Ich schreibe Dir das, weil sie mir gesagt hat, daß sie sehr auf einen Brief von Dir wartet. Leider wird sie immer noch sehr von den Erinnerungen an die Schwierigkeiten des vergangenen Winters, – die ja nun schon weit hinter uns liegen, – gequält. Ein gutes Wort von Dir würde ihr wohltun. In den vielen schlaflosen Stunden des Nachts kann sie ihre eigenen Gedanken nicht loswerden und darum sucht sie wohl nach guten Worten von lieben Menschen, an denen sie sich aufrichtet.

Dies mußte ich Dir schreiben, nicht wahr?

[...] Ich reise nun wohl endlich in diesen Tagen und behalte Dich sehr lieb Dein Dietrich»

«Lieber Dietrich! – Hannover, 26. III. 43

Hab vielen Dank für Deinen Brief und dafür, daß Du mich auf mein Versäumnis aufmerksam machst. Als ich von Großmutters Erkrankung hörte, wollte ich gleich am nächsten freien Wochenende zu ihr fahren. [...] Nur weil ich sie nicht unnötig enttäuschen, sondern mich dann gleich fest ansagen wollte, schrieb ich Großmutter eine Woche lang nicht. Nun wirst Du vielleicht durch sie schon wissen, daß ich morgen zu ihr fahre und bis Sonntag abend bleibe. –

Es war aber trotzdem gut, daß Du schriebst. [...]

Gestern sagte mir Mutter telefonisch, daß ich fürs erste vom Arbeitsdienst zurückgestellt bin. Ich bin sehr froh darüber und komme nun in den nächsten Tagen wirklich in die Krankenpflege.

Später besuche ich Dich an meinen freien Wochenenden! – Nun wünsche ich Dir eine wunderschöne Reise. Später erzählst Du mir mal davon, ja? Ich denke überhaupt den ganzen Tag und eigentlich viel zu viel ‹später›! Aber es ist so schön, daß ich es nicht lassen kann! [...]

Mit vielen lieben Gedanken bin ich *Deine* Maria»

Tagebuch, 5. April 1943
«Ist etwas Schlimmmes geschehen? Ich fürchte, daß es etwas sehr Schlimmes ist [...]»

An diesem Tag wird Dietrich in Berlin verhaftet und in das Militärgefängnis in Tegel eingeliefert. Maria weiß nichts davon, als sie am 18. April zur Konfirmation ihres Bruders Hans-Werner nach Pätzig kommt. Dort findet sich auch ihr Schwager Klaus von Bismarck ein, dem sie mitteilt, daß sie jetzt entschlossen sei, allen Verboten zum Trotz Dietrich zu sehen. Als beide ins Haus zurückkehren, treffen sie auf den Onkel Hans-Jürgen von Kleist, der ihnen Dietrichs Verhaftung mitteilt.

Tagebuch, 11. Juli 1943
«Wie schwer begreiflich das Wort ‹Frieden› doch ist. Alles um mich ist Frieden. Das wogende Kornfeld, die singenden Vögel, die lachenden Blumen, das Lied des Mädchens aus dem Dorf, das Hämmern des Schmieds und das Wiehern der Pferde. –

Und in mir ist Aufruhr, Kampf, Sehnsucht und Angst, Verzweiflung und doch ein Wissen um die Geborgenheit, bei Dir, Dietrich, und darüber hinaus. –

Und eben kam die Nachricht vom Landen englischer Truppen in Sizilien.»

Maria hat ihr versiegeltes Tagebuch nie mehr geöffnet.

G. v. B. / U. K.

Maria von Wedemeyer
Die Jahre nach 1945

Maria erfährt von Dietrichs Tod erst im Juni 1945.

Als ich sie ein Jahr darauf in Göttingen besuche, ist Dietrich das einzige Thema.

Sie hält Verbindung zur Bonhoeffer-Familie und trifft sich in Göttingen mit Eberhard Bethge, dessen Tochter ihr Patenkind wird. Sobald es möglich wird, fährt sie nach Berlin zu den Eltern Bonhoeffer.

Es ist ein ergreifendes Wiedersehen. Die Eltern haben zwei Söhne und zwei Schwiegersöhne durch Hinrichtung verloren.

Dietrichs Zwillingsschwester Sabine Leibholz kommt mit ihrer Familie aus dem Exil nach Göttingen zurück. 1949 trifft Maria zum ersten Mal Sabines Tochter Marianne. Diese erinnert sich an die Begegnung: «Ich hatte noch nie ein so wunderschönes Mädchen gesehen. Soviel Lebendigkeit und Helle ging von ihr aus. Ich konnte Onkel Dietrich gut verstehen.»

Eberhard Bethge beginnt – zunächst mit den Ethikfragmenten – Dietrich Bonhoeffers Nachlaß herauszugeben – ohne noch zu ahnen, was für ein Erfolg diesen Büchern später beschieden sein wird.

Im Herbst 1945 nimmt Maria in Göttingen ihr Mathematikstudium auf. Es macht ihr nach Anfangsschwierigkeiten großen Spaß, und nach und nach integriert sie sich in die Göttinger Studentenwelt. Dazu gehört auch die Teilnahme an der Studentenhilfe im Flüchtlingslager Friedland. Maria setzt sich mit aller Kraft ein, erträgt aber das im Lager erfahrene Flüchtlingselend kaum. In ihrem Freundeskreis herrscht jetzt unmittelbar nach dem Krieg eine Aufbruchstimmung. Sie wohnt bei einer Professorenfamilie in einer Art Dachboden.

Eine Freundin, Ursula Wolff, berichtet: «Im Geist sehe ich uns dort mit ihren anderen Freunden in lebhafter Unterhaltung und Diskussion auf dem Boden sitzen. Sie war ja eine sprühende, faszinierende Persönlichkeit, die Männer von Geist und Substanz anzog. So war sie auch meist von zwei oder drei ernsthaften (bald hoffnungsvollen, bald verzweifelten) Bewerbern umgeben, darunter auch immer Paul-Werner Schniewind. Veranlaßt von einem Freund Bonhoeffers in Amerika, dem Atomphysiker Herbert Jehle, erhielt Maria öfters Lebensmittelpakete, mit deren Inhalt sie außerordentlich freigebig alle ihre Freunde bewirtete. Herbert Jehle (er ist Quäker und Pazifist) veranlaßte dann auch, daß Maria ein Stipendium in Amerika erhielt.»

Sie bekommt einen Studienplatz in Bryn Mawr, einem der sehr guten Colleges für Studentinnen an der amerikanischen Ostküste. Kurz bevor sie sich für ein Jahr nach Amerika einschifft, verlobt sie sich mit Paul-Werner Schniewind, dem Jurastudenten. Er kommt ähnlich wie Dietrich Bonhoeffer aus einer großbürgerlichen Familie alter Wuppertaler und hanseatischer Herkunft. Sein Vater, Julius Schniewind, ist ein bekannter Theologieprofessor in Halle. Paul-Werner hat eine enge Beziehung zu seiner Mutter. Auch Maria ist fasziniert von ihr. An Hesi von Truchseß schreibt sie: «Weißt Du, ich habe eine Schwiegermutter, da kommst selbst Du nicht mit. Es ist für mich jetzt schon so zuhausig in Halle, daß ein sehr beachtlicher Teil meiner Sehnsucht von hier aus dorthin geht.»

Als Verlobte reist Maria 1948 ab nach Amerika, Schniewind bereitet in Göttingen sein Examen vor. Über ihre ersten Eindrücke im College schreibt sie an Dietz und Hesi von Truchseß: «Die Mädchen im College sind mehr eine Auslese von amerikanischen Schönheiten als von amerikanischen Klugheiten. Aber das wäre etwas für Dietz, eine hübscher als die andere, und ich bin bei weitem die häßlichste von allen! Nur haben sie alle knallrote Fingernägel und knallrote Lippen. Und vielleicht würdest Du auch die ewige Zigarette zwischen den Lippen und das Armband ums Fußgelenk nicht lieben, Dietz, und wie ist es mit schottisch karierten Hosen, die unter dem Knie aufhören?»

Maria ist beeindruckt von den ihr fast unbeschränkt scheinenden Freiheitsmöglichkeiten auch in religiösen Fragen. Sie besucht «Quäkermeetings» und berichtet: «Man sitzt etwa eine Stunde lang in einer Kirche, die keinen Altar und kein Kreuz und kein gar nichts hat und schweigt sich an. Und dann steht auf einmal jemand auf und erzählt, was er innerhalb dieser Stunde aus sich selbst herausgeschöpft hat. Du wirst es aber kaum für möglich halten, was für gute Dinge dabei herauskommen, die meisten deutschen Pastoren können sich dahinter verstecken.» Ihr gefällt, daß sie durch ihre Taten predigen. «Kein Mensch kommt hier auf den Gedanken, den anderen durch Reden zu überzeugen, denn das wäre ja eine Beeinflussung, die möglicherweise den freien Willen des anderen, so zu handeln, wie er will, hemmen könnte. Ein recht lehrreiches Prinzip für uns, findest Du nicht auch?»

Eine jüngere Kommilitonin in Bryn Mawr sagt später: «I saw her walk over the campus. A bit frightening! So beautiful and so intelligent!» Maria studiert gern in Amerika, und sie hat offenbar Zeit, trotz eines ausgefüllten Programms ihre Hochzeit in Deutschland vorzubereiten. Sie schickt dafür Lebensmittel, von denen man im Flüchtlingshaushalt der Familie in Oberbehme nur träumen kann. Die Verwandten von Laer erklären sich großzügig bereit, Maria und Paul-Werner Schniewind eine Hochzeit mit 30 Personen auszurichten. Aber Maria hat so lange von einer «richtigen» großen Hochzeit geträumt, und so finden sich 70 Personen ein. Auf primitivstem Flüchtlingshintergrund entwickelt sich ein großes Fest mit allen Pätziger Traditionen.

Trautext ist der 103. Psalm. Die beiden Familien verstehen sich gut. Auch Emmi Bonhoeffer, Dietrichs Schwägerin, ist gekommen.

Maria hat es erreicht, daß ihr Stipendium verlängert wird, und hat auch eins für Paul-Werner beim Student's Institute bekommen. Die erste Heimat drüben hat sie im kleinen Haus der Familie Sayre gefunden. Zwischen den beiden Frauen gibt es eine «love at first sight», wie Lucy Sayre später sagen wird. Hier wird auch für ihre junge Ehe Platz sein. Schniewind kann mit dem deutschen Jurastudium in Amerika nichts anfangen. «Political science» hat ihn schon in Göttingen bei Gerhard Leibholz fasziniert. Er verbindet damit wirtschaftliche Fächer. Nach dem masters degree 1950 Position in einer Bank. Maria studiert weiter in Bryn Mawr. Beide müssen als Babysitter oder Bote dazuverdienen, Stipendium und Lehrlingsgehalt reichen nicht. Fast wird die ganze Planung über den Haufen geworfen dadurch, daß Christopher sich anmeldet. Schon vor seiner Geburt nennen sie ihn «Der Präsident». Er wird amerikanischer Staatsbürger sein. Wie alle Auswanderer halten sie sich in Gedanken den Rückweg offen, aber die Verwurzelung beginnt. Trotz Schwangerschaft schließt Maria in Bryn Mawr planmäßig mit dem «Master of Arts in Mathematics» ab. 1950 wird Christopher geboren: «Ich glaube», schreibt sie, «ich bin die allerdümmste, eingebildetste Mutter, die je existierte. Aber ich habe auch am allerwenigsten gewußt, was es heißt, ein Kind zu haben. Und es ist so unbegreiflich schön.»

Mit Christophers Geburt beginnt eine neue Phase in Marias Leben. «Meine Kinder sollen einmal soviel Zuhause kriegen, daß es ihnen zum Halse heraushängt», sagt sie später.

Maria und Paul-Werner kommt die amerikanische Kirchlichkeit, die das Gesellschaftliche stärker einbezieht, entgegen. Sie treten zur anglikanischen Kirche (Episcopal Church) über. Paul-Werner gefällt die Liturgie, und er wird später in Deutschland die Anglikanische Kirche zu einem Forschungsprojekt machen. Von Maria sagt Lucy Sayre: «She had a very tremendous background of understanding – but she really wanted a church, that met her, where she wanted to be.»

Maria muß arbeiten und will es auch. Für die Betreuung von Christopher holt sie unsere jüngere Schwester Werburg nach Amerika. Für sie wird die Zeit in Amerika mit späterem Collegebesuch prägend sein.

Maria bewirbt sich bei der Firma American Pulley Co. in Philadelphia als Statistikerin und wechselt nach zwei Jahren über zum Großkonzern Remington-Rand-Univac als Mathematikerin. Hier begegnet sie zum ersten Mal dem Bereich der Datenverarbeitung, der Rechenmaschine. Die Berufstätigkeit entspricht Maria. Sie versetzt sie aber auch in eine Spannung zwischen Beruf und Familie. Lucy sagt: Andere können ihre Fehler verbergen, bei Maria lagen sie offen zutage. Auch in den ganz schweren Zeiten lebte sie aus der Fülle. Aber ihre Stärke und Dominanz haben auch ihre Schwierigkeiten. «There was something about Maria, that, if you hadn't that selfassurance yourself, it would be difficult to deal with.»

Bald können sie auch die zweite der jüngeren Schwestern in Amerika begrüßen und beiden einen gewissen heimatlichen Rückhalt geben. Christine studiert im Smith College und wird eines Tages auch nach New York heiraten. Für Mutter und die anderen Geschwister wird langsam die Entfernung überbrückbar.

Dem dazwischen liegenden Ozean zum Trotz wird Maria es sein, die von allen Geschwistern den größten Wert auf den Familienzusammenhalt legt. Ihr Bruder Hans-Werner kann mit einem ersten eigenen Stück Grund und Boden in Gernsbach im Schwarzwald dafür einen Wurzelpunkt bieten.

Alle Linien in Marias kompliziertem Leben berühren sich im Weihnachtsfest. Marias unbändige Weihnachtsfreude dringt bis nach Deutschland, und in Boston wird ihre berühmteste und größte Party die sein, die sie zum Abschmücken des Weihnachtsbaumes gibt. Sie endet damit, daß spät in der Nacht der Baum lichterloh brennend auf ihrem Teich schwimmt.

1954 kommt Paul, der zweite Sohn, auf die Welt, ein Wunschkind. Die Familie bewohnt jetzt ein einfaches schönes altes Haus in Haverford, einem Vorort von Philadelphia.

Im gleichen Jahr bittet Eberhard Bethge Maria, das Gedicht «Vergangenheit» veröffentlichen zu dürfen. Sie hat «mittlerweile genügend Abstand» und stimmt zu.

Als 1955 Marias Schwiegermutter in Halle schwer erkrankt, fährt sie mit den Kindern nach Deutschland, sie kommt aber nur noch zur Beerdigung. Nach ihrer Rückkehr beginnt eine Phase, in der Paul-Werner und Maria erkennen müssen, daß sie durch ihre Ehe zunehmend überfordert sind. Paul-Werner Schniewind kehrt zurück nach

Deutschland. Er kann dort eine neue Existenz und nach der Scheidung wieder eine Familie aufbauen. Die Söhne bleiben bei Maria.

Über die nun kommende Zeit dringt wenig nach Deutschland. Maria nimmt eine kleinere Wohnung, verstärkt ihre berufliche Arbeit und gewinnt eine schwarze Frau, «Marvelle», zur Betreuung der Söhne.

Bei Remington schafft sie in vier Jahren den Aufstieg zur Gruppenleiterin in der Abteilung für «Angewandte Mathematik».

Als sie Barton Weller, einem amerikanischen Selfmademan, Erfinder und Gründer einer Fabrik für «Chips», begegnet, hofft sie noch einmal auf ein Glück. Sie heiraten Weihnachten 1959 in Easton, Con.

Weller bringt zwei Kinder aus seiner ersten Ehe mit, denen Maria eine geliebte Mutter wird. Sie lebt nun in Connecticut das Leben einer gutsituierten amerikanischen Ehefrau und Mutter. Berufliche Ambitionen muß sie zurückstecken, da Barton Weller will, daß sie sich vor allem um die Familie kümmert und ihm mit ihren gesellschaftlichen Gaben in seinem Beruf zur Seite steht. Das tut Maria mit Hingabe. Sie ist froh, ihren Söhnen ein Zuhause und Familienunternehmungen mit einem Vater bieten zu können. In Easton kann sie soziale Engagements eingehen, hält Kindergottesdienst in der Kirche und gewinnt einen großen Freundeskreis. Lucy Sayre bleibt ihr treu. «I was just always

Maria in Boston

impressed with the variety of her friends, which came from a lot of different kinds.»

Doch scheitert auch diese zweite Ehe, vor allem wohl an der Unvereinbarkeit der Lebenswelten. Sie schreibt: «Ich habe einfach zu viel auf mich selbst genommen, weil ich mir selbst irgendwie beweisen wollte, daß ich mein Äußerstes getan habe, um die Ehe zu retten. Es ist nicht mal Bitterkeit in mir. Nur einfach Leiden.»

1965 kommt es zur Scheidung. Mit ihren beiden Söhnen bleibt auch die Stieftochter Sue bei ihr. Maria zieht in die Nähe von Boston und beginnt als 40jährige alleinerziehende Mutter noch einmal eine Berufskarriere beim Computerunternehmen Honeywell. Die Chance verdankt sie einem der Mitbegründer von Honeywell, der mit ihr bei Remington Rand zusammengearbeitet hatte.

Der Neubeginn ist schwer. Die finanzielle Situation ist aber so, daß sie den Söhnen ein gutes Internat und gutes College ermöglichen kann. Nach einiger Zeit verwirklicht sich ein Lebenstraum. Sie hat ein eigenes Haus – ein Zuhause für ihre Kinder. Es ist ein modernes Holzhaus mit großem Kamin und einem breiten Balkon. Morgens kann sie vor der Arbeit mit einem Becher Kaffee auf ihrem «Deck» stehen und hinuntersehen auf einen von Wald umgebenen Teich.

Sie hat selber genug Heimatlosigkeit erlebt, um dies Stück Geborgenheit bis an die Grenze des Möglichen für andere Menschen zu öffnen. Ihre Gastfreundschaft erstreckt sich nicht nur auf Freundes- und Familienbesuche und besonders geschätzte «Parties», sondern sie versucht auch, aufzunehmen und Hilfe zu geben, wo immer sie kann.

Das Wohl und Wehe ihrer Söhne aber bleibt das Wichtigste.

In gewissen Abständen tritt die «Bonhoeffer-Gesellschaft» an sie heran, wegen der Freigabe von Dietrichs Briefen. Für sie ist aber ihr Briefwechsel Zeichen einer unverlierbaren Zusammengehörigkeit. Sie schreibt an mich: «Du hast recht, wenn Du sagst, daß man Dinge erwarten muß und ihnen ihre eigene Zeit lassen. Ich bin immer wieder erstaunt, wie unglaublich verletzlich ich auf dem Gebiet von Dietrich und meiner Beziehung zu ihm bin.»

1974 läßt sie die Briefe von ihrer Sekretärin abschreiben und schickt mir die Abschriften und Kopien. Sie gibt ein Interview über ihre Beziehung zu Dietrich für einen Fernsehfilm. 1967 hat sie schon einmal in einer theologischen Zeitschrift einen Artikel mit Briefausschnitten von ihm veröffentlicht.

Sehr bewegt berichtet sie in dieser Zeit von einer Begegnung: «Gestern hatte ich hier zu Besuch einen Jesuitenpriester aus Kanada

Maria vor ihrem Haus am Ozean,
Sommer 1977

(34 Jahre alt), der gekommen war, um mehr über den *Menschen* Dietrich Bonhoeffer zu lernen und nicht über seine Theologie. Grund war der, daß er sechs Jahre lang ganz furchtbar gelitten hat von einem unerkannten Gehirngeschwür und seit der Gehirnoperation vor drei Jahren erst ganz langsam wieder gesund wird, d. h. immer noch unter schrecklichen Kopfschmerzen leidet. Sein Hauptinteresse an Dietrich war ganz einfach, von ihm zu lernen, wie man mit großem Leiden fertig werden kann. Es war eine gute Unterhaltung, oder richtiger: ein gutes Zuhören von beiden Seiten. Am Ende sagte er, er hätte sich vor diesem Besuch bei mir gefürchtet, weil er Angst gehabt hätte, daß ich seinen Vorstellungen von Dietrich möglicherweise nicht genügen würde, und daß er darum dann hätte weniger von Dietrich denken können. Und nun wäre das Umgekehrte passiert. Das war doch reizend von ihm, obgleich ich nun natürlich nachträglich Angst vor dem Besuch hatte.»

Sie freut sich über Lebenszeichen der Bonhoeffer-Familie und über einen langen Besuch von Emmi Bonhoeffer.

Inzwischen nimmt die Arbeit an Bedeutung und Erfolg zu. Ihr beruflicher Aufstieg wird durch die stürmische Entwicklung der Computerbranche begünstigt. 1969 befördert die Unternehmensleitung sie zur Leiterin der gesamten Abteilung für «Systemanalyse» (die an der Entwicklung neuer Computer maßgeblich beteiligt ist). 1975 ist sie die einzige weibliche Gruppenleiterin im gesamten technischen Konzernbereich. Marias Devise lautet: «Es gibt immer Raum für Verbesserungen.»

Bald gelingt auch noch die Eroberung eines ganz kleinen privaten Familienmittelpunktes: ein Holzhaus am Meer. Es steht auf Stelzen direkt am Wasser. Maria tritt auf die Veranda und sagt mit weit ausladender Geste: «Darf ich vorstellen: *mein* Ozean.» Wenn man innen sitzt, sieht man auf die anrollenden Wellen, als säße man in einem Schiff. Das Haus wird den Kindern erhalten bleiben.

Ihre Arbeit in der «Industrial Mission» ist wichtig für sie. Sie wird geleitet vor dem Pfarrer Scott Paradise. Hier stellen sich Christen aus allen Berufen den ethischen und moralischen Fragen der industriellen Entwicklung. Darf man alles tun, was technisch machbar ist? Zeitweise arbeitet Marias Abteilung an Projekten für das Pentagon, genauer gesagt für die amerikanische Luftwaffe, und das auch während des Vietnam-Kriegs.

In der «Industrial Mission» wird nicht nur diskutiert, sondern werden Forderungen an Unternehmen und die Politik gestellt. Mehr als einmal ist Maria in Konflikt mit ihrer Rolle als Managerin. Aber sie sucht und braucht diese Auseinandersetzung.

Marias Interesse an menschlichen und pädagogischen Fragen macht sie zu einem passionierten Ratgeber in und außerhalb der Familie. Als ich mich z.B. beklage, daß meine kleine Tochter Maria Theater spielt mit einer vermeintlichen Gehirnerschütterung, schreibt sie: «Die Frage ist nur, was willst Du erreichen. Du willst nicht erreichen, daß sie Dir nichts vormacht. Das tut sie sowieso. Was Du erreichen willst, ist, daß sie sich selber nichts vormacht. Und das erreichst Du nur, indem Du ordentlich mitspielst, so mit ‹Händchen halten› und so. Damit gibst Du ihr die Chance, zu reagieren: so schlimm ist es ja gar nicht. Ich bin viel zu heldenhaft, um davon viel Aufhebens zu machen. Außerdem war es sehr mutig von mir, auf diesem Reck so lebensgefährlich herumzuturnen, und dies ist eigentlich auch eine ganz gerechte Belohnung dafür, nämlich zu merken, daß alle Leute sehr traurig gewesen wären, wenn ich mir dabei das Genick gebrochen hätte.

Du denkst wahrscheinlich jetzt, daß ich verrückt bin. Ich gehöre nun mal zu der komischen Sorte, wie Hans (unser Sohn) und Deine Tochter Maria, die ein Übermaß an Beachtung brauchen. Und wenn sie das nicht kriegen, dann holen sie es sich eben. Und selbst Schimpfe ist besser als Indifferenz in einem solchen Fall. Wir sind alle ein bißchen zu sehr auf ‹preußisch› und ‹stiff upper lip› und kein Theater machen erzogen worden. Wenn Du sie bei ihrem

Bluff ertappst, erreichst Du erstmal und vor allem, daß sie das nächste Mal noch besser schauspielert, und am Ende ist sie Dir doch überlegen.»

Sie schreibt eines Tages, daß ihr Leben jetzt «so glücklich ist, wie lange nicht. Eigentlich müßte mal wieder was passieren.»

Im Februar 1976 wird zur Feier von Dietrich Bonhoeffers 70. Geburtstag in Genf ein internationales Bonhoeffer-Symposion veranstaltet. Lange Zeit hatte sich ihre Welt von der der «Bonhoeffer-Gesellschaft» verhältnismäßig weit entfernt. Durch die hier versammelten Theologen aus aller Welt begegnet sie nun zum ersten Mal ganz nah dem Echo auf Dietrich Bonhoeffers Werk. Auch Dietrichs alte Freunde aus Finkenwalde sind gekommen. Es wird ein großes Fest und ein überwältigendes Erlebnis.

Ein Freund von Dietrich, Otto Dudzus, wird nach Marias Tod an mich schreiben: «Nachträglich kann ich es mir noch weniger verzeihen, nicht hingefahren zu sein. (Er war auf Berichte angewiesen). Albrecht Schönherr hat mir immer wieder von Ihrer Schwester erzählt, wie sie das eigentliche Ereignis der Tagung war und wie sie mit ihrer souveränen Art viele beeindruckt und beglückt hat. Sie selbst muß das ja wohl auch empfunden und die Tage in Genf hoch bewertet haben.» An mich hatte sie geschrieben: «Das ganze Erlebnis von Genf war doch sehr viel stärker als ich es je für möglich gehalten hätte. [...] Es war eben doch eine sehr fröhliche Tagung und darum auch wirklich ganz richtig für Dietrich.»

Im folgenden Winter versammeln sich alle Geschwister zum Skilaufen in Klosters. Maria hat jetzt öfter Dienstreisen nach Paris oder London und kann manchmal ein deutsches Wochenende anhängen. Aber wenn sie die kostbaren 14 Tage ihres Jahresurlaubs für einen Deutschlandbesuch gibt, sind alle, die irgend können, zur Stelle. Am Nachmittag nach dem Skilaufen hat Maria eine Überraschung für uns alle. Sie hat als Geschenk für Mutter zum 80. Geburtstag ein Buch angefangen, in dem sie das Pätziger Haus beschreibt – und nun sollen wir es mit ihr zu Ende schreiben. Möbel und Bilder werden von jedem einzelnen Zimmer ganz genau geschildert. Nun fallen uns die Geschichten dazu ein. Nur ganz wenige Zimmer schaffen wir an einem Tag. Jeder kann etwas beisteuern. Wir reden uns warm. Das Haus unserer Kindheit füllt sich noch einmal mit Leben, so wie es nur unter Marias Führung möglich ist. Bob Graham und Paul sind dabei.

Bei der Geburtstagsfeier hält Fabian von Schlabrendorff eine Rede über unseren Vater. Maria ist nicht so frisch wie sonst.

Wegen großer Aufgaben im Betrieb verdrängt sie die Anzeichen ihrer Krankheit lange. Als der Krebs endlich diagnostiziert wird, ist die Aussicht auf Besserung gering. Im Massachusetts General Hospital, einem der besten, traditionsreichsten Krankenhäuser Amerikas, findet sie einen Arzt, der ihr vorschlägt, mit ihm zusammen eine ganz neue Therapie auszuprobieren. Sie sieht ihre Situation nüchtern und ergreift die Chance.

Es folgen vier schwere Monate mit vier Operationen. Drei Kinder sind an ihrer Seite. Ihre Geschwister und Freunde aus allen Lebensabschnitten kommen, schreiben oder telefonieren. Zuletzt kommt die Mutter. Es erfüllt sich, was Dietrich in ihr gesehen hat: «Du schreibst glücklicherweise keine Bücher, sondern tust, weißt, erfährst, erfüllst mit dem wirklichen Leben das, wovon ich nur geträumt habe. Erkennen, Wollen, Tun, Empfinden und Erleiden bricht bei Dir nicht auseinander, sondern ist ein großes Ganzes, und eines wird durch das andere gestärkt und vollendet. Du weißt das selbst nicht und das ist das Allerbeste, und vielleicht sollte ich es auch gar nicht sagen.»

Maria stirbt am 16. November 1977.

Über der Feier ihrer Aussegnung am Tag darauf ist der Himmel offen. Der anglikanische Geistliche, der Maria in ihrem Sterben begleitet hat, wie ich es nie vorher und nie hinterher erlebt habe, hält sie. In ihrer Kirche St. Anne's-In-The-Fields findet am 18. 11. ein «Memorial Service» statt. Aus Römer 8 wird gelesen: «Nicht den Geist von Knechten habt ihr empfangen, daß ihr euch wieder fürchten müßtet, sondern den Geist von Kindern.»

In ihrem Haus versammeln sich noch einmal alle Freunde und werden von den Nachbarn bewirtet. Zum ersten Mal trifft Marias Mutter sie alle.

Nach Marias Wunsch bringen die Söhne die Urne nach Gernsbach. Viele Freunde und Verwandte, unter ihnen Paul-Werner Schniewind, Eberhard Bethge und Hesi von Truchseß, kommen zur Beerdigung zusammen. R. A. v. B. / G. v. B.

Zehn Jahre darauf fliege ich mit Anne Doerr, Marias Nichte, nach Boston, um noch einmal mit den Menschen, die ihr in dem letzten Lebensabschnitt nahe waren, zu sprechen. Ich denke dabei an ihren Wunsch, «als der Mensch, der ich *jetzt* bin», neben Dietrich zu stehen. Ich kann aus den Gesprächen, die wir führten, nur drei kurze Ausschnitte auswählen.

Zuletzt hat Maria bei Honeywell ein Team von Wissenschaftlern geleitet. Aus Gesprächen mit ihren Mitarbeitern möchte ich nur einiges kurz zitieren: «I most distinctly remember about Maria the fun she got out of being a manager. If she wasn't having fun, there was something wrong.» – «Not the fun of getting there, the fun of doing it.»

«What I liked about it, was the openness of the process that everybody's idea was equally good, at least, to put it on the table. And you did not get criticized, even if the idea was half-baked» – «She was a great one for toying with ideas.»

«You had to appreciate Maria, for who she was, and she could be aggressive, she could be technically overbearing, but ten times of eleven she was right. When she wasn't right, she'd make you think, she was, anyway.» – «When she made a decision, it was like a lightning-stroke came down. She was able to get away with this autocratic style more than most other people are.»

«I think, a lot had to do with her basic intellectual curiosity what makes all this run. Maria had a broad view of the world and how what she was doing was related to the rest of us.»

Einer erzählt eine Geschichte, wie sich zum Antrittsbesuch eines hohen Vorgesetzten die ganze Abteilung versammelt hat. Er sitzt mit Maria zusammen in der hintersten Ecke des Raums. Der neue Boss hält eine ziemlich überhebliche Rede und fragt am Schluß, ob es noch Fragen gebe. Maria meldet sich und sagt, was alle denken: «What is it that makes you so smart, that you know all about this business?» Er zieht an seiner Zigarette und geht zur Tagesordnung über. «He knew at once who she was», berichtet der Erzähler und resümiert: «Maria was standing up for the people». Ein anderer bemerkt, daß ihr das manchmal «much heartache» eingebracht hat.

«She didn't wear it on her sleeve» sagt einer, aber sie ist doch ein Beispiel für Gleichberechtigung. «A very meaningful mixture between being a boss and being a caring woman.» Ihr Freund Bob Graham sagt: «She cared for the people more than for the problems, and so she solved the problems.

«The amount of people who were at the funeral and the kind of people attest to that. Very much across the whole organisation – not just the people, who worked for her, or just her specific circle of friends, a lot of people who recognized her and loved her and liked her because of the way she operated in business.»

Zum ersten Mal betrete ich nach zehn Jahren wieder «Marias Station» «Vincent III» im «Mass. General» in Boston.

Judy, die Stationsschwester, kommt mir entgegen. Das gleiche, für die mütterliche Figur etwas zu kurze weiße Kleid, die gleiche jugendliche Wärme und reife Nüchternheit. Man lernte sich kennen damals. Wir sind wie Freunde. Die Station mit den offenen Türen zu allen Zimmern und dem offenen «Staff»-Büro in der Mitte sieht für deutsche Augen immer noch renovierungsbedürftig aus und läßt doch ein deutsches Krankenhaus im Vergleich ganz steril erscheinen. Judy arbeitet noch genauso wie damals mit Dr. Nelson zusammen, und ich sehe in der Ferne vertraute Gesichter. Sie hat eine Stunde Zeit in ihrem Mini-Büro.

Damals haben Dr. Nelson und sie Maria als dritte in ihren Bund mit aufgenommen. Das Projekt hieß: Erprobung einer neuen Krebstherapie. Gemeinsam wollten sie nicht nur Marias Krebs, sondern dem Krebs selber die Stirn bieten.

«She saw that it was a gamble. But what was her alternative?» sagt Judy. Dr. Nelson war gerade eben aus London zurückgekommen und hatte diese Idee mitgebracht. Die Therapie sollte die Krebszellen, anstatt sie durch Gift zu töten, durch Entzug der zu ihrem Wachstum notwendigen Stoffe «aushungern».

Arzt und Patient hatten blitzschnell die beiderseitige Chance erkannt. Maria hatte nach der ersten Operation sehr genau gefragt, und er hatte sehr ehrlich geantwortet. «He felt that he had to offer her something special. It takes a person of great courage, and he saw that in Maria.»

«They worked as a team back and forth. It was a joined effort. It was not just them – it was the family and the staff.»

Ich besinne mich gut auf diese Verbundenheit, die zwischen allen entstand.

«We saw Maria just as she was, as a very strong personality, somebody that loved life, longed for that life, somebody who was willing to fight for that life, who had a family which meant very much to her.»

«She was very strong and intelligent about her treatment. I had never seen such intelligent questions thinking a situation through as best as one could. Dr. Nelson was willing to help her. But I am sure he drew a lot of strength from her. She knew to stop, when it was useless. She was in full control of her dying-process. It was hard for him, to give up.» Sie haben diese Therapie nie mehr angewendet.

Man lernte einander kennen auf diesem Weg. «She had a wonderful laugh. Jokes, good stories, she would share with us. It was part of getting through each day. She did use humour, to get through a lot of things that she was facing. She was one of the most courageous people I have ever met.»

«She would dictate who would come in and who would not come in. She talked an awful lot when nobody was there. She would cry sometimes, that was rare, but she did. She would talk about her hopes for her children.»

Jede Schwester, die ins Zimmer kam, war erzogen, den Patienten mit Namen anzureden und ihm zu sagen, was sie vorhätte. Auch kaum noch bei Bewußtsein antwortete Maria mit einem freundlichen Satz. Die Schwestern liebten sie, pflegten und verbanden sie mit ungeahnter Zartheit – ja Zärtlichkeit. Sie kamen gerne herein. «Her room always reflected life. She could even be sleeping and there would be life in that room.»

Dr. Nelson wußte am besten, wie gering ihre Chance war. Aber Judy sagt: «He wanted her to live as much as he ever anybody wanted to live.»

«Wenn wir von einer früheren Patientin sprechen», sagt sie, «ist es Maria. Sie hat unsere Einstellung zu Patienten verändert.»

Scott Paradise

Als uns Scott Paradise zehn Jahre nach Marias Tod in seinem winzigen Büro am Charlesriver empfängt, ist er Episcopal Chaplain of MIT. Ich erkenne sein schmales geistiges Gesicht mit den buschigen Brauen sofort wieder. Seit den kurzen Begegnungen auf dem Flur des «Mass. General» habe ich es nicht vergessen. Auch er freut sich, noch einmal über Maria zu sprechen.

Scott Paradise ist ein Christ, der nach seiner politischen Verantwortung fragt. Gerade hat es hier eine große Demonstration gegeben, die sich gegen die Grundstückspolitik der Universität wendet. Er hat im Gottesdienst in der Kapelle des MIT für ihren Erfolg gebetet. Er ist nicht erstaunt, aber erfreut zu hören, daß Marias Sohn Christopher die über Nacht auf dem Universitätsgelände aufgebaute und mit Obdachlosen gefüllte Zeltstadt wesentlich mit organisiert hat.

Er war einer der ersten, den Maria bei ihrem schweren Neuanfang in

Boston kennenlernte. Ein Mann, der zuhören kann. Sie hatte in der «Industrial Mission», dieser relativ kleinen und bescheiden finanzierten Gruppe von engagierten christlichen Laien, als «participant» begonnen und war schließlich im «Board of Directors». «She brought a lot of energy, vitality and humour to what we did.» Er hat oft erfahren, wie «extremly loyal» sie ihn unterstützt hat.

Wenige von ihren Freunden wissen wirklich etwas über Marias Lebensgeschichte – so gerne sie auch Geschichten erzählt hat. Mit ihm aber konnte sie auch über Dietrich sprechen. Er verehrt ihn. Er erwähnt, wie groß sein Einfluß auf die Theologie der Befreiung in Lateinamerika ist. Auch fühlt er sich in seinem Anliegen, den christlichen Glauben in Kontakt mit der Realität der Arbeitswelt zu bringen, von ihm unterstützt. «To meet the people at the point of their strength and not of their weakness.»

Er lächelt und sagt, Maria hätte es aber auch gefallen, daß er Bonhoeffers «religionsloses Christentum» nicht mitvollziehen will. Als sie einmal über das Gebet gesprochen haben, hat Maria gesagt, für sie eigne sich zum Beten und Nachdenken besonders gut die morgendliche Autofahrt zur Arbeit. Sie finde es deswegen gut, daß es 40 Minuten seien.

Seine Stimme wird sehr warm, als er von einem Erlebnis in den Bergen von Vermont erzählt. Maria liebte diese Berge und liebte das Skilaufen.

Es war wohl im Frühjahr vor ihrem Tod. Er und seine Frau und noch ein paar andere Freunde hatten sich abends zusammengefunden. Es wurde ein besonderer Abend. Maria hatte plötzlich angefangen zu erzählen. «Then she became gold», so drückt er es aus. «Some of the stories we knew already.» Aber nun hörten sie zum ersten Mal ihre ganze lange Lebensgeschichte. Sie beginnt mit dem Aufwachsen in Pätzig und endet mit diesem Moment am Kaminfeuer in Vermont.

Eines Tages, «less than three weeks before she died», hat sie ihn ins Krankenhaus zu sich gerufen. Sie hat an diesen Abend in Vermont zurückgedacht und ihn gebeten, in ihrem Nachruf ihre Geschichte zu schreiben.

Er lächelt wieder. «Ich weiß nicht ganz, ob ich das jetzt auch erzählen soll.» Sie sagte: «My mother will come and tell you to preach something else.» Und sie ist gekommen. «What did she want you to preach?» frage ich. «Resurrection», sagte er. «But I had my instructions!» Das neue Leben hatte für sie lange begonnen. R. A. v. B.

Nachwort

Dieser Band ist das unerwartete Ereignis meiner letzten Lebensjahre. Nun lese ich den Briefwechsel, bei dessen Entstehen ich Dietrich nahe war – und auch sein Bundesgenosse gegenüber familiären Bedenken wegen unserer Lebensbindungen bei ungewöhnlich hohen Altersunterschieden, zunächst bei mir und dann auch bei ihm.

Ich hatte damit zu rechnen gelernt, diese Nachlaßstücke nicht mehr zu sehen. Maria wollte sie 1950 für sich behalten, als wir begannen, «Widerstand und Ergebung» zusammenzustellen. Und wir verstanden das. Jetzt kann sich Ruth-Alice von Bismarck, geb. von Wedemeyer, dazu entschließen, diesen Nachlaß zu öffnen. Ihre Schwester hatte die Erlaubnis dazu noch auf dem Sterbebett gegeben.

So liegen die Zeugnisse dieses merkwürdigen Brautstandes und dieser verzichtreichen Liebesgeschichte nun vor uns. Ein aufregendes Ereignis in der Tat! Allein ihr Wert als chronologische und biographische Ergänzung zu den Briefen und Dokumenten, die wir gerade jetzt in der neuen Gesamtausgabe der «Werke» Dietrich Bonhoeffers herausbringen, ist groß. Denn nun läßt sich um vieles vollständiger und vertiefter Schritt um Schritt des Tegeler Lebens nachvollziehen: in seiner Fülle von Qualen und Beseligungen, in Schmuggelerfolgen, in Hoffnungen Ende 1943 auf den Prozeß, der nie zustande kam, und den daraus erwachsenen Nöten zwischen beiden Partnern. Und das alles mitten in literarischen Experimenten und theologischen Visionen, deren Fülle mit dem heraufziehenden Jahr 1944 hervorbrach.

Das Stichwort «Tegel» erscheint in dieser Veröffentlichung noch einmal anders. Themen verschieben sich, treten auf ihre eigene Bühne und verweisen andere Fragen in die Kulissen: Kirche und Welt, Putschpläne und Verhöre, Frontverläufe im Osten und Westen; und eben auch die prophetischen Reflexionen, die die Tegeler Zelle zeitweise in eine Mönchsklause verwandelten.

Die erste Begegnung mit diesen Seiten, jetzt zum Ende meiner eigenen Lebensarbeit am Erbe des Freundes, löste in mir eine doppelte Wirkung aus: Erstaunen und zugleich Freude daran, daß und wie diese Briefe der Jahre 1943 und 1944 Liebesbriefe sind. Dietrich ist auch hier überzeugend er selber: in seinen innersten Emotionen, den glücklichen und unglücklichen, und in seiner beherrschten Verantwortlichkeit, die er so klug und zugewendet auszudrücken vermag. Auch in der Liebe zu Maria läßt er keine religiöse Ausnützung seiner Beziehung zu, auch wenn sie von der Mutter kommt, die ihm zumutet, daß er die kurze Sprecherlaubnis nutzen solle zu einer Andacht für sie. Und ich höre beglückt den Freund immer wieder sagen: Ich will dich und nichts als dich selber, und ganz wie du bist!

Zugleich beobachte ich, wie mit dieser unerfüllten und dennoch ganzen Beziehung der Höhepunkt erreicht wird auf dem langen Weg Dietrichs von «Finkenwalde» nach «Berlin», zurück zur Welt, der er schon immer angehörte; einem Weg mit entscheidenden Stationen wie dem 1939 in New York gefaßten Entschluß zur Heimkehr hin zu den ungelösten gefahrvollen Problemen und den mit ihnen ringenden Menschen; wie der Hinwendung zu einer theologischen Ethik, für die er schon 1940 im ersten Kapitel formulieren konnte: «Nur mitten in der Welt ist Christus Christus.»

Jetzt geht mit diesem Briefwechsel, nun aber vor unseren Augen, das Zusammenfinden von Dietrich und Maria jenen Sätzen voraus, die im Sommer 1944 eine zum Diesseits befreite Theologie in die Welt bringen, mit ungeahnter Tiefen- und Breitenwirkung! Und ausgebreitet liegt vor uns das Erlebnis, das Dietrich noch einmal schmerzlicher auf der Erde beheimatet in dem Augenblick, als er sich anschicken muß, sie dranzugeben, wenn er ihr denn treu bleiben will.

Dann mache ich aber auch noch andere wichtigere und beiläufigere Entdeckungen. Maria, die Partnerin, tritt mir neu vor Augen. Sie war für mich zunächst eines der auffallend frischen Enkelkinder Ruth von Kleist-Retzows, der großen Gönnerin und Bundesgenossin des von Dietrich geleiteten Finkenwalder Predigerseminars. Ich hatte mich sehr gefreut, an ihr und ihrer Welt ein wenig teilzunehmen, als mich Dietrich seinerzeit bat, neben ihm auch sie mit Briefen aus dem Feld zu bedenken. Nach 1945 befand sich jedoch die «Zone» um Berlin zwischen uns, später der Ozean, und beeinträchtigte diese Teilhabe. Nun begegnet sie mir in diesen lebhaften Briefen wie kaum zuvor: mit dem, was sie leidet und durchsteht; ich begegne der Frau in ihrer Selbständigkeit, die sich neben *diesem* Bräutigam behauptet. Doch damit steigert sich die Neugierde, mehr von ihren späteren Wegen zu wissen, wie sie andere Entscheidungen getroffen hat, persönlich wie beruflich, und vor allem, wie sie schließlich wieder engen Kontakt pflegte mit den inzwischen zahlreichen Verwaltern von Dietrichs Erbe, etwa während der Genfer Konferenz zu seinem 70. Geburtstag;

ja, wie sie wieder sicher wurde, daß die schweren Jahre ihres Lebens für die Sache Dietrich Bonhoeffers einen Sinn hatten.

Daneben entdecke ich unter anderem als historisch wichtig die Passagen in diesem Nachlaß, die z. B. dokumentieren, daß Dietrichs Reise nach Rom Ende März 1943 tatsächlich im Amt Canaris vorbereitet worden war, was von manchen Zeitgeschichtlern bestritten wurde, einem Trend zufolge, der unter anderem Hans von Dohnanyis Rolle im Widerstandskreis herunterspielen will.

Oder ich denke an Briefteile, die ein aufschlußreicher Beitrag sind zum theologischen Problem der «Berneuchener». Wilhelm Stählin, so lesen wir hier z. B., hatte auf Schloß Bundorf 1944 eine meditative Passions- und Osterwoche veranstaltet und dabei wohl einen Engpaß in Dietrichs und Marias Beziehung hervorgerufen. Hier geht die Bedeutung der Briefe weit über das Persönliche hinaus.

Endlich wird mancher Beobachter mit Spannung verfolgen, auf welche Weise der Mann mit seiner Frage «Wie kann man heute weltlich von Gott reden?» selber von Gott redet mitten im eigensten Erleben von irdischer Liebe, und wie dies ohne Verfälschung des einen oder anderen, des Redens von Gott und der Welt, gelingt, befreit zu eigener authentischer Sprache.

So freue ich mich, daß Ruth-Alice von Bismarck mich gebeten hat, diesen Band mit einer ersten Reaktion zu charakterisieren. Ich nehme dies als ein Zeichen dafür, wie wir unter den Überlebenden in der Verantwortung für das fragmentarische und vielschichtige Erbe Bonhoeffers zusammengehören. Jetzt ist das Ganze zugänglich: Eltern- und Geschwisterbriefe seiner zwei letzten Lebensjahre, Freundeskorrespondenz und literarische Versuche – und nun auch dieser Briefwechsel, in dem Dietrich überzeugend zu Maria gehört und Maria zu ihm.

Wachtberg-Villiprott, Frühjahr 1992 Eberhard Bethge

Karl Bonhoeffer 1868–1948 ⚭ Paula v. Hase 1876–1951

Karl-Friedrich	Walter	Klaus	Ursula	Christine	Dietrich	Sabine	Susanne
* 1899	* 1899	* 1901	* 1902	* 1903	* 1906	* 1906	* 1909
	gefallen 1918	hingerichtet 1945			hingerichtet 1945		
⚭ Grete v. Dohnanyi		⚭ Emmi Delbrück	⚭ Rüdiger Schleicher	⚭ Hans v. Dohnanyi	verlobt Maria v. Wedemeyer	⚭ Gert Leibholz	⚭ Walter Dreß
			hingerichtet 1945	hingerichtet 1945			

Hans v. Wedemeyer 1888–1942 ⚭ Ruth v. Kleist-Retzow 1897–1983

Ruth-Alice	Maximilian	Maria	Hans-Werner	Christine	Werburg	Peter Christian
* 1920	* 1922	* 1924	* 1927	* 1930	* 1932	* 1936
	gefallen 1942					
		verlobt Dietrich Bonhoeffer				
⚭ Klaus v. Bismarck		⚭ 1949 Paul-Werner Schniewind	⚭ Maria Theresia Hagspiel	⚭ Robert P. Beshar	⚭ Klaus Doerr	⚭ Heidi Diehl
		⚭ 1959 Barton Weller				

Namenregister

Das Register beschränkt sich auf Personen, die für den Umkreis der Briefe von Belang sind. – Vgl. auch die Übersicht über die Familien Bonhoeffer und von Wedemeyer auf der gegenüberliegenden Seite.

Quellennachweis

Die vorliegende Edition verlangte nach Ergänzungen aus anderen Briefen Dietrich Bonhoeffers. Wir benutzten hierfür die von Christian Gremmels, Eberhard und Renate Bethge besorgte Neuausgabe von «Widerstand und Ergebung» (DBW 8), Gütersloh 1998. Abgesehen von Zitaten in den Zwischentexten, Anmerkungen und «Notizen» wurden daraus folgende Briefstücke entnommen:

An die Eltern vom 14. 4., 25. 4., 5. 5., 15. 5. 1943; von Karl-Friedrich Bonhoeffer vom 30. 5. 1943; an die Eltern vom 4. 6., 14. 6., 24. 6., 3. 7., 25. 7. und 7. 8. 1943; an Eberhard Bethge vom 15. 12. und 22. 12. 1943, vom 12. 2., 2. 4. und 21. 7. 1944 sowie an die Eltern vom 17. 1. 1945.

Bei den Texten vom 25. 5., 3. 7., 15. 12. und 22. 12. 1943, ferner vom 12. 2. und 2. 4. 1944 war es uns möglich, aus dem Manuskript der nochmals erweiterten Ausgabe von «Widerstand und Ergebung», die 1999 erschienen ist, die Ergänzungen abzudrucken.

Darüber hinaus wurde aus folgenden anderen Bänden der Dietrich Bonhoeffer Werke zitiert: Schöpfung und Fall (DBW 3) 1989; Ethik (DBW 6) 1992; Fragmente aus Tegel (DBW 7) 1994; Jugend und Studium 1918–1927 (DBW 9) 1986; Barcelona, Berlin, Amerika 1928–1931 (DBW 10) 1991; Ökumene, Universität, Pfarramt 1931–1932 (DBW 11) 1994; Berlin 1932–1933 (DBW 12) 1996; London 1933–1935 (DBW 13) 1994; Illegale Theologenausbildung: Sammelvikariate 1937–1940 (DBW 15) 1998; Konspiration und Haft 1940–1945 (DBW 16) 1996. Aus diesem Band stammen in den «Notizen» zur Verlobung die beiden Ausschnitte aus Briefen an Eberhard Bethge vom 25. 6. und vom 17. 11. 1942.

Dem von Wolf-Dieter Zimmermann herausgegebenen Band «Begegnungen mit Dietrich Bonhoeffer» (1964) ist auf S. 207 der Bericht von Fabian von Schlabrendorff entnommen.

Der Vorbereitung von Zwischentexten, Anmerkungen und «Notizen» dienten weitere Quellen, aus denen zum Teil auch zitiert worden ist. An erster Stelle muß Eberhard Bethges Biographie «Dietrich Bonhoeffer. Theologe, Christ, Zeitgenosse» (KT 69), 8. Aufl. 1994, genannt werden, ebenfalls im Chr. Kaiser/Gütersloher Verlagshaus erschienen. Weiter sind in Auswahl zu erwähnen: Heinz Höhne, Canaris. Patriot im Zwielicht, München 1976; Sabine Leibholz-Bonhoeffer, Vergangen, erlebt, überwunden. Schicksale der Familie Bonhoeffer (GTB 1122), 8. Aufl. Gütersloh 1995; Jane Pejsa, Matriarch of Conspiracy. Ruth von Kleist 1867–1945, Minneapolis 1991; Archiv Peter (Hg.), Spiegelbild der Verschwörung. Die Kaltenbrunner Berichte, Stuttgart 1961; Alexander Stahlberg, Die verdammte Pflicht. Erinnerungen 1932 bis 1945, Berlin 1987; Maria von Wedemeyer-Weller, The Other Letters from Prison, in: Union Seminary Quarterly Review XXIII/1, New York 1967, 23–29.

Unverzichtbar waren schließlich die Kenntnisse des Materials, das 1996 in dem Band «Konspiration und Haft 1940–1945» (DBW 16) veröffentlicht wurde.

Dankbar erinnern wir uns an die Hilfen von verschiedenen Seiten, nicht zuletzt von den Mitarbeitern im Institut für Zeitgeschichte München und im Deutschen Literaturarchiv Marbach.

Die Bilder aus dem Kreis der Familien von Wedemeyer, von Bismarck und von Kleist-Retzow stammen sämtlich aus dem Besitz von Ruth-Alice von Bismarck.

Die Aufnahmen aus dem Kreis der Familie Bonhoeffer sind mit zwei Ausnahmen dem Bildband «Dietrich Bonhoeffer. Sein Leben in Bildern und Texten», hg. von Eberhard und Renate Bethge sowie Christian Gremmels, 2. Aufl. 1989, entnommen. Das Gruppenbild auf S. 254, bisher unveröffentlicht, stammt ebenfalls aus der Bethgeschen Sammlung, für die der Chr. Kaiser Verlag insgesamt zur Wiedergabe verholfen hat. Die Aufnahme auf S. 249 verdanken wir dem Bildband «Steps of Bonhoeffer. A Pictorial Album», ed. J. Martin Bailey und Douglas Gilbert, Pilgrim Press, Philadelphia/Boston 1969.

Aus dem Verlagsprogramm

608 Seiten, 13 Abbildungen. Leinen ISBN 978-3-406-61375-3

Der Briefwechsel zwischen Helmuth James und Freya von Moltke aus den letzten Wochen vor seiner Hinrichtung ist wie durch ein Wunder komplett erhalten. Die politisch und persönlich offenherzigen Briefe, die vom Gefängnispfarrer Harald Poelchau unter Einsatz seines Lebens fast täglich an der Zensur vorbeigeschmuggelt wurden, sind das aufwühlende Zeugnis einer großen Liebe in den Zeiten des Widerstands gegen ein unmenschliches Regime.

„Näher am Tod kann man nicht sein. Und nicht näher an der Liebe."
Thomas Karlauf, Die Welt

432 Seiten, 46 Abbildungen. Leinen ISBN 978-3-406-53425-6

Ferdinand Schlingensiepen versteht es meisterhaft, den Menschen, Schriftsteller, Theologen und Widerstandskämpfer Bonhoeffer in zeithistorischen Bezügen darzustellen und gerade dadurch lebendig werden zu lassen. Seine Biographie basiert auf zahlreichen neuen Quellen und Forschungsergebnissen.

„Eine bemerkenswerte Biographie."
Der Tagesspiegel